Hjalmar Schacht

Arie van der Hek

Hjalmar Schacht

Präsident der Reichsbank zwischen zwei Weltkriegen

 Springer

Arie van der Hek
Eelde, Niederlande

Übersetzt von
Andreas Linke
Glienicke, Deutschland

ISBN 978-3-658-28633-0   ISBN 978-3-658-28634-7 (eBook)
https://doi.org/10.1007/978-3-658-28634-7

Die Deutsche Nationalbibliothek verzeichnet diese Publikation in der Deutschen Nationalbibliografie; detaillierte bibliografische Daten sind im Internet über http://dnb.d-nb.de abrufbar.

Springer
© Springer Fachmedien Wiesbaden GmbH, ein Teil von Springer Nature 2020
Das Werk einschließlich aller seiner Teile ist urheberrechtlich geschützt. Jede Verwertung, die nicht ausdrücklich vom Urheberrechtsgesetz zugelassen ist, bedarf der vorherigen Zustimmung des Verlags. Das gilt insbesondere für Vervielfältigungen, Bearbeitungen, Übersetzungen, Mikroverfilmungen und die Einspeicherung und Verarbeitung in elektronischen Systemen.
Die Wiedergabe von allgemein beschreibenden Bezeichnungen, Marken, Unternehmensnamen etc. in diesem Werk bedeutet nicht, dass diese frei durch jedermann benutzt werden dürfen. Die Berechtigung zur Benutzung unterliegt, auch ohne gesonderten Hinweis hierzu, den Regeln des Markenrechts. Die Rechte des jeweiligen Zeicheninhabers sind zu beachten.
Der Verlag, die Autoren und die Herausgeber gehen davon aus, dass die Angaben und Informationen in diesem Werk zum Zeitpunkt der Veröffentlichung vollständig und korrekt sind. Weder der Verlag, noch die Autoren oder die Herausgeber übernehmen, ausdrücklich oder implizit, Gewähr für den Inhalt des Werkes, etwaige Fehler oder Äußerungen. Der Verlag bleibt im Hinblick auf geografische Zuordnungen und Gebietsbezeichnungen in veröffentlichten Karten und Institutionsadressen neutral.

Coverdesign: deblik Berlin

Springer ist ein Imprint der eingetragenen Gesellschaft Springer Fachmedien Wiesbaden GmbH und ist ein Teil von Springer Nature.
Die Anschrift der Gesellschaft ist: Abraham-Lincoln-Str. 46, 65189 Wiesbaden, Germany

Vorwort

Anlass für diese Untersuchung zur Bedeutung der geld- und wirtschaftspolitischen Auffassungen von Hjalmar Schacht war das Gesprächsbuch von Helmut Schmidt und Fritz Stern, in dem diese beiden großen Zeitzeugen gemeinsam der Frage nachgehen, wie sie das zurückliegende Jahrhundert erlebt haben.[1] Dabei kommen ganz unvermeidlich die Dreißiger Jahre zur Sprache. Helmut Schmidt lobt die Konjunkturpolitik von Hjalmar Schacht in der Zeit des Hitler-Regimes, die der Massenarbeitslosigkeit ein Ende gemacht habe. Seiner Auffassung nach ist dies ein gelungenes Beispiel für keynesianische Wirtschaftspolitik. Fritz Stern bestreitet das nicht, weist aber darauf hin, dass sich Hjalmar Schacht moralisch und politisch auf der falschen Seite befunden habe. Er sei ein übler Mensch gewesen. So habe er sich beispielsweise mit der Vergabe finanzieller Beihilfen bei der Enteignung von jüdischem Kunstbesitz schuldig gemacht und daran verdient. Nach dem Krieg ließ er die Hinterbliebenen entschädigungslos sitzen. Dieser Sachverhalt

---

[1] Helmut Schmidt und Fritz Stern (2010, S. 53–55).

wird in der von Christopher Kopper verfassten Schacht-Biografie bestätigt.²

Diese keynesianische Wirtschaftspolitik von Hjalmar Schacht erinnert mich an ein Gespräch mit meinem Großvater mütterlicherseits. Er hielt es für notwendig, mir – damals Schüler an einer niederländischen Realschule – von seinem Vater Ludewig Wilhelm Büscher zu erzählen. Dieser sei vor dem Ersten Weltkrieg in die Niederlande emigriert, was gar nicht seine Absicht war. Als zweiter Sohn eines sogenannten Brinksitzers (eines Bauern mit eigenem Haus, aber nur geringem Grundbesitz) hatte er keinerlei Möglichkeit, selbstständiger Bauer zu werden. Die Vereinigten Staaten waren für ihn das gelobte Land. Die Überfahrt wollte er sich in der Gegend von Rotterdam verdienen und anschließend mit dem Schiff in eine vielversprechende Zukunft aufbrechen. Er landete in Kethel-Overschie, heiratete eine Bauerntochter und wurde schließlich doch selbstständiger Landwirt. Seine Kinder erhielten die niederländische Staatsbürgerschaft, wuchsen als niederländische Bürger auf und waren genauso liberal wie ihr Vater. Die beiden Söhne verdienten sich ihre Existenz in der Milchviehhaltung und im Einzelhandel. Die Tochter heiratete einen Geschäftsmann. Bis zum Zweiten Weltkrieg hat mein Großvater Kontakt zu seinen deutschen Verwandten gehalten und meine Mutter dabei einbezogen. Deutschland ist für sie und in der Folge auch für mich nicht einfach nur das große östliche Nachbarland mit finsterer Vergangenheit. Deutschland gehört zu unserem Leben. So hat mir mein Großvater vom Ende der Armut in dieser deutschen Bauernfamilie und von der wirtschaftlichen Erholung in Deutschland in den Dreißiger Jahren erzählt. Das sei seiner Auffassung nach auf die Politik eines gewissen Herrn Schacht zurückzuführen. Die Biographie über Schacht von Christopher Kopper hat mein Inte-

---

² Christopher Kopper (2006, S. 291–293).

resse an der Person Hjalmar Schacht noch weiter angefacht. Dabei fällt auf, dass über Schacht vor allem als bemerkenswerten Präsidenten der Reichsbank geschrieben wurde, der immer wieder in die Mühlen der Politik gerät und hier eine wichtige Rolle spielt. Und natürlich findet dabei auch seine Geld- und Konjunkturpolitik Erwähnung. Noch auffälliger ist allerdings, dass die Auffassungen dieses bemerkenswerten Bankiers und Politikers zur Wirtschafts- und Geldpolitik nirgendwo systematisch untersucht wurden. Diese Aufgabe habe ich mir mit dem vorliegenden Buch gestellt, und zwar im politischen und wirtschaftlichen Kontext jener Zeit. Ebenfalls motiviert hat mich, dass ich als Beamter an der politischen Ausgestaltung in den Bereichen finanzwirtschaftliche Entwicklungszusammenarbeit sowie Handelspolitik unmittelbar beteiligt war. Als Mitglied der Zweiten Kammer des niederländischen Parlaments (1973–87) sowie als Mitglied des Europäischen Parlaments (1973–77) konnte ich mich mit Industriepolitik vertraut machen. Anschließend habe ich mich mit dem Bereich Risikofinanzierung von Unternehmen beschäftigt und war als Kommissar insbesondere mit der Problematik der Unternehmensfinanzierung befasst. Daher kenne ich den Finanzsektor.

Mit Prof. Dr. Hein Klemann von der Erasmus-Universität Rotterdam habe ich einen Doktorvater gefunden, der mich mit seiner Kritik und seinen Ratschlägen bei der Arbeit jederzeit unterstützt hat. Prof. Dr. Albert Jolink von der Coventry University Bussinesschool und davor von 2014–2018 „N.G. Pierson"-Professor für History of Economic Thought an der Erasmus-Universität hat mir als Zweitbetreuer ebenfalls Ratschläge und Hinweise gegeben, die mir außerordentlich geholfen haben. Dr. Paul de Hen, ehemaliger Chefredakteur der Zeitschrift Financieel-Economisch Magazine und Autor einer Untersuchung zur niederländischen

Industriepolitik,[3] hat meine Arbeit verfolgt und mich immer wieder auf fehlende Klarheit und Konsistenz in der Argumentation aufmerksam gemacht. Meine Familie hat mich bei der Arbeit nicht nur intensiv begleitet, sondern auch mitgelesen und mich regelmäßig darauf hingewiesen, wie ich meine Gedanken noch verständlicher und sprachlich klarer ausdrücken kann.

Am 18. Januar 2019 wurde ich mit dieser Untersuchung an der Erasmus-Universität Rotterdam promoviert. Grundlage des vorliegenden Buches ist diese Textfassung der Promotion, an der im Sinne einer besseren Lesbarkeit lediglich einige redaktionelle Änderungen im finanziellen Teil vorgenommen wurden.

Eelde, Niederlande Arie van der Hek

Literatur

Hen, P. d. (1980). *Actieve en re-actieve industriepolitiek in Nederland.* Amsterdam.

Kopper, C. (2006). *Hjalmar Schacht. Aufstieg und Fall von Hitlers mächtigstem Bankier.* München/Wien.

Schmidt, H., & Stern, F. (2010). *Unser Jahrhundert, Ein Gespräch.* München.

---

[3] Paul de Hen (1980).

Inhaltsverzeichnis

1	**Einleitung**	1
	Über dieses Buch	8
	Gliederung des Buches	13
	Literatur	14
2	**Ende der Hyperinflation**	17
	Die Konsequenzen von Versailles	18
	Der schwierige Weg zur Korrektur	25
	Die Ruhrbesetzung	36
	Neue Vorschläge	39
	Frankreich unterstützt den rheinischen Separatismus	41
	Die Hyperinflation	43
	Die Politik der Reichsbank 1919–1923	46
	Der Plan von Helfferich	48
	Der Plan von Schacht	52
	Der Plan von Hilferding	54
	Der überarbeitete Plan von Helfferich	56
	Auf dem Weg zu Preis- und Wechselkursstabilität	59
	Separatismus im Rheinland	63

Inhaltsverzeichnis

Die Golddiskontbank	78
Wankende Stabilität	81
Das Dawes-Abkommen	85
Charakterisierung des Geldsystems	89
Literatur	92

3 Konjunkturelle Erholung auf Sand gebaut (1924–1930) — 95
Die Politik der Reichsbank — 95
Der Bankensektor — 98
Der öffentliche Sektor — 100
Ein internationales Intermezzo — 103
Literatur — 106

4 Außenpolitik, Handel, Geld und Kapital — 109
Erste Schritte — 112
Die Tagung des Völkerbundes von 1928 — 118
Sondierung Gilberts — 120
Schacht als Mitglied der Sachverständigenkommission — 126
Empfehlungen der Sachverständigen — 128
Die Bank für Internationalen Zahlungsausgleich (BIZ) — 135
Die Verhandlungen in Paris zogen sich hin — 139
Die zwischenstaatlichen Regierungsverhandlungen — 152
Das Abkommen von Den Haag — 157
Was bleibt — 168
Literatur — 170

5 Die große Wirtschaftskrise (1930–1933) — 173
Die Wirtschafts- und Geldpolitik — 175
Die Kreditkrise — 177
Banken in Schwierigkeiten — 183

Beratung durch Hjalmar Schacht	190
Die Reparationszahlungen	196
Staatliche Beihilfen für die Banken	197
Stützungskredit für die Reichsbank	198
Die Rolle der BIZ	203
Kabinett und Reichsbank lockern ihre Deflationspolitik	205
Schachts Kritik an der Politik des Kabinetts Brüning	206
Kritik anderer an der Politik von Brüning und Luther	210
Adolf Weber	210
Der Vergleich zu Schacht	211
Staatssekretär Hans Schäffer verteidigt die staatlichen Beihilfen für die Banken	214
Der Vergleich zu Schacht	216
Der Plan von Wilhelm Lautenbach	216
Der Vergleich zu Schacht	222
Der Plan von Ernst Wagemann	222
Der Vergleich zu Schacht	226
Die Kritik von Albert Hahn	226
Der Vergleich zu Schacht	228
Die Empfehlung van Keynes	230
Der Vergleich zu Schacht	233
Die Kabinette von Papen und von Schleicher	234
Literatur	243

6 Kurze wirtschaftliche Erholung unter Hitler (1933–1939)   245

Wie stand es aus internationaler Sicht um Deutschland?	249
Schachts Vorgehensweise	253
Welche Optionen bestanden im Risikofall?	259
Politik des Schuldenrückkaufs	260

Enttäuschende Rückkauf- und
Scrips-Maßnahmen 266
Stärkung der Position Schachts 274
Der Neue Plan 276
Abwertungsoption. Göring und
Hitler greifen ein. Schacht hat ausgespielt. 281
Konfrontation mit Hitler und Göring 287
Der koloniale Entwicklungsplan Schachts 289
Schachts Verhandlungen 291
Schacht tritt als Wirtschaftsminister zurück 300
Endspiel 303
Die inländische Geld- und
Konjunkturpolitik 304
Wiederaufrüstung als Industrie- und
Beschäftigungspolitik 307
Die Regulierung des Bankensektors 309
Die viel besprochene Finanzierung der
Militärausgaben 312
Schachts Kapitalmarktpolitik 314
Die öffentlichen Finanzen 316
Schlussfolgerung 322
Literatur 325

7 Schachts Kommentare zur Geldpolitik der Nachkriegszeit 329
Keynes und Schacht 335
Schachts Kritik an einer Clearing-Union 338
Schachts Goldtaler-Konzept 340
Die Europäische Zahlungsunion 345
Der Internationale Währungsfonds 347
Schacht zur deutschen Geldpolitik 349
Bedeutung von Schachts Beiträgen der
Nachkriegszeit 358
Literatur 360

8 Nachwort 363
Schachts Bedeutung für die Theorie der
Geldpolitik 369
Literatur 371

Anhang 1 – Statistisches Material 373

Anhang 2 – Bankenkrise 383

Literatur 399

1
Einleitung

Das vorliegende Buch beschäftigt sich mit den Auffassungen von Hjalmar Schacht zur Geld- und Konjunkturpolitik. Im Mittelpunkt steht dabei die Frage, welche Bedeutung Schachts Analysen der Funktion der Geld-, Kapital- und Gütermärkte für die Möglichkeit der Gestaltung geld- und konjunkturpolitischer Systeme haben, die inhärent eine Preis- und Wechselkursstabilität fördern.

Möglicherweise ist Hjalmar Schacht einer breiteren und sogar gut informierten Öffentlichkeit weniger bekannt. Bevor also auf die Gliederung des vorliegenden Buches eingegangen wird, erfolgt eine kurze Darstellung des Lebens von Schacht und dessen öffentlicher Rolle in Deutschland sowie im Ausland in der Zwischenkriegszeit sowie in den ersten Jahren nach dem Zweiten Weltkrieg bis zu seinem Tod im Jahr 1970.[1]

Hjalmar Schacht war als Bankier und Präsident der Reichsbank in der Zwischenkriegszeit eng in die Haushalts- und

---

[1] Diese Darstellung orientiert sich an dem Buch von Christopher Kopper (2006).

© Springer Fachmedien Wiesbaden GmbH, ein Teil von Springer Nature 2020
A. van der Hek, *Hjalmar Schacht*,
https://doi.org/10.1007/978-3-658-28634-7_1

Konjunkturpolitik der deutschen Regierung eingebunden. Als Präsident der Reichsbank trug er natürlich unmittelbare Verantwortung für die Geldpolitik Deutschlands und nahm in dieser Funktion an den regelmäßig stattfindenden Beratungen der Präsidenten der westlichen Zentralbanken teil. Deutschland hatte in der Zeit der Weimarer Republik fortwährend mit dem Problem der Reparationszahlungen zu kämpfen, die dem Land von den europäischen Alliierten auferlegt worden waren. Dazu fanden regelmäßig Beratungen statt, bei denen angesichts des Umfangs der Zahlungen und der Möglichkeiten Deutschlands, diese Zahlungen auch tatsächlich zu leisten, verschiedenste verwandte Themen zur Sprache kamen. Damit war zunächst die deutsche Regierung befasst. Aufgrund von Art und Umfang fielen diese Themen aber auch unmittelbar in die Zuständigkeit des Reichsbankpräsidenten. So standen bei den Beratungen die relevanten Entwicklungen auf den Güter-, Geld- und Kapitalmärkten im Mittelpunkt. Hjalmar Schacht zeichnete sich dadurch aus, dass er seine Ansichten und Auffassungen zur Wirtschafts- und Geldpolitik auch regelmäßig veröffentlicht hat. Er war Autor verschiedener Bücher und Broschüren und hielt regelmäßig Vorträge, die anschließend publiziert wurden. Nach dem Zweiten Weltkrieg bekleidete er zwar keine öffentlichen Ämter mehr, meldete sich aber weiter zu Wort und äußerte sich zur Geldpolitik im Nachkriegsdeutschland sowie auf internationaler Ebene.

Horace Greeley Hjalmar Schacht wird 1877 in Tinglev (deutsch: Tingleff) geboren, einem kleinen Ort in Dithmarschen, einem Landstrich, der damals zur preußischen Provinz Schleswig-Holstein gehörte. Heute liegt Tinglev in Dänemark unmittelbar an der Grenze zum Bundesland Schleswig-Holstein.

Vater und Mutter haben als deutsche Einwanderer in den Vereinigten Staaten die amerikanische Staatsbürgerschaft erhalten. Vater Schacht ist ein großer Bewunderer der Gedanken und Ideen des konservativ-liberalen Politikers und Verlegers Horace Greeley.

Später kehrt das Ehepaar Schacht in ihre Heimatregion zurück. Unmittelbar danach wird ein Sohn geboren und nach Horace Greeley sowie nach seinem Großvater mütterlicherseits Hjalmar von Eggers benannt.

Schachts Eltern wollen im deutschen Kaiserreich etwas erreichen und bieten ihrem intelligenten Sohn alle Möglichkeiten zu einer weiterführenden Ausbildung. So kommt Hjalmar auf das renommierte Hamburger Gymnasium „Gelehrtenschule des Johanneums", das er 1895 mit dem Abitur abschließt.

Im gleichen Jahr schreibt er sich als Student der Medizin an der Christian-Albrechts-Universität in Kiel ein. Nebenfächer sind Germanistik und Literatur. Im zweiten Semester wechselt er zur Germanistik. Im dritten Semester schreibt er sich an der Münchner Ludwig-Maximilian-Universität ein, wo er neben seinem Hauptstudienfach Germanistik auch Vorlesungen in Wirtschaftswissenschaften bei Lujo Brentano belegt. Hier nimmt sein Curriculum eine entscheidende Wendung, denn er studiert fortan Wirtschaft.

In dieser Zeit verbringt er auch ein Semester an der Sorbonne. Zum Studium der Wirtschaft gehören die Fächer Wirtschaft, Recht, Soziologie und Politologie. Bestandteil des Studiums ist darüber hinaus ein Praktikum. Dieses Praktikum absolviert Schacht als Wirtschaftsjournalist bei der Berliner Boulevardzeitung Kleines Journal.

Wieder zurück an der Universität in Kiel folgt im Jahr 1900 seine Promotion mit dem Titel „Der theoretische Gehalt des englischen Merkantilismus". Während Schacht bereits in Berlin arbeitet, hört er an der Humboldt-Universität einige Vorlesungen bei Gustav Schmoller.

Er ist jetzt Mitarbeiter für Pressekontakte der Zentralstelle für die Vorbereitung von Handelsverträgen. Dabei handelt es sich um einen Interessenverband von Industrie und Handel (der ab 1901 den Namen Handelsvertragsverein trägt). In dieser Zeit erscheinen verschiedene Artikel Schachts zu handelspolitischen und wirtschaftlichen Themen, so im wirtschaftswissenschaftlichen *Schmollers Jahrbuch*, in den *Nationalliberalen Jahrbüchern* sowie im liberalen Wochenblatt *Die Nation*. In der Zeitung *Die Nation* veröffentlicht auch sein Lehrer Lujo Brentano.

1903 heiratet er seine Jugendliebe Luise Sowa, die noch im gleichen Jahr eine Tochter zur Welt bringt, sieben Jahre später wird dann der gemeinsame Sohn geboren.

Ebenfalls im Jahr 1903 wechselt Schacht zur Dresdner Bank und wird dort Mitarbeiter für Pressekontakte. Gleichzeitig hat er die Aufgabe, einen Dokumentationsdienst aufzubauen. Dieser Dienst veröffentlicht einmal im Monat ein Rundschreiben an die Kunden der Bank, das sich überblicksweise mit den wirtschaftlichen Trends und den Entwicklungen auf den Geld- und Kapitalmärkten beschäftigt. Zudem wird Schacht die Zuständigkeit für die Zusammenstellung der Emissionsprospekte übertragen. Es folgt ein weiterer Schritt in seiner Karriere. Er absolviert die interne Ausbildung für Bankmitarbeiter. Sechs Jahre später tritt er in den Vorstand der Dresdner Bank ein.

Er übernimmt Nebenfunktionen, unter anderem als Mitgründer der Deutsch-Türkischen Gesellschaft, zu der Mitglieder aus Industrie und Handel gehören. Ziel ist es, den deutsch-türkischen Handel zu fördern und der deutschen Industrie Investitionschancen im Osmanischen Reich zu bieten. Dass auch die Bank Interesse daran hat, ist offensichtlich.

Inzwischen ist der Erste Weltkrieg ausgebrochen, und Schacht wird um Eintritt in die deutsche Inlandsverwaltung von Belgien ersucht. Unter seine Verantwortung fällt die Abteilung für Bankangelegenheiten, einschließlich der belgischen Zentralbank.

Nach einem Konflikt mit dem Leiter der Verwaltung, General von Lumm, verlässt er diese Position 1915 wieder. Ursache sind gegenseitige Animositäten. Von Lumm hat Schacht Interessenkonflikte vorgeworfen. Der Dresdner Bank seien unter Mitwirkung von Schacht in Belgien Geschäftsmöglichkeiten eingeräumt worden, die laut Lumm auf Vorteilsannahme hinausliefen. Auf Ersuchen von Schacht wird umgehend eine Prüfung eingeleitet mit dem Ergebnis, dass kein Fall von Vorteilsannahme vorliegt. Allerdings wird darauf hingewiesen, dass es besser gewesen wäre, wenn er als Mitarbeiter der Dresdner Bank, der für diese Position abgestellt wurde, die Anfrage seiner eigenen Bank nicht bearbeitet hätte.

Zurück in Berlin reicht er bei der Dresdner Bank die Kündigung ein. Grund ist ein Konflikt mit seinem Kollegen Herbert Guttmann, dem Sohn des Aufsichtsratsvorsitzenden Eugen Guttmann. Im Kern geht es um Meinungsverschiedenheiten hinsichtlich der Unternehmensausrichtung; allerdings stehen in diesem Fall auch die unterschiedlichen Charaktere einer gedeihlichen Zusammenarbeit im Weg.

Schacht wechselt in den Vorstand der Nationalbank, die 1922 mit der Darmstädter Bank fusioniert und unter dem Namen Darmstädter und Nationalbank (Danat-Bank) weitergeführt wird.

Hier kommt es zu Spannungen zwischen den Vorstandsmitgliedern Jakob Goldschmidt und Hjalmar Schacht, die auf Rivalitäten sowie auf sachliche Differenzen hinsichtlich der Unternehmensausrichtung zurückgehen. Goldschmidt gehe bei der Kreditvergabe und im Börsenhandel nach Auffassung von Schacht zu große Risiken ein. Schacht ist überzeugt davon, dass die Bank Zuverlässigkeit und Solidität ausstrahlen sollte. Jakob Goldschmidt dagegen möchte eine Bank, die als Investitionsbank bekannt ist und damit ein ausgeprägteres Risikoprofil aufweist. 1923 verlässt Schacht die Danat-Bank.

Eine neue Phase seiner Karriere bricht an. Im November 1923 wird er vom Kabinett Stresemann zum Reichswährungskommissar ernannt. Seine wichtigste Aufgabe ist die Eindämmung der Inflation. Nach dem Ableben des amtierenden Präsidenten folgt im Dezember die Ernennung zum Präsidenten der Reichsbank durch das Kabinett Marx.

1930 erklärt Schacht seinen Rücktritt, weil er mit der Politik des amtierenden Kabinetts Müller nicht einverstanden ist.

Es schließen sich mehrere Jahre an, in denen er sich ohne Amt und Funktion als Kritiker der Haushalts- und Finanzpolitik des Kabinetts Brüning sowie der Geldpolitik seines Nachfolgers bei der Reichsbank Hans Luther profiliert.

Die Hitler-Regierung ernennt ihn 1933 schließlich erneut zum Reichsbankpräsidenten.

Mit der Ernennung zum Bevollmächtigten für Wirtschaftspolitik wird seine politische Zuständigkeit 1934 erweitert. Kurt Schmitt, amtierender Wirtschaftsminister und treues NSDAP-Mitglied, tritt wegen einer politischen Kontroverse mit Hitler zurück, während sich Schacht auf die Seite Hitlers schlägt. Damit ist Schacht zugleich für die Wirtschaftspolitik zur Aufrüstung der Wehrmacht verantwortlich.

Nach einer Zeit zunehmender Kritik an der von Hitler und Göring vertretenen Wirtschafts- und Finanzpolitik tritt Schacht 1937 als Wirtschaftsminister zurück. Ab 1938 lebt er mit Luise Sowa nicht mehr unter einem Dach. Maßgeblich dafür sind Sicherheitserwägungen, da er in Kontakt zur konservativen Opposition gegen Hitler tritt und seine Frau treue Anhängerin Hitlers ist. Er fürchtet, dass sie Hitler und dessen Gefolgsleute über seine Kontakte bewusst oder unbewusst in Kenntnis setzt.

Gemeinsam mit den anderen Direktoriumsmitgliedern der Reichsbank tritt Schacht 1939 nach öffentlicher Kritik an der haushalts-, geld-, wirtschafts- und finanzpolitischen

Strategie von Hitler und Göring zurück. Hitler ernennt Schacht daraufhin zum Minister ohne Geschäftsbereich. Er hat zwar keinen Einfluss mehr, bleibt aber mit dem Regime verbunden.

Nach dem Tod von Luise Sowa 1940 heiratet Schacht 1941 erneut. Manci Vogler ist eine am Haus der Deutschen Kunst in München tätige Kunsthistorikerin. Aus dieser Verbindung gehen zwei Töchter hervor. Nach einem Brief an Hitler mit umfassender Kritik wird er 1943 als Minister ohne Geschäftsbereich entlassen.

1944 nimmt ihn die Gestapo fest wegen des Verdachts auf Verbindungen zur konservativen Opposition, die einen Staatsstreich gegen Hitler plant. Der ehemalige Reichspreissekretär Goerdeler, der Diplomat von Hassel sowie General Halder waren dabei führend. Die Gruppe um Stauffenberg gehört ebenfalls zu dieser Opposition; sie begeht das fehlgeschlagene Attentat auf Hitler. Die meisten Beteiligten werden nach Schauprozessen hingerichtet. Halder begeht Selbstmord. Goerdeler kann zunächst fliehen, wird schließlich aber gefasst und ebenfalls hingerichtet. Einen Beweis für die Beteiligung von Schacht gibt es nicht, dennoch besteht der Verdacht. Schacht wird verhaftet und nacheinander in den für prominente Häftlinge bestimmten Sonderabteilungen der Konzentrationslager Ravensbrück, Flossenbürg und Dachau interniert. Nach seiner Überstellung in das Lager Niederdorf an der österreichisch-italienischen Grenze wird er 1945 mit anderen Sonderhäftlingen von den amerikanischen Truppen übernommen.

Schließlich wird Hjalmar Schacht von den Amerikanern interniert. Beim Nürnberger Hauptkriegsverbrecherprozess wird er wegen Verbrechen gegen den Frieden angeklagt, 1946 dann allerdings freigesprochen.

Im Anschluss an diesen Freispruch wird er auf Anweisung der Regierung des Landes Württemberg erneut verhaftet und beschuldigt, als Präsident der Reichsbank sowie als

Bevollmächtigter für Wirtschaftsfragen der Führung des Deutschen Reiches angehört und Mitschuld an den Kriegsvorbereitungen getragen zu haben. Die Entnazifizierungs-Spruchkammer verurteilt ihn 1946 zu acht Jahren Arbeitslager.

Er geht in Berufung, wird in Erwartung des Urteils freigelassen und anschließend 1948 endgültig freigesprochen.

Die Regierungen von Brasilien, Iran, Indonesien und Indien (die letzteren beiden nach ihrer Unabhängigkeit) ersuchen Schacht um Beratung in Finanz- und Wirtschaftsangelegenheiten. Nach dem endgültigen Freispruch gründet Schacht 1953 die Deutsche Außenhandelsbank Schacht und Co. in Düsseldorf. 1963 tritt er als Vorstand zurück, geht in den Ruhestand und lässt sich am Chiemsee nieder. 1970 stirbt Hjalmar Schacht und wird in München begraben.

Über dieses Buch

Während der beiden Amtszeiten als Präsident der Reichsbank liegt die Zuständigkeit von Schacht in erster Linie im Bereich der Geldpolitik. Die Geldpolitik kann aber nicht losgelöst von der Haushalts-, Steuer- und Konjunkturpolitik der Regierung sowie von den relevanten politischen, gesellschaftlichen und wirtschaftlichen Faktoren betrachtet werden. Vielmehr werden die Auffassungen von Hjalmar Schacht bezüglich der Geldpolitik von seiner Analyse dieses Komplexes einander beeinflussender Faktoren bestimmt. In seinen Publikationen und anderweitigen Äußerungen sind sowohl die Auffassungen diesbezüglich als auch die jeweiligen Analysen enthalten.

Verschiedene Autoren haben Untersuchungen veröffentlicht, die sich ganz konkret mit Hjalmar Schacht beschäftigen.² In all diesen Publikationen wird vor allem sein öffentliches Leben behandelt. Ohne Ausnahme widmen sie sich eingehend den politischen und gesellschaftlichen Aspekten seiner Präsenz in der Öffentlichkeit und werfen hin und wieder einen Blick auf das Privatleben. Die Analysen und Auffassungen von Schacht zur Wirtschafts- und Geldpolitik spielen dabei nur am Rande eine Rolle. Meines Wissens liegt keine Veröffentlichung vor, die diese Analysen sowie die darauf beruhenden Positionen systematisch behandelt.

Bei der Vorbereitung dieser Untersuchung fanden folgende Aspekte besondere Aufmerksamkeit: die wissenschaftliche Debatte in der Nachkriegszeit über die Krise von 1931, die Finanz- und Wirtschaftspolitik während der Hitlerdiktatur sowie die Umsetzung der Bretton-Woods-Beschlüsse zur internationalen Währungsordnung. Im Nachwort wird darauf noch eingegangen. Auf eine vollständige Befassung mit den genannten Inhalten wird verzichtet, da sich bei Schacht keine Anzeichen dafür finden, dass er sich an diesen Debatten aktiv beteiligt hätte. Eine Ausnahme bilden die Beschlussfassung zum Bretton-Woods-Abkommen, das zur Gründung des IWF führte, sowie die Politik von Bundesregierung und Bundesbank. Auf diesen Punkt soll näher eingegangen werden. Der zweite Grund ist, dass sich bei den Teilnehmern an diesen Debatten keine Hinweise dafür finden, dass sie die Analysen und Auffassungen von Schacht aus dessen Veröffentlichungen gekannt hätten. Die einzige relevante Ausnahme bildet Albrecht Ritschl, Wirtschaftswissenschaftler und -historiker, der sich mit Schachts Zinspolitik von 1927 auseinandersetzt, die seiner Meinung nach ursächlich für den anschließenden konjunkturellen Abschwung war und die Krise von 1931

---

[2] Norbert Müller (1973), Heinz Pentzlin (1980), Edward Norman Peterson (1945), Amos E. Simpson (1969). Christopher Kopper (2006), Frédéric Clavert (2006) (https://www.Halshs.archives-ouvertes.fr. 2015).

zumindest mitverursacht habe. Ritschl beschäftigt sich zudem mit der Geld- und Haushaltspolitik in den Anfangsjahren der Hitlerdiktatur und geht dabei konkret auf die Politik von Schacht ein. Aber auch Ritschl hat sich mit den zahlreichen Veröffentlichungen von Schacht nicht nachweisbar auseinandergesetzt. Bei der Behandlung der beiden genannten Fragen soll auf das Werk von Ritschl eingegangen werden. Im Literaturverzeichnis sind darüber hinaus sämtliche Publikationen enthalten, die im Zusammenhang mit der Nachkriegsdebatte herangezogen wurden.

Schachts Befassung mit wirtschaftlichen Problemen wurde, wenn auch nicht gänzlich bestimmt, so doch nachweislich beeinflusst durch seinen Lehrer in München, Professor Lujo Brentano. Brentano wird in den Wirtschaftswissenschaften zur historischen Schule gezählt. Dabei nimmt er eine besondere Stellung ein. Als überzeugter Liberaler und als Wissenschaftler ist für ihn die Funktion der Märkte im Rahmen der wirtschaftlichen Abläufe von ausschlaggebender Bedeutung, um einen wirtschaftlich vertretbaren Wohlstand zu erreichen. Gleichzeitig ist er – wie andere Liberale jener Zeit auch – Kathedersozialist. Das heißt, er ist sich mit seinen Gesinnungsgenossen darin einig, dass die Wirtschaftswissenschaften im Dienste einer gerechteren Gesellschaft stehen sollten.

Wissenschaftlich betrachtet Brentano die wirtschaftswissenschaftliche Forschung als Bestandteil der Gesellschaftswissenschaften. Sie ist keine Naturwissenschaft und formuliert auch keine universellen Gesetzmäßigkeiten. Ihr fehlt die Möglichkeit einer exakt quantifizierten Abbildung der Wirklichkeit anhand experimentell wiederholbarer und messbarer Wahrnehmungen.[3] Dieser Auffassung ist beispielsweise auch John Maynard Keynes, der sie in seinen Überlegungen zu Unsicherheiten bei Investitionsentscheidungen verdeutlicht.

---

[3] Detlef Lehnert (2012, S. 111–134).

Man könne nicht mehr erreichen, als die Faktoren und ihre wechselseitigen Beziehungen zu benennen, die dabei eine Rolle spielen. Die Betrachtung ist auf die Sachverhalte beschränkt, die in der Vergangenheit stattgefunden haben. Allerdings besteht eine hohe Wahrscheinlichkeit, dass nicht alle relevanten Faktoren berücksichtigt werden, ganz einfach deshalb, weil sie zum Zeitpunkt der Entscheidung nicht bekannt sind. Müssen Entscheidungen getroffen werden, erfolgt eine Einschätzung der möglichen Ergebnisse. Laut Keynes geht es bei Entscheidungen um die Ermittlung von Wahrscheinlichkeiten, weil im Voraus nicht genau festgestellt werden kann, mit welcher Sicherheit ein Ergebnis eintritt. Auf makroökonomischer Ebene nehmen die Probleme bei der Ermittlung wahrscheinlicher Ergebnisse von Entscheidungen aufgrund der Komplexität der beeinflussenden Faktoren und deren wechselseitigen Beziehungen noch einmal zu. Wirtschaftswissenschaft ist keine Physik, sondern „moral science". Keynes kritisiert Tinbergen, der überzeugt sei, aus den Konjunkturbewegungen ein zutreffendes und verifizierbares quantitatives Modell herleiten zu können. Mit einem solchen Modell, so Tinbergens Annahme, ließen sich quantitative Aussagen zu künftig auftretenden Konjunkturbewegungen treffen. Laut Keynes hat Tinbergen dafür keinen Nachweis erbracht – wie bewundernswert seine quantitative Analyse eines bestimmten Falles auch sei. Diese Debatte zwischen Keynes und Tinbergen Ende der Dreißiger Jahre hat zahlreiche Reaktionen hervorgerufen. Inzwischen besteht Konsens darüber, dass Keynes mit seiner Analyse recht hatte.[4]

Schacht, bei dem es keine Hinweise darauf gibt, dass er die Theorie von Keynes kannte, gelangt zu einer pragmatischen

---

[4] John Maynard Keynes (1920). Teil V behandelt das konkrete Problem der statistischen Analyse. Die philosophischen Argumente sind in Teil I enthalten. Robert Skidelsky (2015a, S. 8 f., 2015b, S. 275–286). Hugo A. Keuzekamp (1995). Robert Leeson (2000), insbesondere Kapitel 2. Albert Jolink (2000).

Auffassung hinsichtlich der Wahrscheinlichkeit von Ergebnissen der Wirtschafts- und Geldpolitik. Folgende Zitate weisen darauf hin:

> „(…) Ich habe mich auf theoretische Auseinandersetzungen weder mit den Nominalisten noch den Indexwährungstheoretikern jemals eingelassen und habe immer ganz offen ausgesprochen, dass ich von Währungstheorien allein nicht viel halte, dass ich aber jederzeit bereit sein würde, diejenige Währung anzunehmen, die von Amerika und England angenommen würde (…)".[5]

Hier geht es um die Bestimmung des Wechselkurses.

> „(…) So griff in der Öffentlichkeit wieder eine starke pessimistische Stimmung Platz, während andererseits für die Regierung und die Reichsbank sich die Notwendigkeit ergab, den Dollarkurs so rasch wie möglich stabil zu erhalten. Bei welchem Kurse die Aufrechterhaltung, also die Stabilisierung möglich sein würde, das war das grosse Rätsel, vor dem man stand. Irgendeine mathematische Formel hierüber gab es nicht, es kam auf das Gefühl an, und letzten Endes auf den Versuch, wobei das Mittel zur Durchführung dieses Versuches, immer das gleiche blieb, nämlich die Kontraktion des gesetzlichen Zahlungsmittels, der Papiermark (…)".[6]

Hier beschäftigt sich Schacht mit der Politik zur Beendigung der Hyperinflation.

In *Das Ende der Reparationen* wiederholt er das noch einmal.

> „(…) Die Leitung eines Währungsinstitutes ist nicht eine blosse arithmetische Angelegenheit. Sie bedarf vielmehr

---

[5] Hjalmar Schacht (1927, S. 160).
[6] Hjalmar Schacht (1927, S. 73 f.).

eines ständigen Mitfühlens mit den lebendigen Kräften, die in der Wirtschaft und besonders im Geld- und Kapitalwesen wirksam sind (…)".[7]

Diese Auffassung schließt die Einbeziehung von statistischem Material in die Wirtschaftsanalyse keineswegs aus. Auch Schacht verwendet Zahlenreihen mit mehreren Variablen, die er anschließend zueinander in Beziehung setzt. Er zieht daraus Schlussfolgerungen zu (Un-)Wahrscheinlichkeiten, die in der Politik berücksichtigt werden müssen. Nicht umsonst hat Schacht nach seinem Antritt als Präsident im Jahr 1923 in der Reichsbank einen wissenschaftlichen Dienst eingerichtet, der Zahlenmaterial zur Erstellung von Statistiken zusammentragen sollte. In der vorliegenden Untersuchung wird auf dieses Material häufig zurückgegriffen.

Gliederung des Buches

Im zweiten Kapitel werden die Entstehung und die Beendigung der Hyperinflation beschrieben bis zur Einführung der neuen Mark – der Reichsmark – im Jahr 1924.

Im dritten und vierten Kapitel geht es um den Zeitraum von 1924 bis 1930. Bei der Wahl dieses Zeitabschnitts war das Jahr 1924 bestimmend, in dem zwischen den Alliierten und Deutschland neue Vereinbarungen über die Reparationszahlungen sowie zur Gestaltung des Währungssystems (einschließlich der Reichsmark) getroffen wurden. Das dritte Kapitel beschäftigt sich mit der Ausgestaltung und Funktion des Währungssystems. Im vierten Kapitel wird der politische und gesellschaftliche Kontext beschrieben, in dem die Geldpolitik auf der Grundlage dieses Systems

---

[7] Hjalmar Schacht (1931, S. 134 f.).

Gestalt annahm. Damit soll die Wechselwirkung zwischen der Innen- und Außenpolitik einerseits und der Geld- und Währungspolitik andererseits sichtbar gemacht werden.

Im fünften Kapitel geht es um die Ursachen und Folgen der Wirtschaftskrise in Deutschland in den Jahren 1930 bis 1933.

Im sechsten Kapitel kommt die Zeit nach Hitlers Machtergreifung zur Sprache, in der Schacht erneut Präsident der Reichsbank ist. Das sind die Jahre 1933 bis 1939.

Das siebte Kapitel beschäftigt sich mit der Nachkriegszeit. In dieser Zeit äußert sich Schacht zur deutschen und internationalen Wirtschafts- und Währungspolitik. Natürlich ist er nicht der Einzige. Schacht beschäftigt sich insbesondere mit der Funktion des IWF sowie mit der Politik von Bundesregierung und Bundesbank.

Im achten Kapitel, dem Nachwort, wird auf die Nachkriegsdebatte über Konjunktur- und Geldpolitik und die Ursachen und Folgen der Krise von 1931 eingegangen. Zudem wird die Diskussion über die Nachhaltigkeit des IWF-Systems und die Ausgestaltung der internationalen Geldpolitik erörtert. Die Auffassungen von Hjalmar Schacht werden dann aus dieser Perspektive eingeordnet.

Literatur

Clavert, F. (2006). *Hjalmar Schacht. Financier et diplomat 1930–1950*. Strassbourg.

Jolink, A. (2000). In search of verea causea. The Keynes-Tinbergen debate revisited. *The Economist, 148*(1) 1–17.

Keuzekamp, H. (1995). *Keynes and the logic of econometric method*. Tilburg/London.

Keynes, J. M. (1920). *A treatise on probability*. London.

Kopper, C. (2006). *Hjalmar Schacht. Aufstieg und Fall von Hitlers mächtigstem Bankier*. München/Wien.

Leeson, R. (2000). *The eclipse of Keynsianism. The political economy of the Chicago counter revolution*. New York.
Lehnert, D. (2012). Lujo Brentano als politisch-ökonomischer Klassiker des modernen Sozialliberalismus. In *Sozialliberalismus in Europa. Herkunft und Entwicklung im 19. und frühen 20. Jahrhundert*. Wien.
Müller, N. (1973). *Die Zentralbank: Eine Nebenregierung. Hjalmar Schacht Reichsbankpräsident als Politiker der Weimarer Republik*. Opladen.
Pentzlin, H. (1980). *Hjalmar Schacht: Leben und Werken einer umstrittener Persönlichkeit*. Berlin.
Peterson, E. N. (1945). *Hjalmar Schacht: For and against Hitler. A political-economic study of Germany 1923–1945*. Boston.
Schacht, H. (1927). *Die Stabilisierung der Mark*. Stuttgart.
Schacht, H. (1931). *Das Ende der Reparationen*. Oldenburg.
Simpson, A. E. (1969). *Hjalmar Schacht in perspective*. Den Haag/Paris.
Skidelsky, R. (Hrsg.) (2015a). John Maynard Keynes. The essential Keynes. In *The principles of probability*. London: Penguin Classics.
Skidelsky, R. (Hrsg.). (2015b). *Methodological issues. Tinbergen Harrod (1938)*. London: Penguin Classics.

2
Ende der Hyperinflation

Hjalmar Schacht wird 1923 mit einer Position betraut, die ihn in die Lage versetzt, seine Auffassungen zur Wirtschafts- und Geldpolitik in der Praxis umzusetzen. Die Reichsregierung hat ihn im November 1923 zunächst zum Kommissar für Geldpolitik und anschließend im Dezember 1923 zum Präsidenten der Reichsbank ernannt. In seinem Buch *Die Stabilisierung der Mark*[1] von 1927 beschreibt er seine Politik bis etwa Ende 1926. Im gleichen Jahr erscheint seine Broschüre *Eigene oder geborgte Währung*,[2] in der er ganz konkret auf die Grundsätze eingeht, auf denen seine Auffassungen zur Geldpolitik beruhen. Im Jahr 1966 blickt er mit seinem Buch *Magie des Geldes. Schwund und Bestand der Mark*[3] auf sein Berufsleben zurück. Darin wird natürlich auch dieser Zeitraum besprochen.

---

[1] Schacht (1927a).
[2] Schacht (1927b).
[3] Schacht (1966).

Die Konsequenzen von Versailles

Seit Ende des Ersten Weltkriegs 1918 bis zu Schachts Eintritt in ein öffentliches Amt im Jahr 1923 ist wirtschaftspolitisch eine Menge passiert. Um Schachts Handeln besser verstehen zu können, sollen die Ereignisse an dieser Stelle kurz rekapituliert werden.

Die Regierung Deutschlands hatte die Kriegsführung vor allem mit Darlehen finanziert und war deshalb tief verschuldet. Dies ging einher mit inflationärer Geldschöpfung durch die Reichsbank, mit der bei ihr in großem Maßstab kurzfristige Kredite des Reiches ohne rechtzeitige Tilgung rediskontiert wurden.

Auch nach dem Krieg wurde diese Geldschöpfung nicht beendet. Der Staatshaushalt sah sich steigenden Ausgaben und sinkenden Einnahmen gegenüber. Dabei wurde das Finanzierungsdefizit durch die geldschöpfenden Rediskontierungsvorgaben der Reichsbank weiterhin gedeckt. Die Ursachen waren nicht allzu schwer auszumachen. Die auf Kriegsführung gerichtete Produktion gab es nicht mehr, und für die Wirtschaft bestand die Aufgabe der Umstrukturierung. Die Streitkräfte wurden bis auf einen geringen Bestand aufgelöst. Das bedeutete Arbeitslosigkeit mit staatlich organisierter Unterstützung. Aus Osteuropa setzte ein Flüchtlingsstrom ein, der die Situation verschärfte. Gleichzeitig wurde der Marktwert von Geldvermögen durch die inflationäre Geldschöpfung geschmälert. Dementsprechend sank auch der Wert der Kriegsschulden. Auf diese Weise wurden die Inhaber solcher Schuldverschreibungen enteignet, und nicht nur sie, sondern Inhaber von Schuldverschreibungen ganz allgemein. Sie mussten mit ansehen, wie ihre Forderungen wertlos wurden. Die Wirtschaft befand sich in einer Depression, die durch die anhaltende Geldentwertung vertieft wurde. Für die Bevölkerung bedeutete dies Massenarbeitslosigkeit und Armut.

Verschiedene Maßnahmen der Alliierten verschärften dieses Problem. So entzogen sie der deutschen Wirtschaft in großem Stil Produktionskapazitäten.[4]

Weite Bereiche der Industrie waren darüber hinaus durch die Abtretung von Gebieten an andere Staaten geschwächt. Sie verloren Absatzmärkte und konnten nicht mehr auf die Versorgung mit inländischen Rohstoffen setzen, die sie für ihre Produktionsprozesse benötigten. Die Notwendigkeit von Exporten und Importen nahm zu. Bestand nun ein entsprechendes Absatzpotenzial? Konnte Deutschland den gestiegenen Importbedarf anderswo zu günstigen Konditionen befriedigen? Keineswegs. Das hatte vor allem zu tun mit den Einschränkungen bei den Absatzmöglichkeiten einer Industrie, die mit Kapazitätsverlusten, Umstrukturierungsproblemen, wegbrechender Inlandsnachfrage und einem ebenfalls in Kriegsrezession befindlichen Ausland zu kämpfen hatte.

Anhand verschiedener Zahlen lässt sich der Zustand veranschaulichen, in dem sich die Wirtschaft befand. Der Kohleabbau im Saargebiet und im östlichen Oberschlesien war in französische bzw. polnische Hände gefallen. Der größte Teil der Eisenerzgewinnung befand sich in Lothringen, und darum kümmerte sich nun Frankreich. 26 Prozent des Kohlebergbaus, 44 Prozent der Roheisenproduktion und 38 Prozent der Stahlproduktion verschwanden aus Deutschland.

Die Situation in den Bereichen Landwirtschaft und Transport trug ebenfalls zur allgemeinen wirtschaftlichen Misere bei. Deutschland musste große landwirtschaftliche Nutzflächen an Polen abgeben und in begrenztem Umfang auch an Dänemark, Belgien und Frankreich. Insgesamt betraf dies 14 Prozent der Landwirtschaftsflächen. Damit stieg der Importbedarf bei Lebensmitteln und landwirtschaftlichen Grundstoffen. Der verbleibende landwirtschaftliche

---

[4] Die folgenden Zahlen stammen aus dem Essay des Marburger Professors für Politikwissenschaft Dirk Berg-Schlosser (1987).

Sektor verlor aufgrund der anhaltenden Inflation die Geldmittel und auch die Kreditwürdigkeit, um die landwirtschaftliche Produktion zu modernisieren. Denn eine solche Modernisierung hätte den Verlust an landwirtschaftlichen Nutzflächen in gewissem Umfang ausgleichen können.

Die Transportbranche verlor durch alliierte Beschlagnahme 90 Prozent ihrer Handelsflotte, 5000 Lastkraftwagen, 5000 Lokomotiven und 150.000 Eisenbahnwaggons. Die wenigen Zeppeline, über die Deutschland noch verfügte, mussten ebenfalls abgegeben werden. Auch in diesem Sektor kam es zu einem Verlust an Produktionskapazitäten. Der deutschen Wirtschaft wurde damit ein Logistikproblem aufgehalst.

Aber diese Aufzählung erfasst noch längst nicht den Gesamtschaden. Vor allem Großbritannien hatte während des Krieges deutsches Vermögen sowie Niederlassungen deutscher Unternehmen beschlagnahmt. Polen hatte sich deutsches Eigentum – namentlich Landwirtschaftsbetriebe – angeeignet, für das die früheren Eigentümer jetzt eine Entschädigung verlangten. Hierzu gab es keine Regelungen. Schließlich gab es auch noch die Danzig-Frage. Die Stadt erhielt den Status einer neutralen Hafenstadt – gelegen im Polnischen Korridor, der das deutsche Ostpreußen rund um Königsberg vom übrigen Deutschland trennte. Danzig wurde damit faktisch eine polnische Hafenstadt, während der Korridor dem überwiegend landwirtschaftlich geprägten Ostpreußen ein Transportproblem bescherte.

Aus der politischen Neuordnung in Osteuropa und auf dem Balkan waren neue Staaten hervorgegangen, die das Ziel hatten, die eigene Industrie mit protektionistischen Maßnahmen zu fördern. Der traditionelle deutsche Absatz in diese Regionen hatte darunter zu leiden. Schließlich verlor Deutschland seine Kolonien an den Völkerbund. Sie wurden als französische und britische Mandatsgebiete weitergeführt. So musste Deutschland den Verlust von Investitionen sowie eines Teils seiner Rohstoffversorgung hinnehmen.

Zudem bestand das Problem der Arbeitsbedingungen der Beamten. Die Reichsregierung sah sich mit deren Lohnforderungen konfrontiert und hatte mit einem Loyalitätsproblem zu kämpfen. Der aus der Kaiserzeit stammende Beamtenapparat hatte zur republikanischen Regierung kein besonders großes Vertrauen; die Regierung war aber auf parlamentarische Mehrheiten und eine zuverlässige Beamtenschaft angewiesen. Und so entsprach die Reichsregierung den Lohnforderungen, um sich die Loyalität der Staatsdiener zu erkaufen. Dadurch verschärfte sich der Haushaltsdruck.

In vielen Bereichen herrschte Mangel, und von der Reichsregierung erhoffte man sich Lösungen. Die verschiedenen Kabinette hatten mit sozialen Unruhen zu tun und mussten sich, zumal in den ersten Jahren nach dem Krieg, mit separatistischen und revolutionären Bewegungen auseinandersetzen, die politisches Handeln erschwerten.[5]

Jedem war klar, dass unter solchen Bedingungen kein Spielraum war für die bitternötige Sanierung der öffentlichen

---

[5] Hans Mommsen (2009, S. 73–119). Eine Beschreibung des Mangels und der Not sowie der politischen Unruhen im Nachkriegs-Bayern mit der Münchner Räterepublik und dem gewaltsamen Widerstand der Freikorps aus demobilisierten Militärangehörigen und schließlich mit der Wehrmacht zur Wiederherstellung der Ordnung findet sich im Tagebuch von Victor Klemperer (2015). Victor Klemperer (1881–1960) war Dozent und später Professor u. a. an der Universität München. Nach der Machtergreifung Hitlers wurde er aus dem Universitätsdienst entlassen und durfte auch keinen anderen Beschäftigungen mehr nachgehen. Als jüdischer Deutscher war er besonders gefährdet, hat diese Zeit letztendlich aber körperlich unbeschadet überstanden. Nach der Befreiung ist Klemperer in der DDR geblieben und hat seine Tätigkeit als Universitätsprofessor wieder aufgenommen. Zur allgemeinen politischen Entwicklung: Hans Mommsen (2009, S. 35–73).

Finanzen. Hier lag eine wesentliche Ursache für die fortschreitende inflationäre Entwicklung.[6]

Doch das war noch nicht alles. Die Reichsregierung musste den Alliierten die von ihnen ermittelten Kriegsschäden erstatten.[7] Im Friedensvertrag von Versailles waren weder Beträge noch die Bedingungen für entsprechende Zahlungen enthalten.[8] Dies wurde erst 1921 von den Alliierten in Absprache mit der deutschen Regierung geregelt.[9] Erst zu diesem Zeitpunkt stand fest, was Deutschland in Form von Gütern und Geld zu zahlen hatte.

Der Reichsregierung wurde eine Summe von insgesamt 132 Milliarden Goldmark auferlegt (die Mark der Vorkriegszeit mit Goldparität), die über einen Zeitraum von 66 Jahren zu begleichen war. Im Vergleich zu den Kriegsdarlehen der Vereinigten Staaten an Großbritannien und

---

[6] Schacht (1927a, Kap. 2, S. 20–41). Vom Waffenstillstand bis zum Ruhreinbruch. https://www.bundesarchiv.de/aktenreichskanzlei/1919-1933. Das Kabinett Müller I. Band 1. *Einleitung. Finanz-, Sozial- und Wirtschaftspolitik und Dokumente*. Ebd. Das Kabinett Fehrenbach. Band 1. Einleitung. *Finanz-, Wirtschafts- und Sozialpolitik und Dokumente*.

[7] Der hier beschriebene Verlauf orientiert sich an den Akten der Reichskanzlei, Weimarer Republik, das Kabinett Fehrenbach, Band I, *Reparationsfrage und Dokumente*.

[8] Die Verhandlungen, die die Alliierten untereinander und anschließend mit Deutschland 1919 in Paris führten, um eine Übereinkunft bezüglich der Reparationszahlungen zu erzielen, werden beschrieben in Kap. 15 des Buches von Margaret MacMillan (2001).

[9] Eine Darstellung der interalliierten Kriegsschulden und der Reparationszahlungen sowie der Beratungen der Vereinigten Staaten und Großbritanniens in den Jahren 1920–1922 findet sich in Donald Moggridge (2002, S. 388 ff.). Die Auffassungen von Keynes zu den Reparationszahlungen werden beschrieben und kommentiert in Nigall Ferguson (1995, S. 368–391). Carl Bergmann (1927). Dieses Buch enthält ein Vorwort von Sir Josiah Stamp, der an den verschiedenen Verhandlungen teilgenommen hat. Bergmann war Mitglieder der deutschen Verhandlungsdelegation, die zunächst in Versailles und anschließend in London (1922) und dann noch einmal in London (1924) über die Reparationszahlungen verhandelt hat. Hans Mommsen (2009, S. 146–149). Akten der Reichskanzlei. Das Kabinett Müller I. Band 1. Einleitung. *Die Reparationsfrage und Dokumente* sowie Das Kabinett Fehrenbach. Band 1. Einleitung. *Die Reparationsfrage und Dokumente*.

Frankreich sowie von Großbritannien an Frankreich über insgesamt mehr als 49 Milliarden Goldmark war dies ein gewaltiger Betrag.[10] Franzosen und Briten wollten einen Teil der 132 Milliarden Goldmark zur Tilgung ihrer Schulden verwenden. Sie betrachteten dieses Geld als Teil der Entschädigung und Wiedergutmachung.

Die Reparationszahlungen bestanden aus drei Schuldverpflichtungen der Reichsregierung. Die erste Schuldverpflichtung (A) wurde am 1. Juli 1921 wirksam und belief sich auf 12 Milliarden Goldmark, die in Geldbeträgen zu entrichten waren. Die zweite Schuldverpflichtung (B) vom 1. November 1921 über 38 Milliarden Goldmark war in Form von Sachleistungen zu begleichen. Dazu kam eine dritte Schuldverpflichtung (C) über 82 Milliarden Goldmark, die 1926 wirksam werden sollte mit längeren Laufzeit. Die Schuldverpflichtungen A und B wurden in Form von Annuitäten zu einem Zinssatz von 5 Prozent und kürzere Laufzeit festgeschrieben. Die Alliierten berechnete eine Annuität von 3,3 Milliarden Goldmark.[11]

---

[10] Margaret MacMillan (2005).

[11] Anmerkung. Die herangezogenen Unterlagen und die Literatur geben keinen Aufschluss über die genauen finanziellen Berechnungen. Allerdings ist offensichtlich, dass ab 1922 bis zum Young-Plan 1930 immer wieder unterschiedliche Annuitäten im Gespräch waren. Sally Marks (1978, S. 231–255) katalogisiert die Annuitäten und deren Struktur sowie die Gesamtbeträge der Reparationszahlungen für den Zeitraum von 1919–1932. Sie ergänzt ihre Zahlen um eine ausführliche Dokumentation. Allerdings kann sie die Berechnungen nicht geben. Sie vertritt die These, dass 132 Milliarden Goldmark zu keinem Zeitpunkt Realität waren. Gleichzeitig ist sie der Auffassung, dass die Reparationszahlungen nicht zu den anhaltenden wirtschaftlichen und finanziellen Problemen Deutschlands geführt haben. Marks geht dabei nicht auf die Position von Sir Josiah Stamp wie von Schacht ein. Diese waren der Meinung, dass – selbst wenn die vereinbarten Annuitäten im Staatshaushalt bereitgestellt würden – immer noch das Transferproblem bestünde, wenn es nicht möglich wäre, die Zahlungen aus dem Überschuss der Leistungsbilanz zu finanzieren. Siehe Thomas W. Lamont (1930, S. 321–326). Lamont war Bankier und als Sachverständiger eng in die Young-Verhandlungen in Paris eingebunden. Siehe auch Leonard Gomes (2010). Gomes bezieht sich auf das Vorwort von Sir Josiah Stamp im Buch von Carl Bergmann (1927), in dem Stamp dieses Buch als gute Übersicht würdigt und die oben erwähnte Position einnimmt.

Ein Finanzierungsplan wurde entwickelt, um die Einnahmen für diese Annuität zu gewährleisten. Den kritischsten Teil bildeten eine Reihe von Steuereinnahmen, die zu diesem Zweck beiseitegelegt werden mussten und von denen 50 Prozent in Devisen zu überweisen waren. Die verbleibenden 50 Prozent waren zur Finanzierung der Warenlieferungen vorgesehen. Schließlich gab es die Klauseln, in denen es um die Erträge aus den Zolltarifen ging. 25 bis 26 Prozent der Ausfuhrerlöse in Devisen konnten zur Gewährleistung der Annuität beansprucht werden, und zwar ebenfalls in Devisen, um den Transfer zu garantieren. Später wurde zudem verlangt, dass das Reichskabinett alle geforderten Beträge, die im Haushalt in Papiermark angesetzt waren, vielmehr in Goldmark zu einem festen Dollarkurs (1 Dollar = 4,2 Goldmark) zu verbuchen habe. Damit sollten die Zahlungen vor Inflation geschützt werden. In der Summe bedeutete dies eine starke Belastung des deutschen Staatshaushalts, der Leistungsbilanz und damit der Reichsbank-Reserven, die alle drei negativ waren. Deutschland konnte faktisch nicht bezahlen.

Deshalb mussten Sicherheiten erbracht werden, die über die zweckgebundenen Steuereinnahmen und den Anteil an den Exporterlösen hinausgingen. Dazu belastete die Reichsregierung die Wirtschaft mit einer Hypothek auf das Betriebsvermögen, das gleichzeitig nicht mehr ohne Weiteres belastet werden durfte.[12] Zinsen und Tilgungen dieser Zwangshypothek waren für die Reparationszahlungen vorgesehen. Es stand außer Frage, dass damit die Finanzierung der Wirtschaft untergraben wurde. Die Wirtschaft sollte auf finanzielle Spielräume verzichten, um gegen die Erbringung von Sicherheiten Kredite zu ermöglichen. Darüber

---

[12] Siehe auch die ausführliche Darlegung in: *Denkschrift des Reichswirtschaftsministers zur Erfüllung des Londoner Zahlungsplanes vom 19. Mai 1921 und Denkschrift zur Begründung der Substanzerfassung vom 27. Juni 1921*. Akten der Reichskanzlei, die Kabinette Wirth I/II, Band I, Dokumente Nr. 6 und 17.

hinaus wurden die Unternehmensbilanzen mit der Hypothek belastet und die Gewinn-und-Verlust-Rechnung mit Zinsen und Tilgungen. Diese Regelungen waren mit Strafandrohungen versehen, sollte die Reichsregierung den Forderungen nicht nachkommen. So war es im Versailler Vertrag vorgesehen. Bei den Beratungen der Alliierten im belgischen Spa, unter anderem über die Sachleistungen, hatte man bereits mit der Besetzung des Ruhrgebiets gedroht, wenn die erzwungenen Kohlelieferungen ausblieben. Während der anschließenden Beratungen in London (1921) besetzte Frankreich zwei Städte mit den angrenzenden Gebieten am rechten Rheinufer, darunter Duisburg mit seinem wichtigen Rheinhafen. Deutschland sollte nicht länger gegen das Londoner Ultimatum hinsichtlich der Reparationszahlungen aufbegehren.[13] Das Rheinland war bereits von Franzosen, Briten und Belgiern besetzt worden. Diese Besetzung sollte bis 1935 andauern und war als Zwangsmittel sowie Sicherheitsgarantie insbesondere für Frankreich und Belgien gedacht.

Der schwierige Weg zur Korrektur

Großbritannien begann offensichtlich einzusehen, dass man zu viel verlangt hatte. Vom 6. bis 13. Januar 1922 fand in Cannes eine internationale Wirtschaftskonferenz statt, auf der über die Wirtschaft der Nachkriegszeit, die sich in einer Rezession befand, gesprochen werden sollte. Dabei zeigte sich der britische Premierminister David Lloyd George überzeugt davon, dass man sich mit Umfang und Modalitäten der Reparationszahlungen befassen müsse. Hier drohten Ausfälle,

---

[13] Zum Finanzierungsplan siehe: Akten der Reichskanzlei. Die Kabinette Wirth I/II, Band 1. Dokumente Nr. 39. *Das Garantiekomitee der Reparationskommission an den Reichskanzler, Berlin 28. Juni 1921.* Idem. Dokumente Nr. 210. *Vermerk des Ministerialrats Kempener betreffend Reparationen. 21. Februar 1922.*

da Deutschland die Zahlungen nicht aufbringen konnte. Der französische Ministerpräsident Aristide Briand stand derartigen Überlegungen nicht ablehnend gegenüber. Briand musste allerdings wenig später zurücktreten, und sein Nachfolger, der konservative Politiker Raymond Poincaré,[14] hielt ganz und gar nichts von Gesprächen über die Reparationszahlungen. Das zeigt sich schon recht schnell, als der Völkerbund vom 10. April bis zum 19. Mai 1922 in Genua eine Konferenz veranstaltete, auf der erneut über den Zustand der Weltwirtschaft gesprochen werden sollte. Auch Deutschland und die Sowjetunion durften daran teilnehmen, auch wenn sie keine Mitglieder des Völkerbundes waren. Zahlreiche Regierungschefs erschienen, nicht aber Poincaré. Er hatte von Lloyd George verlangt, die Reparationszahlungen auf der Tagesordnung der Beratungen nicht zu berücksichtigen.

Am 16. April 1922 – während der Konferenz in Genua – schlossen Deutschland und die Sowjetunion im nahe gelegenen Rapallo einen Vertrag über die Wiederaufnahme diplomatischer Beziehungen, wirtschaftliche Zusammenarbeit und Erlass gegenseitiger Forderungen. Die Russen verzichteten auf ihren Teil der Reparationszahlungen und würden sich damit nicht mehr an entsprechenden Beratungen beteiligen. Frankreich sah im Vertrag von Rapallo keine Normalisierung der deutsch-sowjetischen Beziehungen, sondern ein Bündnis, das die neuen Ostgrenzen Deutschlands infrage stellen könnte und damit ein Sicherheitsrisiko darstellte.

Aus Sicht von Poincaré sprach alles dafür, Deutschland wirtschaftlich schwach zu halten, und umfangreiche Reparationszahlungen halfen dabei. Selbstverständlich standen Fragen wie die Besetzung des Rheinlands, der Zustand des Saargebiets, die Sanktionsmöglichkeiten durch Ansprüche

---

[14] M. Trachtenberg (1980, S. 56 ff.).

am rechten Rheinufer sowie der Polnische Korridor nicht zur Debatte.

Die Briten machten den Vorschlag, die Finanzierung der Reparationszahlungen durch Deutschland mit einer Anleihe auf dem internationalen Kapitalmarkt zu erleichtern. Das hätte eine Reihe von Vorteilen. Sollte die Platzierung erfolgreich sein, würde der Geldanteil an den Reparationszahlungen privat finanziert, und die anspruchsberechtigten Alliierten erhielten ihr Geld aus dem Ertrag. Das Risiko wäre fortan eine Sache von privaten Gläubigern und deutscher Regierung.

Nach etlichen Unterredungen richtete die alliierte Kommission für Reparationszahlungen (Repco) am 24. Mai 1922 ein Gremium ein, das prüfen sollte, ob und wie eine solche internationale Anleihe möglich wäre. Das Gremium bestand aus dem ehemaligen Finanzminister und vormaligen Ministerpräsidenten Belgiens, Léon Delacroix (Vorsitzender), sowie den Mitgliedern J.P. (Jack) Morgan von der nach seinem Vater benannten amerikanischen Bank, Sir Robert Kindersley von der Lazard Brothers and Co, dem Franzosen Charles Sergent, dem Italiener Mariano d'Amelio, dem Präsidenten der niederländischen Zentralbank Gerard Vissering sowie Carl Bergmann, dem deutschen Staatssekretär für Finanzen.[15] Zur Erleichterung der Arbeit des Gremiums im Zusammenhang mit den deutschen Haushalts- und Zahlungsbilanzproblemen beschloss die Repco, für die Zeit vom 31. Mai bis zum 31. Dezember 1922 einen Zahlungsaufschub zu gewähren. Im deutschen Kabinett keimte eine gewisse Hoffnung.

---

[15] Die hier beschriebenen Abläufe in diesem Anleihegremium orientieren sich an der Darstellung des Mitglieds Bergmann in einer Diskussion im Kabinett Wirth. Akten der Reichskanzlei, Weimarer Republik, Die Kabinette Wirth I/II, Band 2, Dokumente Nr. 291.

Das Gremium benötigte nicht allzu viel Zeit für die Erkenntnis, dass eine Anleihe keinerlei Chance hätte, wenn nicht grundsätzlich etwas gegen das bestehende Haushalts- und Leistungsbilanzdefizit unternommen würde. Das Gremium schlug der Repco deshalb vor, die Reparationszahlungen in die Analyse einzubeziehen. Die Mehrheit des Gremiums stimmte dieser Schlussfolgerung zu – mit Ausnahme des Franzosen Sergent. J.P. Morgan wollte dieses Ersuchen unterstützen und äußerte bereits am 1. Juni 1922: Das Gremium müsste darauf hinweisen, dass es seiner Aufgabe nicht richtig nachkommen könne, solange die Frage der Reparationszahlungen nicht angesprochen werden dürfe.

Schon hier zeichnete sich ein Muster ab, das die gesamte Diskussion über die Reparationszahlungen ab 1922 prägen sollte. Fachleute wollten das Problem der Reparationszahlungen finanzwirtschaftlich angehen; die Politik dagegen war gespalten, wobei Frankreich als Hardliner von einem solchen Ansatz partout nichts wissen wollte. Deutschland sollte, so die Franzosen, die volle Summe bezahlen, so viel stand fest. Die Briten betrachteten dieses Problem wie immer differenziert, wollten sich aber nicht ohne Weiteres von den Franzosen distanzieren. Für die Vereinigten Staaten standen insbesondere die eigenen Interessen im Mittelpunkt. Dazu gehörten die Kriegsdarlehen, aber auch die Wall Street, die ihrer Aufgabe als wichtigster Kapitalmarkt für Geld suchende Europäer möglichst reibungslos nachkommen sollte. Politisch jedoch wollte man sich nicht engagieren.

Die Position des Sachverständigengremiums rief auf französischer Seite wütende Reaktionen hervor. In der französischen Nationalversammlung griff Poincaré die Empfehlung des Gremiums scharf an. Weder dieses Gremium noch die Repco hätten sich mit den Reparationszahlungen zu befassen. Bei den betreffenden Mitgliedern stieß dies auf vehementen Widerspruch. Sir Robert Kindersley, der ständig nach Kompromissen suchte, bezog nun eindeutig Stellung. Diese Intervention von Poincaré war für ihn völlig inakzeptabel, und so schlug er sich auf die Seite von J.P Morgan. Auch der Vorsitzende Delacroix teilte diese Position, sodass Sergent plötzlich allein dastand.

Das deutsche Kabinett fühlte sich unterstützt, traf im eigenen Land aber auf eine geteilte Meinung. Die Presse sah in einer Anleihe, wie auch immer sie ausgestaltet war, nicht die richtige Lösung. Nicht noch mehr Schulden, nicht noch mehr Abhängigkeit! Das Land sollte ganz einfach vom Joch der Reparationszahlungen befreit werden. Solche Stimmen spielten Poincaré unmittelbar in die Hände. Seine abweisende Position gegenüber allen Vorschlägen, die auf eine Überprüfung der Reparationszahlungen hinausliefen, wurde dadurch noch einmal bekräftigt.

Ungeachtet Poincarés Haltung übernahm die Repco gegen die Stimme des Franzosen Sergent die Empfehlung des Sachverständigengremiums. Allerdings fehlte damit die für einen endgültigen Beschluss notwendige Einstimmigkeit. Am 10. Juni 1922 trat das Sachverständigengremium mit einer deutlichen Erklärung an die Öffentlichkeit. Wenn bei der Frage der Möglichkeit eines Darlehens nicht die Reparationszahlungen berücksichtigt würden, könnte das Gremium bezüglich eines solchen Darlehens keine positive Stellungnahme abgeben. Die Devisenmärkte reagierten prompt – die Mark brach noch weiter ein. Hier wurde die Äußerung als Zweifel an der Tragfähigkeit des Wechselkurses der Mark interpretiert.

Am 1. August 1922 ergriff der britische Außenminister ad interim Arthur James Balfour eine bemerkenswerte Initiative. Er schickte den Alliierten auf dem Kontinent, die bei Großbritannien Schulden hatten, einen Brief. Es ging um die in Großbritannien aufgenommenen Kredite zur Kriegsfinanzierung. Er schlug vor, diese britischen Forderungen zu reduzieren, wenn sich die Vereinigten Staaten ihrerseits ebenfalls dazu bereit erklärten, die eigenen Forderungen gegenüber Großbritannien und den anderen Alliierten zurückzufahren. Dazu brachte er zwei Argumente vor. Die Abwicklung der interalliierten Kriegsschulden, auch unter Verwendung der Reparationszahlungen als Finanzierungsquelle, stünde Bestrebungen zu einer Normalisierung der Finanzbeziehungen entgegen. Denn auf den Schuldner Deutschland könne man eigentlich nicht zählen. Für die europäischen Alliierten, die gegenüber Großbritannien verschuldet waren, galt das Gleiche. Gleichzeitig hielt er diese Maßnahme für gerechtfertigt, weil die amerikanischen Forderungen gegenüber Großbritannien darauf zurückzuführen waren, dass Großbritannien die Bündnispartner auf dem Kontinent nicht nur materiell, sondern auch finanziell unterstützt hatte.

Der amerikanische Finanzminister Andrew Mellon und dessen Staatssekretär Seymour Parker Gilbert reagierten verärgert auf die britische Behauptung, wonach vor allem Großbritannien die Kriegsführung so überzeugend finanziert hätte, und dass es nun an den Vereinigten Staaten läge, ob die Zahlungsprobleme gelöst würden oder nicht. Die Amerikaner versagten ihre Mitwirkung, und Balfour griff auf seine bereits bestehende Ausweichroute zurück. Bei einer amerikanischen Weigerung würden die Briten ihre Forderungen gegenüber den Bündnispartnern und Deutschland geltend machen und damit ihren amerikanischen Geldgeber zufriedenstellen. Dazu könnten sie ihr Recht in Anspruch nehmen, die Zölle auf Importe aus Deutschland zu erhöhen. Legitimiert war das aufgrund des Londoner Abkommens von 1921, wonach ein Teil der Exporterlöse Deutschlands für Reparationszahlungen beansprucht werden dürften. Ob die Briten dabei die Möglichkeit einbezogen, dass ihr Plan angesichts der Zahlungsprobleme Deutschlands scheitern könnte, lässt sich aus der herangezogenen Literatur nicht erkennen. Die britische Position stand der eigenen früheren Argumentation in jedem Fall diametral entgegen. Es handelte sich um eine Finte, um Bewegung in etwas zu bringen, das unverrückbar schien.

Das deutsche Kabinett ließ sich allerdings nicht entmutigen. Es hatte anerkannte Bankiers und Wirtschaftswissenschaftler gefunden, die bereit waren, Empfehlungen auszusprechen, inwieweit Deutschland in der Lage sein würde, seinen Verpflichtungen im Rahmen der Reparationszahlungen nachzukommen. Robert Henry Brand (Großbritannien), Gustav Cassel (Schweden), Edward Jenks (Vereinigte Staaten), John Maynard Keynes (Großbritannien), Gerard Vissering (Niederlande), Louis Dubois (Schweiz) sowie Kamenken (der japanische Vertreter in Frankreich, der bei einer französischen Bank beschäftigt war) übernahmen diese Aufgabe. Am 11. November erstatteten sie Bericht.[16] Wollte Deutschland seine Zahlungsfähigkeit wiederherstellen, mussten die öffentlichen Finanzen mit dem Ziel saniert werden, die Inflation zu beenden. Gleichzeitig war es notwendig, eine ausgeglichene Leistungsbilanz zu erreichen, und zwar unter Einbeziehung der Reparationsverpflichtungen. So wurde vorgeschlagen, bei der Reichsbank ein „Exchange and Control Board" einzurichten, das unabhängig von der Reichsregierung und von der Repco war. Dieses Gremium sollte über die Gold- und Devisenreserven der Reichsbank verfügen können. Laut Kommission sollte dieses Gremium mit den Reserven auf den Devisenmärkten intervenieren können und damit in der Lage sein, den Wechselkurs zu stabilisieren. Allerdings müssten zunächst die Ursachen für Inflation und Instabilität des Wechselkurses beseitigt werden. Keine Schatzanweisungen mehr, die ohne viel Federlesens bei der Reichsbank refinanziert wur-

---

[16] Akten der Reichskanzlei. Die Kabinette Wirth I/II, Band 2. Dokumente Nr. 396, 397 und 399 mit den Kabinettsbesprechungen über den Bericht in Bezug auf den Repco-Bericht.

den. Wenn aber die Stabilisierung des Wechselkurses und der Staatsfinanzen ein realistisches Ziel sein sollte, ließ sich das Thema Reparationszahlungen nicht vermeiden. Die Kommission untersuchte auch die konkrete Ursache für die Geldentwertung, die man in der Wechseldiskontpolitik der Reichsbank ausmachte. Denn es war recht attraktiv, Rechnungen mit Wechseln zu bezahlen, um dann am Fälligkeitstermin mit einer inzwischen abgewerteten Mark abrechnen zu können. Die Gläubiger nahmen dieses Risiko in Kauf und diskontierten die akzeptierten Wechsel unmittelbar bei ihrer Bank. Die Banken veranlassten mit der gleichen Überlegung die Rediskontierung dieser Wechsel bei der Reichsbank. Die Wechseldiskontpolitik der Reichsbank griff ihnen dabei unter die Arme. Denn die Reichsbank ging das Risiko eines immer umfangreicheren Wechselportfolios ein, das jedoch allmählich entwertet wurde. Diese Entwertung hatte sie im Übrigen mit ihrer Geldpolitik selbst in der Hand. Letztendlich betrieb sie eine Finanzierung mittels Geldschöpfung und förderte die Geldentwertung. Die Kommission war deshalb überzeugt davon, dass es für die Stabilität der Mark und die reibungslose Funktion der Finanzmärkte besser wäre, wenn die Reichsbank ihre Wechseldiskont- und Annahmerichtlinien verschärfen würde. Der Diskontsatz müsste also steigen. Ein höherer Zinssatz war generell wünschenswert. Er würde zur Rückführung von Kapital beitragen, das im Ausland geparkt worden war, um der Geldentwertung zu entgehen.[17] Ein internationales Konsortium sollte für das Deutsche Reich und die Reichsbank eine Schuldverschreibung begeben, die von der Reichsbank garantiert wurde. Diese Maßnahmen zielten auf eine ausgeglichenere Zahlungsbilanz mit dem

---

[17] Dabei handelte es sich um beträchtliche Summen. Während der Hyperinflation wurden große Mengen an deutschem Kapital anderswo in harten Devisen verwahrt. So waren beispielsweise auch die Niederlande als Rückzugsort beliebt. Siehe Hein A. M. Klemann (o. J., S. 17).

2 Ende der Hyperinflation 33

Ausland sowie auf gestärkte Reserven der Reichsbank und würden zu einem stabilen Kurs der Mark beitragen. Gleichzeitig konnten die Mittel aus der Anleihe zur Durchsetzung der Währungsstabilität eingesetzt werden. Das Gremium würde die Aufsicht übernehmen. Faktisch lief es darauf hinaus, dass Reichsregierung und Reichsbank akzeptieren sollten, dass sie unter Aufsicht dieses Gremiums gestellt wurden.

Schließlich sprach die Kommission den politisch sensiblen Teil an: Wenn die Vorschläge der Kommission Aussicht auf Erfolg haben sollten, müssten die Reparationszahlungen überprüft werden. Diese Zahlungen legten den Finanzen des Deutschen Reichs und damit dessen Wirtschaft eine schwere Bürde auf. Sie beeinträchtigten durch ihre Belastung der Leistungsbilanz die Reserven der Reichsbank derart, dass eine Stabilität des Wechselkurses illusorisch wäre.

Allerdings war man in der Kommission nicht einhellig. Die Meinungen gingen bei der Frage auseinander, ob die Auslandsanleihe zur Unterstützung dieser Politik notwendig wäre. Die Gruppe Brand, Cassel, Jenks und Keynes hielt eine solche Anleihe nicht für erforderlich, ja nicht einmal für wünschenswert. Die Aufnahme weiterer Auslandsschulden sollte vermieden werden. Denn dies würde zu einem weiter steigenden Schuldendienst führen, der nur mit einer deutlich verbesserten Leistungsbilanz zu tragen wäre. Die Annahme, sich hier im Rahmen des Möglichen zu bewegen, hielten sie nicht für realistisch. Dazu passte auch nicht das Argument, die Reparationszahlungen infrage zu stellen, wenn mit einer solchen Anleihe frisches Geld hereinkäme. Die Gruppe Dubois, Kamenken und Vissering dagegen strebte eine solche Anleihe an. Sie war von der Notwendigkeit überzeugt, die öffentlichen Finanzen und die Reserveposition der Reichsbank zu stärken, auch wenn die Reparationszahlungen damit infrage gestellt wurden.

Ohne diese Voraussetzung wäre es unangemessen, die Reichsregierung zu einer Neuordnung ihrer Finanzen aufzufordern und von der Reichsbank eine Geldpolitik zu erwarten, die einen stabilen Kurs der Mark gewährleistet. Ohne die Anleihe wären Reichsregierung und Reichsbank zu einem massiven deflationären Kurs gezwungen, wobei sich die Frage stellen würde, ob damit eine ausgeglichene Zahlungsbilanz im Außenverkehr erreicht werden könnte.

Das Reichskabinett erfuhr einige Tage zuvor von den Vorschlägen und schloss sich der Gruppe von Vissering, Dubois und Kamenken an. Es entwickelte zugleich einen Vorschlag für eine Neufestsetzung der Reparationszahlungen zu einem wesentlich geringeren Betrag mit längerer Laufzeit. Die Währungsstabilisierung würde in Angriff genommen. Ohne eine Auslandsanleihe ließe sich das nicht richtig bewerkstelligen, denn dafür fehlten die Mittel.

Das Reichskabinett übermittelte der Repco seine Stellungnahme, einschließlich der Schlussfolgerung, dass eine Wiederaufnahme der Reparationszahlungen nach dem 31. Dezember 1922 nicht gut möglich wäre. Auch die Kohlelieferungen würden ohne Anpassungen in dieser Form nicht erfolgen können.[18] Am 14. November 1922 musste das Kabinett Wirth, das diese Schlussfolgerung gezogen hatte, zurücktreten.

Am 16. November folgte das Kabinett Cuno. In der Regierungserklärung vom 24. November unterbreitete das neue Kabinett den Alliierten einen Vorschlag, der an den Standpunkt des Kabinetts Wirth anschloss.[19] Poincaré

---

[18] Hinsichtlich der Texte siehe: Reichsdrucksache Nr. 5198, Band 375. Standpunktbestimmung des Kabinetts Wirth. Akten der Reichskanzlei. Die Kabinette Wirth I/II. Band 2. Dokumente Nr. 399. In diesem Dokument wird gleichzeitig Bericht zu den bisherigen Vorgängen in der Repco erstattet. Siehe auch Rudiger Dornbusch (1991, S. 435–437). Gleichzeitig: Carl Ludwig Holtfrerich und T. Balderston (1980, S. 303 ff.).

[19] Akten der Reichskanzlei. Das Kabinett Cuno. Band 1. *Einleitung und Dokumente.* Diese Einleitung sowie die beigefügten Dokumente bilden die Grundlage

reagierte unmittelbar, indem er mit einem Einmarsch ins Ruhrgebiet drohte, um sich der Domanialgruben zu bemächtigen. Er wollte zudem den französischen Einfluss im Rheinland ausbauen und die Reichsregierung zur Wiederaufnahme der Reparationszahlungen zwingen. Das Kabinett hoffte darauf, dass sich Briten und Amerikaner gegen Frankreich stellen würden und die Verhandlungen wieder aufgenommen werden könnten. Mit Blick auf das Treffen der Alliierten am 9. Dezember 1922 in London zur Erörterung der Reparationszahlungen unterbreitete das Kabinett Cuno einen neuen Vorschlag.

Der Zahlungsaufschub sollte nach dem 31. Dezember 1922 um zwei Jahre verlängert werden. Dem stand gegenüber, dass die Reichsregierung in Deutschland für die Reparationszahlungen, die Sanierung der öffentlichen Finanzen sowie zur Stabilisierung der Mark eine Anleihe in Goldmark begeben würde. Der Annuität lag neben Laufzeit und Betrag ein jährlicher Zinssatz von 4 Prozent zugrunde. Dabei sollte die Möglichkeit einer Verlängerung der Laufzeit bestehen, um die Annuität zu senken. Der Ertrag sollte zu 50 Prozent in die Staatskasse fließen und war für den genannten Zweck bestimmt. Die andere Hälfte war für die Reparationszahlungen vorgesehen.

Außerdem bestand noch eine alliierte Strafforderung über 1 Million Goldmark wegen Nichtzahlung der Besatzungskosten für Stettin, Ingolstadt und Passau. Diese Forderung wurde von der Reichsregierung bestritten, würde aber als Geste des guten Willens dennoch bezahlt werden. Die Sachleistungen an Frankreich und Belgien zur Beseitigung von Kriegsschäden sollten wieder aufgenommen werden.

---

für die folgende Beschreibung der Reparationsfrage, der Ruhrbesetzung durch Frankreich und Belgien sowie der wachsenden Inflation und des Absturzes des Wechselkurses der Mark.

Am 10. Dezember 1922 wurden die Vorschläge des Kabinetts zurückgewiesen. Vor allem Frankreich stellte sich quer. Am 2. Januar 1923 sollten die Alliierten in Paris ihre Gespräche über die Reparationszahlungen weiterführen. In diesem Zusammenhang bereitete das Kabinett ein neues Angebot vor. Dazu griff es auf einen Vorschlag des Bankiers Oscar Wassermann zurück.[20] Es folgten eingehende Gespräche mit den Banken, der Industrie und den politischen Parteien, um dafür einen breiten Rückhalt zu bekommen. Für die Alliierten sollte im Ausland eine Obligation über 20 Milliarden Goldmark begeben werden, mit einem rückzahlungsfreien Zeitraum von vier Jahren. Die Annuitäten der ersten vier Jahre sollten der Reichsregierung zur Sanierung der Staatsfinanzen sowie zur Stabilisierung des Kurses der Mark zur Verfügung stehen. Abhängig von Deutschlands Möglichkeiten würden 1927 und 1931 noch einmal Obligationen von jeweils 5 Milliarden Goldmark folgen.

Die britische Regierung gab Cuno zu verstehen, dass auch sie in Paris einen Vorschlag vorlegen würde. Anschließend würde man diesbezüglich Kontakt aufnehmen. Deshalb unterbreitete die Reichsregierung ihren Vorschlag zunächst nicht. Aufgrund von Meinungsverschiedenheiten wurde bei den Pariser Beratungen letztlich kein Vorschlag vorgelegt. Die Briten hatten allerdings deutlich gemacht, dass die Franzosen nicht auf ihre Zustimmung zählen könnten, wenn sie ihre Drohungen an die Adresse Deutschlands wahr machten.

Die Ruhrbesetzung

Das Kabinett Cuno teilte Frankreich am 23. Dezember mit, dass man eine französische Beschlagnahme der Kohlebergwerke – unter Berufung auf die Sanktionsbestim-

---

[20] Eine ausführliche Darstellung dieser Vorgänge mit dem Wassermann-Plan ist enthalten in H.J. Rupieper (2012, S. 43–55).

mungen aus dem Friedensvertrag von Versailles (Art. 248) – nicht akzeptieren würde. Nach Paris bestand keine Möglichkeit mehr eines Vergleichs. Prompt sackte der Kurs der Mark noch weiter in den Keller.

Frankreich befand sich auf Kriegspfad. Bereits am 26. Dezember erklärte die Repco – gegen die Stimme Großbritanniens –, dass Deutschland hinsichtlich seiner Verpflichtungen zur Lieferung einer bestimmten Menge an Holz sowie Holzpfählen in Verzug sei. Sanktionen rückten damit näher. Der amerikanische Minister Hughes unterstrich in einer Rede am 29. Dezember 1922 in New Haven, dass man auf den Verhandlungsweg zurückkehren müsse. Er wendete sich ausdrücklich gegen die französische Drohung und schlug vor, dass eine unabhängige Kommission eine Empfehlung aussprechen sollte, welchen Betrag Deutschland im Rahmen der Reparationszahlungen entrichten könnte. Diese Äußerungen stießen in Frankreich auf vehementen Widerspruch, und das teilte Poincaré der Regierung in Washington auch mit. Die Beziehungen zwischen Frankreich und Großbritannien sowie den Vereinigten Staaten waren gestört; gleichzeitig suchte Frankreich Deutschland gegenüber die Konfrontation.

Am 9. Januar 1923 stellte die Repco erneut fest – wiederum gegen die Stimme Großbritanniens –, dass sich Deutschland hinsichtlich seiner Lieferpflichten in Verzug befände. Am 11. Januar zogen französische und belgische Truppen in das Ruhrgebiet ein. Mit der Besetzung hofften Frankreich und Belgien, die im Rahmen der Reparationszahlungen fälligen Kohlelieferungen zu erhalten. Postwendend stellte Deutschland die Reparationszahlungen an Frankreich und Belgien ein.

Auch wenn sie das Ruhrgebiet besetzt hatten – die Kohle- und anderen Sachleistungen würden sie nicht so ohne Weiteres bekommen. Das Kabinett rief die Bevölkerung zu passivem Widerstand auf sowie zu Arbeitsniederlegungen in den Unternehmen, die zu Lieferungen an Frankreich und Belgien verpflichtet waren.

Die Folgen für den Staatshaushalt waren beträchtlich. Steuereinnahmen entfielen, und die Ausgaben stiegen drastisch, weil das Kabinett sowohl die Industrie als auch die arbeitslos gewordenen Arbeitnehmer unterstützte. Das Haushaltsdefizit nahm zu und wurde erneut mit rediskontierbaren Schatzanweisungen bei der Reichsbank gedeckt. Die Gelddruckmaschinen liefen zwar auf Hochtouren, konnten aber dennoch den Bedarf an Banknoten nicht decken. Behörden, Einrichtungen und Unternehmen durften selbst Notgeld ausgeben. Dieses Notgeld wurde der Mark als Zahlungsmittel gleichgestellt.

Solche Geldemissionen wurden kaum kontrolliert und erreichten ein unvertretbar hohes Ausmaß. Die Geldmenge wuchs weiter in hohem Tempo – sowohl in Form von Notgeld als auch in Form der Mark –, sodass aus der Inflation eine Hyperinflation wurde. Der Wechselkurs der Mark stürzte weiter ab, und es setzte eine Flucht aus der Mark in Güter ein. Wer seinen primären Lebensbedarf mit Einkünften in Mark befriedigen musste, war zu Armut und Lebensmittelknappheit verurteilt. Und wer seine Geldvermögen nicht rechtzeitig in wertbeständigen Gütern und Finanzwerten angelegt hatte, musste plötzlich feststellen, dass er durch die Inflation enteignet worden war.

Die Wirtschaftskrise vertiefte sich. Auf politischer Ebene waren die Folgen ebenso einschneidend. Die deutschfranzösischen Beziehungen hatten sich zu einer offenen Feindschaft entwickelt. Das Auftreten der französischen Besatzungstruppen hatte daran einen entscheidenden Anteil. So empfanden die Deutschen den Einsatz von Kolonialtruppen (Zuaven) durch die französischen Streitkräfte als tiefe Beleidigung. Zudem kam es bei Streitkräften und begleitenden Beamten in großem Umfang zu Fehlverhalten.

Öffentliches und privates Eigentum wurden regelrecht geraubt. Frankreich verteidigte sein Auftreten mit dem Argument, dass dies die einzige Möglichkeit sei, die ihnen zustehenden Reparationsleistungen einzuziehen.

So plünderten die Franzosen auch die Banknotendepots in den Niederlassungen der Reichsbank. Es handelte sich um Geldscheine mit einem Nennwert von fast 179 Milliarden Mark, darunter auch – und das war bemerkenswert – 12,8 Milliarden Mark, die für die britischen Besatzungskräfte in der Zone im Rheinland bestimmt waren. Nach längerem diplomatischem Tauziehen überwiesen die Franzosen dieses Geld schließlich an die Briten.[21]

Die Franzosen schreckten auch nicht vor Falschmünzerei zum eigenen Vorteil zurück. Die Druckerei in Mühlheim, die Banknoten an die Reichsbank lieferte, musste die Druckplatten herausgeben. Anschließend ließen die Franzosen Geldscheine mit fingierten Nummern drucken und brachten sie in Umlauf. Zur Finanzierung der Kosten der französischen Truppen wurden deutschen Gemeinden Strafzahlungen in Höhe von mehreren zehn Millionen Mark auferlegt. Zudem unterstützte man separatistische Bewegungen, um das Rheinland politisch vom Deutschen Reich zu trennen und Frankreich anzugliedern.

Neue Vorschläge

Das Kabinett Cuno unternahm Versuche, einen Vergleich mit den Alliierten zu erzielen, beharrte aber auf seinem Standpunkt, dass man von Deutschland nichts Unmögliches verlangen könne. Es wurden verschiedenste Vorschläge unterbreitet, die auf eine Wiederholung des bereits

---

[21] Schacht (1927a, S. 41 f.).

Bekannten hinausliefen.[22] Dabei hoffte das Kabinett auf ein Entgegenkommen der Briten, das aber ausblieb.

Hjalmar Schacht, zur damaligen Zeit Vorstandsmitglied der Danat-Bank, stattete im Mai 1923 auf Bitte der Reichsregierung der Londoner City einen Besuch ab, um zu sondieren, wie man hier die finanziellen Möglichkeiten Deutschlands einschätzen würde. Dabei konnte er feststellen, dass in der britischen Finanzwelt eine realistische Vorstellung herrschte. Hier war klar, dass man in der Frage der Reparationszahlungen durch die französisch-belgische Besetzung des Ruhrgebiets in einer Sackgasse gelandet war. Die Idee, die Reparationszahlungen durch unabhängige Finanzexperten mit Blick auf die wirtschaftlichen und finanziellen Möglichkeiten Deutschlands prüfen zu lassen, fand dort Unterstützung.[23] Allerdings waren die Auffassungen der Finanzwelt noch keine Regierungspolitik.

Das Kabinett unterbreitete nach Rücksprache mit Großbritannien am 7. Juni 1923 dennoch einen neuen Vorschlag, der an den nicht unterbreiteten Vorschlag für die Pariser Beratungen der Alliierten anschloss. Der Finanzierungsplan wurde mit Garantien ausgestattet. Die Reichsbahn würde unabhängig und mit einer Obligation in Höhe von 10 Milliarden Goldmark für die Reparationszahlungen belastet. Der Industrie würde eine ebensolche Belastung auferlegt. Sicherheiten würden in Form von Immobilien erbracht. Außerdem würden die Erträge aus einer Reihe von Steuern für die Reparationszahlungen reserviert. Der Vorschlag wurde mit Ausnahme von Frankreich positiv aufgenommen.

Der miserable Zustand der Staatsfinanzen und der Verlust der Devisenreserven der Reichsbank mit einem sich

---

[22] Akten der Reichskanzlei, Weimarer Republik, Das Kabinett Cuno, Band I, Dokument 122. *Denkschrift des Ministerialrats Kempner zur Reparationsfrage, 15. April 1923.*

[23] Schacht (1927a, S. 44), Christopher Kopper (2006, S. 63–64).

täglich verschlechternden Wechselkurs der Mark zwang das Kabinett am 7. August 1923, auch die Reparationszahlungen an Großbritannien und Italien auszusetzen. Das britische Kabinett unter der Leitung des neuen Premierministers Baldwin war überzeugt, dass Frankreich unter Druck gesetzt werden musste, und erklärte schließlich am 11. August, dass die Ruhrbesetzung unrechtmäßig erfolgt sei. Das Kabinett verband damit die Hoffnung, dass die wirtschaftlichen und finanziellen Möglichkeiten Deutschlands Beachtung finden und Spielräume für eventuelle neue Beratungen entstehen würden.

Frankreich unterstützt den rheinischen Separatismus

Würde Frankreich unter dem britischen Druck nachgeben? Bevor es so weit war, sollte noch viel Wasser den Rhein hinabfließen. Frankreich war zunächst damit beschäftigt, seine Stellung im Rheinland und im Ruhrgebiet zu stärken. Unter Leitung von Konrad Adenauer, dem Oberbürgermeister von Köln, sowie dem Vorsitzenden der Industrie- und Handelskammer Louis Hagen, strebte eine Gruppe aus Industriellen, Bankiers und Bürgermeistern in Zusammenarbeit mit Frankreich die Bildung einer staatsrechtlichen Einheit im Rheinland an – zwar innerhalb des Deutschen Reichs, aber mit einer weitgehenden verwaltungsrechtlichen Autonomie. Sie hofften damit, gewalttätigen separatistischen Gruppierungen den Wind aus den Segeln nehmen und sich dem im Deutschen Reich herrschenden politischen und finanziellen Chaos entziehen zu können.

Sie legten darüber hinaus einen Plan vor zur Gründung einer eigenen Zentralbank für das Rheinland sowie das inzwischen besetzte Ruhrgebiet – mit eigener Währung und eigener Geldpolitik. Neben einer gesonderten staatsrechtlichen Stellung des Rheinlands innerhalb des Deutschen Reichs strebten sie eine vollständige monetäre Loslösung des Rheinlands und des Ruhrgebiets vom Deutschen Reich an. Ein französisches Bankenkonsortium sowie eine Gruppe von Banken aus dem Rheinland und dem Ruhrgebiet sollten dies ermöglichen. Sie konnten dabei auf Unterstützung der regionalen Industrie zählen. Selbst die niederländische Steenkolen Handelsvereniging mit ihren Beteiligungen am deutschen Steinkohlebergbau, am Kohlenhandel und am Kohlentransport auf dem Rhein schloss sich dem über eine Bankentochter im Ruhrgebiet an. Und die Franzosen standen natürlich voll und ganz hinter dem Vorhaben.[24]

Die Initiatoren suchten die Zustimmung Berlins, um ihre Initiative auf diese Weise zu legitimieren. Was die Bank betraf, schienen sie zunächst erfolgreich zu sein. Das amtierende Kabinett Cuno war offenbar in seiner Ohnmacht geneigt, den Wünschen der Gruppe entgegenzukommen. Allerdings wurde dieses Kabinett am 13. August 1923 entlassen, nachdem ihm der Reichstag das Vertrauen entzogen hatte.

Reichspräsident Ebert strebte ein Kabinett auf breiter parteipolitischer Basis an, und so kam es zur Einsetzung der beiden Kabinette Stresemann. Sie sollten die Mark im Inland und im Außenverkehr stabilisieren, das Rheinland innerhalb des Deutschen Reichs halten, die monetären Bestrebungen der Separatisten bändigen und die Verhandlungen über die Reparationszahlungen neu beleben.

---

[24] Siehe insbesondere das Kapitel „Das Projekt der Rheinischen Goldnotenbank und die Haftung" in Hennig Köhler (1986, S. 236–247).

Die Hyperinflation

Im Jahr 1923, dem Jahr der Hyperinflation, waren die kurzfristigen Schulden des Deutschen Reiches – gerechnet in offizieller Papiermark – auf 191,6 Trillionen angestiegen. Davon waren 189,8 Trillionen Papiermark von der Reichsbank zugunsten der Barmittelposition der Reichsregierung refinanziert.[25] Durch die wachsende Inflation wurde die Liquidität der Banken untergraben, und ihr Kreditgeschäft ging zurück. Der Geld- und Kapitalmarkt funktionierte nicht mehr.[26] Noch investierten Unternehmer, die sich für jede erhaltene Papiermark zur Absicherung gegen die Inflation so schnell wie möglich Vorräte und Investitionsgüter beschafften.

Das Risiko, Kapazitäten aufzubauen, die sich nicht mehr profitabel nutzen ließen, würde so lange in Kauf genommen, bis die Mark stabilisiert war und die Märkte wieder normal funktionierten. Zudem gab es ausländische Firmen, die Unternehmen mit harten Devisen zu einem günstigen Preis kaufen konnten, um sich damit in der Hoffnung auf bessere Zeiten Marktanteile zu sichern oder zu vergrößern.[27] So war die Nederlandse Margarine Unie (die später in Unilever aufgehen sollte) in der Lage, ihren Marktanteil

---

[25] Die Mark war gesetzliches Zahlungsmittel. Der Ausdruck Papiermark wurde damals für die Banknoten verwendet. Eine Trillion ist ein mal zehn hoch achtzehn, also eine Eins mit achtzehn Nullen.

[26] C. L. Holtfrerich (1980). Nach einer Darlegung der monetären Lockerung im Zusammenhang mit der Kreditvergabe durch Banken als Ursache für das Preisniveau (Inflation) argumentiert Holtfrerich, dass die Reparationszahlungen nicht die Hauptursache für die Hyperinflation sind. Ohne eingehende geldpolitische Überlegungen zieht G.D. Feldman (1982) in seinem Buch die gleiche Schlussfolgerung. Zu beiden Schlussfolgerungen war Hjalmar Schacht bereits zu einem früheren Zeitpunkt gelangt. Siehe Schacht (1927a, S. 36) sowie Schacht (1966, S. 83–99).

[27] Hein Klemann weist darauf hin, dass die Entwicklung von international agierenden Unternehmen hin zu multinationalen Unternehmen auch dadurch stimuliert wurde. Hein A. M. Klemann (o. J., S. 19).

bei Ölen und Fetten auszubauen. Die Verkäufer dieser Aktien platzierten ihre Erträge an anderer Stelle in Form von Einlagen oder als Investitionen, die ihnen gewinnbringend erschienen. Der Reichsbank aber entgingen die Devisen. Die neutralen Nachbarländer Niederlande und Schweiz mit ihren stabilen konvertiblen Währungen eigneten sich in finanzieller Hinsicht hervorragend als Fluchtländer. Hier mussten die Investoren keine negativen Auswirkungen der Auseinandersetzungen zwischen Deutschland und den Alliierten befürchten. Dabei behielt Amsterdam gegenüber Zürich die Oberhand, weil es in den Bereichen Handel und Transport eine Schlüsselposition einnahm. Der Handel mit Wechselkrediten zur Finanzierung der Handelsgeschäfte mit Deutschland sowie die Hinterlegung der Erträge aus deutschen Exporten sowie inzwischen auch aus Aktiengeschäften erfolgten in diesen Jahren vor allem in Amsterdam. Spekulative Leerverkäufe, die auf eine Entwertung der Mark setzten, konnten an der Amsterdamer Börse ungestört stattfinden.[28]

Infolge der Hyperinflation geriet die Reichsbank vollständig aus dem Gleichgewicht. Neben der großen Position kurzfristiger Kredite des Deutschen Reichs besaß die Reichsbank auch eine umfangreiche Position rediskontierter Handelswechsel, die zum Fälligkeitstermin mit wertlos gewordenen Mark abgelöst worden waren und nun ebenfalls einen beträchtlichen Verlust bedeuteten. Die Leistungsbilanz war negativ, und das kostete die Reichsbank Devisen. Ihre Reserven gingen zurück und erreichten 1922/1923 das historisch niedrige Niveau von 400 Millio-

---

[28] Christoph Kreutzmüller (2005, S. 47–55). Darin wird die Entwicklung der deutschen Banken, ihrer Filialen sowie ihrer Partner in Amsterdam beschrieben. Die Rolle des deutschen Fluchtkapitals während des Ersten Weltkriegs und bis 1920, die Hyperinflation 1922–1923 sowie die deutsche Krise im Jahr 1931 kommen ebenfalls zur Sprache. Aus niederländischer Sicht hat dies Jeroen Euwe (2008, S. 14 f.) dargestellt in seiner Publikation.

nen Goldmark.[29] In der Not gab die Reichsbank den Devisenhandel frei und akzeptierte den freien Fall des Wechselkurses. Der Kurs der Papiermark gegenüber dem Dollar veranschaulichte das Problem eines vollkommen maroden Zahlungsverkehrs mit dem Ausland. Im Dezember 1922 kostete ein Dollar 1808 Mark. Ab Juni 1923 verschlechterte sich der Kurs der Mark gegenüber dem Dollar im Eiltempo.[30]

In Deutschland waren die Auswirkungen der Inflation auf die Landwirtschaft, mittlere und kleine Betriebe sowie auf Beschäftigte und Sozialhilfeempfänger verheerend.[31] Landwirtschaft und Mittelstand mussten mit ansehen, wie sich ihre bereits geschmälerten Barmittel in Luft auflösten. Sie hatten keine Möglichkeit, Einnahmen und Vermögen rechtzeitig in Länder mit stabiler konvertibler Währung zu transferieren. Der gewöhnliche Handelsverkehr stagnierte, denn ein bestimmter Preis, den man bei Abschluss eines Handelsgeschäfts vereinbart hatte, war zum Zeitpunkt der Zahlung längst obsolet. Nicht einmal Barzahlung funktionierte noch. Schon der Besitz von Barmitteln bedeutete einen Verlust. Der Handel suchte nach einem Ausweg. So wurden Rechnungen in Goldmark gestellt, oder man bediente sich des Tauschhandels.

Der Preiseffekt auf die Kaufkraft der Einkommen war beträchtlich. Seit Anfang 1922 hatte sich der Anstieg der Großhandelspreise beschleunigt. Und damit stiegen auch die Lebenshaltungskosten. Löhne und Sozialhilfe dagegen hielten mit dieser Entwicklung nicht Schritt. Im Jahr 1923 betrugen die durchschnittlichen Einkünfte aus Arbeit weniger als 50 Prozent der mittleren Lebenshaltungskosten.[32]

---

[29] Siehe Heinz Haller (1976, S. 153 ff.).

[30] O. Pfleiderer (1976, S. 172).

[31] Eine realistische Vorstellung dieser Situation bietet der Roman von Erich Maria Remarque (1998).

[32] O. Pfleiderer (1976).

Einige Beschäftigte konnten auf einen Arbeitgeber zählen, der ihren Lohn in Naturalien auszahlte. Sozialhilfeempfänger und Rentner waren schlechter dran, denn ihre Einkommen verblieben unverändert beim Nominalwert. Mit der Geldentwertung rutschten sie in die Armutsfalle.

Die Politik der Reichsbank 1919–1923

Die Reichsbank hatte bereits während des Krieges den Weg einer auf Inflation ausgerichteten Finanzierung eingeschlagen. Die Golddeckung der Mark war aufgegeben worden. Man machte konkrete Vorgaben bei der Devisenzuteilung, um den Zahlungsverkehr mit dem Ausland besser kontrollieren zu können. Dabei wurde der Zahlungsverkehr im Sinne des Bedarfs aufgrund der Kriegsführung sowie der Bedürfnisse an der Heimatfront reglementiert.

Mit der Aufhebung des Goldstandards wurde das Deckungssystem der Geldmenge erweitert um harte Devisen sowie andere Finanzwerte, wie etwa Handelswechsel, Schatzanweisungen des Deutschen Reichs sowie kurzfristige Kredite an den Mittelstand. Diese letztere Deckungsmöglichkeit wurde für den Mittelstand eingeführt. Anlass waren rückläufige Umsätze, die auf eine staatliche Neuausrichtung bei Angebot und Nachfrage von Gütern zur Befriedigung des Kriegsbedarfs zurückgingen. Im Sinne der Geschäftskontinuität konnten mittelständische Unternehmen Darlehen erhalten. Für einen Schuldschein erhielten sie sogenannte Darlehensgutscheine, die von den Darlehenskassen ausgegeben wurden. Diese ließen sich bei der Bank gegen Mark diskontieren. Die Reichsbank wiederum war bereit, die Darlehensgutscheine der Banken zur Rediskontierung anzunehmen. Auf diese Weise leisteten die Papiere einen Beitrag zur Geldschöpfung, und auch die Geldmenge nahm mit der Ausgabe dieser Gutscheine zu. In der hier beschriebenen Nachkriegszeit wurde diese Praxis weitergeführt.[33]

Die Rediskontierung der Darlehensgutscheine kam als Inflationstreiber zur bereits genannten Rediskontierung der kurzfristigen Kredite des Deutschen Reichs sowie der Handelswechsel hinzu.[34] Stimmen wurden laut, die für eine Erhöhung des Diskontsatzes der Reichsbank eintraten, um sich gegen diese Entwicklung zu stemmen. Die Geldentwertung verlief allerdings in so rasantem Tempo, dass ein solcher Schritt auf einen Wettlauf mit der Zeit hinauslief. Vor allem die Praxis, Wechsel in Beträgen mit einkalkulierter Geldentwertung möglichst umgehend über die Bank zur Reichsbank zu schaffen und die Erträge dann so schnell wie möglich in Waren anzulegen, war beliebt. Wollte man das mittels Diskontsatzerhöhung beenden, musste dieser Satz die Geldentwertung übersteigen. Die Reichsbank begann tatsächlich mit einer Erhöhung des Diskontsatzes. Allerdings funktionierte das nicht mehr. Warengeschäfte erfolgten an geschlossenen Börsen oder gegen Zahlung von Werten, die der Geldentwertung nicht unterlagen.

Der Präsident der Reichsbank, Rudolf Havenstein, teilte die allgemeine Ohnmacht und wurde genau deshalb zunehmend kritisiert. An ihn richteten sich Forderungen, etwas gegen die Geldentwertung zu tun, denn das war seine Aufgabe. Als loyaler und obrigkeitstreuer Beamter war er jedoch in einen politischen Prozess eingebunden. So war die Reichsbank bis 1922 eine Reichsbehörde und konnte damit nicht unabhängig agieren. Erst 1922 erhielt die Reichsbank ihre Autonomie und damit die Befugnis zu einer eigenen Geldpolitik, unabhängig von der Reichsregierung. Das

---

[33] Franz Haller. *Währung und Wirtschaft*. 154. Tabelle 4 mit Zahlen zur Entwicklung der bei der Reichsbank rediskontierten Wechsel, Schatzanweisungen und Darlehensgutscheine. Außerdem wird die abnehmende Goldreserve beziffert.

[34] Auf diesen Effekt bereits hingewiesen hatte der deutsche Ökonom Wilhelm Eucken (1923). Zitiert in Otto Pfleiderer (1976, S. 166 f.).

hieß aber noch nicht, dass das Direktorium die bisherige geldpolitische Linie radikal über den Haufen warf. Folgen hatte die Änderung des Status dennoch. Havenstein begann, gegen die Praxis der Finanzierung mit rediskontierbaren Schatzanweisungen zu opponieren.[35]

Auch wenn der weitere historische Verlauf die Vermutung nahelegt, dass die zahlreichen Kabinette nichts unternahmen, um den Staatshaushalt auszugleichen und damit die Rediskontierung von Schatzanweisungen drastisch zu reduzieren, entspricht dies tatsächlich nicht ganz der Wahrheit.[36] Aus sozialpolitischen Gründen wagten sie allerdings keine rigorosen Einschnitte bei den Staatsausgaben. Es wurden verschiedene Vorschläge unterbreitet, um der Geldentwertung zu entgehen oder sie zu stoppen. Eine Reihe dieser Vorschläge und Maßnahmen erörterte Hjalmar Schacht und versah sie mit kritischen Anmerkungen.[37] Die Initiative zum Handeln allerdings kam weder von der Reichsregierung noch von der Reichsbank, sondern von außen.

Der Plan von Helfferich

Karl Helfferich, Mitglied des Reichstags für die nationalkonservative Deutschnationale Volkspartei, legte einen Vorschlag vor, mit dem die Geldentwertung gebremst werden sollte.[38] Helfferich war Finanzminister (mit der damaligen Bezeichnung Staatssekretär) unter Wilhelm II und

---

[35] Franz Haller. *Währung und Wirtschaft.*

[36] Akten der Reichskanzlei. Die Kabinette Stresemann I/II. Band 1. Einleitung. *Finanzpolitik und Stabilisierung der Währung.* Fußnote 297, wo aus der Maßnahmenübersicht zitiert wird, die enthalten ist in P. Beusch (1928).

[37] Schacht (1927a, S. 45–51) sowie Carl Ludwig Holtfrerich und T. Balderston (1986, S. 314–318).

[38] Akten der Reichskanzlei. Die Kabinette Stresemann I/II. *Finanzpolitik und Stabilisierung der Währung und Dokumente.* 1–2. Dokumente Nr. 9.

pflegte enge Beziehungen zum Großgrundbesitz. Ziel bei der Erarbeitung seines Vorschlags war es, die Interessen der Landwirtschaft zu wahren und gleichzeitig wieder zu einer normalen Versorgung der Bevölkerung mit Lebensmitteln zurückkehren. Die Landwirte würden auf Erträge mit einem wertbeständigen Zahlungsmittel zählen können. Die normalen Vertriebskanäle würden wieder genutzt, weil auch der Groß- und Einzelhandel gegenüber Lieferanten und Kunden mit dem gleichen wertbeständigen Zahlungsmittel würde abrechnen können. Von Landwirten, Händlern und Bevölkerung erwartete er entsprechende Unterstützung. Damit bekam sein Vorschlag politische Bedeutung.

Am 18. August 1923 stellt Karl Helfferich seinen Plan der Reichsregierung vor. Der neue Finanzminister Rudolf Hilferding (SPD) hatte ihn dazu aufgefordert, da der Plan von Helfferich in der Presse und im Reichstag offenbar auf Wohlwollen stieß.

Laut diesem Plan war die Einführung einer wertbeständigen Parallelwährung – der sogenannten Roggenmark – vorgesehen. Wie sollte das aussehen? Zur Einführung dieser Roggenmark musste neben der Reichsbank eine Geldemissionsbank, die Roggenbank, ins Leben gerufen werden. Das Eigenkapital dieser Bank betrug 1 bis 1,25 Milliarden Goldmark. Das Geld würde von der Landwirtschaft mittels einer Hypothek bereitgestellt, bei der die Grundstücksflächen beliehen werden sollten, die dann in keiner anderen Weise belastet werden durften. Dabei handelte es sich um wertbeständiges Vermögen. Die einzige Sicherheit für die Bank bestand darin, dass die Landwirte das beliehene Objekt nicht veräußern konnten. Zur Bestätigung der Wertbeständigkeit lautete das Vermögen außerdem auf Goldmark. Diese Ausgestaltung verpflichtete die Bank nun, so zu agieren, dass ihr Vermögen in den Büchern erhalten blieb. Die Bank konnte sich mit anderen Worten keinen

Abschlag (Disagio) erlauben, mit dem die Kreditseite ihrer Bilanz beeinträchtigt würde. In diesem Fall würde die Bank an Solvenz verlieren und damit ihre Glaubwürdigkeit als Emissionsbank einbüßen.

Die Kapitalbeteiligung erfolgte in Form von Schuldverschreibungen (Anteilsscheinen) mit einem Zinscoupon von 4 Prozent. Darüber hinaus waren diese Papiere dividendenberechtigt. Ferner waren die Schuldverschreibungen für die Teilnehmer untereinander handelbar und konnten bei der Bank gegen Roggenmark (das Zahlungsmittel) verpfändet werden. So konnten die Inhaber der Schuldverschreibungen bei entsprechendem Bedarf auch Roggenmark erwerben. Als Parität wurde eine Tonne Roggen für 200 Roggenmark festgelegt. Die Abstimmung der Menge an umlaufenden Roggenmark auf diese Parität sollte dann grundsätzlich anhand der Preisentwicklung auf dem Roggenmarkt (in Roggenmark) erfolgen. So sollte Preisstabilität erreicht werden. Problematisch dabei war, dass das Angebot-Nachfrage-Verhältnis aufgrund markttechnischer sowie saisonaler Einflüsse bestimmten Schwankungen unterlag und sich infolgedessen auch auf die Preisbildung auswirkte. Damit eine Tonne Roggen tatsächlich 200 Roggenmark kostete, musste die Roggenbank die Geldmenge in Roggenmark so steuern, dass dies auch erreicht wurde. Die Menge an umlaufender Roggenmark unterlag damit einer gewissen Dynamik.[39] Für dieses Problem hatte Helfferich keine Lösung parat. Gegenüber der Mark konnte man die

---

[39] In der Literatur zum Thema Parität war die Problematik dagegen bekannt. Keynes schlug beispielsweise statt einer festen Goldparität die Einführung eines flexiblen Standards auf der Grundlage eines Warenkorbes vor, in dem die wichtigsten Güter enthalten waren, die im Welthandel umgesetzt wurden. Die Parität bestand dann aus dem gewichteten mittleren Preis des Korbes mit einer zulässigen Abweichung von ±5 Prozent. John Maynard Keynes (1932, S. viii). Hier handelt es sich um die deutsche Übersetzung von *A Treatise of Money* mit einem eigens dafür verfassten Vorwort.

Roggenmark durchaus als wertbeständig bezeichnen. Der Roggenpreis in Roggenmark blieb stabil – ganz im Gegensatz zum Roggenpreis in Mark. Das würde der Landwirtschaft und dem Handel bestimmt die gewünschte Sicherheit bringen.

Nun stellte sich die Frage, wie dieses Zahlungsmittel in Umlauf gebracht werden sollte. Helfferich schlug vor, dass die Reichsregierung die Rediskontierung der Schatzanweisungen in Mark durch die Reichsbank beenden sollte. Als Ausgleich würde sie 375 Millionen Roggenmark der Roggenbank erhalten, die nicht zurückgezahlt werden müssten. Darüber hinaus erhielte die Reichsregierung ein Darlehen über 1,125 Milliarden Roggenmark, das an die Bedingung geknüpft war, dieses Geld zur Sanierung der öffentlichen Finanzen einzusetzen. Eine wertbeständige Roggenmark im Zahlungsverkehr würde zweifellos einen variablen Wechselkurs zur instabilen Mark aufweisen. Es ging darum, die in Mark umlaufende Geldmenge so weit zurückzudrängen, bis der Roggenmarkkurs eine gewisse Stabilität erreicht hätte. Dazu sollte die Reichsbank die Emission von Mark nicht nur einstellen, sondern sie sollte auch umlaufende Markbestände gegen Roggenmark (bezogen von der Roggenbank) zurücknehmen. Allerdings war fraglich, ob dies tatsächlich gelingen würde. Auch wenn auf dem Geld- und Kreditmarkt eine hinreichende Kaufneigung bestünde und solche Transaktionen ohne Inflationsrisiko stattfinden könnten, blieb dennoch fraglich, ob es auch zu einem stabilen Mark-Dollar-Kurs käme. Die Roggenmark sollte nicht im internationalen Zahlungsverkehr verwendet werden, sondern ausschließlich die instabile Mark. Diese Frage spielte durchaus eine Rolle, weil der Dollar im ausländischen Zahlungsverkehr die beherrschende Währung darstellte. Der Dollar hatte einen festen Goldpreis, der sich aus der Golddeckung herleitete, die von der Federal Reserve bereitgestellt wurde. Die Entwicklung der deutschen Zahlungsbilanz sowie der Reserven der Reichsbank erleichterte eine Stabilisierung der Mark gegenüber dem Dollar nicht gerade. Wie sollte sich auf den internationalen Finanzmärkten ein stabiler Mark-Dollar-Kurs etablieren bei gleichzeitig sinkenden Reserven der Reichsbank? Und wie sollte eine im Inland stabilisierte Mark mithilfe der Roggenmark zu einer Währung für den ausländischen Geldverkehr werden, die einen stabilen Dollarkurs aufwies? Helfferich musste sich die Kritik gefallen lassen, darauf keine Antwort zu haben. Das gab er zu. Dennoch war er der Auffassung, dass die inländische Währungsstabilisierung Vorrang hätte, bevor Maßnahmen zugunsten eines stabilen Dollarkurses der Mark getroffen wurden. Die Chancen für eine solche Stabilisierung würden nur steigen, wenn der inländische Zahlungsverkehr erst mit einer wertbeständigen Mark wiederhergestellt wäre.

Bevor es jedoch so weit war, gab es ausführliche Diskussionen. Sowohl Finanzminister Hilferding als auch der führende Bankier Schacht übten am Vorschlag von Helfferich entsprechende Kritik. Ferner hatte Hilferding ernsthafte Einwände gegen eine Geldemissionsbank, die sich in Privatbesitz befand. Sowohl Schacht als auch Hilferding legten einen alternativen Plan vor. Sie waren überzeugt, dass auch damit Stabilität gegenüber dem Dollar hergestellt werden konnte.

Der Plan von Schacht

Hjalmar Schacht äußerte seine Kritik am Plan von Helfferich in der Vossischen Zeitung und verwies den Reichskanzler in seinem Brief vom 6. Oktober 1923 auf diese

Publikation.[40] Anschließend veröffentlichte er seinen Plan am 10. Oktober 1923 im Berliner Tagesblatt.[41] Sein Vorschlag lief im Wesentlichen darauf hinaus, ein zwischengelagertes Zahlungsmittel mit Dollarparität einzuführen, das von einer dafür gegründeten Goldbank ausgegeben wurde, die mit der Reichsbank verbunden war. Der von Schacht vorgeschlagene finanzielle Mechanismus sah folgendermaßen aus. Die Reichsbank ließ den Kreditinstituten über die Goldbank Banknoten in Goldmark zur Verfügung stellen (1 Dollar entsprach 4,2 Goldmark). Die Banken erwarben diese Noten dann durch Eintausch von Handelswechseln in Mark. Eine andere Möglichkeit der Rediskontierung von Wechseln bei der Reichsbank würde es dann nicht mehr geben. Der Wechselkurs entsprach dem Tageskurs der Mark gegenüber dem Dollar. Die Reichsbank würde damit Mark dem Umlauf entziehen. Die Banken waren verpflichtet, ihre Richtlinien zur Kreditvergabe anhand der auf diese Weise erreichten Deckung zu gestalten. Die Erträge aus Aktiva in Mark sollten auf ihre in Goldmark bemessenen Zahlungsverpflichtungen gegenüber der Reichsbank abgestimmt sein. Damit wären die Banken zu Vergaberichtlinien gezwungen, die ein entsprechendes Ergebnis erwarten ließen. Bei der anhaltenden Geldentwertung hieß das, Schuldner müssten zum Fälligkeitstermin höhere Markbeträge aufbringen. Dabei ging der Plan davon aus, dass sich durch Einnahme der Mark auch der Mark-Dollar-Kurs stabilisieren würde. Und im inländischen Zahlungsverkehr würde

---

[40] Siehe den Brief von Hjalmar Schacht vom 6. Oktober 1923 an Reichskanzler Stresemann, als das Kabinett nach dem Rückzug von Hilferding erwogen hatte, Schacht zum Finanzminister zu machen. Schacht war damals noch Mitglied der DDP. Er hielt es für angebracht, den Reichskanzler auf seinen Artikel in der Vossischen Zeitung hinzuweisen. Siehe Akten der Reichskanzlei. Die Kabinette Stresemann I/II, Band 2, Dokumente Nr. 118.
[41] Schacht (1927a, S. 57).

die derart durchgesetzte Begrenzung der Geldmenge in Mark zur Preisstabilität beitragen. Die Art der Kreditvergabe führte dazu, dass lediglich Investitionen und Warengeschäfte mit Erträgen zustande kamen, die den Schuldner in die Lage versetzten, seinen Verpflichtungen, gemessen in Goldmark, nachzukommen (und damit auch in Dollar).

Schacht ging davon aus, dass sich den Banken keine Alternative bot, und zwar aus dem einfachen Grund, dass von normalem Geld- und Kapitalverkehr keine Rede mehr sein konnte. Mit diesem Mechanismus wären sie in der Lage, ihr Kreditgeschäft fortzusetzen. Die Banknoten spielten im Zahlungsverkehr mit dem Ausland ebenfalls eine Rolle, auch wenn es sich nicht um ein gesetzliches Zahlungsmittel handelte. Denn die Reichsbank bot den Banken die Möglichkeit, die Noten einzutauschen, und stellte dazu Dollar und andere Devisen bereit.

Der Plan von Hilferding

Am 7. September 1923 wurde im Kabinett eine Vorlage von Minister Hilferding besprochen.[42]

Er schlug die Einrichtung einer Goldemissionsbank vor, die ein auf Goldparität beruhendes Zahlungsmittel einführen sollte. So weit glich dieser Plan dem Vorhaben von Schacht. Aber hier endeten auch schon die Übereinstimmungen. Hilferding schlug vor, die Bank mit einer Deckung aus Gold oder anhand von Gold bewerteten Anleihen auszustatten. Er stellte sich vor, dass dazu das Gold der Reichsbank in Höhe von 100 Millionen Goldmark zur Verfügung gestellt werden könnte. Dies müsste dann um eine Hypothek aus der Wirtschaft ergänzt werden. Eine solche

---

[42] Akten der Reichskanzlei. Die Kabinette Stresemann I/II, Band 1. Einleitung. *Finanzpolitik und Stabilisierung der Währung und Dokumente.* 2 f.

Hypothek würde auf Goldmark lauten. Damit würde eine Deckung von 30 Prozent der auszugebenden Zahlungsmittel erreicht. Ergänzend unterbreitete Hilferding den Vorschlag, 50 Prozent der Hypothek zur Deckung des Zahlungsmittels einzusetzen und 50 Prozent zur Refinanzierung der ausstehenden Schatzanweisungen, um auf diese Weise die öffentlichen Finanzen zu sanieren. Das bedeutete natürlich auch, dass diese Schuldenübernahme einen beachtlichen Umfang haben müsste. Hilferding brachte das Argument vor, dies käme der Währungsstabilisierung zugute. Aber auch die Reichsbank würde von einer solchen Verwendung profitieren, da ihr weniger Schatzanweisungen angeboten würden und sie von den ausstehenden Papieren möglicherweise einmal befreit würde. Nachteilig war, dass die Rediskontierung von Schatzanweisungen bei der Reichsbank nicht radikal beendet würde. Dass Hilferding dennoch die Möglichkeit einräumte, Schatzanweisungen in gewissem Umfang zu rediskontieren, erweckte den Anschein, er wolle die Grundsätze seines Vorschlags einigermaßen pragmatisch handhaben. Das Kabinett erklärte sich mit seinem Vorschlag einverstanden und ersuchte ihn um eine genauere Ausarbeitung.

Kritik wurde laut, über die das Kabinett nicht hinweggehen konnte. Die Industrie hatte bereits einen Plan zur Einführung eines Zahlungsmittels mit Goldparität vorgestellt, bei dem auf das Gold zurückgegriffen werden sollte, das die Industrie im Ausland zum Schutz vor Inflation hinterlegt hatte. Nun wollte Hilferding die Wirtschaft zur Mithilfe an einer Schuldenübernahme in Goldmark bewegen, wobei er offensichtlich davon ausging, dass die Wirtschaft diese Mittel auch tatsächlich aufbringen konnte. Er hatte es gewiss auf ihr Gold abgesehen. Der Plan von Hilferding wurde zurückgewiesen, und auf den eigenen Plan verzichtete man. So erhielt der Helfferich-Plan die Unterstützung der Wirtschaft. Sie erklärte ihre Bereitschaft, sich genauso wie die Landwirtschaft am Kapital der Roggenbank zu beteiligen.

Ebenso schwerwiegend war die Kritik des Reichstagspräsidenten Havenstein. Er war gegen einen Plan, bei dem die Goldreserven der Reichsbank in eine eigene Goldemissionsbank überführt würden. Außerdem erhob er ernsthafte Einwände gegen den Spielraum, den Hilferding bei der Rediskontierung der Schatzanweisungen einräumte. Havenstein wollte die durch Refinanzierung öffentlicher Finanzierungsdefizite erfolgende Geldschöpfung beenden. Seiner Auffassung nach bot der Plan von Helfferich einen besseren Ansatz zur Lösung des Inflationsproblems sowie der strukturellen Finanzierungsdefizite des Staatshaushalts.

Der überarbeitete Plan von Helfferich

Nach Beratungen mit Helfferich und der Wirtschaft erarbeitete Hilferding eine Alternative zu dessen Roggenbank und Roggenmark.

Das Grundkapital der Bank, die nun Rentenbank hieß, wurde ebenso wie bei der Roggenbank bereitgestellt, sollte aber jetzt auf 4 Milliarden Goldmark aufgestockt werden. Die Sicherheiten im Rahmen der Hypothek wurden auf das Immobilienvermögen der übrigen Wirtschaft ausgeweitet. Die gesamte Wirtschaft sollte dafür Schuldverschreibungen mit einem Coupon von 6 Prozent erhalten. Gleichzeitig waren die Papiere dividendenberechtigt. Die Rentenbank wurde im Gegensatz zur Roggenbank ein Staatsunternehmen. Damit hatte sich Hilferding durchgesetzt.

Schließlich bestand noch das Problem mit der Roggenparität. Nach umfangreichen Beratungen zwischen Helfferich und der von ihm vertretenen Landwirtschaft, der Industrie, der Reichsregierung und dem Präsidenten der Reichsbank wurde das auszugebende Zahlungsmittel mit

2 Ende der Hyperinflation

einer indirekten Goldparität ausgestattet. Das Zahlungsmittel sollte Rentenmark heißen, und seine Goldparität würde sich aus dem festen Wechselkurs zur Goldmark herleiten (1 Rentenmark entspricht 1 Goldmark). Die Goldmark war fest an den Dollar gebunden (1 Dollar entsprach 4,2 Goldmark). Auf diese Weise wurde die Rentenmark an den Dollar gekoppelt, für den wiederum die Goldparität galt.[43] So erhielt die Rentenmark einen variablen Wechselkurs zur Mark, und damit unterlag dieser Wechselkurs auf den Devisenmärkten dem Mark-Dollar-Wechselkurs. Auf diesem Weg ließ sich auch die Umtauschmöglichkeit der Mark gegen die Rentenmark regeln.

Bei der Schenkung und dem Darlehen der Roggenbank an das Deutsche Reich blieb es. Die entsprechenden Beträge lauteten nun auf 300 und 900 Millionen Rentenmark. Die Ausgabe der Rentenmark wurde durch Reichsverordnung an eine Geldmenge von 2,7 Milliarden Goldmark gebunden. Diese Größenordnung hielt die Reichsbank für wünschenswert, um die Stabilität der Rentenmark gegenüber der Goldmark gewährleisten zu können. Unter Berücksichtigung vernünftiger Geldumsätze im Handel und bei der Kreditvergabe galt sie für die Abwicklung des Zahlungsverkehrs als ausreichend. Die Ausgabe von Mark wurde dagegen eingestellt. Besitzer von Mark sahen sich der teuren, aber wertbeständigen Rentenmark gegenüber. Diese Herangehensweise lief auf eine Deflationspolitik hinaus. Das zeigte sich auch in der Zinspolitik der Reichsbank. Der Diskontsatz wurde auf 10 Prozent festgesetzt. Die Ausgabe der Rentenmark erfolgte schließlich

---

[43] Siehe Akten der Reichskanzlei, Weimarer Republik, die Kabinette Stresemann I/II, Band 2, Dokumente Nr. 55, 8. Kabinettsbesprechung 13. September 1923 und ebd. Band 1. Einleitung van Karl Dietrich Erdmann und Martin Vogt (o. J.) 2 und 3. Der Gesetzestext zur Rentenbank findet sich in der *Verordnung über die Einrichtung der Deutschen Rentenbank, 15. Oktober 1923* in 100(0) Schlüsseldokumente zur deutschen Geschichte im 20. Jahrhundert.

durch die Reichsbank auf der Grundlage einer Vereinbarung mit der Rentenbank.

Die Reichsbank behielt die exklusive Befugnis zur Emission des gesetzlichen Zahlungsmittels, und das war immer noch die Mark. Die Reichsbank behielt ebenfalls ihre Befugnisse hinsichtlich der Geldpolitik. Sie war in der Lage, den Wechselkurs zwischen Mark und Rentenmark zu beeinflussen. Wollte sie den Kurs der Mark anhand der Parität der Rentenmark zur Goldmark halten, konnte sie die Annahme von Mark gegen Rentenmark entsprechend steuern.

Die Reichsbank ergriff verschiedene ergänzende Maßnahmen. Der Umlauf der Mark wurde von der Reichsbank dadurch beeinflusst, dass sie Handelswechsel sowie die auf Mark lautenden Darlehensgutscheine zur Rediskontierung ausschließlich gegen Ausgabe von Rentenmark akzeptierte – bei Geltung der vereinbarten Wechselkursvorgaben. Die Rediskontierung von Schatzanweisungen hatte die Reichsbank dagegen eingestellt. Statt dessen wurde dem Deutschen Reich eine begrenzte Diskontierungsmöglichkeit bei der Rentenbank eingeräumt sowie das bereits genannte Entgegenkommen, die Staatskasse nicht direkt mit einem großen Liquiditätsproblem zu konfrontieren. In der Folge wurde beschlossen, dass sämtliche Zahlungen des Deutschen Reichs in Rentenmark erfolgen.

Reichskanzler Stresemann verlangte, dass die Hypothekenverpfändung im Rahmen der Schuldenübernahme zugunsten des Vermögens der Rentenbank gegenüber einer eventuell von den Alliierten gewünschten Verpfändung im Falle einer Wiederaufnahme der Reparationszahlungen nachrangig behandelt werden sollte. Stresemann strebte eine Wiederbelebung der Verhandlungen über die Reparationszahlungen an.

Am 15. November 1923 nahm die Rentenbank ihre Arbeit auf. Am 23. November wandte sich Finanzminister Hans Luther, der auf Hilferding gefolgt war, an Hjalmar

Schacht mit der Bitte, Reichswährungskommissar zu werden. Schacht erhielt die Aufgabe, die Einführung der Rentenmark zu begleiten und die Währungsstabilisierung einzuleiten. Um das innerhalb der Reichsregierung sowie gegenüber Havenstein von der Reichsbank durchzusetzen, wurde er per Reichsverordnung mit den entsprechenden Befugnissen ausgestattet. Havenstein verstarb recht plötzlich.[44] Das neue Kabinett unter der Leitung des christdemokratischen Zentrumpolitikers Wilhelm Marx ernannte Hjalmar Schacht daraufhin am 22. Dezember 1923 – unter Beibehaltung seiner Funktion als Reichswährungskommissar – zum Nachfolger von Havenstein. Ende 1924 endete diese Doppelfunktion.

Auf dem Weg zu Preis- und Wechselkursstabilität

Wie sollte es Schacht gelingen, die Mark so auf die Dollarparität festzulegen, dass sie im ausländischen Zahlungsverkehr als stabile Währung akzeptiert wurde und im Inland zur Preisstabilität beitrug?[45]

---

[44] Bei der Beschlussfassung über die Nachfolge von Havenstein wurden Versuche unternommen, Schacht zu disqualifizieren. So wurden die vermeintlichen Interessenkonflikte aufgewärmt, derer sich Schacht während des Krieges im besetzten Belgien schuldig gemacht hätte. Wie bereits erwähnt, war er damals entlastet worden. Die Befürworter einer Ernennung von Helfferich aber ließen nicht locker. Auf Ersuchen von Schacht ließ Stresemann diese Anschuldigung untersuchen und setzte dazu einen unabhängigen Juristen ein, der dann auch feststellte, dass es sich um eine grundlose Diffamierung handelte. Hinsichtlich der Bezichtigungen an die Adresse von Schacht siehe den Brief des Reichsbank-Direktoriums an Staatssekretär Bracht vom 17. Dezember 1923. Akten der Reichskanzlei. Die Kabinette Marx I/II, Band 1, Dokumente Nr. 31.

[45] Schacht (1927a, S. 81–87) sowie Schacht (1966, S. 89–98). P. Beusch (1928). Akten der Reichskanzlei. Die Kabinette Marx I/II. Band 1 Einleitung. *Die Stabilisierung der Währung und der Finanzen und Dokumente*. Otto Pfleiderer (1976, S. 182–194).

Am 20. November 1923 hatte sich der Dollarkurs der Mark an der Berliner Börse dank der beschriebenen Maßnahmen bei einem Wert von 4,2 Billionen Mark stabilisiert. Das zeigte sich auch im Verhältnis von Rentenmark/Goldmark zum Dollar. Die Mark entsprach mit dem ermittelten Kurs an der Berliner Börse genau diesem Verhältnis. Es stellte sich die Frage, ob die Mark diesen Kurs würde halten können. Auf Vorschlag des Direktoriumsmitglieds der Reichsbank Kaufmann erklärte die Reichsbank – die zu diesem Zeitpunkt noch unter der Leitung von Havenstein stand – nach Rücksprache mit Schacht, dass dieses Verhältnis als offizieller Kurs der Papiermark zum Dollar verwendet werden sollte. Damit erhielt dieser Kurs den Rang einer Mark-Dollar-Parität, die nur bei entsprechendem Angebot und Nachfrage auf den Devisenmärkten bestehen konnte. Die externe Geldpolitik musste darauf abgestimmt werden. Dies gelang aber nur teilweise. Die Kursentwicklung an der Berliner Börse bewegte sich ab 20. November 1923 zwar im Bereich dieser Parität, das galt aber nicht zwangsläufig für alle Börsen. Spielverderber waren die besetzten Gebiete an Rhein und Ruhr mit ihrem Notgeld und der Weigerung der Besatzer, die Einführung der Rentenmark zuzulassen, um so die Menge an Mark und dem damit gleichgestellten Notgeld zurückzufahren und die externe Geldpolitik auf den Berliner Kurs zu bringen. Am 20. November notierte der Dollar in Köln bei 11,7 Billionen Mark. Ein ähnliches Bild zeigte sich auch an der Amsterdamer Börse, an der die Mark in großen Mengen gehandelt wurde.

Die Antwort der Reichsbank ließ nicht lange auf sich warten. Am 22. November 1923 wurde der Umtausch von Notgeld in Mark vollständig eingestellt. Damit sollten die Besatzer gezwungen werden, die Maßnahmen des Deutschen Reichs zur Währungsstabilisierung in ihren Gebieten zuzulassen. In diesem Zusammenhang wurde auch die Praxis unterbunden, Notgeld mittels Giroverkehr gegen Mark einzulösen.

2 Ende der Hyperinflation

Hier ging man folgendermaßen vor. Notgeldbesitzer zahlten ihr Notgeld bei der ortsansässigen Bank ein mit der Bitte, eine Überweisung auf ein Konto außerhalb des Notgeld-Gebiets zu tätigen. Dort wurde die Summe in Mark gutgeschrieben und ausgezahlt. Diese Vorgehensweise wurde den Banken jetzt verboten.

Dass diese Maßnahmen notwendig waren, zeigte sich in der Entwicklung des Wechselkurses der Mark zum Dollar an der Kölner Börse im Notgeld-Gebiet. Ab 20. November war der Dollar noch teuer. So betrug der Kurs am 26. November 11,0 Billionen Mark. Dann setzte die Wende ein. Bereits am 10. Dezember war der Kurs auch an den Börsen in Köln und Amsterdam auf 4,2 Billionen Mark gefallen.[46] Jetzt endeten natürlich die Wetten auf eine Abwertung der Mark gegenüber dem Dollar und damit auch die Leerverkäufe. Die Spekulanten hatten ihre Dollar offensichtlich zu teuer gekauft. Bei der Abrechnung am Zahlungstermin mussten sie Geld zuschießen, denn ihre teuren Dollar erbrachten weniger als gedacht. Mit den auf diese Weise gefestigten Wechselkursen und der Stabilisierung der Mark im Inland konnte der Staatshaushalt mit seinen Schulden in Höhe von 191 Trillionen Mark mithilfe der bereits erwähnten Rentenbankgelder, die das Deutsche Reich erhalten hatte, saniert werden. Die Rentenbank wies ein Ersuchen der Reichsregierung, weiteres Geld aufzunehmen, zurück.[47]

Finanzminister Hans Luther kümmerte sich sogleich darum. Öffentliche Ausgaben sowie Transferleistungen hatten die Konsequenzen zu tragen. Einsparungen durch Beschneidung des öffentlichen Dienstes und Streichung von

---

[46] Schacht (1927a, S. 80 f.). Tabellen. Zum Kurs der Papiermark in Amsterdam erstattete Schacht in der Kabinettsbesprechung vom 3. Dezember 1923 Bericht. Akten der Reichskanzlei. Die Kabinette Marx I/II. Band 1. Dokumente Nr. 4.
[47] Schacht (Ebd., S. 85).

Beamtenbezügen waren im Maßnahmenpaket enthalten. Doch das war noch nicht alles. Luther konnte auch durchsetzen, dass der Ausgleich von Defiziten bei Eisenbahn und Post aus dem Staatshaushalt beendet wurde. Beide Unternehmen sollten eigenständig wirtschaften. Die finanziellen Belastungen durch das Arbeitslosengeld wurden begrenzt, indem man 50 Prozent der Kosten auf Arbeitgeber und Arbeitnehmer übertrug. Die Arbeitszeit wurde verlängert, um die Lohnkosten je Produkteinheit zu senken. Das war zur Stärkung der Wettbewerbsposition der Wirtschaft notwendig. Die Lohnkosten wurden darüber hinaus mit der Einrichtung eines Gremiums aus Reichsvermittlern kontrolliert, die Tariflöhne prüfen und feststellen sollten. Noch unter dem Kabinett Stresemann erblickte die neue Kartellgesetzgebung das Licht der Welt, mit der Preisabsprachen verhindert werden sollten.

Alles in allem handelte es sich um ein sehr umfangreiches Maßnahmenpaket, mit dem auch Schacht zufrieden sein konnte. In der Zusammenarbeit mit Luther herrschte Einvernehmen.[48] Schacht wollte ganz einfach eine Politik der Stabilisierung durchsetzen, unterstützt von einer auf Deflation ausgerichteten Haushaltspolitik.

Sollte diese Politik Bestand haben, musste die Währungsstabilisierung in ganz Deutschland durchgesetzt werden. Obgleich der rigorose Eingriff in die Umtauschmöglichkeiten des Notgelds funktionierte, konnte von einer geordneten Währungsstabilisierung im Rheinland keine Rede sein. Der von Frankreich unterstützte Separatismus im Rheinland und die Besetzung des Ruhrgebiets, die eine Durchsetzung der monetären Vorgaben in ganz Deutschland verhinderten, mussten ein Ende finden. Aber auch das handels- und geldpolitische Klima auf internationaler

---

[48] Akten der Reichskanzlei. Die Kabinette Stresemann I/II sowie Die Kabinette Marx I/II. Einleitung. *Die Stabilisierung der Währung und der Finanzen.*

Ebene musste mitspielen, wollte diese Politik erfolgreich sein. Deutschland musste seine Leistungsbilanz ausgleichen, um die Kurse dauerhaft zu stabilisieren. Die Handelsbilanz sollte mit ihrem Anteil an den Positionen der Leistungsbilanz dazu einen Beitrag leisten. Auslandskredite mit den entsprechenden Zins- und Tilgungspflichten wie auch die Reparationszahlungen sollten diese Bilanz nicht beeinträchtigen. Hätten diese Anstrengungen keinen Erfolg, wäre auch die Politik der Stabilisierung zum Scheitern verurteilt.

Separatismus im Rheinland

Um dem Vermögen der Rentenbank mittels Hypothekenverpfändung der wirtschaftseigenen Immobilien Substanz zu verleihen, war eine Beteiligung von Rheinland und Ruhrgebiet erforderlich. Die Reichsbank hatte dem Notgeldumtausch ein Ende gesetzt. Sie wollte an der Wiederherstellung des Zahlungsverkehrs durch bedingte Einlösung des Notgelds mitwirken. Der von Frankreich unterstützte geldpolitische Separatismus musste allerdings beendet werden. Das war eine politische Frage. Bestand Aussicht auf eine politische Lösung der Reparationsfrage, der Ruhrgebietsbesetzung und des Rheinischen Separatismus, den die Franzosen nutzten, um ihren Einfluss im Rheinland aufrechtzuerhalten? Ohne eine befriedigende Antwort auf diese Fragen waren die politischen Voraussetzungen nicht erfüllt, um die Währungsstabilisierung in ganz Deutschland geordnet abzuschließen.

Im Sinne einer Normalisierung der Beziehungen zu den Besatzern beendete das Kabinett Stresemann den passiven Widerstand, und die Kohlelieferungen wurden wieder aufgenommen. Das Kabinett war bereit, über eine Wiederaufnahme von Zuschüssen zu den Kosten der Besatzung zu reden. Im Gegenzug könnte die unrechtmäßige Aneignung von öffentlichem und privatem Eigentum durch die Besatzer beendet werden. Das Kabinett wollte auf diese Weise den Weg für eine Stabilisierung der Währung in den besetzten Gebieten sowie für die Erfassung des dazu benötigten Kapitals der Rentenbank freimachen.[49] Stresemann ging davon aus, dass dies mit Unterstützung von Großbritannien und den Vereinigten Staaten möglich sein sollte. Eine solche Hoffnung war wegen der internationalen politischen Entwicklungen im Oktober 1923 nicht unbegründet.

In London kam Anfang Oktober 1923 die Reichskonferenz des Britischen Empire zusammen, auf der der südafrikanische Premierminister, General Jan C. Smuts, die Frage der Reparationszahlungen aufwarf.[50] Er war der Auffassung, dass das Londoner Abkommen von 1921 unrealistisch sei. Darüber hinaus steckte man bei der Frage der Reparationszahlungen durch die Besetzung des Ruhrgebiets in einer Sackgasse. Er knüpfte an die Initiative des amerikanischen Ministers Charles E. Hughes vom Dezember 1922 an, der dieses Problem von Experten prüfen lassen wollte. Es gäbe genügend Signale von deutscher Seite, dass auch dort eine Normalisierung der Beziehungen angestrebt würde. Das bezog sich auch auf die Wiederaufnahme der Reparationszahlungen, allerdings in einem Umfang, der den wirtschaftlichen und finanziellen Möglichkeiten Deutschlands entsprach.

---

[49] Akten der Reichskanzlei. Die Kabinette Stresemann I/II. Band 1. Einleitung. *Abbruch des passiven Widerstandes und Micum-Verträge*. Micum ist die Abkürzung für „Mission interalliée de controle des usines et des mines". Dort wurde während der Besetzung des Ruhrgebiets zum Ärger der Reichsregierung mit regionalen Vertretern der betreffenden Wirtschaftszweige unter anderem über die Kohlelieferungen verhandelt. Akten der Reichskanzlei. Die Kabinette Marx I/II. Band 1. Einleitung. *Die Stabilisierung der Währung und der Finanzen.*
[50] Jean van der Poel (2007, S. 200 ff.) Akten der Reichskanzlei. Die Kabinette Stresemann I/II. Band 1. Einleitung. *Außenpolitik und Reparationsfrage und Dokumente.*

2 Ende der Hyperinflation

General Smuts hatte engen Kontakt zu verschiedenen Vertretern der Reichsregierung, zur Industrie und zum Finanzsektor, darunter auch zu Carl Melchior, und war für deren Argumente empfänglich. Er teilte die britische Abneigung gegenüber der egozentrischen und politisch sterilen Haltung der französischen Regierung und deren Ministerpräsident Poincaré. Ungeachtet dessen mussten die Franzosen von der Notwendigkeit einer anderen Politik überzeugt werden. Smuts sah einen Ansatzpunkt in der Möglichkeit einer Entkopplung von Reparationszahlungen und interalliierten Kriegsschulden. Dazu wäre ein Ersuchen an die Vereinigten Staaten nötig, um diese Schulden zu überprüfen. Sollte das erfolgreich sein, könnten Frankreich und Großbritannien Zugeständnisse machen. Der britische Premierminister Stanley Baldwin folgte Smuts nicht darin, dass Großbritannien die Initiative ergreifen müsste. Das wäre Sache der Franzosen, da Deutschland den passiven Widerstand im Ruhrgebiet beendet und die Kohlelieferungen wieder aufgenommen habe. Am 12. Oktober 1923 gab der amerikanische Präsident John C. Coolidge bekannt, dass die Vereinigten Staaten an einer Konferenz zum Thema Reparationszahlungen mitwirken würden. Aber das klang besser, als es war. Denn von Zugeständnissen an Frankreich und Großbritannien hinsichtlich der interalliierten Kriegsschulden – mit denen der Weg zu einer Überprüfung der Reparationszahlungen hätte freigemacht werden können – wollte er partout nichts wissen. Interalliierte Kriegsschulden und Reparationszahlungen waren getrennte Angelegenheiten, da die Vereinigten Staaten mit den Reparationszahlungen nicht unmittelbar zu tun hatten und dies auch nicht anstrebten. Die Beratungen über die Reparationszahlungen würden möglicherweise losgelöst von der Frage der interalliierten Kriegsschulden erfolgen können.

Frankreich reagierte ablehnend. Stresemann ließ am 24. Oktober verlauten, dass Deutschland gern daran mitarbeiten würde. Gänzlich überraschend stimmte Poincaré der vorgeschlagenen Konferenz einen Tag darauf zu. Offensichtlich wollte er beteiligt sein, wenn das Potenzial Deutschlands beurteilt wurde, in bestimmtem Umfang und unter bestimmten Bedingungen Reparationszahlungen zu entrichten. Allerdings ließ Poincaré wenig Spielraum für eine eventuelle Überprüfung. Jedwedes Übereinkommen müsste sich, so Frankreichs Standpunkt, am Londoner Abkommen von 1921 orientieren. Und Überprüfung bedeutete keineswegs Aufschub. Frankreich wollte bei einem möglichen Übereinkommen an den deutschen Sicherheitsleistungen festhalten, mit denen die Zahlungen garantiert wurden. Dazu diente auch die Sanktionsmöglichkeit, die Kohlebergwerke im Ruhrgebiet zu beschlagnahmen. Die Reparationszahlungen an Frankreich müssten zudem ausreichen, um dessen Verpflichtungen gegenüber den Vereinigten Staaten und Großbritannien bezüglich der Kriegsschulden nachzukommen. Der französische Standpunkt lief auf die Zusicherung hinaus, die Modalitäten der Reparationszahlungen zu prüfen, nicht aber die Verpflichtungen selbst.

Poincaré machte dieses Zugeständnis, nachdem ihm die amerikanische Regierung zugesagt hatte, zu Verhandlungen über die französischen Kriegsschulden bereit zu sein. Die Vereinigten Staaten hatten dies an die Bedingung geknüpft, dass Frankreich die Überprüfung der Reparationszahlungen konstruktiv begleiten würde.[51] Poincaré hatte gute Gründe, seine Bereitschaft zu zeigen. Der französische Franc stand wegen einer enttäuschenden Leistungsbilanz und Verlusten bei den Reserven unter Druck. Die Wiederaufnahme der Reparationszahlungen und eine Verringerung der interalliierten Schulden waren da äußerst willkommen. Ergebnis

---

[51] Akten der Reichskanzlei. Die Kabinette Stresemann I/II. Band 1. Einleitung. *Außenpolitik und Reparationsfrage und Dokumente.*

2 Ende der Hyperinflation

war die Einsetzung einer Expertenkommission unter dem Vorsitz des Amerikaners Charles Dawes. Diese interalliierte Kommission nahm im Januar 1924 ihre Arbeit auf. Die Regierung der Vereinigten Staaten war zwar nicht unmittelbar beteiligt, aber amerikanische Experten saßen in der Kommission, und ihr Vorsitzender war nicht umsonst ebenfalls Amerikaner. Bei jedem denkbaren Ergebnis hatten die amerikanischen Belange großes Gewicht, denn die Vereinigten Staaten waren Gläubiger aller anderen Beteiligten. Allen war klar, dass eine dauerhafte Vereinbarung ohne amerikanische Zustimmung nicht getroffen werden konnte.

Das bedeutete aber noch nicht, dass Poincaré jetzt auch eine Normalisierung der deutsch-französischen Beziehungen anstrebte. Frankreich blieb dabei, an einer Währungsstabilisierung im Ruhrgebiet und im Rheinland unter der Federführung der Reichsbank nicht mitwirken zu wollen. Vielmehr strebte Poincaré durch einen eigenständigen Status dieses Gebiets innerhalb des Deutschen Reichs eine Ausweitung des französischen Einflusses im Rheinland an. In geldpolitischer Hinsicht sollte dieses eigenständige Territorium über eine Rheinische Zentralbank verfügen, deren Einflussbereich sich zunächst auch auf das Ruhrgebiet erstrecken würde. Diese Bank würde unter französischer Kapitalbeteiligung entstehen, und Frankreich würde auch die geldpolitische Ausrichtung kontrollieren.[52] Das passte hervorragend zur Initiative der Gruppe um Konrad Adenauer, die das gleiche Ziel verfolgte.[53] Mit einer eigenen Bank konnte die Währungsstabilisierung in den besetzten Gebieten unter eigenen Bedingungen unabhängig von der Reichsbank in Angriff genommen werden. Auf eigenes Ersuchen

---

[52] Dem war die Einführung von Gutscheinen in französischen Franc als Zahlungsmittel („Regiefranken") vorausgegangen mit dem Ziel, die separate Eisenbahngesellschaft in den besetzten Gebieten für erbrachte Leistungen zu bezahlen. Siehe Hjalmar Schacht (1927a, S. 98–99).

[53] K. D. Erdmann (1966), H. Köhler (1986, S. 236–274).

hin führte die Gruppe um Adenauer Gespräche mit der Reichsregierung.[54]

Der Reichswährungskommissar Schacht war an den Beratungen am 25. November 1923 beteiligt. Hier erläuterte die Gruppe Adenauer, was sie mit der geldpolitischen Autonomie beabsichtigte. Es ging um die Gründung einer eigenen Zentralbank, die inzwischen die Bezeichnung Rheinisch-Westfälische Notenbank bekommen hatte. Sowohl die Mark als auch das Notgeld sollten aus dem Verkehr gezogen und durch eine eigene Währung ersetzt werden. Außerdem war die Übergabe der Mark an die Reichsbank zu regeln. Die eigene Währung sollte mit einer Dollarparität ausgestattet werden. Die neue Bank besaß für ihre Geldemission ausreichendes Kapital, das von der Region, von Frankreich, Belgien, neutralen Staaten und – so die Hoffnung – auch von Großbritannien bereitgestellt werden sollte. So würden Rheinland und Ruhrgebiet wieder über ein wertbeständiges und konvertibles gesetzliches Zahlungsmittel verfügen.

Weder der Reichskommissar noch die Reichsbank selbst waren gegenüber der Gruppe Adenauer zu irgendwelchen Zugeständnissen bereit. Die Einwilligung zur Gründung einer eigenen Zentralbank und die Einführung einer eigenen Währung wären demnach gänzlich inakzeptabel. Die Reichsregierung entschied sich dennoch anders. Sie war offenbar zu Gesprächen über eine Zentralbank für das Rheinland bereit, allerdings ohne das Ruhrgebiet. Sowohl die Reichsbank als auch der Reichswährungskommissar – in der Personalunion von Schacht – bedienten sich einer Verzögerungstaktik mit dem Ziel, eine Lösung zu finden, die eine Gründung der Rheinisch-Westfälischen Notenbank unmöglich machte. Allerdings wirkte die Reichsbank an

---

[54] Zur Politik des Kabinetts Stresemann: Akten der Reichskanzlei. Die Kabinette Stresemann I/II. Band 1. Einleitung. *Rheinlandpolitik und Dokumente.*

2 Ende der Hyperinflation 69

einer Maßnahme zum Wechsel von Notgeld mit. Wenn keine ausreichenden Zahlungsmittel zur Verfügung stünden, so war die Reichsbank überzeugt, würde dies zu einer Destabilisierung führen. Dementsprechend konnte sogenanntes wertbeständiges Notgeld weiterhin bei der Landesbank Düsseldorf eingetauscht werden. Dabei handelte es sich um Notgeld, das für Kreditvergaben und Zahlungen im Zusammenhang mit Warengeschäften eingesetzt wurde, deren Erträge den möglichen inflationären Effekt der Verwendung dieses Geldes wieder aufhoben. Dieses Notgeld konnte gewechselt und das Geschäft hinfort in Mark abgewickelt werden.

Unmittelbar nach seiner Ernennung zum Präsidenten der Reichsbank begab sich Schacht nach London, um mit seinem Kollegen Montagu Norman, dem Gouverneur der Bank of England, über eine Maßnahme zu reden, mit der die Gründung der Rheinisch-Westfälischen Notenbank verhindert werden sollte. In seinen Erinnerungen berichtet Schacht recht blumig von diesem Treffen.[55]

Schacht wusste, dass die Briten misstrauisch beäugten, wie sich die Franzosen bemühten, das Rheinland endgültig zu ihrer Einflusssphäre zu machen und sich ausgesprochen schwer damit taten, das Ruhrgebiet als Sicherheit aufzugeben. Montagu Norman zeigte im Gespräch mit Schacht volles Verständnis für dessen Einwände gegen die Versuche einer geldpolitischen Abtrennung von Rheinland und Ruhrgebiet vom Deutschen Reich mittels der Rheinisch-Westfälischen Notenbank. Norman hatte von französischer Seite einen Brief erhalten, in dem die Bank of England ersucht wurde, die Londoner Banken zu einer Beteiligung am

---

[55] Hjalmar Schacht (1953, S. 243–257). Er erinnert an seinen Erfolg in London und später in Berlin, wobei seine Darstellung doch etwas geschönt ist. Montagu Norman ließ sich nicht ohne Vorbehalte auf Schacht ein. Hjalmar Schacht (1927a, S. 88–113). Akten der Reichskanzlei. Die Kabinette Marx I/II. Band 1. Einleitung. *Die Stabilisierung der Währung und der Finanzen.*

Kapital der Rheinisch-Westfälischen Notenbank zu bewegen. Er hatte definitiv die Absicht, die Banken davon abzuhalten.

Natürlich wussten beide, dass in der Dawes-Kommission über die Position der Reichsbank gesprochen wurde und dabei auch die Forderung erwogen wurde, die Reichsbank durch eine neue Zentralbank zu ersetzen. Die Reichsbank war aus Sicht der Kommission wegen ihrer engen Verbindung zur Reichsregierung ungeeignet. Wäre ein Ansatz denkbar, der dieser Auffassung nicht widersprach? Die Bank of England war zwar unabhängig, aber damit besaß Montagu Norman noch keinen Freibrief, Schritte zu unternehmen, die ihn mit seiner eigenen Regierung in Konflikt brachten. Schacht und Montagu Norman mussten etwas ersinnen, das bei den Londoner Banken auf fruchtbaren Boden fiel, die britischen Regierung aber nicht verstimmte.

Schacht schlug vor, mit Unterstützung der Bank of England eine eigene Bank zu gründen, deren Vermögen auf britische Pfund lauten sollte. Diese Bank würde der deutschen Wirtschaft zur Begleichung ihrer Handelsrechnungen mit dem Ausland Kredite in Pfund gewähren. Mit einer solchen Bank könnte der deutsche Außenhandel stimuliert werden, was wiederum der Industrie, der Handelsbilanz, kurz gesagt der gesamten Wirtschaft zugutekam. Schacht nannte insbesondere die Wirtschaft in Württemberg, Nord-Bayern, Franken sowie im Rheinland und im Ruhrgebiet. Mit einer solchen Einrichtung bestünde weder in der Wirtschaft noch im Bankensektor der besetzten Gebiete weiterhin Interesse am geldpolitischen Separatismus der Gruppe Adenauer.

Für die neue Bank stand Schacht ein Kapital in Höhe von 10 Millionen Pfund vor Augen. Dies entsprach 200 Millionen Goldmark und damit 200 Millionen Rentenmark. Die Kreditvergabe würde durch Diskontierung solider Handelswechsel auf Handelsgeschäfte mit dem Ausland in Pfund erfolgen. Diese Wechsel müssten an der

2 Ende der Hyperinflation

Londoner Börse handelbar sein. Dazu sei die Akzeptanz britischer Banken, unterstützt durch die Akzeptanz der Bank of England, erforderlich. Gesellschafter dieser Bank wären die Reichsbank sowie deutsche Banken mit einer Einlage von 10 Millionen Pfund. Die Bank of England müsste sich am Risikokapital nicht beteiligen. Schacht bat die Bank of England um Erteilung eines Darlehens in Höhe von 5 Millionen Pfund mit einer Laufzeit von drei Jahren. Mit diesem Darlehen könnte er die Diskontierung von Wechseln in Pfund finanzieren. Das Kapital der Bank würde für eine ausreichende Deckung sorgen. Die Festlegung des Zinssatzes überließ er Montagu Norman. Innerhalb weniger Tage war die Sache perfekt. Sowohl die Bank of England als auch die Londoner Banken beteiligten sich an der vorgeschlagenen Konstruktion. Montagu Norman verlangte – zu Schachts Freude – lediglich 5 Prozent Zinsen (der vergleichbare Zinssatz in Berlin betrug damals 10 Prozent). Die Londoner Banken boten mit Zustimmung der Bank of England einen finanziellen Spielraum für die Wechselannahmen im Wert von 10 Millionen Pfund.

Eine Beeinflussung der Geschäftsausrichtung dieser Bank – die Golddiskontbank (GDB) heißen würde – durch Großbritannien würde es nicht geben. Das stimmte allerdings nicht ganz, wie sich dann bei der Ausarbeitung der Einzelheiten zeigte. Das Reichskabinett sollte bis zum 7. März 1924 mitteilen, ob es einer Reihe von Bedingungen zustimmen könne.[56] Dazu gehörte, dass die GDB mit der Bank of England zusammenarbeiten sollte, was angesichts der Konstruktion naheliegend war. Die Bank of England wollte, dass bei der Abwicklung der über die GDB

---

[56] Siehe Akten der Reichskanzlei, Weimarer Republik, Kabinette Marx I/II, Band 1, Dokumente Nr. 135, *Mitteilungen des Reichsbankpräsidenten in der Ministerbesprechung vom 7. März 1924 über die mit der Bank von England vereinbarten Abmachungen.*

laufenden Zahlungen bevorzugt britische Banken zum Zuge kamen. Als Sicherheit sollte die Zusicherung der Reichsbank dienen, wonach sie ihre Goldreserven in erster Linie zur Unterstützung des Wechselkurses der Mark zum Pfund bereithielt.

Die Bedingung, dass Reichsbank und GDB an der Wiederherstellung eines ausgeglichenen Haushalts des Deutschen Reichs mitwirken sollten – was eine inflationäre Geldschöpfung zur öffentlichen Finanzierung ausschloss –, war politisch heikel. Allerdings war die Bedingung mit Zustandekommen der Rentenbank bereits erfüllt.

Die Bestrebungen der Bank of England zeigten sich in der Forderung, die Reichsbank möge keine Einwände gegenüber der finanziellen Beteiligung der Bank of England an der Bank von Danzig sowie an der Österreichischen Nationalbank erheben. In diesem Zusammenhang sollten Reichsbank und GDB in Pfund lautende Wechsel gegenüber diesen Banken akzeptieren, die über ein Akzept der Bank of England verfügten. Dieser Verbund wurde durch die Zentralbanken der Tschechoslowakei und Griechenlands ergänzt. Die Bank of England wollte mit diesem Netzwerk die Position der Londoner City als Finanzzentrum stärken und das Pfund als Schlüsselwährung im Zahlungsverkehr durchsetzen. Schacht wusste, dass Montagu Norman auch die Aufnahme der Zentralbanken der Niederlande, Schwedens und der Schweiz in dieses Netzwerk anstrebte.

Nach Neujahr 1924 begab sich Schacht mit diesem Vertragsentwurf in der Tasche nach Berlin, um Freund und Feind damit zu überraschen. Er hatte jetzt eine Möglichkeit, die Franzosen und die Gruppe Adenauer mit ihrer Rheinisch-Westfälischen Notenbank aus dem Feld zu schlagen, und konnte Wirtschaft und Banken in Rheinland und Ruhrgebiet eine Alternative anbieten. In politischer Hinsicht bedeutete es eine enorme Unterstützung, dass die

2 Ende der Hyperinflation 73

britische Zentralbank mitwirkte und die britische Regierung keine Einwände hatte. Allerdings musste dafür gesorgt werden, dass auch die Dawes-Kommission nicht widersprach. Hier bestand ein gewisses Risiko. Ein weiteres Risiko waren die Initiatoren der Rheinisch-Westfälischen Notenbank mit ihrer französischen Beteiligung. Würden Sie jetzt auf ihr Vorhaben verzichten?

Ausgerechnet am Silvestertag 1923, als Schacht auf dem Weg nach London zu den Beratungen mit seinem Kollegen Montagu Norman war, ging beim Reichskanzler ein Brief von Louis Hagen ein, dem Sprecher der Initiatoren der Rheinisch-Westfälischen Notenbank. Er hatte mit seinen Partnern aus dem Finanzsektor, der Wirtschaft und von den französischen Besatzungsbehörden über den an ihn gerichteten Brief des Reichskanzlers vom 22. Dezember 1923 beraten.[57] Dieser Brief enthielt die Bedingungen, unter denen das Kabinett der Gründung einer Bank für das Rheinland würde zustimmen können. Im Kabinettsbrief stand unter anderem die Forderung, dass eine solche Bank ihre Tätigkeit nicht im Ruhrgebiet ausüben durfte. Zudem durfte es sich nicht um eine „Notenbank" handeln, die eine Befugnis des Deutschen Reichs zur Ausgabe eines gesetzlichen Zahlungsmittels hätte. Diese Aufgabe müsste weiterhin die Reichsbank wahrnehmen. Vorgeschlagen wurde deshalb, der Bank die Bezeichnung Rheinmarkbank zu geben. Die Rentenmark müsste in Umlauf gebracht werden können, und auch die Wirtschaft sollte sich entsprechend am Kapital der Rentenbank beteiligen. Mit anderen Worten: Die Währungsstabilisierung sollte also gemäß der Vorgehensweise im Deutschen Reich erfolgen. Das Kabinett verlangte darüber hinaus, dass die Rheinmarkbank möglichst

---

[57] Akten der Reichskanzlei. Die Kabinette Marx I/II. Band 2. Dokumente Nr. 36. *Der Reichskanzler an den Geheimkommerzienrat Louis Hagen in Köln.* 22. Dezember 1923.

umgehend in der deutschen Zentralbank aufgehen sollte. Die Gesellschafter dieser Bank müssten sich damit verpflichten, ihre Anteile zu einem vorab bestimmten Kurs an die deutsche Zentralbank zu verkaufen.

Die Rheinmarkbank sollte sich mit ihren Wechseldiskont- und Annahmerichtlinien nach den Vorstellungen der deutschen Zentralbank richten. Hinsichtlich des ausländischen Zahlungsverkehrs und insbesondere der Wechselkursstabilität hätte die Bank keine Rolle zu spielen. Das sollte weiterhin Aufgabe der Reichsbank mit ihrer Mark sein. Die Bank durfte zwar ein Zahlungsmittel ausgeben, aber diese Ausgabe musste sich, wie erwähnt, in die deutsche Geldpolitik einfügen. Schließlich kam es auf die Festlegung eines Kurses zwischen dieser Rheinmark, der Rentenmark und der Mark an. Die Gruppe Hagen strebte in ihrem Antwortschreiben eine andere Regelung an. Sie schlug vor, dass die Rheinmark eine Dollarparität von 1 Dollar gleich 10 Rheinmark erhalten sollte. Dieser Kurs unterschied sich deutlich vom Dollarkurs der stabilisierten Mark mit 1 Dollar gleich 4,2 Billionen Mark bzw. im Verhältnis von 1 Dollar zu 4,2 Rentenmark/Goldmark. Die Rheinmark war damit billiger als Rentenmark und Mark. Der Vorschlag schloss eine Verwendung der Rheinmark im ausländischen Zahlungsverkehr ein. Diese Wechselkurse hatten selbstverständlich Auswirkungen auf die Wettbewerbsposition von Unternehmen im Rheinland gegenüber Unternehmen im übrigen Deutschen Reich.

Natürlich widersprach das Kabinett dem Vorschlag von Hagen. Die Rheinmark sollte der Rentenmark gleichgestellt sein und kein gesetzliches Zahlungsmittel bilden. Für den Zahlungsverkehr mit dem Ausland sollten mittels Rheinmark Mark des Deutschen Reichs eingekauft werden. Auch die beabsichtigte Ausgabe kleinerer Stückelungen ab 0,25 Rheinmark lehnte die Reichsregierung ab. Das würde nämlich bedeuten, dass sich die Rheinmark im täglichen

Zahlungsverkehr wie selbstverständlich einbürgerte und deren künftige Abschaffung sowie die Einführung der Mark nach Eingliederung dieser Regionalbank in die deutsche Zentralbank erschwert würden. Ferner hielt das Kabinett an seinen bereits genannten Bedingungen fest. Reichsbankpräsident Schacht stimmte diesem Kabinettsstandpunkt zu.

Das Antwortschreiben von Louis Hagen schien auch in anderer Hinsicht zu einer Verschärfung des Konflikts zwischen dem Deutschen Reich und den Initiatoren beizutragen. Es ging um den politischen Punkt des Separatismus und die Befugnisse der Besatzer. Der französische Einfluss auf den Brief von Hagen war deutlich spürbar.[58] Poincaré selbst hatte darauf bestanden, dass die Rheinmarkbank zu einer Zentralbank mit der Befugnis zur Ausgabe eines gesetzlichen Zahlungsmittels werden sollte. Er bestritt das Recht des Deutschen Reiches, in den besetzten Gebieten zu bestimmen, welche Bank eine solche Befugnis haben sollte und welche nicht. Das wäre vielmehr Sache der Besatzer. Er drohte sogar damit, bei einer ablehnenden Haltung des deutschen Kabinetts selbst eine Zentralbank für die von Frankreich und Belgien besetzten Gebiete zu errichten (allerdings nicht für die britischen Besatzungsgebiete). Die Einführung der Rentenmark und die zugehörige Hypothek zugunsten des Kapitals der Rentenbank passten nicht zu seinen Vorstellungen. Denn die Werte, auf denen diese Hypothek basierte, sollten als Sicherheiten für die Reparationszahlungen zur Verfügung stehen.[59] Aber das hatte Stresemann bereits berücksichtigt, indem er diese Verpfändung (zweite Hypothek) gegenüber der Verpfändung zugunsten der Reparationszahlungen (erste Hypothek) als nachrangig einstufte.

---

[58] Siehe Akten der Reichskanzlei, Die Kabinette Marx I/II. Band 2. Dokumente Nr. 44. *Louis Hagen an den Reichskanzler*. Köln, 31. Dezember 1923.
[59] Eine eingehende Beschreibung der französischen Politik findet sich in Hans Otto Schötz (1987, S. 50–85).

Louis Hagen ließ als Reaktion auf den Kabinettsstandpunkt verlauten, dass es wünschenswert sei, die Errichtung der Bank und die Einführung der Rheinmark zu beschleunigen. Die Aufgabe der Landesbank Düsseldorf, im Namen des Deutschen Reiches Notgeld gegen Mark einzutauschen, hatte nach sechs Monaten zu enden. Allerdings konnte von der Einführung der Rentenmark gar keine Rede sein. Die Verzögerung um diese sechs Monate bot Gelegenheit, sich auf den Übergang zur Rheinmark vorzubereiten. Die Möglichkeit, dass die Rheinmarkbank zu gegebener Zeit in einer Zentralbank des Deutschen Reiches aufging, wurde zwar akzeptiert, den Gesellschaftern dieser Bank wurde in der Satzung aber ein Vetorecht eingeräumt. Einigkeit zwischen den Separatisten und der Reichsregierung war in keinerlei Hinsicht festzustellen.

So paradox es auch klingen mag, diese radikale Haltung von Hagen und dessen Gefolgschaft brachte Schacht einen taktischen Vorteil. Es war gar nicht denkbar, dass der Standpunkt der Initiatoren die Grundlage für eine Übereinkunft bilden könnte. Dennoch hatte Wirtschaftsminister Eduard Hamm (DDP) mit Wissen des Kabinetts Gespräche mit den Initiatoren geführt. Im Kabinett kam dies am 10. Januar 1924 zur Sprache.[60] Laut Minister Hamm hatte es gegenseitige Zugeständnisse gegeben. Die Zugeständnisse der Initiatoren betrafen jedoch lediglich Details. Bemerkenswert war die Zustimmung von Minister Hamm zum Vorschlag der Initiatoren, die Rheinmark nicht mehr mit einer Dollarparität auszustatten, sondern mit einer Goldmarkparität. Denn der Schein trog. Bei der Goldmark handelte es sich um eine Rechnungseinheit mit Dollarparität. Der neue Vorschlag enthielt also immer noch eine Rheinmark mit Dollarparität. Er beinhaltete jetzt eine Parität von

---

[60] Siehe Akten der Reichskanzlei. Die Kabinette Marx I/II. Band 2. Dokumente Nr. 54. *Kabinettssitzung vom 10. Januar 1924. Rheinisch-Westfälische Bank.*

1 Rheinmark zu 0,8 Goldmark (1 Rheinmark entsprach damit 0,2 Dollar). Damit bestand weiterhin die Befürchtung, dass es aufgrund der Wechselkursdifferenz zu ungleichen Wettbewerbsverhältnissen kommen würde. Zudem wurde die Rheinmark von den Initiatoren immer noch als Zahlungsmittel betrachtet, das auch im ausländischen Zahlungsverkehr verwendet werden konnte. Schacht lehnte den Vorschlag ab. Wenn das Kabinett erwog, einen anderen Standpunkt einzunehmen, würde das Direktorium der Reichsbank dies zur Kenntnis nehmen. An seinem eigenen Standpunkt würde dies nichts ändern.

Auch im Reichstag wuchs der Widerstand gegen die weitreichenden Forderungen der rheinischen Initiatoren. Inzwischen lag auch Schachts Vorschlag einer Golddiskontbank auf dem Tisch. Und das Kabinett wusste, dass die Bank of England und die Londoner Banken sich nicht an diesem geldpolitischen Separatismus beteiligten.

Die Dawes-Kommission begann ihre Arbeit und würde zweifellos Stellung nehmen zur Frage einer deutschen Zentralbank. Denn sie hatte sich auch zum Zuständigkeitsbereich einer solchen Zentralbank zu äußern. Und natürlich spielte das Problem der besetzten Gebiete dabei eine wichtige Rolle. Die Reichsregierung ging davon aus, dass eine Beendigung der Besetzung des Ruhrgebiets letztendlich Bestandteil einer Vereinbarung mit den Alliierten zu sein hatte. Aber auch die Besetzung des Rheinlands sollte am besten noch vor 1935 beendet werden. Denn von einem Sonderstatus des Rheinlands konnte keine Rede sein. Die deutsche Zentralbank war für ganz Deutschland zuständig. Die Reichsregierung zählte darauf, dass es Frankreich nicht gelingen würde, Amerikaner und Briten auf seine Seite zu ziehen. Die rheinischen Initiatoren erhielten deshalb von der Reichsregierung keine Zustimmung zur Errichtung ihrer Bank. Die Franzosen mussten einsehen, dass sie sich isolieren würden, wenn sie auf ihrer Unterstützung des

Separatismus beharrten, und machten deshalb einen Rückzieher. Die Bank wurde nicht gegründet, und die Einführung der Rentenmark in Rheinland und Ruhrgebiet wurde schließlich doch vollzogen. Damit konnte die Währungsstabilisierung abgeschlossen werden.

Die Golddiskontbank

Schacht und das Kabinett mussten die Dawes-Kommission davon überzeugen, dass die Errichtung der Golddiskontbank (GDB) nicht im Widerspruch zu einem eventuellen Vertrag über die deutsche Zentralbank stünde. Am 23. Januar 1924 begab sich Schacht auf Einladung der Unterkommission für geldpolitische Angelegenheiten der Dawes-Kommission nach Paris, um sich zum Zustand der deutschen Wirtschaft und insbesondere zur gegenwärtigen finanziellen Lage sowie zur Geldpolitik des Deutschen Reiches zu äußern. Dort war auch Gelegenheit, die GDB anzusprechen. Einen Durchbruch zugunsten der GDB brachten diese Gespräche allerdings nicht.

Einen Monat später, am 20. Februar 1924, hatte Schacht in Paris eine Unterredung mit Robert Owen Young, dem Vorsitzenden der Unterkommission für geldpolitische Angelegenheiten.[61] Hier wurde ihm mitgeteilt, dass man ihm bei der Gründung der GDB seitens der Kommission keine Steine in den Weg legen würde. Um die gesamte Kommission zu überzeugen, wäre es jedoch erforderlich, den Franzosen entgegenzukommen. Letztendlich ging es um ein Gesamtpaket, und die GDB könne nicht losgelöst davon

---

[61] Akten der Reichskanzlei. Die Kabinette Marx I/II. Band 2. Dokumente Nr. 116. *Bericht des Reichsbankpräsidenten über eine Unterredung mit Owen D. Young.* Paris, 20. Februar 1924.

betrachtet werden. Es müsste klar sein, in welchem Verhältnis die GDB zur beabsichtigten Zentralbank stehen würde. Das konnte Schacht erläutern. Die Kreditfinanzierung durch die GDB ging nicht zulasten der Mittel der beabsichtigten Zentralbank. Die Zentralbank wäre eine der Gesellschafterinnen und würde damit einmalig Risikokapital in Pfund einbringen. Die Kreditfinanzierung der GDB würde mithilfe eines Darlehens der Bank of England erfolgen und schon dadurch vereinfacht, dass die Londoner Banken bereits den Umfang ihrer Diskontierungsstrategie für Wechsel bestimmt hatten, die von der GDB akzeptiert worden waren. Was laut Young noch verblieb, um eine Zustimmung zu erhalten, war ein Entgegenkommen bezüglich der französischen Forderung, wonach die Reparationszahlungen von der Reichsregierung garantiert werden müssten.

Darauf würde die Reichsregierung eingehen, wenn damit ein Betrag zur Beendigung der Besetzung des Ruhrgebiets geleistet würde. Young schlug folgende Sicherheit zugunsten von Frankreich vor. Die Reichsregierung sollte dafür sorgen, dass die Reichsbahn einen eigenständigen Status erhielt und die Eisenbahn im Rheinland übernahm. Das Deutsche Reich blieb einziger Gesellschafter, hatte aber eine Aufsichtsbehörde einzusetzen, die nicht dem Beamtenapparat angehörte. Die Alliierten durften für die Aufsichtsbehörde ebenfalls Mitglieder ernennen. Ziel war es, Frankreich die Sorge zu nehmen, dass die Eisenbahn im Konfliktfall ohne Weiteres von der Reichswehr genutzt werden konnte. Was die Sicherheit betraf, wurde das neue Eisenbahnunternehmen mit einer Schuldverschreibung zugunsten der europäischen Alliierten über 10 Milliarden Goldmark mit einem Zinscoupon von 5 Prozent belastet. Die Rückzahlung war in Form einer Annuität vorgesehen, die einen Bestandteil der Reparationsannuität bildete. Die Grundstücke und Produktionsmittel der Reichsbahn galten als Sicherheit. Dabei erhielt der französische Staat laut Verteilungsschlüssel der Übereinkunft von Spa 1920 sowie des Londoner Abkommens 1921 52 Prozent dieser Teilannuität. Da es sich um eine Schuldverschreibung handelte, bestand für Frankreich auch die Möglichkeit, über diesen Teil – unabhängig vom Rest – zu verhandeln und den zustehenden Betrag eher einzunehmen. Schacht setzte das Kabinett über Youngs Vorschlag in Kenntnis. In etwas geänderter Form wurde diese Schuldenübernahme zum Bestandteil des späteren Dawes-Abkommens.

Hinsichtlich der Frage der GDB gab es allerdings keine Fortschritte. Die Young-Unterkommission räumte der Frage der geplanten deutschen Zentralbank Vorrang ein. Schacht griff auf ein bewährtes Rezept zurück, um die Beschlussfassung zur GDB zu beschleunigen. Anfang März 1924 ging er mit einer Rede in Königsberg[62] an die Öffentlichkeit, in der er darauf hinwies, dass die deutsche Wirtschaft angesichts des desaströsen Zustands der Devisenreserven eine solche Bank brauchte. Würde die Bank jetzt nicht eingerichtet, würde auch das Stabilisierungsprojekt scheitern. Die Wiederherstellung des Außenhandels sei eine notwendige Voraussetzung, um Reparationszahlungen zu ermöglichen. Ohne die Verfügbarkeit von Handelskrediten in harter Währung wäre diesem Vorhaben kein Erfolg beschieden. Auf diese Weise würden die Devisen eingenommen, die für den Transfer der Geldbeträge erforderlich wären. Die Reaktionen in der deutschen Öffentlichkeit waren so überzeugend, dass die Young-Kommission ihre Meinung schließlich änderte. Schacht und Montagu Norman bekamen für ihr Vorhaben am 13. März 1924 grünes Licht. Am 2. April 1924 genehmigte das Kabinett die Satzung der

---

[62] Hjalmar Schacht (1953, S. 256).

Bank,[63] und am 7. April 1924 konnte die Bank offiziell ihre Geschäfte aufnehmen. Das Problem des geldpolitischen Separatismus hatte sich inzwischen erledigt.

Wankende Stabilität

Schacht wollte die erreichte Stabilität bei Preisen und Wechselkursen unbedingt wahren. Für ihn hatte das oberste Priorität. Die Dawes-Kommission musste davon überzeugt werden, dass Deutschland seine Geldpolitik eigenverantwortlich regeln konnte und deshalb ein zuverlässiger Partner war, um vernünftige Vereinbarungen zu den Reparationszahlungen, zum Geldsystem und zur Stellung der Reichsbank zu treffen. Schacht hoffte, dass die Dawes-Kommission den Weg freimachen würde für einen internationalen finanzwirtschaftlichen Rahmen, der es Deutschland ermöglichte, seinen Verpflichtungen mit der Perspektive einer wirtschaftlichen Erholung nachzukommen. Aber er hatte kein Glück.[64] Die Geldmenge wuchs stärker als erwartet mit dem entsprechenden Stabilitätsrisiko bei Preisen und Wechselkursen. Diese Zunahme ging auf die vermehrte Ausgabe von Rentenmark sowie auf Verzögerungen bei der Mengenanpassung der umlaufenden Mark zurück. Ende Dezember 1923 betrug die Geldmenge in Rentenmark 142 Millionen Goldmark und in Mark 448 Millionen Goldmark. Am 23. April 1924 beliefen sich diese Zahlen bereits auf 1268 Millionen bzw. 781 Millionen Goldmark. Die gesamte Geldmenge

---

[63] Akten der Reichskanzlei. Die Kabinette Marx I/II. Band 2. Dokumente Nr. 163. Ministerbesprechung vom 2. April 1924. *Statut der Golddiskontbank.*
[64] Hjalmar Schacht (1927a, S. 113–124). Akten der Reichskanzlei. Die Kabinette Marx I/II. Band 1. Dokumente Nr. 187. Sitzung des Reichsbank-Kuratoriums. 29. April 1924. Dieses Dokument vermittelt eine genaue Vorstellung von den geldpolitischen Erwägungen Schachts. Die folgende Beschreibung orientiert sich daran.

hatte weiter zugenommen und lag jetzt bei 3,1 Milliarden Goldmark. Dieser Betrag lag über dem Zielwert, den Schacht zur Aufrechterhaltung der Preis- und Wechselkursstabilität für vertretbar erachtete.

Schacht verwies auf die Konjunkturbelebung infolge der gestiegenen Geldmenge. Die Geldmenge hatte gegenüber den Warenumsätzen stärker zugenommen. Die Preise stiegen, und die Handelsbilanz zeigte einen zunehmenden Fehlbetrag. Das rächte sich in Kursrückgängen an den Devisenmärkten und war beispielsweise an der Amsterdamer Börse spürbar. Dort waren aufgrund der Zahlungen für den Warenverkehr mit und über die Niederlande große Mark-Umsätze zu verzeichnen. Schacht musste feststellen, dass seine Stabilitätspolitik gefährdet war. Der Wechselkurs zum Dollar musste auf das festgesetzte Ziel von 1 Dollar für 4,2 Billionen Mark reduziert werden.

Dazu standen der Reichsbank folgende Mittel zur Verfügung: Erhöhung des Diskontsatzes, strengere Richtlinien für das Akzept von Wechseln sowie Begrenzung der Kreditvergabe durch die Rentenbank. Zudem bestand die Möglichkeit einer strengeren Anwendung der Vorgaben für die Devisenzuteilung. Die ersten drei Maßnahmen wirkten sich unmittelbar auf die Geldumsätze im Verhältnis zu den Warenumsätzen aus. Die verschärften Wechseldiskont- und Akzeptrichtlinien führten zu einem geringeren Angebot kurzfristiger Kredite und schränkten damit die Geldmenge ein. Die Rentenbank konnte ihre Kreditvergabe einschränken. Reichsbank und Rentenbank mussten strenger durchsetzen, dass die Ausgabe von Rentenmark und der Umtausch von Mark auch den Stabilitätszielsetzungen entsprachen. Eine Verschärfung der Vorgaben für die Devisenzuteilung würde dem Import zusetzen. Das lief aus monetärer Sicht auf eine Deflationspolitik hinaus, eventuell in Verbindung mit importbeschränkenden Maßnahmen.

Nach Schachts Auffassung ergab sich in Bezug auf eine Diskontsatzerhöhung allerdings ein Problem. Der Diskontsatz der Reichsbank lag bei 10 Prozent; bei den Banken dagegen war er deutlich höher. Das brachte die Banken natürlich nicht dazu, auf eine Rediskontierung von Wechseln bei der Reichsbank zu verzichten. Dabei spielte eine Rolle, dass die Banken eine zunehmende Kreditnachfrage verspürten, Festgelder und Spargutshaben aber nicht Schritt hielten. Wollte die Reichsbank wirksam eingreifen, musste ihr eigener Diskontsatz über dem der Banken liegen. Aber damit würden die Zinsen für kurzfristige Kredite auf ein zu hohes Niveau ansteigen. Schacht strebte ein niedrigeres Zinsniveau an, um die Finanzierungskosten strukturell herunterzufahren. Das käme sowohl der Ertrags- als auch der Preisentwicklung zugute. Es würde die Geschäftstätigkeit anregen und hätte gleichzeitig einen positiven Kaufkrafteffekt. Dafür gab es jetzt aber keinen Spielraum.

Schacht entschied sich für eine vorübergehende Beschränkung der Wechselakzept durch die Reichsbank. Am Samstag, dem 5. April 1924, ließ er bekannt geben, dass es ab Montag, dem 7. April, zu Einschränkungen beim Akzept von Wechseln kommen würde. Unter Zuhilfenahme von Gesetzen aus der Inflationszeit wurden die Vorgaben für die Devisenzuteilung verschärft. Käufer von Devisen wurden verpflichtet, bei ihrer Devisenbank eine Geldeinlage einzuzahlen. So würden der Erwerb von Devisen und damit die Importe gebremst. Kam es dennoch zu Devisenkäufen, kostete das zusätzliche Liquidität. Beim Versuch der betreffenden Banken, sich dem zu entziehen, drohten Strafmaßnahmen der Reichsbank, und das Konto der betreffenden Banken bei der Reichsbank würde gesperrt. Das wirkte sich auf die Zahlungen in den Bereichen Kauf und Verkauf von Devisen aus sowie auf die noch mögliche Rediskontierung von Wechseln. Gleichzeitig führte die Reichsbank Kontingente für die Kreditvergabe an

Unternehmen ein, die bei ihr unmittelbar Kunde waren. Es sollten nur noch Kredite erteilt werden, die zu Wachstum und Modernisierung der Produktion sowie zu einem auf absehbare Zeit positiven Cashflow beitrugen.[65]

Das Preisniveau stabilisierte sich, und auch der Wechselkurs der Mark hatte sich erholt. Spekulationen auf einen Wertverfall der Mark, die erneut aufgekommen waren, hatten prompt ein Ende. Die einschränkenden Maßnahmen konnten ab August 1924 schließlich rückgängig gemacht werden. Bei entsprechender Abstimmung auf die Stabilitätszielsetzungen bestand für das Wachstum der Geldmenge nun ein größerer Spielraum.

Schacht beschäftigten zwei positive Folgen der erzwungenen Begrenzung der Geldmenge. Die erste Folge war die Bereinigung von unrentabel eingesetztem Kapital. Bei Unternehmen, die in der Inflationszeit eine Menge investiert hatten, nur um der Geldentwertung zu entgehen, sanken durch die Kreditbeschränkungen die Umsätze und gleichzeitig ging deren Rentabilität zurück. Hier bestand ein hohes Risiko einer zunehmenden Unterauslastung. Damit trennte sich die Spreu vom Weizen. Die zweite Folge bestand darin, dass Unternehmen, die aus Inflationsgründen wertbeständige Reserven aufgebaut hatten, diese Reserven jetzt aktivieren mussten, um den eigenen Liquiditätsbedarf zu decken. Das galt auch für die Rückführung von Guthaben, das im Ausland geparkt worden war.

Schon im Herbst war die Konjunkturflaute vorbei.[66] In seiner Autobiografie nahm er voller Stolz noch einmal auf diese Begebenheiten Bezug.[67] Das hieß aber noch nicht,

---

[65] Die Reichsbank verfügte über einen eigenen Kundenstamm mit Unternehmen, die von ihr als solide und kreditwürdig eingestuft wurden. Aufgrund dieser Praxis war die Reichsbank mehr als eine klassische Zentralbank, sie war auch Kreditbank.

[66] Schacht (1927a, S. 124).

[67] Schacht (1953, S. 265 f.).

dass auch die grundlegenderen wirtschaftlichen Probleme gelöst waren. Schacht gab in seinen Berichten an das Reichsbank-Kuratorium unumwunden zu, dass Banken und Unternehmen noch nicht genügend Eigenkapital gebildet hätten, um die für ein künftiges Wirtschaftswachstum erforderlichen Investitionen finanzieren zu können. Die Rückschläge, von denen die Wirtschaft durch die Friedensverhandlungen und die Hyperinflation getroffen worden war, wirkten nach.

Das Dawes-Abkommen

Im Anschluss an die Phase der Währungsstabilisierung mit der Wiederherstellung einer stabilen Mark im Zahlungsverkehr wurde am 16. August 1924 in London das Dawes-Abkommen geschlossen. Es trat am 30. August in Kraft.[68] Darin wurden die Reparationszahlungen neu geregelt. Ein Gesamtbetrag und ein Enddatum fehlten allerdings. Betrag und Dauer waren ja im Londoner Abkommen von 1921 enthalten. Sie wurden im Dawes-Abkommen nicht ausdrücklich wiederholt, sondern galten unterschwellig weiter. So bekam das Abkommen den Charakter einer vorübergehenden Regelung.

Die Annuität wurde jetzt auf 2,5 Milliarden Reichsmark festgelegt und war in Waren und Devisen zu begleichen. Im Zeitraum von 1924–1928/29 sollte diese Annuität nach und nach erreicht werden. Sobald der sogenannte Wohlfahrtsindex[69] steigen würde, könnten die Annuitäten erhöht werden – das zeigte, dass das Abkommen von London noch nicht vom Tisch war.

---

[68] Die Beschreibung des Dawes-Abkommens orientiert sich an Rudolf Schucken (1976, S. 249–260), Schacht (1927a, Kap. 7). Der Dawes Plan.

[69] Dieser Index umfasste eine Reihe von Komponenten, die einen Anhaltspunkt für die wirtschaftliche Entwicklung gaben.

Das Abkommen sah die Aussetzung von Zahlungen vor, wenn anhand stichhaltiger Gründe plausibel gemacht werden konnte, dass die Reichsregierung nicht in der Lage war, die benötigten Mittel aufzubringen. Gleichzeitig galt als Kriterium, dass die Devisen- und Goldreserven der Reichsbank ausreichen mussten, um Zahlungen an das Ausland zu leisten, ohne dass dadurch die Stabilität des Kurses der Reichsmark gefährdet wurde. Eine alliierte Transferkommission hatte die Argumente und Gründe zu beurteilen, die von deutscher Seite zugunsten eines solchen Zahlungsmoratoriums vorgebracht wurden.

Angesichts des Haushaltsengpasses der Reichsregierung und der geringen Reserven der Reichsbank wurde festgelegt, dass das Deutsche Reich auf den Kapitalmärkten eine Anleihe in Höhe von 800 Millionen Reichsmark zu begeben hätte. Mit einem Teil des Ertrags sollte die Annuität bedient werden. Über einen anderen Teil durfte die Reichsregierung verfügen, um den Haushalt in Ordnung zu bringen, was indirekt den Reparationszahlungen zugutekommen würde. Die Aufwendungen für Zinsen und Tilgung hatte natürlich die Reichsregierung zu tragen.

Die Alliierten verlangten wie gewohnt Sicherheiten. Die bereits erwähnte Schuldverschreibung zulasten der Reichsbahn wurde auf 11 Milliarden Reichsmark erhöht. Die gleiche Methode wurde auf die Industrie angewendet, die Schulden in Höhe von 5 Milliarden Reichsmark zu übernehmen hatte. Zu diesem Zweck sollte von der Industrie die Industrieobligationsbank errichtet werden. Reichsbahn und Industrieobligationsbank wurden verpflichtet, in ihre Aufsichtsräte verschiedene von den Alliierten angewiesene Mitglieder aufzunehmen. Die Hypothekenpfandrechte, die die Solvenz der Rentenbank gewährleisteten, wurden gemäß des Beschlusses, der damals auf Vorschlag von Stresemann gefasst worden war, gegenüber den Hypothekenpfandrechten dieser Schuldenübernahmen nachrangig eingestuft.

Das Dawes-Abkommen bestimmte auch die Spielregeln der Geldpolitik. Die Alliierten akzeptierten jetzt die Reichsbank als deutsche Zentralbank. Der Plan zur Errichtung einer neuen Zentralbank wurde fallengelassen – ein Sieg für das Reichskabinett und Hjalmar Schacht.[70] Allerdings geschah das nicht ohne Bedingungen. Die Unabhängigkeit der Reichsbank gegenüber der Reichsregierung wurde gestärkt. Der Präsident und das Direktorium wurden von einem unabhängigen Bankenrat ernannt und entlassen; der Reichspräsident musste dem gleichwohl noch zustimmen. Die Alliierten und die Reichsregierung ernannten die Mitglieder paritätisch. Im Übrigen erhielt der Bankenrat nur geringe Befugnisse. So hatte das Direktorium ihm gegenüber regelmäßig Rechenschaft abzulegen. Und natürlich konnte er sich dann dazu äußern und Empfehlungen aussprechen.

Die Alliierten verschafften sich auf anderem Weg größere Einflussmöglichkeiten. Sie ließen die Geldpolitik durch einen von ihnen ernannten Verantwortlichen beaufsichtigen. Dieser Verantwortliche war der Niederländer Gijsbert W. J. Bruins. Dabei wurde die Geldpolitik der Reichsbank detailliert geregelt. Eine neue Währung – die Reichsmark – wurde eingeführt; die Mark war zu einem Wechselkurs von 1 Reichsmark für 1 Billion Papiermark einzutauschen. Auch die Rentenmark verschwand allmählich aus dem Umlauf. Hier betrug der Wechselkurs 1 Reichsmark für 1 Rentenmark. Nach den Bestimmungen vom 20. November 1923 galt Folgendes: 1 Dollar entsprach 4,2 Goldmark, 1 Goldmark entsprach 1 Rentenmark, 1 Goldmark entsprach 1 Billion alte Mark und 1 Billion alte Mark entsprachen

---

[70] Akten der Reichskanzlei. Die Kabinette Marx I/II. Band 1. Dokumente Nr. 145. Ministerbesprechung vom 15. März 1924. Bericht des Reichsbankpräsidenten Dr. Schacht. In diesem Bericht geht Schacht auf seine Versuche ein, die Reichsbank als Zentralbank zu erhalten.

1 Reichsmark. Entsprechend war der Dollar 4,2 Reichsmark wert. Das Stabilitätsziel wurde in einer neuen geldpolitischen Ordnung zum offiziellen Wechselkurs erklärt. Diese Wechselkursfestsetzung hatte allerdings keine solide finanzwirtschaftliche Basis. Schacht sah das ein. Die Festsetzung der Mark gegenüber dem Dollar in einem Verhältnis von 4,2 zu 1 bezeichnete er selbst als künstlich.[71] Die Mark wurde gegenüber allen Währungen konvertierbar, die am Wechselkurssystem auf der Grundlage festgelegter Goldparitäten beteiligt waren. Um die Konvertibilität dauerhaft gewährleisten zu können, wurden präzise Deckungsvorschriften erlassen. 40 Prozent der Geldmenge hatte die Reichsbank zu decken, und zwar mit Gold (30 Prozent) und harten Devisen (10 Prozent).

Der Reichsbank wurde im Rahmen der Wechseldiskont- und Akzeptrichtlinien die Auflage erteilt, dass das Wechselportfolio nicht mehr als 40 Prozent der Geldmenge betragen durfte. Die Handelswechsel wurden mit dieser Regelung Bestandteil der Deckung. Zur Geldmenge zählten laut einer Sonderregelung außer den Banknoten auch die Salden der Girokonten. Das Deutsche Reich erhielt aufgrund eines neuen Währungsgesetzes zudem die Möglichkeit der Ausgabe von Goldmünzen, die aber nicht genutzt wurde. Die Reichsbank erhielt die Befugnis, auf dem freien Goldmarkt zu handeln. Das ging nicht so ohne Weiteres. Zunächst war mit dem Bankenrat und der alliierten geldpolitischen Aufsicht ein Verfahren zur Beschlussfassung zu durchlaufen. Hier wurde die Vorgabe gemacht, dass sich Interventionen mit Gold und Devisen zur Aufrechterhaltung des offiziellen Wechselkurses auf Transaktionen zwischen der Reichsbank und anderen Zentralbanken zu beschränken hatten.

---

[71] Hjalmar Schacht (1927a, S. 82 f.).

Die Währungsstabilisierung endete schließlich mit einer Reihe von Maßnahmen, um verschiedene Zahlungsmittel, die neben der Reichsmark bestanden, aus dem Verkehr zu ziehen. Die Gutscheine der Darlehenskasse und die noch in Umlauf befindlichen Scheine über die sogenannte Goldanleihe, die das Deutsche Reich in der Inflationszeit ausgegeben hatte, um Geld einzunehmen, wurden aus dem Verkehr gezogen. Die Rentenbank stellte ihre Geschäftstätigkeit ein und wurde zur Rentenbank-Kreditanstalt umgebaut, die die Aktiva und Passiva der Rentenbank teilweise übernahm. Die Schuldverschreibungen und Schuldenübernahmen verschwanden, wobei die Landwirtschaft eine Ausnahme bildete. Aktiva und Passiva lauteten auf Reichsmark. Die neue Bank war insbesondere als Kreditinstitut für die Landwirtschaft gedacht und ist das auch jetzt immer noch.

Die Praxis der Begrenzung der Rediskontierung von Schatzanweisungen blieb bestehen. So sollte das Deutsche Reich ohne Liquiditätsschöpfung der Reichsbank gezwungen werden, auf ein Haushaltsgleichgewicht hinzuwirken. Das bestehende Portfolio aus Schatzanweisungen wurde konsolidiert und dazu in eine Anleihe mit einer Laufzeit von 15 Jahren umgewandelt.

Charakterisierung des Geldsystems

Aus technischer Sicht bekam die Reichsmark zwei Paritäten sowie eine Vorgabe zur Wechselakzept.[72] Sie wurde mit einer Goldparität sowie einer Devisenparität ausgestattet. Die Devisenparität bezog sich auf Fremdwährungen mit

---

[72] Dabei wurde auf die Unterscheidung der verschiedenen Paritäten in den monetären Systemen während der Zwischenkriegszeit zurückgegriffen, die J.M. Keynes (1932, S. 15) in seinem Buch aus dem Jahr 1931, trifft.

Goldparität. So gehörte die Reichsbank zum internationalen monetären System, das auf der Goldparität und dem Dollar als Leitwährung beruhte. Dafür sorgten die amerikanischen Zahlungsüberschüsse sowie die Reserven der Federal Reserve. Die Vereinigten Staaten waren die Geldgeber der Welt. Mit der Devisenparität war eine gewisse Flexibilität eingebaut. Dies bot der Reichsbank die Möglichkeit, zur Aufrechterhaltung der vorgeschriebenen Reservestruktur bei den anderen Zentralbanken Devisen in Gold und Gold in Devisen zu tauschen.

Der Reichsmark war mit der Vorgabe zur Wechselannahme faktisch eine zusätzliche Deckungsvorschrift auferlegt worden. Das Wechselportfolio durfte dabei gemessen an der Geldmenge eine bestimmte Obergrenze nicht überschreiten. Die Wechseldiskont- und Akzeptrichtlinien bildeten damit das wichtigste Instrument zur Regulierung der Geldmenge. Die Erhöhung des Diskontsatzes oder die Beschränkung der Wechselakzept sollte dann zu einer Verknappung der Geldmenge führen. Die Kreditvergabe wirkte sich in der Folge auf die konjunkturelle Entwicklung aus, die dadurch beeinträchtigt wurde. Bewusst wurden Importrückgänge sowie Preis- und Kostensenkungen in Kauf genommen. Andererseits hatte dies positive Auswirkungen auf den Export. Unter dem Strich würde ein positiver Effekt für die Leistungsbilanz zu einer verbesserten Reserveposition führen und damit zu einer besseren Deckung der Geldmenge. Dies ermöglichte eine Konjunkturbelebung durch eine geldpolitisch gelockerte Kreditvergabe. Der umgekehrte Prozess würde natürlich zu entgegengesetzten Ergebnissen führen. Mit einer solchen Politik wurde der Wechselkursstabilität Vorrang gegeben. Ergebnis war, dass die Alliierten sowie sämtliche ausländischen Gläubiger mit den Zahlungen in ihrer eigenen Währung zu einem festen Kurs rechnen konnten.

In der Praxis ergaben sich allerdings entsprechende Komplikationen. Bei Überschüssen bzw. Defiziten an Devisen und Gold gegenüber den Deckungsvorgaben war die Reichsbank gezwungen, die Geldmenge mithilfe der Wechseldiskont- und Akzeptrichtlinien zu vergrößern oder zu verringern. Die Frage war nur, ob dies mit der augenblicklichen konjunkturellen Lage der Wirtschaft im Einklang stand. Eine Geldmengenreduzierung bei überhitzter Konjunktur wäre nachvollziehbar, nicht aber während einer Konjunkturflaute. Andersherum stünde man offensichtlich ebenso sehr vor einem Dilemma. Entscheidend war der Saldo aus Kapitalimport und -export gemeinsam mit dem Saldo der Leistungsbilanz, die sich auf den Saldo der monetären Reserven auswirkten. Dies war für die Bestimmung des Geldangebots maßgeblich. Man schaute auf die kurzfristigen Auswirkungen, während die externe und interne Zahlungsbilanz strukturell durch die vereinnahmten Kapitalmarktpositionen mit ihren mittelfristigen Auswirkungen auf die Leistungsbilanz beeinflusst wurde. Das galt auch für die relative Position des deutschen Außenhandels. Wurde diese Position gestärkt oder geschwächt? Es gab also kurzfristige und langfristige Effekte auf die Reserveposition und damit auf die Geldmenge, die die auf Wechselkurs- und Preisstabilität abzielende Geldpolitik erschwerten. Schließlich stellte sich die Frage, ob die Paritäten, deren Festlegung Schacht als willkürlich empfand, mittelfristig dennoch die strukturellen Zahlungsverhältnisse abbildeten. Wäre dies nicht der Fall, hätte dies zweifellos Auswirkungen auf den Reservesaldo und damit auf die Geld- und Konjunkturpolitik. Schacht erwähnt diesen Komplex in seinem 1927 erschienenen Buch „Die Stabilisierung der Mark".[73]

---

[73] Schacht (1927a, S. 133, 160).

Schacht provozierte gern mit seinen Bemerkungen. Seine Äußerung, dass er – ebenso wie die anderen Mitglieder der Expertenkommission unter Leitung von Dawes – überzeugter Befürworter eines Geldsystems mit Devisen sei, die einer 100-prozentigen Golddeckung unterliegen, hatte einige Ökonomen zu der Annahme verleitet, dass auch Schacht zu einem solchen System zurückkehren wolle.[74] Allerdings äußerte er anschließend, dass ein solches Szenario für Deutschland nicht realistisch sei.[75] Das aufgrund des Dawes-Abkommens eingeführte System würde nicht in dieser Weise funktionieren. Sollten bei diesem System strukturelle Zahlungsungleichgewichte nicht auszuschließen sein, stünde dessen Lebensfähigkeit infrage. War das Dawes-Abkommen also eine Sackgasse? Diese Frage beherrschte die Diskussion nach 1924.[76]

Literatur

Bergmann, C. (1927). *The history of reparations*. Boston.
Berg-Schlosser, D. (1987). Im Strudel von Inflation und Reparationen. Wirtschaftsordnung und Wirtschaftsentwicklung. In T. Stammen (Hrsg.), *Die Weimarer Republik. Landeszentrale für politische Bildung* (Bd. 1, Nr. 9). München.
Beusch, P. (1928). *Währungszerfall und Währungsstabilisierung*. Berlin.
Dornbusch, R. (1991). *Exchange rates and inflation*. MIT.

---

[74] Christopher Kopper (2006, S. 83) und Otto Pfleiderer (1976, S. 194).

[75] Schacht (1927b). Dabei handelt es sich um den Text der Rede, die er am 18. November 1927 vor der Weltwirtschaftlichen Gesellschaft in Münster gehalten hat. Hier weist er darauf hin, dass es nicht um die Goldparität der Währung geht, sondern um die Zahlungsbilanz, wenn von Wechselkursstabilität die Rede sein soll.

[76] Eine Gesamtübersicht über die wirtschaftliche und geldpolitische Entwicklung im Zeitraum 1924–1930 findet sich in Gerd Hardach (1976). Rudolf Schucken (1976, S. 249–283).

Erdmann, K. D., und Vogt, M. (o. J.) Einleitung Finanzpolitik und Stabilisierung der Währung. In *Akten der Reichskanzlei. Die Kabinette Stesemann I/II. Band 1.*

Erdmann, K. D. (1966). *Adenhauer in der Rheinlandpolitik nach dem Ersten Weltkrieg.* Stuttgart.

Eucken, W. (1923). *Kritische Betrachtungen zum deutschen Geldproblem.* Jena.

Euwe, J. (2008). *Amsterdam's role as an international financial centre in Dutch-German economic relations 1914–1931.* Rotterdam.

Feldman, G. D. (1982). *Die deutsche Inflation. Eine Zwischenbilanz.* Berlin.

Ferguson, N. (1995). Keynes and the German inflation (April 1995). *The English Historical Review, 110*(436), 368–391.

Gomes, L. (2010). *German reparations 1919–1932. A historical survey.* London.

Haller, H. (1976). Die Rolle der Staatsfinanzen für den Inflationsprozess. In *Währung und Wirtschaft in Deutschland 1876–1975.* Frankfurt a. M.

Hardach, G. (1976). *Weltmarktorientierung und relative Stagnation. Währungspolitik in Deutschland 1924–1931.* Berlin.

Holtfrerich, C. L., & Balderston, T. (1980). *Die Deutsche Inflation 1914–1923. Ursachen und Wirkungen in internationaler Perspektive.* Berlin/New York.

Keynes, J. M. (1932). *Vom Gelde (A treatise on money).* München/Leipzig.

Klemann, H. A. M. (o. J.). *German Dutch monetary relations 1871–1939.* Rotterdam.

Klemperer, V. (2015). *Man möchte immer weinen und lachen in einem. Revolutionstagebuch 1919.* Berlin.

Köhler, H. (1986). *Adenauer und die Rheinische Republik. Der erste Anlauf. Das Projekt der Rheinischen Goldnotenbank und der Haftung 1918–1924.* Opladen: Westdeutscher Verlag.

Kopper, C. (2006). *Hjalmar Schacht. Aufstieg und Fall von Hitlers mächtigstem Bankier.* München/Wien.

Kreutzmüller, C. (2005). *Händler und Handlungsgehilfen. Der Finanzplatz Amsterdam und die deutschen Großbanken (1918–1945).* Stuttgart.

Lamont, T. (1930). The reparations settlements and economic peace for Europe (September 1930). *Political Science Quarterly, 45*(3), 321–326.
MacMillan, M. (2001). *Peacemakers. The Paris conference of 1919 and its attempt to end war*. London.
MacMillan, M. (2005). *Parijs 1919. Zes maanden, die de wereld veranderden*. Amsterdam.
Marks, S. (1978). The myths of reparations (September 1978). *Central Europe History, IX*(3), 231–255.
Moggridge, D. (2002). *John Maynard Keynes: An economist's biography*. London.
Mommsen, H. (2009). *Aufstieg und Untergang der Republik von Weimar*. Berlin.
Pfleiderer, O. (1976). Die Reichsbank in der Zeit der großen Inflation. Die Stabilisierung der Mark und die Aufwertung von Kapitalforderungen. In *Währung und Wirtschaft in Deutschland 1876–1975*. Frankfurt a. M.
van der Poel, J. (2007). *Selections from the Smuts papers* (Bd. 5, Nr. 120. 1919–1934). Cambridge.
Remarque, E. M. (1998). *Der schwarze Obelisk. Geschichte einer verspäteten Jugend*. Köln.
Rupieper, H. J. (2012). *The Cuno government and reparations 1922–1923 politics and economics*. Den Haag/Boston/London.
Schacht, H. (1927a). *Die Stabilisierung der Mark*. Stuttgart.
Schacht, H. (1927b). *Eigene oder geborgte Währung?* Leipzig.
Schacht, H. (1953). *76 Jahre meines Lebens*. Bad Wörishofen.
Schacht, H. (1966). *Magie des Geldes*. Düsseldorf/Wien.
Schötz, H. O. (1987). *Der Kampf um die Mark 1923–1924. Die deutsche Währungsstabilisierung unter dem Einfluß der nationalen Interessen Frankreichs, Großbritanniens und der USA*. Berlin.
Schucken, R. (1976). Schaffung der Reichsmark, Reperationsregelungen und Auslandsanleihen, Konjunkturen 1924–1930. In *Währung und Wirtschaft in Deutschland 1876–1975*. Frankfurt a. M.
Trachtenberg, M. (1980). *Reparation in world politics. France and European economic diplomacy 1916–1923*. New York.

3
Konjunkturelle Erholung auf Sand gebaut (1924–1930)

Für Hjalmar Schacht stand die politische Agenda fest. Die Geldpolitik der Reichsbank sowie die Haushalts- und Konjunkturpolitik der Reichsregierung müssten auf eine Erholung der Wirtschaft ausgerichtet sein, die mit einer Wechselkurs- und Preisstabilität einherginge. Dabei galten die monetären Spielregeln, die Deutschland durch das Dawes-Abkommen auferlegt waren.

Die Politik der Reichsbank

In der Zeit von 1925 bis Anfang 1926 verfolgte die Reichsbank eine Geldpolitik, in deren Rahmen der eigene Diskontsatz den Diskontsatz der Banken überschritt. Dadurch nahm das Volumen der bei der Reichsbank diskontierten Wechsel nicht zu, aber auch die Liquidität der Banken stieg nicht. Allerdings waren sie angehalten, ihre Diskontsätze ebenfalls auf hohem Niveau zu halten, wenn ihre

Liquiditätsposition dies nahelegte. Der Import vor allem von kurzfristigen Krediten sorgte für zusätzliche Liquidität. Ausländische Gläubiger wurden von den hohen Zinsen angelockt, solange sie genügend Vertrauen in die Kreditwürdigkeit ihrer Schuldner hatten und überzeugt waren, mit einer ungestörten Überweisung der ihnen zustehenden Tilgungsraten und Zinsen rechnen zu können. Diese Zinspolitik wurde noch 1925 bewusst verfolgt. Schacht war überzeugt davon, dass er damit die Rückführung von deutschem Fluchtkapital aus der Zeit der Inflation stimulieren würde. Und das gelang vortrefflich. Bei den „ausländischen" Gläubigern handelte es sich um deutsche Investoren, Unternehmen und Banken. Später ging es allerdings um wachsende Kapitalimporte ausländischer – vor allem amerikanischer – Gläubiger, die eine attraktive Verzinsung suchten. Schacht hielt es nicht für wünschenswert, wenn die frischen Kredite nicht ausreichend zur Stimulierung der Geschäftstätigkeit mit den entsprechenden Effekten beitrugen, das heißt Erzielung finanzieller Überschüsse zur Erweiterung der Passiva, die zur Finanzierung gewinnbringender Produktion und zu einem Devisensaldo genutzt wurden, mit dem die Möglichkeit bestand, die Folgen in der Schuldendienstbilanz aufzufangen. Dann müsste nicht auf die Reserven zurückgegriffen werden, und die Deckungsvorschriften könnten auch dann erfüllt werden, wenn der positive Saldo in der Kapitalbilanz entfiel.

Schacht senkte den Diskontsatz nach 1925 um mehrere Punkte. Dadurch wurde die Rediskontierung der Handelswechsel durch die Banken gefördert. Die Schaffung von Liquidität mithilfe kurzfristiger Kapitalimporte würde dann ersetzt durch die Schaffung von Liquidität durch die Reichsbank selbst. Die Deckungsvorschriften gaben hier eine Grenze vor. Denn bei der Schaffung von Liquidität war in jedem Fall die Deckungsquote einzuhalten. Dabei blieben die Reserven der Reichsbank maßgeblich. Wurde die ausländische Liquiditätsquelle eingeschränkt, wurde der Stand der Reserven anhand des Saldos der Leistungsbilanz ermittelt. War dies nicht ausreichend, konnte es zu einem Liquiditätsengpass kommen. Eine Diskontsatzsenkung war also nur eingeschränkt möglich. Bei unzureichendem inländischen Angebot an Passiva und wachsender Nachfrage entschieden sich die Banken eher für einen Diskontsatz, der den Kreditimport stimulierte. Die Banken gerieten in Versuchung, die Nachfrage nach langfristigen Krediten mit kurzfristigen ausländischen Passiva zu finanzieren. Auf diese Weise wurde das Problem eines zu geringen Angebots an inländischen Passiva umgangen. Die Reichsbank stand diesen Entwicklungen machtlos gegenüber. Dank der Konvertibilitätsregeln konnten die Banken eigenständig handeln. Der positive Saldo in der Kapitalbilanz, der ein eventuelles Defizit in der Leistungsbilanz überstieg, führte zu einer Reserveposition, die nicht zu liquiditätsbeschränkenden Maßnahmen zwang. Voraussetzung war allerdings, dass die ausländischen Gläubiger weiterhin von der Kreditwürdigkeit ihrer deutschen Schuldner überzeugt blieben. Schacht versuchte mit seiner Diskontsatzsenkung dennoch, diese Entwicklung zu bremsen. Für kurze Zeit schien es so, als würde die von Schacht angestrebte Umstellung weg von ausländischer Liquidität hin zu inländischen Angeboten gelingen. Die Banken profitierten weiterhin von kurzfristigen und in geringerem Umfang von langfristigen ausländischen Krediten (siehe im Anhang 1 die Tab. A.7 und A.9). Die Reichsbank suchte bei einem Devisenüberschuss, der aus konjunktureller Sicht zu einer übermäßigen Geldmenge führte, ihre Zuflucht im Kauf von Gold und ausländischen Wechseln, um damit den Devisensaldo zu drücken. Gerade die letztere Maßnahme bildete eine Notlösung. Schacht versäumte es nicht, darauf hinzuweisen. Für Schacht lag das Problem der Wirksamkeit der Wechseldiskont- und Annahmerichtlinien deutlich auf der Hand.[1]

Der Bankensektor

Die Beschreibung der Zinspolitik zeigte, dass die Beziehung der Reichsbank zum Bankensektor schwierig war. Die Faktoren, die dabei eine Rolle spielten, sind zur Sprache gekommen. Nach Schachts Auffassung war der wichtigste störende Faktor für die Zinspolitik die Tatsache, dass die Banken zu viele ausländische Kredite aufnahmen. Darauf hatte er die Banken schon 1924 und 1925 angesprochen.[2] Am 15. Dezember 1924 warnte er auf einem Abendessen des Zentralverbands des Deutschen Bank- und Bankiergewerbes vor dem Zahlungsproblem, das durch die kurzfristigen ausländischen Kredite gegenüber den mit ihnen finanzierten langfristigen Aktiva entstand.

Der Geldzufluss aus den Aktiva drohte mit dem Geldabfluss in Devisen auf der Kreditseite nicht mitzuhalten. Die ausländischen Gläubiger würden daraus zu gegebener Zeit entsprechende Schlussfolgerungen ziehen. An der Wall Street und in Washington runzelte man schon 1925 die Stirn. Bei seinem Besuch in Washington wurde Schacht gefragt, ob Deutschland mittel- und langfristig seinen Verpflichtungen gegenüber amerikanischen Gläubigern denn überhaupt würde nachkommen können. Die amerikanische Regierung schien sich auch für die Frage zu interessieren, welche Konsequenzen dies für die Reparationszahlungen und vor allem für die Dawes-Anleihe hätte. Wäre es nicht im Interesse der

---

[1] Schacht (1927, S. 177). Schucken (1976, S. 256). Schucken verweist ebenfalls auf die fehlgeschlagene Zinspolitik.
[2] Schacht (1927, S. 177).

amerikanischen Gläubiger, bei der Vergabe von Krediten an Deutschland künftig etwas zurückhaltender zu sein? Nach 1925 verschärfte sich das Problem (Tab. A.7, A.9 und A.10 im Anhang 1). Die amerikanischen Gläubiger waren offensichtlich noch nicht besonders risikobewusst.

Das eigentliche Problem war die Finanzierungspolitik der Banken mithilfe ausländischer Kredite, mit der die Konjunktur zwar angekurbelt wurde, die aber die Zinspolitik der Reichsbank schwächte und künftig sehr wohl zu einer Schulden- und Zahlungskrise führen konnte. Am 15. August 1927 schrieb das Direktorium der Reichsbank einen alarmierenden Brief an die Reichsregierung.[3] Die Banken hatten zum 30. Juni kurzfristige ausländische Kredite für 3,4 Milliarden Reichsmark auf der Passivaseite stehen, von denen etwa 1,7 Milliarden mit der Sicherheit vergeben worden waren, dass ihnen Erträge in Devisen gegenüberstanden. Bei den anderen 1,7 Milliarden Reichsmark waren die Banken auf den Kauf von Devisen auf den Devisenmärkten oder bei der Reichsbank angewiesen. Neben den Banken hatten auch noch Unternehmen und Kommunen kurzfristige ausländische Kredite über 0,6 Milliarden Reichsmark aufgenommen. Darüber hinaus bestanden langfristige Auslandsschulden in Höhe von 5 Milliarden Reichsmark. Die Bedienung dieser Schulden, die Reparationszahlungen und das Defizit in der Handelsbilanz führten zu einer negativen Leistungsbilanz, die die Devisen- und Golddeckung beeinträchtigte. Dieser Effekt blieb allerdings aus, weil die an sich fraglichen Kapitalimporte das strukturelle Problem verdeckten. Im Inland hatten diese Kapitalimporte zu einem konjunkturellen Aufwärtsdruck bei Kosten und Preisen beigetragen. Die Importe nahmen zu, und der Export litt unter den Preissteigerungen. Außerdem gab es das Handicap

---

[3] Akten der Reichskanzlei. Die Kabinette Marx III/IV. Band 2. Dokumente Nr. 286. *Das Reichsbank-Direktorium an den Reichskanzler. 15. August 1927.*

protektionistischer Maßnahmen der Handelspartner, die sich damit gegen die noch immer bestehende deutsche Konkurrenz wehrten. Die Leistungsbilanz konnte keinen zunehmenden Schuldendienst vertragen.

Alles in allem wurde die Stabilität der Reichsmark nach Auffassung der Reichsbank zunehmend zum Problem. Sollte sich diese Situation verschärfen, zwangen die Deckungsvorschriften zu einer Deflationspolitik mit den entsprechenden negativen Folgen. Ein Stopp beim Transfer der Reparationszahlungen wäre dann unvermeidlich. Mit Blick auf die Außenpolitik käme das unter Umständen ausgesprochen ungelegen. Auch deshalb musste sich die Kreditpolitik der Banken ändern, und der Import von kurzfristigem Kapital musste gebremst werden. Wünschenswert war eine Politik des Kabinetts, bei der die Wirtschaft durch steuerliche Anreize und die Vermeidung anhaltender Finanzierungsdefizite angeregt wurde, mit den Überschüssen aus dem laufenden Betrieb zu einer positiven Entwicklung bei den Bankbilanzen beizutragen.[4]

Der öffentliche Sektor

In seiner Analyse befasst sich Schacht mit der Finanzpolitik des öffentlichen Sektors. Dieser Bereich versank immer tiefer in Schulden, unter anderem in Form ausländischer Kredite. Die Ausgaben hatten dagegen überwiegend konsumtiven

---

[4] Albrecht Ritschl bringt vor – ohne allerdings die Systematik und Praxis der Zinspolitik von Banken und Reichsbank im Rahmen des geltenden monetären Systems zu berücksichtigen –, dass Schacht mit einer Diskontsatzerhöhung im Jahr 1927 als Reaktion auf einen drohenden Börsencrash infolge von Börsenspekulationen auf Bankkredite den konjunkturellen Niedergang eingeleitet hätte, der dann zur Krise von 1931 geführt hat. Die Diskontsatzerhöhung aber war keine unmittelbare Maßnahme gegen Spekulationen auf Kredite. Schacht ergriff eine andere Maßnahme. Der Konjunkturrückgang begann übrigens nicht 1927 – das zeigte sich am Wachstum der Wirtschaft und der Bankenbilanzen. Albrecht Ritschl (2002).

3 Konjunkturelle Erholung auf Sand gebaut …

Charakter, erbrachten keine makroökonomisch vertretbaren Erträge (geschweige denn Devisen) und trugen so zu dem umrissenen Problem bei.[5] Schacht wollte eine zurückhaltende Haushaltspolitik. Gleichzeitig strebte er eine Zentralisierung der gesamten öffentlichen Haushaltsführung an. In diesem Zusammenhang erschien es ihm zweckmäßig, die Reichsbank auch als Bank für den öffentlichen Sektor einzusetzen.[6]

Diesen Vorhaben schenkte das Kabinett kein Gehör.[7] Schacht ließ sich das nicht gefallen und begann, die Länder und Kommunen öffentlich zu kritisieren. Auf dem 7. Deutschen Städtetag in Magdeburg (23. September 1927) richtete er seine Kritik vor allem an Konrad Adenauer, den Bürgermeister der Stadt Köln, der die kommunale Finanzverwaltung verteidigt hatte. Er warf den Städten ein unverantwortliches Verhalten vor. Und das Kabinett beschuldigte er der Passivität. Den alliierten Agenten für die Reparationszahlungen, Seymour Parker Gilbert, informierte er über seine Auffassung und fügte hinzu, dass diese Entwicklungen auch ein Risiko für die Reparationszahlungen darstellten. Gilbert setzte anschließend Washington darüber in Kenntnis. Die amerikanische Regierung ersuchte nun das deutsche Kabinett um Aufklärung. Schacht, Gilbert und – wie sich herausstellte – auch der alliierte Aufsichtsverantwortliche bei der Reichsbank, Bruins, waren sich in dieser Analyse einig. Kommunen und Ländern konnten durchaus Haushaltsprobleme bekommen, wenn die steigenden Rückzahlungsverpflichtungen in Verbindung mit permanenten Defiziten zur Zahlungs-

---

[5] Schacht. (1927, S. 20). Hier gibt Schacht eine Übersicht über die wachsenden Schulden des öffentlichen Sektors im Vergleich zum privaten Sektor in den Jahren 1924–1927.
[6] Akten der Reichskanzlei. Die Kabinette Marx III/IV. Band 1. Dokumente Nr. 195. 8–15.
[7] Akten der Reichskanzlei. Die Kabinette Marx III/IV. Band 2. Dokumente Nr. 312. *Anleihe- und Preispolitik.* 6. Okt. 1927.

unfähigkeit führten. Die Reichsregierung und die nachgeordneten Verwaltungsebenen hatten der Entwicklung von Haushaltsdefiziten und der Deckung dieser Defizite auf dem Kapitalmarkt entgegenzuwirken. Denn insbesondere die Kommunen ließen sich unter Mitwirkung der kommunalen Sparkassen zur Aufnahme ausländischer Kredite verleiten.[8] Ihr gemeinsames Problem bestand im unverantwortlichen Ausgabenwachstum mit dem entsprechenden Konjunktureffekt, wobei die benötigte Liquidität mit Krediten gedeckt wurde, unter anderem mit Kapitalimporten. Diese Situation kann in Verbindung mit einer negativen Leistungsbilanz zur Devisenverknappung führen, die sich wiederum negativ auf die Kreditvergabe und die wirtschaftliche Entwicklung auswirkt. Und damit waren auch die Reparationszahlungen gefährdet. Für Schacht waren vor allem das Risiko der Zahlungsunfähigkeit sowie das Problem der Reserven ausschlaggebende Argumente. Gilbert hatte den Alliierten zu dieser Frage am 10. Juni 1927 einen kritischen Bericht geschickt. Das Kabinett seinerseits verdächtigte Schacht, mit Gilbert unter einer Decke zu stecken. Schacht wurde entlassen und versäumte es nicht, den Ministern die Leviten zu lesen. Und das stieß natürlich auf wenig Gegenliebe.[9]

Von der deutschen Industrie erhielt Schacht Unterstützung. Der Vorsitzende des Reichsverbands der deutschen Industrie Carl Duisberg verwies in seiner Eröffnungsrede auf der Jahresversammlung vom 2. September 1927 in Frankfurt auf das Problem der steigenden Auslandsschulden. Die Industrie fürchtete, dass sie ihren Finanzierungsbedarf auf den ausländischen Kapitalmärkten nur noch sehr teuer oder gar nicht mehr würde decken können, wenn man die Schuldenproblematik nicht anginge.

---

[8] Schacht (1931, S. 86–96). Darin fasste er seine Kritik zusammen.
[9] Akten der Reichskanzlei. Die Kabinette Marx III/IV. Band 2. Dokumente Nr. 257. *Aufzeichnung Stresemanns zu den Kabinettsberatungen am 21. und 22. Juni 1927.*

Hjalmar Schacht musste sich neben der Zustimmung aber auch Kritik gefallen lassen. So wandte sich Parker Gilbert gegen eine allgemeine Begrenzung der Kapitalimporte durch die Reichsbank mittels Senkung des Diskontsatzes. Schachte sollte dies – im Sinne eines sicheren Transfers der Reparationszahlungen – nicht tun. Vielmehr sollte er andere Mittel in Erwägung ziehen, um eine ausgeglichene Leistungsbilanz mit einer Reserveposition zu erreichen, mit der das Transferproblem beseitigt wurde. Aber Gilberts Sorge bezüglich der Zinspolitik war unbegründet. Mit seiner Zinspolitik konnte Schacht die Kapitalimporte und deren Effekte auf den inländischen Liquiditätsumfang gar nicht wirksam kontrollieren. Die Kapitalbilanz sorgte ungeachtet des zunehmenden Risikos immer noch für eine ausreichende Reserve. Die Ursache war die Zinspolitik der Banken und das freie Geldverkehr mit seiner ungehemmten Valutakonvertibilität. So wies Schacht die Kritik von Gilbert zurück. Unterstützung erhielt er von Bruins. Das Problem, das Schacht mit seiner Zinspolitik hatte, blieb allerdings ungelöst.[10]

Ein internationales Intermezzo

Auch auf internationaler Ebene versuchte Schacht, größeren Einfluss auf den Kapitalverkehr auszuüben, der seiner Politik zuwiderlief. Als der Präsident der Federal Reserve, Benjamin Strong, ihn gemeinsam mit dem Präsidenten der Bank of England, Montagu Norman, und dem stellvertretenden Präsidenten der Banque de Franc, Léonard Rist (Präsident Emile Moreau verzichtete, da er kein Englisch sprach), Ende Juni 1927 zu einem Gedankenaustausch

---

[10] Nederlandse Historische Bronnen (1980). [Niederländische Historische Quellen. Berliner Besprechungen von Bruins. Eine Auswahl aus dem Archiv von Prof. Dr. G.W.J. Bruins, vor allem aus den Jahren 1924–1930] Die Diskussion zwischen Schacht, Gilbert und Bruins wird in den Tagebüchern am 9. Mai, 27. Juli, 29. September und 26. Oktober 1927 geschildert.

über die Geldpolitik in den einzelnen Ländern einlud, ging er darauf ein.[11] Schacht verband damit die Hoffnung, dass seine Probleme entsprechende Aufmerksamkeit finden würden. Diese Hoffnung wurde nur teilweise erfüllt. Im Mittelpunkt der Gespräche stand der Druck auf das überbewertete englische Pfund. Strong beschloss, den Briten entgegenzukommen, indem er den Diskontsatz der Fed niedrig hielt, um damit den Dollarexport nach Großbritannien zu stimulieren. Voraussetzung war, dass die Bank of England ihren Diskontsatz oberhalb des Satzes der Fed festlegte. Das würde den Reserven der Bank of England zugutekommen.

Schacht kam das Vorgehen der Fed nicht unbedingt gelegen. Denn er wollte ja gerade den Dollarzustrom bremsen, um damit dem ungewollten Anstieg der inländischen Geldmenge und dem Wachstum der Auslandsschulden entgegenzuwirken. Ein hoher amerikanischer Diskontsatz, der sich auf die Zinsen für kurzfristige Kredite in den Vereinigten Staaten auswirkte, hätte ihm besser gepasst. Er musste jedoch feststellen, dass die Fed und Gilbert die gleiche Linie verfolgten. Die Ziele von Strong waren dabei nur allzu deutlich. Er strebte den Export von Dollar an, damit seine Überschüsse nicht zu einem weiteren Anstieg der inländischen Geldmenge führten. Der von ihm befürwortete Export war wirtschaftlicher als das Einbehalten der Überschüsse. Defizitländer wie Großbritannien und Deutschland könnten das zu ihrem Vorteil ausnutzen. Schacht konnte seine Analyse wiederholen, um zu zeigen, dass diese plausibel erscheinende Argumentation nicht stichhaltig war. Das

---

[11] Eine sehr lebendige Darstellung der Gespräche auf Long Island und deren Folgen für die Politik der Federal Reserve findet sich bei Liaquat Ahamed (2010, S. 294–299). Noch lebendiger werden diese Zusammenkunft und deren Folgen erörtert bei Bill Bryson (2014, Kap. 15). Bei beiden Autoren wird allerdings deutlich, dass sie Schachts Auffassungen und die deutsche Situation nicht kannten.

3 Konjunkturelle Erholung auf Sand gebaut ...

hinterließ offenbar doch einen gewissen Eindruck. Sein Plädoyer, die Reparationszahlungen einer kritischen Prüfung zu unterziehen, erhielt Zustimmung. Schacht argumentierte, dass damit die Tendenz zu mehr ausländischen Krediten abgeschwächt würde. Die Leistungsbilanz würde sich verbessern, und ein Zahlungsausfall ließe sich vermeiden. So wurde beschlossen, dass Gilbert herausfinden sollte, ob Verhandlungen über eine Neufestsetzung möglich wären.

Dies geschah im Zeitraum von 1924 bis 1929/1930. Dieser Komplex aus Problemen spornte sowohl Schacht als auch die Reichsregierung dazu an, eine Überprüfung des Dawes-Abkommens zu erreichen. Sie setzten die Reparationszahlungen mit dem Argument auf die Tagesordnung, dass sich diese im Rahmen der geltenden Vereinbarungen nicht auf vertretbare Weise finanzieren ließen. Durch eine drastische Reduzierung dieser Transfers und bessere Absatzchancen für die deutsche Industrie – mit dem Ergebnis einer verbesserten Handelsbilanz –, würde die Nachfrage nach ausländischen Krediten zurückgedrängt. Die Leistungsbilanz ließe sich strukturell ausgleichen. Die Verringerung der Haushaltsbelastung durch Reparationen würde sich positiv auf die Wirtschaft auswirken, und Deutschland würde für die Alliierten auch finanzwirtschaftlich ein zuverlässiger Partner.[12] Die geldpolitischen Vorgaben, die gleichfalls Bestandteil des Dawes-Abkommens waren, wurden nicht angesprochen. 1927 wäre das auch nicht vermittelbar gewesen. Mit gewissen Abweichungen richteten sich alle Industrieländer nach diesen Vorgaben.

---

[12] In dieser Weise argumentierte Hjalmar Schacht am 7. März 1927 vor dem sogenannten Reichsbank-Kuratorium. Offiziell gab es dieses Kuratorium zwar nicht mehr, informell wurde es aber weitergeführt. Dem Kuratorium gehörten das Direktorium der Reichsbank sowie Mitglieder des Kabinetts an. Vorsitzender war der Reichskanzler. Akten der Reichskanzlei. Die Kabinette Marx III/IV. Band 1. Dokumente Nr. 195. *Bericht des Reichsbankpräsidenten über währungs- und finanzpolitische Fragen. 7. März 1927. 11 Uhr.*

Schacht schloss sich dem Dezemberbericht (1927) von Parker Gilbert an, den dieser seinen alliierten Vorgesetzten vorlegte. Darin trat Gilbert für eine geänderte Regelung ein. Auch er befürchtete, dass das Dawes-Abkommen für die Erfüllung der Reparationsverpflichtungen keine Sicherheit bieten würde. Und so empfahl er, über Anpassungen zu reden.

Gilberts Analyse wich allerdings von den Vorstellungen Schachts und der Reichsregierung ab. Gilbert befürchtete, dass die Reichsregierung den innerstaatlichen Anforderungen haushaltspolitisch Vorrang geben könnte und dass dies auf Kosten des finanziellen Spielraums ginge, der für die reibungslose Abwicklung der Reparationszahlungen notwendig wäre. Er verdächtigte die Reichsbank einer Politik, die zu einer Devisenknappheit führen konnte. Die Reichsbank könnte die Reparationszahlungen dann dank der Aussetzungsklauseln im Dawes-Abkommen zurückstellen. Eine geänderte Regelung sollte beide Risiken ausschließen. Natürlich stimmte Schacht diesem Teil der Argumentation nicht zu. Das Kabinett nahm dies zur Kenntnis und reagierte zurückhaltend. Wie schwer würden die Reparationszahlungen weiterhin den Haushalt und die Zahlungsbilanz belasten? Die anwesenden Minister verwiesen darauf, dass der französische Premierminister Poincaré weiterhin am Londoner Abkommen von 1921 festhielt.[13]

Literatur

Ahamed, L. (2010). *Lords of finance. The great depression and the bankers, who broke the world.* London.

Bryson, B. (2014). *One summer, America 1927.* A black Swan book. London.

---

[13] Akten der Reichskanzlei. Die Kabinette Marx III/IV. Band 2. Dokumente 381. Kabinettssitzung vom 20. Dezember 1927. *Parker Gilbert Bericht.*

Nederlandse Historische Bronnen. (1980). *Bruins Berlijnse besprekingen. Een selectie uit het atchief van prof. mr. Dr. G. W. J. Bruins in het bijzonder de jaren 1924–1930* (Bd. 8). Den Haag.

Ritschl, A. (2002). *Deutschlands Krise und Konjunktur, Binnenkonjunktur, Auslandsverschuldung und Reparationsprobleme. Zwischen Dawesplan und Transfersperre, 1924–1934*. Berlin.

Schacht, H. (1927). *Die Stabilisierung der Mark*. Stuttgart.

Schacht, H. (1931). *Das Ende der Reparationen*. Oldenburg.

Schucken, R. (1976). *Schaffung der Reichsmark, Reparationsregelungen und Auslandsanleihen, Konjunkturen (1924–1930) in Währung und Wirtschaft in Deutschland 1876–1975*. Frankfurt a. M.

4

Außenpolitik, Handel, Geld und Kapital

In welchem Kräftefeld musste die Reichsregierung agieren, als sie eine Neuverhandlung des Dawes-Abkommens anstrebte?[1] Das Rheinland sowie ein einzelner Stützpunkt am rechten Rheinufer waren noch besetzt. Das Ruhrgebiet war

---

[1] Dieses Kapitel wurde unter Zuhilfenahme folgender Quellen zusammengestellt. Akten der Reichskanzlei. Die Kabinette Marx III/IV (29. Januar 1927–28. Juni 1928) Band 1. Einleitung und Dokumente (28. Juni 1928–30. März 1930) Band 1. Einleitung und Dokumente. Martin Vogt (1970). Dieses Buch enthält das Ergebnis der Untersuchung, die das Reichsarchiv auf Ersuchen des Kabinetts Brüning durchführte, um die Kritik von Hjalmar Schacht an der Regierungspolitik zu widerlegen. Die Kritik hatte Schacht in seinem Buch *Das Ende der Reparationen* geäußert. Diese Untersuchung wurde unter dem Kabinett Hitler abgeschlossen. Allerdings hielt man eine Veröffentlichung nicht für opportun. 1970 wurde sie mit einer Einleitung von Martin Vogt vom Bundesarchiv nachträglich veröffentlicht. Es bestehen Überschneidungen mit den Akten der Reichskanzlei. Die Ansichten und Auffassungen von Hjalmar Schacht werden jeweils im Text belegt. Außerdem wird in dieser Übersicht auf das Buch von Christopher Kopper (2006) zurückgegriffen, und zwar auf das Kapitel *Schacht und die Revision der Reparationen*. Carl Bergmann (1930). Diese Sicht des ehemaligen Unterhändlers in den Reparationsverhandlungen bis 1924 auf den Abschluss des Haager Abkommens von 1930 ergänzt die genannten Quellen. Wenn es im Text um seine Einschätzungen geht, wird jeweils darauf hingewiesen. Im Text wird Sekundärliteratur, die teilweise herangezogen wurde, gesondert belegt.

inzwischen geräumt. Die Gründe, die Frankreich und Belgien seinerzeit zur Besetzung des Ruhrgebiets veranlassten, waren nur allzu gut bekannt. Deutschland sollte zur Lieferung von Waren und zur Leistung von Zahlungen gezwungen werden. Beide Länder bestanden weiterhin auf Zwangsmitteln, damit Deutschland seine Verpflichtungen erfüllte. Was das Problem noch komplizierter gestaltete, war die von Frankreich und Großbritannien vorgenommene Verknüpfung zwischen den Reparationszahlungen und den interalliierten Kriegsschulden. Beide Länder wollten die Reparationszahlungen zur Kriegsschuldentilgung verwenden.

Obgleich die Vereinigten Staaten als wichtigster Gläubiger diese Verknüpfung nicht akzeptierten, würde sich dennoch ein Problem für sie ergeben, wenn ihre europäischen Verbündeten sowie Deutschland in Zahlungsschwierigkeiten gerieten. Und das konnte ihnen nicht gleichgültig sein. An der Wall Street bestanden gegenüber den europäischen Schuldnern Forderungen in beträchtlicher Höhe. Auch deutsche Schuldner waren hier prominent vertreten. Ein Zahlungsproblem der europäischen Schuldner in Verbindung mit fehlenden Devisen- und Goldreserven der jeweiligen Zentralbanken konnte der Wall Street empfindlich schaden. Außerdem würde eine Zahlungskrise die amerikanischen Handelsinteressen unmittelbar berühren. Schacht versäumte es nicht, darauf aufmerksam zu machen. Amerikanische Investoren hatten Kapital in die Rohstoffgewinnung gesteckt; anschließend gingen kurzfristige Kredite der Amerikaner an deutsche Importeure, um den Rohstoffexport nach Deutschland zu finanzieren. Wie bekannt, war damit auch noch ein Zinsvorteil verbunden. Den Investoren bot sich eine Win-Win-Situation, solange diese Dollarzirkulation in Verbindung mit ihren Investitionen und ihrem Absatz erhalten blieb. Die Fed war allerdings parteiisch. Diese Geldzirkulation hatte nämlich den angenehmen Nebeneffekt, dass sich Dollarüberschüsse rentabel beseite schaffen ließen. Die Kon-

4 Außenpolitik, Handel, Geld und Kapital

sequenz war allerdings, dass zwischen diesem Kapitalexport und den Rohstofflieferungen einerseits sowie deutschen Ausfuhrerlösen und dem Schuldendienst (einschließlich Reparationszahlungen) andererseits kein Gleichgewicht bestand. Die Handelsbilanz mit den Vereinigten Staaten war negativ, und die amerikanischen Forderungen gegenüber Deutschland nahmen zu, weil die amerikanischen Kapitalexporte die eingehenden Tilgungen überstiegen. Zudem stieß der deutsche Export auf die Zollschranken der Vereinigten Staaten, mit denen Importe beschränkt wurden. Was für die Vereinigten Staaten anfangs wie das perfekte Geschäft aussah, wurde letztendlich zum Problem. Es dauerte einige Zeit, bis diese Erkenntnis durchgedrungen war.[2]

Großbritannien hatte das Problem, dass eine eventuelle Zahlungsunfähigkeit Deutschlands der Londoner City Schaden zufügen würde, denn dort war man an einer störungsfreien Abwicklung der Wechselkredite interessiert, mit denen der deutsche Handel finanziert wurde.[3] Großbritannien musste also abwägen. Es wollte die Erfüllung der Verpflichtungen im Rahmen der Reparationszahlungen und gleichzeitig seine Handels- und Finanzinteressen wahren. Die deutsche Regierung ging davon aus, dass man mit den Vereinigten Staaten und mit Großbritannien reden könne. Damit war die Hoffnung auf eine wachsende Bereitschaft Frankreichs zur Kooperation verbunden, da sich Frankreich einen Konflikt mit den angelsächsischen Partnern kaum erlauben konnte. Bei beiden Ländern hatte es immer noch Schulden.

---

[2] Schacht (1934). 17 und Anlage 30. Hier wird der Anstieg der amerikanischen Kreditvergabe an Deutschland zur Rohstoffeinfuhr ins Verhältnis gesetzt.

[3] Hier geht es um den Londoner Markt für Wechselkredite. Diese Kredite bezogen sich auf Handelswechsel auf einen deutschen Käufer oder Verkäufer, die von einer Reihe englischer Banken zur Auszahlung an den Begünstigten akzeptiert wurden. Die Wechsel wurden in London gehandelt und waren bei der Bank of England rediskontierbar. Dieses System beruhte auf einer Vereinbarung zwischen der Bank of England und der Reichsbank. Siehe auch die Ausführungen oben zur Entstehung der Golddiskontbank.

Erste Schritte

Natürlich wollte Deutschland die Besetzung des Rheinlands so schnell wie möglich beenden. Zudem wurde die Rückkehr des Saarlands in das Deutsche Reich angestrebt. Und auch der Korridor bei Danzig sollte kein Hindernis mehr zwischen Ostpreußen und dem deutschen Kernland bilden. Die Abwicklung der finanziellen Forderungen zwischen Deutschland und Polen stand ebenfalls auf der Tagesordnung. Die Entschädigung für deutsche Eigentümer des von den Briten konfiszierten Vermögens und anderer Werte war noch mit Großbritannien zu regeln. Belgien strebte einen Ausgleich für den seiner Meinung nach ungünstigen Kurs des Franc zur Mark an, den die deutschen Besatzer während des Ersten Weltkriegs verwendet hatten. Deutschland wollte die Rückgabe von Eupen-Malmedy. Deutschland strebte auch eine Beendigung der unmittelbaren Einmischung der Alliierten in Angelegenheiten der Reichsbank und der Reichsbahn an. Zu den Hauptpunkten gehörten allerdings die Reparationszahlungen, die 1928/29 die höchste Annuität von 2,5 Milliarden Reichsmark erreichten. Diese Annuität sollte nach unten korrigiert werden. Auch der Zeitraum für den Fortbestand dieser Schulden war festzulegen. Wünschenswert war weiterhin, dass bei entsprechenden finanzwirtschaftlichen Rückschlägen Zahlungsaufschub gewährt wurde.

Gustav Stresemann dachte darüber nach, dass ein Vertrag mit Frankreich, der die Besetzung des Rheinlands beenden würde, den Weg ebnen könnte, um bezüglich dieser Punkte Übereinstimmung zu erzielen. Nach seiner Überzeugung hatte die französische Regierung ein Interesse daran. Immerhin hatte sie Schwierigkeiten, die Tilgungsraten für die Kriegskredite zu bedienen. Die Reserven der Banque de France wiesen ein Dollar- und Pfund-Defizit auf. Die deutschen Reparationszahlungen bildeten aber für Frank-

4 Außenpolitik, Handel, Geld und Kapital 113

reich eine unentbehrliche Devisenquelle. Hier befand sich für Frankreich das natürliche Bindeglied zwischen den Reparationszahlungen und den eigenen Verbindlichkeiten gegenüber den Vereinigten Staaten und Großbritannien. Dabei war zu erwarten, dass Frankreich in Verhandlungen über das Rheinland auch die Reparationszahlungen zur Sprache bringen würde.

Die französische Regierung bemühte sich zu dieser Zeit um eine Reduzierung der offenen amerikanischen Kriegskredite. Wenn das gelang und die Reparationszahlungen weiterhin fließen würden, konnte Frankreich sowohl seine Kreditwürdigkeit als auch die Stabilität des Franc wiederherstellen. Die amerikanische Regierung hatte bereits ihre Bereitschaft zu einem Übereinkommen mit den Franzosen geäußert. Die amerikanischen Kriegsforderungen in Höhe von 4,230 Milliarden Dollar würden dann auf 1,680 Milliarden zurückgefahren. Bereits zuvor hatte die amerikanische Regierung darauf hingewiesen, dass diese Bereitschaft an die Voraussetzung geknüpft war, dass sich Frankreich zu Gesprächen über die Reparationszahlungen bereit erklärte. Stresemann erwartete offensichtlich, dass man Verhandlungen wie beim Dawes-Abkommen wiederholen könne.

Doch das war zu einfach gedacht. Die Öffentlichkeit in Frankreich würde auf eine Verringerung der Reparationszahlungen negativ reagieren, selbst dann, wenn auch die Kriegsschulden reduziert würden. Gerade deshalb stieß das geplante Mellon-Béranger-Abkommen über die französischen Schulden gegenüber den Vereinigten Staaten auf politischen Widerstand.[4] Eine Schuldensenkung war natürlich immer willkommen. Aber damit war die Sache nicht erledigt. Die Kriegsschulden gingen auf die deutsche

---

[4] Das Schicksal des Abkommens von Mellon-Béranger wurde bei der Ratifizierung des Vertrags im Juli 1929 von US-Präsident Herbert Hoover kurz und bündig zusammengefasst. Siehe Gerhard Peters und John T. Wooley (o. J.).

Aggression zurück – Deutschland hatte dafür geradezustehen und diese Schulden mittels Reparationszahlungen zu begleichen. Frankreich wollte sowohl eine Schuldenreduzierung der Vereinigten Staaten als auch den vollen Betrag von Deutschland.

Stresemann stand im Vorfeld eventueller Verhandlungen mit Frankreich vor einem Dilemma. Die deutsche Regierung hatte immer den Standpunkt vertreten, dass die Reparationszahlungen nichts mit den interalliierten Kriegsschulden zu tun hätten. Offiziell konnte sie jetzt nicht dahingehend argumentieren, dass das geplante Mellon-Béranger-Abkommen Anlass für eine Verringerung der Reparationszahlungen wäre.[5] Stresemann konnte lediglich vorbringen, dass Frankreich nun den finanziellen Spielraum hätte, darüber nachzudenken. Welchen Verhandlungsspielraum hatte Stresemann überhaupt?

Die französische Regierung suchte nach einer Formel, um sich dennoch mit Deutschland ins Benehmen zu setzen, und ging dabei auf die Überlegungen von Stresemann ein. Sie schlug ein Tauschgeschäft vor: Räumung des Rheinlands gegen einen substanziellen Vorschuss auf die Reparationszahlungen im Sinne der Regelungen des Dawes-Abkommens. Dieser Vorschlag beinhaltete einen Vorschuss auf die Annuität durch eine verhandelbare Anleihe in Höhe von einer Milliarde Reichsmark. Ginge Deutschland darauf ein, würde sich Schachts Überzeugung bestätigen, dass Verhandlungen zwischen Deutschland und den Alliierten über die Räumung des Rheinlands immer mit der Forderung nach finanziellen Zugeständnissen einhergingen und nicht den berechtigten Wunsch Deutschlands anerkannten, dass es nun Zeit für einen Rückzug sei und das Rheinland wieder vollständig unter die Souveränität des Deutschen Reichs gestellt werden könnte. Die Reparationszahlungen und an-

---

[5] Schacht (1929, S. 7 und 20).

dere Finanzfragen würden so von nationalen und außenpolitischen Interessen bestimmt und nicht anhand ihres eigenen finanzwirtschaftlichen Kerns.[6]

Am 17. September 1926 traf sich Stresemann im französischen Thoiry zu Gesprächen mit seinem Amtskollegen Aristide Briand. In den Kabinettsberatungen in Deutschland beschränkte sich Schacht auf eine Analyse der Kosten eines eventuellen Vertrags mit Frankreich. Er verwies darauf, dass ein substanzieller Vorschuss auf den französischen Anteil an der Annuität gravierende Folgen für Staatshaushalt, Kapitalmarkt sowie Zahlungsbilanz hätte. Wenn der Staat Anleihen begeben müsste, würde das den Druck auf den ohnehin schon engen Kapitalmarkt noch einmal verstärken, und die Staatsschulden würden steigen. Der zu transferierende Betrag müsste aus den Devisenreserven stammen. Entspräche man dem französischen Vorschlag, würden die Kapitalimporte sowohl durch den Engpass auf dem Kapitalmarkt als auch durch den Devisenbedarf einen ungewollten Impuls erhalten. Die französische Regierung wäre dann zu Gesprächen bereit über die Rückgabe des Saargebiets, die Übertragung der dort befindlichen Saargruben gegen Zahlung von 300 Millionen Reichsmark, die allmähliche Räumung des Rheinlands, die Aufgabe des Widerstands gegen eine Rückgabe von Eupen-Malmedy durch Belgien sowie die Abschaffung des interalliierten Ausschusses, das sich mit den Sachleistungen beschäftigte.[7]

So weit kam es nicht. Thoiry brachte keine Ergebnisse. Für die deutsche Regierung waren die finanziellen Forderungen Frankreichs nicht zu schultern. Sie liefen auf ein Handeln mit den Schuldverpflichtungen hinaus, womit

---

[6] Schacht (1931, S. 50 und 51). Sowie Schacht (1929, S. 4).
[7] Akten der Reichskanzlei. Die Kabinette Marx III/IV. Band 1. Dokumente Nr. 84. Ministerbesprechung vom 24. September 1926. Hier wird ausführlich auf die Gespräche zwischen Briand und Stresemann am 17. September 1926 in Thoiry eingegangen.

letztlich die Begebung einer Anleihe auf dem Kapitalmarkt verbunden war. Ohne anderweitige Bedingungen sollten damit eine Milliarde Reichsmark in Devisen erlöst werden. Dieser Betrag würde unmittelbar an die Franzosen fließen. Frankreich wollte nicht nur schneller Geld, sondern sich auf diesem Weg auch noch unabhängig machen von Deutschlands haushaltspolitischen und monetären Möglichkeiten. Die Schulden Deutschlands gegenüber privaten ausländischen Gläubigern würden weiter ansteigen.[8] Aristide Briand berichtete der französischen Nationalversammlung, dass es aufgrund der Gespräche mit der deutschen Regierung keine Veranlassung gäbe, über eine schnellere Räumung des Rheinlands nachzudenken.

Im Sommer 1927 kam es zu einem Durchbruch aus einer ganz anderen Ecke. Infolge des bereits erwähnten Treffens der Zentralbankpräsidenten Ende Juni 1927 auf Long Island erhielt Gilbert den Auftrag, zu prüfen, ob Verhandlungen über die Reparationszahlungen möglich wären. Parker Gilbert nahm seine Aufgabe ernst und brachte in seinem Bericht vom Dezember 1927 an die Alliierten Argumente zugunsten eines Versuchs vor, die Reparationszahlungen stärker an den Interessen der Alliierten auszurichten.

Gilbert äußerte sich dann am 24. Februar 1928 in einem Bericht an die Alliierten, dass auf deutscher Seite tatsächlich ein Zahlungsproblem drohen würde. Deutschland würde immer mehr Kredite im Ausland aufnehmen, es würde dem Land aber nicht gelingen, seine Leistungsbilanz einschließlich der Reparationszahlungen auszugleichen. Der Zeitpunkt würde kommen, an dem Deutschland die ausländischen Kapitalmärkte nicht mehr in Anspruch nehmen könnte – aus dem einfachen Grund, weil die Schulden immer weiter anstiegen. Sollte es dazu kommen, würden

---

[8] Schacht (1931, S. 50 f.).

die Gold- und Devisenreserven abnehmen, und es entstünde ein doppeltes Problem: Eine Reichsregierung mit Haushaltsschwierigkeiten aufgrund anhaltender Defizite und eine Reichsbank mit einem Reservenproblem. Die Zahlungsunfähigkeit näherte sich also von zwei Seiten. Die Alliierten täten gut daran, wenn sie Zahlungssicherheit schafften, indem sie Deutschland umgehend zur Begebung von Obligationen auf dem Kapitalmarkt verpflichteten und ihnen die entsprechenden Erlöse auszahlten. Deutschland sollte dann sehen, wie es sich mit seinen privaten Gläubigern arrangieren könnte. Das würde Reichsregierung und Reichsbank zu einer auf Deflation ausgerichteten Haushalts- und Geldpolitik zwingen, um damit Zins- und Tilgungszahlungen zu ermöglichen. Mit diesem Vorschlag wurde – nach Auszahlung des Erlöses aus den Obligationen an die Alliierten – das Risiko einer Zahlungsverzögerung auf die Beziehung zwischen der deutschen Regierung und ihren privaten Gläubigern übertragen. Gilbert übernahm die französischen Vorstellungen. Das war kein Problem der alliierten Regierungen. Auf diesem Weg konnte auch eine Streichung der Aussetzungsklauseln aus dem Dawes-Abkommen verlangt werden. Diese Klauseln bezogen sich auf die Repartionszahlungen an die Alliierten.

Schacht kannte diesen Bericht nicht. Er erfuhr viel später davon, als Charles Dumont, Mitglied des französischen Senats, den Bericht in einer Debatte zitierte und Zustimmung erntete. Schacht schätzte Gilberts Analyse an sich, ohne seine Absichten zu kennen. Die Reparationszahlungen müssten deutlich nach unten korrigiert werden. Dennoch sollte es Klauseln geben, die einen Zahlungsaufschub ermöglichten.[9]

---

[9] Ebd., S. 46–49.

Die Tagung des Völkerbundes von 1928

Ab 11. September 1928 fanden in Genf unter Leitung des Kanzlers des Herzogtums Lancaster (Minister ohne Geschäftsbereich), Ronald McNeill, 1st Baron of Cushendun, informelle Beratungen statt. Anlass war die Tagung des Völkerbundes. Beteiligt an diesen Beratungen waren Großbritannien, Frankreich, Italien, Japan, Belgien und Deutschland. Man wollte über die Reparationszahlungen, das Ende der Rheinland-Besetzung und die Rückgabe des Saargebiets reden. Der Verhandlungsprozess begann, Gestalt anzunehmen. Sofort formulierte Aristide Briand die bekannten Bedingungen Frankreichs. Die Positionen der anderen Alliierten zeigten, dass sie sich diesbezüglich abgesprochen hatten. Ohne Widerspruch ging Briand von der doppelten Verknüpfung zwischen den Reparationszahlungen und den Kriegsschulden sowie zwischen den Reparationszahlungen und der Räumung der besetzten Gebiete aus. Ein solcher Ausgangspunkt stand übrigens einer gesonderten Bewertung der Reparationszahlungen nicht entgegen. So könnten die Modalitäten und die Finanzierung der Reparationszahlungen eingeschätzt werden.

Die Aussetzungsklauseln aus dem Dawes-Abkommen würden nicht mehr in eine endgültige Regelung gehören. Deutschland würde die Verpflichtungen akzeptieren, und davon könnte nicht abgewichen werden. Die Ausgestaltung der neuen Regelung würde durch eine Sachverständigenkommission vorbereitet. Die deutsche Delegation war – ausgehend von der Position von Parker Gilbert und den Erfahrungen in Thoiry – nicht erstaunt. Gilbert hatte die Streichung der Aussetzungsklauseln damals bereits berührt. Thoiry machte deutlich, wie das am besten geschehen konnte.

4 Außenpolitik, Handel, Geld und Kapital 119

Die deutsche Delegation wies die Forderungen Briands zurück. Es sei unpassend, derartige Bedingungen zu stellen, während eine Sachverständigenkommission die Reparationszahlungen prüfen sollte. Die Prüfung müsste ihrer Auffassung nach unabhängig und sachbezogen erfolgen. Es sei die Frage, ob die Alliierten dies mit einer Sachverständigenkommission ebenso beabsichtigten. Diese Frage blieb in Genf allerdings unbeantwortet.[10] Für Schacht bedeutete diese Entwicklung, dass die befürchtete Verknüpfung der Reparationszahlungen mit der Lösung politischer Fragen weiterhin bestehen würde.[11]

Am 18. September 1928 erklärte Reichskanzler Müller im Kabinett, dass man Fortschritte gemacht hätte. Zum ersten Mal wären Verhandlungen über die Räumung des Rheinlands, die Übergabe des Saargebiets an Deutschland und über die Reparationszahlungen möglich. Überdies hätten die Alliierten akzeptiert, dass über die Reparationszahlungen getrennt anhand der Empfehlung einer Sachverständigenkommission gesprochen würde. Auch Sicherheitsfragen wären angesprochen worden, ohne dass es hier irgendwelche Fortschritte gegeben hätte.[12]

Das Kabinett und Schacht beharrten auf ihrem Standpunkt, wonach die Reparationszahlungen von einer unabhängigen Sachverständigenkommission auf ihren finanzwirtschaftlichen Kern hin geprüft werden mussten. Eine Verknüpfung mit dem Rheinland und anderen territorialen Fragen konnte gar nicht in Betracht kommen. Auch diese Probleme mussten anhand des jeweiligen Kerns beurteilt werden. Was Deutschland betraf, gehörte dazu, dass Rheinland und Saargebiet zum deutschen

---

[10] Akten der Reichskanzlei. Das Kabinett Müller II. Band 1. Dokumente Nr. 23. *Sechsmächtebesprechung in Genf, 13. September 1928.*
[11] Schacht (1931, S. 51).
[12] Akten der Reichskanzlei. Das Kabinett Müller II. Band 1. Dokumente Nr. 31. *Ministerbesprechung vom 18. September 1928. Bericht des Reichskanzlers über die Verhandlungen in Genf.*

Staatsgebiet gehörten und keiner ausländischen Einmischung unterlagen. Bei der Frage des Korridors ging es um eine reibungslose territoriale Anbindung von Ostpreußen an das übrige Deutsche Reich. Das ließ sich am besten mit dem polnischen Wunsch verbinden, Danzig als Seehafen nutzen zu können.[13] Schacht hoffte, dass Deutschland mithilfe der unabhängigen Sachverständigenkommission doch noch eine Behandlung der Reparationszahlungen auf der Grundlage des finanzwirtschaftlichen Kerns erreichen konnte.[14]

Sondierung Gilberts

Gilbert ging der Frage nach, ob hinsichtlich Agenda und Mandat der unabhängigen Sachverständigenkommission Übereinstimmung erzielt werden könnte. Er wurde zum Mittelpunkt eines Verhandlungsprozesses, der durch eine Abfolge von Zwischenfällen gekennzeichnet war. Das ging nicht nur auf die widerstreitenden Interessen der Beteiligten zurück, sondern auch auf Gilberts Verständnis seiner Rolle. Er bezog Standpunkte, die den Sichtweisen der Alliierten nahekamen, und versuchte anschließend, die deutsche Regierung zur Zustimmung zu bewegen. Diese sah sich dann – noch vor unmittelbaren Verhandlungen mit den Alliierten selbst – genötigt, ihre Meinungsverschiedenheit mit Gilbert zum Ausdruck zu bringen.

Veranschaulichen lässt sich sein Rollenverständnis anhand der Argumentation, mit der er Deutschland zum Einverständnis zu einer Agenda und einem Mandat bewegen

---

[13] Akten der Reichskanzlei. Das Kabinett Müller II. Band 1. Dokumente Nr. 35. *Vermerk Staatssekretär Pünder über eine Unterredung des Reichskanzlers mit Reichsbankpräsident Schacht und dem Generalagenten für Reparationszahlungen Parker Gilbert zur Vorbereitung der Sachverständigenkonferenz. 2. Oktober 1928.*
[14] Schacht. *Pariser Sachverständigenkonferenz.* 7.

wollte.[15] Er beteuerte, dass die deutsche Regierung klug daran täte, sich jetzt auf eine überarbeitete Reparationsregelung zu einigen. Denn durch eine abwartende Haltung entstünden ihr entsprechende Nachteile und sie müsste bei wirtschaftlichen Fortschritten Deutschlands mit noch massiveren Forderungen rechnen. Das Dawes-Abkommen mit seinem offenen Charakter hinsichtlich Dauer und Gesamtbetrag sowie der Klausel zur Annuitätenerhöhung bei günstiger wirtschaftlicher und finanzieller Entwicklung beinhaltete ein entsprechendes Risiko. Gilbert übermittelte wieder die Botschaft, dass die Aussetzungsklauseln bei der Festsetzung der neuen Annuitäten und Finanzierungsmodalitäten gestrichen werden sollten.

Inzwischen war die Reichsregierung über ihren Botschafter in London darüber in Kenntnis gesetzt worden, was Sir Leith Ross, der Sekretär des britischen Finanzministers Sir Winston Churchill, über die gewünschte Annuität mitgeteilt hatte. Es sollte sich um 2 Milliarden Reichsmark handeln. In der Presse begannen Beträge zu zirkulieren.[16] Schacht empfahl der Reichsregierung, auf ihrem Standpunkt zu beharren und jedwede Forderung der Alliierten zurückzuweisen, solange auf Bestimmungen zur Aussetzung von Zahlungen verzichtet werden sollte. Auch Beträge sollten jetzt nicht genannt werden. Schachts Empfehlung ging zurück auf seine Erfahrung mit Gilbert während der Beratungen vom 25. Oktober 1928 zwischen Gilbert, Reichskanzler Müller, Finanzminister Hilferding und ihm selbst. Gilbert hatte damals erneut seine Einschätzung vorgebracht, was die Alliierten akzeptieren könnten. Die Alliierten strebten eine Annuität an, die sich nicht wesentlich von der im Dawes-Abkommen für 1928/1929 enthaltenen

---

[15] Vogt (1970, S. 150 ff.).
[16] *Akten der Reichskanzlei. Das Kabinett Müller II. Band 1. Dokumente Nr. 45. Ministerbesprechung vom 19. Oktober 1928. Behandlung der Reparationsprobleme in der Tagespresse.*

Annuität unterschied. Dieser Betrag lag bei 2,5 Milliarden Reichsmark. Gilbert machte das Kabinett auch auf die Erwägungen der Alliierten in diesem Zusammenhang aufmerksam, wonach die Reparationszahlungen sowohl zur Tilgung der Kriegsschäden wie auch der interalliierten Kriegsschulden dienen sollten. Doch auch wenn die Reparationszahlungen unabhängig von den politischen Fragen betrachtet wurden, hieß das noch nicht, dass sie auch vom Verhandlungsprozess zwischen den Regierungen abgekoppelt waren.[17]

In der Beratung vom 26. Oktober 1928, an der die zuständigen Minister, Staatssekretäre, leitenden Beamten sowie Hjalmar Schacht selbst teilnahmen, wurde der deutsche Standpunkt noch einmal bekräftigt. Dieser stand – um es milde auszudrücken – in einem gespannten Verhältnis zu dem, was Gilbert hinsichtlich der Position der Alliierten berichtet hatte.[18] Schacht hielt es für erforderlich, noch am gleichen Tag in einem Brief an den Reichskanzler seinen Standpunkt zu formulieren.[19] In diesem Brief unterstrich er, dass Umfang und Modalitäten der Reparationszahlungen in erster Linie von den Haushaltsmöglichkeiten der Reichsregierung abhängig sein sollten. Diese Möglichkeiten waren anhand des finanzwirtschaftlich Vertretbaren zu bestimmen. Das Risiko einer inflationären Finanzierung mit destabilisierendem Preiseffekt war zu verhindern. In zweiter Linie war die Devisenposition der Reichsbank maßgeblich, um die Zahlungen überwei-

---

[17] Schacht (1931, S. 52). Akten der Reichskanzlei. Das Kabinet Müller II. Band 1. Dokumente Nr. 49. *Vermerk Staatssekretär Pünder über eine Besprechung mit dem Generalagenten für Reparationszahlungen Parker Gilbert zur Vorbereitung der Sachverständigenkonferenz. 25. Oktober 1928.*

[18] Akten der Reichskanzlei. Das Kabinett Müller II. Band 1. Dokumente Nr. 51. *Ministerbesprechung vom 26. Oktober 1928.*

[19] Schacht (1931, S. 54 f.). Zusammenfassung des Briefes. Akten der Reichskanzlei. Das Kabinett Müller II. Band 1. Dokumente Nr. 49 und 50 mit dem Brief von Schacht an Müller und dessen Antwort an Schacht.

4 Außenpolitik, Handel, Geld und Kapital

sen zu können. Eine entsprechende Beurteilung hatte die Bedingung einzubeziehen, dass die Herstellung eines strukturellen Gleichgewichts in der Leistungsbilanz trotz der Zahlungen nicht behindert wurde. Schacht verwies bei diesen Punkten auf seine Verantwortung als Präsident der Reichsbank. Gleichzeitig sollte ihm die Reichsregierung zusichern, dass er über alles, was mit den Verhandlungen zu tun hatte, vollständig informiert würde, damit er rechtzeitig seine Einschätzung abgeben könnte. Die Reichsregierung hatte keinerlei Schwierigkeiten, seinem Verlangen nachzukommen.

Der nächste Konflikt mit Gilberts ließ nicht lange auf sich warten. Von Hoesch, der deutsche Botschafter in Paris, war in ständigem Kontakt zu Gilbert, Briand (dem französischen Außenminister) sowie Poincaré, dem Ministerpräsidenten. Worum sollte es in den Verhandlungen gehen? Poincaré beharrte in einem Gespräch am 31. Oktober 1928 auf der Verknüpfung der Reparationszahlungen mit den interalliierten Kriegsschulden. Die Zahlungen sollten ausreichen, damit Frankreich seine entstandenen Kriegsschäden sowie die Kriegsschulden ausgleichen könne. Nach allem, was Deutschland inzwischen bezahlt hatte, ging es immer noch darum. Was Frankreich betraf, bestand das Londoner Abkommen weiterhin uneingeschränkt. Die Vereinigten Staaten waren weder in Versailles noch in London Vertragspartei. Dementsprechend mussten sie in die anstehenden Verhandlungen auch nicht einbezogen werden, obgleich sie wichtigster Gläubiger waren. Poincaré hatte eine Gesamtannuität vor Augen, die von den 2,5 Milliarden Reichsmark um etwa 100 Millionen Reichsmark abweichen konnte. Gilbert kannte diese Bedingung und erhob keinerlei Einwände. Von Hoesch enthielt sich einer Beurteilung, empfahl Stresemann aber, das Gespräch mit Frankreich zu suchen.

Am 2. November 1928 wurde in einer Beratung, an der die zuständigen Minister sowie Schacht teilnahmen, über von Hoeschs Empfehlung gesprochen. Auf Drängen Schachts sollte das Kabinett von Hoesch anweisen, dass man eine Verknüpfung zwischen den Reparationszahlungen und den französischen Kriegsschulden nicht akzeptieren würde. Genauso wenig käme es infrage, vorab einen Betrag zu nennen, zumal nicht eine derart hohe Summe. Außerdem sei es nicht im deutschen Interesse, sich von den Vereinigten Staaten zu distanzieren. Mit dieser Botschaft ging von Hoesch zu Poincaré.[20]

Am 26. November 1928 sprach Schacht erneut mit dem Kabinett über die möglichen Verhandlungen. Gilbert hatte einen Mandatsentwurf für die Sachverständigenkommission vorgelegt, in dem der deutsche Wunsch, wonach die Kommission ihre Beurteilung unter Berücksichtigung der wirtschaftlichen und finanziellen Möglichkeiten Deutschlands vornehmen sollte, nicht ausreichend enthalten war. Hier kam es angesichts der Position der Regierung Poincaré auf Details an. Das galt auch für die Position der britischen Regierung, die sich davon nicht distanzierte und laut Sir Winston Churchill weiterhin an der Balfour-Erklärung festhielt. Darin erklärte Großbritannien seinen Wunsch nach ausreichenden Reparationszahlungen, um die Kriegsschulden an die Vereinigten Staaten bezahlen zu können.

Schacht war überrascht, als er mitbekam, dass in deutschen Beamtenkreisen und – wie er meinte – sogar darüber hinaus, ein Betrag zirkulierte.[21] Das gefiel ihm gar nicht.

---

[20] Akten der Reichskanzlei. Das Kabinett Müller II. Band 1. Dokumente Nr. 55. *Chefbesprechung vom 2. November 1928. Punkt 1. Reparationsfrage.*
[21] Vogt (1970, S. 162), Fußnote 7.

4 Außenpolitik, Handel, Geld und Kapital

Entsprechend ersuchte er das Kabinett um Aufklärung.[22] Das Kabinett bestätigte ihm, dass es vorab keinen Betrag festgelegt oder genannt habe. Bruins machte sich diesbezüglich Notizen in seinem Tagebuch. Gilbert hatte am 10. November Bruins gegenüber ebenfalls einen Betrag von 2 bis 2,5 Milliarden genannt. Bruins fand diese Summe zu hoch und kam selbst auf 1,5 Milliarden.[23] Dass Beträge zirkulierten, war kein Wunder. Es hatte so viele Gespräche gegeben, in denen Beträge genannt worden waren. Und gezielte Indiskretionen waren auch zu jener Zeit nicht ungewöhnlich. Schacht und das Kabinett stimmten jedenfalls hinsichtlich der Vorgehensweise bei den Reparationszahlungen vollständig überein. Maßgeblich blieben die Ausführungen Schachts in dessen Brief vom 26. Oktober 1928 an den Reichskanzler.

Schacht wollte darüber hinaus durchsetzen, dass die deutsche Delegation in der Sachverständigenkommission die Freiheit haben sollte, sich gegebenenfalls von bestimmten Vorschlägen zu distanzieren, und zwar auch dann, wenn damit die Verhandlungen der Kommission fehlschlagen sollten. Und das gelang ihm auch. Das Kabinett legte allerdings fest, dass die Delegation bei einem Konflikt innerhalb der Kommission zunächst Rücksprache mit dem Kabinett zu halten habe, bevor es endgültig Stellung beziehe.[24]

---

[22] Vogt (1970, S. 155–157), Schacht (1931, S. 55 f.).
[23] Tagebücher von Bruins. Tagebuch vom 10. November 1928. Bruins hatte mit Gilbert gesprochen. Gilbert war optimistisch und meinte, dass die Alliierten gute Gründe hätten, einem gegenüber dem Dawes-Plan geringeren jährlichen Betrag nicht zuzustimmen. Bruins teilte diesen Optimismus nicht. Denn die Entwicklung der Zahlungsbilanz gab Anlass zur Sorge. Am 16. November teilte er Gilbert mit, dass ein Betrag von 1,5 Milliarden Reichsmark realistischer wäre.
[24] Akten der Reichskanzlei. Das Kabinett Müller II, Band 1. Dokumente Nr. 70. *Ministerbesprechung vom 26. November 1928. Reparationsfrage.*

Schacht als Mitglied der Sachverständigenkommission[25]

Neben der Entscheidung über das Mandat musste das Kabinett auch einen Beschluss über die Zusammensetzung der deutschen Delegation für die Sachverständigenkommission fassen. Auch hier mischte sich Parker Gilbert ein. Er wollte erreichen, dass Schacht der Sachverständigenkommission nicht angehörte. Dazu hatte Schacht durchaus einige Veranlassung gegeben. Bruins vermerkte in seinem Tagebuch, dass er am 15. November 1928 mit Gilbert über Schacht gesprochen habe. Gilbert habe gehört, dass Schacht in einer Rede in Bad Pyrmont geäußert hätte, Deutschland habe eigentlich gar nichts mehr zu bezahlen. Es habe bereits genug getan. Die deutsche Wirtschaft könne das nicht stemmen. Die Times brachte diese Äußerungen als große Neuigkeit – mit dem absehbaren Ergebnis, dass die britische Regierung alarmiert war. Gilbert sprach mit Montagu Norman darüber. Beide waren der Auffassung, es sei besser, wenn Schacht der deutschen Delegation der Sachverständigenkommission nicht angehörte. Wie bereits bekannt, waren Norman und Schacht befreundet. Norman schätzte seinen Freund als Mensch wie auch als Präsident der Reichsbank, hegte aber offenbar Zweifel an dessen Eignung, in dem beabsichtigten Verhandlungsprozess mit der nötigen politischen Flexibilität zu agieren.

Am 16. November 1928 traf sich Bruins mit einem nervösen Schacht, der zugab, schlaflose Nächte zu haben bei der Vorstellung, dass die kommenden Verhandlungen ein unumkehrbares Ergebnis zeitigen würden, das für Deutschland und die Reichsbank wirtschaftlich und monetär un-

---

[25] Die Tagebücher von Bruins zeigen dafür einige gute Beispiele. Tagebücher vom 15. und 16. November 1928, vom 12. Dezember 1928 sowie vom 19. Januar 1929.

tragbar wäre. Immerhin stand eine Menge auf dem Spiel. Er äußerte seine Besorgnis über die Einlassungen des französischen Ministerpräsidenten Poincaré sowie von Gilbert, wonach der Erfolg der Verhandlungen gänzlich in den Händen Deutschlands liege. Die Position von Poincaré war nur allzu bekannt. Und Gilbert war nicht zu trauen.

Am 12. Dezember 1928 sprachen Bruins und Jay, der Gouverneur der Reserve Bank von New York, sowie J.P. Morgan von der gleichnamigen Bank über den Reichsbankpräsidenten. Schacht hatte sich bei einer Zusammenkunft mit fünf Repräsentanten der Alliierten, darunter Jay, recht aggressiv gezeigt. Deutschland wäre moralisch nicht an die Diktate von Versailles und London, ja noch nicht einmal an den Dawes-Plan gebunden. Deutschland könnte die verlangten Summen ohne eine Verbesserung der handelspolitischen Situation nicht bezahlen. Dabei müsste eine solche Verbesserung zu einer ausgeglichenen Leistungsbilanz und einer geringeren Abhängigkeit von Auslandskrediten führen. Ohne eine deutliche Reduzierung der Reparationszahlungen und ein Einlenken der Alliierten in handelspolitischer Hinsicht würde die Zahlungsunfähigkeit drohen. Die Verantwortung dafür lag bei den Alliierten. Sie konnten die Absatzmöglichkeiten Deutschlands mittels handelspolitischer Maßnahmen ausweiten und die Reparationszahlungen an die externe Zahlungsfähigkeit anpassen. Schacht nannte sogar Beträge. Unter den gegenwärtigen Umständen war mit jährlich 500 Millionen Reichsmark allerdings die Höchstgrenze erreicht. Bei besseren Exportchancen für die deutsche Industrie wäre mehr möglich. Das ließ bei den Anwesenden hinsichtlich der Position von Schacht – sollte dieser denn an den Verhandlungen teilnehmen – keinen großen Optimismus aufkommen.

Ein Höhepunkt in dieser Reihe von Vorkommnissen wurde erreicht, als Bruins am 19. Januar 1929 über Aussagen von Gilbert informierte. Dieser hatte in den Vereinigten Staaten herumerzählt, dass Deutschland, wenn es nach Schacht ginge, wenig bis gar nichts bezahlen würde, und dass Schacht dabei war, die Kritik an Gilberts letztem Quartalsbericht zu organisieren. Als Bruins Schacht damit konfrontierte, bezeichnete Schacht die Äußerungen von Gilbert als Gerede. Schacht plante, ihm diesbezüglich zu schreiben.

Die Verhandlungen hatten noch nicht begonnen, da entschied sich die deutsche Regierung für Schacht als Vorsitzenden der deutschen Delegation in der Sachverständigenkommission. Die Alliierten und ihre Sachverständigen wussten, wer ihnen auf deutscher Seite gegenüberstand.

Empfehlungen der Sachverständigen

Nach längerem diplomatischem Tauziehen legten die europäischen Alliierten sowie deren Verbündeter Japan auf der einen Seite und Deutschland auf der anderen Seite am 22. Dezember 1928 das Mandat fest. Die Beteiligten sollten als unabhängige Sachverständige ohne Anweisungen ihrer jeweiligen Regierungen die Verhandlungen aufnehmen.[26] Die Kommissionsmitglieder hielten allerdings aus-

---

[26] Hier sollen die Kommissionsmitglieder kurz vorgestellt werden:

Deutschland, Vorsitzender Schacht, Dr. Albert Vögler, Vorstandsvorsitzender der Vereinigten Stahlwerke Aktiengesellschaft.

Belgien: Vorsitzender Emile Franqui, Vizepräsident der Société Générale de Belgique, Camille Gutt, der Vorstandsvorsitzende einer großen belgischen Bank, war Kabinettschef des belgischen Premierministers Theunis.

Frankreich, Vorsitzender Emile Moreau, Gouverneur der Banque de France, Jean Parmentier, Vorstandsvorsitzender der Crédit Foncier de France.

Vereinigtes Königreich, Vorsitzender Sir Josiah Stamp, Präsident der London-Midland-Scottish Railway Company und Mitglied des Aufsichtsrates der Bank of England, Lord Revelstoke, Vorstandsvorsitzender der Bank Baring Brothers, zugleich Mitglied des Aufsichtsrates der Bank of England.

Italien, Vorsitzender Dr. Alberto Pirelli, Vorsitzender des Vorstands des Kabel- und Kautschukherstellers Pirelli, Präsident der internationalen Handelskammer, Fulvio Suvich, Untersekretär im Finanzministerium.

4 Außenpolitik, Handel, Geld und Kapital

nahmslos intensiven Kontakt zu ihrer jeweiligen Regierung.[27] So teilte Schacht später mit, dass der – von ihm im Übrigen sehr geschätzte – britische Delegationsleiter, Sir Josiah Stamp, Anweisungen erhalten hatte, die so weit gingen, dass sogar Beträge genannt wurden. Schacht wurde immer deutlicher, dass die Verhandlungen innerhalb der Kommission von Anfang an politisch ausgerichtet waren.[28]

Am 9. Februar 1929 kamen die Sachverständigen in Paris zusammen. Sie tagten in der Banque de France. Robert Owen Young, der auch der Dawes-Kommission angehört hatte, wurde zum Vorsitzenden gewählt.[29] Seine Einsetzung erfolgte vor allem auf Drängen Deutschlands. Die amerikanische Regierung war nicht vertreten, weil sie nicht Vertragspartei des Dawes-Abkommens war. Dementsprechend hatte sie Owen Young auch nicht eingesetzt. Das galt für die gesamte amerikanische Delegation. Vertreten war vielmehr die Wall Street. Aber das erfolgte durchaus mit Zustimmung der amerikanischen Regierung. Dementsprechend nahmen diese Vertreter des Finanzsektors an den

---

Japan, Vorsitzender Kengo Mori, Vorsitzender der japanischen Gasgesellschaft, Mitglied des japanischen Oberhauses, Takashi Aoki, Vorstandsvorsitzender der Kaiserlichen Bank von Japan.

Vereinigte Staaten, Vorsitzender Owen D. Young, Vorsitzender des Aufsichtsrates der Federal Reserve sowie der Electric Company, J.P Morgan, Vorstandsvorsitzender der Bank J.P Morgan and Co.

Stellvertretende Mitglieder:

Deutschland: Carl Melchior (Bankier) und Ludwig Kastl (elektrotechnische Industrie); Belgien: Baron Terlinden und Henri Fabri; Frankreich: C. Moret und Edgar Allix; Italien: Guiseppe Bianchini und Bruno Dolchette; Japan: Saburo Sonodo und Yasumune Matsui; Vereinigte Staaten: Thomas N. Perkins und T. W. Lamont, ebenfalls von der Bank J.P. Morgan.

[27] Bergmann (1930) bezeichnet es als in der Wissenschaft selbstverständliche Tatsache, dass es sich um politische Verhandlungen handelte.

[28] Schacht. *Das Ende der Reparationen.* 53 f. Schacht weist hier darauf hin, dass sich der britische Finanzminister, Lord Snowden, am 16. April 1930 im Unterhaus entsprechend geäußert hätte.

[29] Doris Pfleiderer. *Deutschland und der Youngplan. Die Rolle der Reichsregierung, Reichsbank und Wirtschaft bei der Entstehung des Youngplans.* (Stuttgart 2002). Das Zahlenmaterial stammt aus diesem Buch. Es handelt sich hierbei um eine sachliche Darstellung der Entwicklung.

Verhandlungen teil. Die anderen Teilnehmer wussten, wem sie Tribut zu zollen hatten und wie dadurch das Ergebnis bestimmt wurde. Deutschland erwartete deshalb von den Amerikanern Unterstützung für eine pragmatische Vorgehensweise.

Am 11. Februar folgte die erste Arbeitsbesprechung. Gastgeber Emile Moreau, der Präsident der Banque de France, hielt eine Ansprache und machte den Zuhörern die Wünsche Frankreichs deutlich. Wieder wurde die Position von Poincaré präsentiert. Schacht und Melchior würden in ihren Stellungnahmen am 11. und 12. Februar dann den bekannten deutschen Standpunkt vortragen. Eine Woche später trat zutage, worum es eigentlich ging.

Am 19. Februar erwähnte Sir Josiah Stamp in der Kommissionssitzung, die Alliierten gingen davon aus, dass die deutsche Regierung mit einem jährlichen Betrag von etwa 2 bis 2,5 Milliarden Reichsmark durchaus einverstanden wäre. J.P. Morgan fügte hinzu, dass die deutsche Delegation dies doch auch wisse. Es schien so, als bestünde die Absprache nicht, zunächst über Deutschlands Möglichkeiten zu sprechen, und als hätte es gar keine Stellungnahmen seitens Schacht und Melchior gegeben. Die Vertreter der Alliierten wollten auf die Frage der Reparationszahlungen inhaltlich nicht eingehen. Auf ihrer Tagesordnung standen das Geld und die Bedingungen, unter denen es eingezogen werden sollte.[30]

Schacht schrieb noch am gleichen Tag einen Brief an Reichskanzler Müller mit dem Ersuchen um Klärung und

---

[30] Tagebücher von Bruins. In der Tagebucheintragung vom 4 März 1929 berichtet Bruins von einem Gespräch mit Gilbert, in dem dieser ihm erzählte, dass Schacht wieder lange Vorträge über die deutsche Wirtschaft gehalten hätte und über Beträge nicht sprechen wollte. Die Vertreter der Alliierten verfolgten die Taktik, ihn ganz ausreden zu lassen, um anschließend dennoch das Thema Beträge anzusprechen. Im gleichen Tagebucheintrag vermerkt Bruins, er habe von Sir Josiah Stamp gehört, dass Schacht einen Betrag von 0,8 Milliarden genannt hätte, während Stamp zu wissen meinte, dass die deutsche Regierung durchaus darüber hinaus gehen wolle. Das hätte er von Parker Gilbert.

4 Außenpolitik, Handel, Geld und Kapital

der Bitte um ein Dementi in Richtung der Alliierten. Das Dementi erhielt die Delegation umgehend. Die Reichsregierung habe keine Beträge genannt und wolle dies der Kommission mitteilen.[31] Waren die Bemerkungen von Morgan und Stamp aus der Luft gegriffen? Oder handelte es sich um ein Täuschungsmanöver? Überraschen konnte es jedenfalls nicht. Schacht wusste schon seit einiger Zeit, dass Gilbert Beamte in Berlin über diesen Betrag informiert hatte – ohne offizielle Zustimmung übrigens. Er hatte ja nicht umsonst mit dem Reichskanzler einen Briefwechsel geführt.

Die deutsche Delegation wurde jetzt unter Druck gesetzt. Der Vorsitzende Owen Young sowie die amerikanischen Delegationsmitglieder Morgan und Lamont wollten einmal vertraulich mit der deutschen Delegation sprechen, ob es nicht doch möglich sei, einen Betrag zu nennen. Ansonsten drohten die Gespräche festzufahren. Schacht wies das zurück und erklärte, dass zunächst einmal die finanzwirtschaftlichen Möglichkeiten Deutschlands zu prüfen seien. Die amerikanischen Unterhändler fragten daraufhin, unter welchen Bedingungen denn dann über Beträge geredet werden könnte. Schacht wiederholte die deutschen Argumente. Nach einigem Drängen erklärte Schacht, dass es nach derzeitigem Stand der Dinge auf keinen Fall mehr als 800 Millionen Reichsmark jährlich sein könnten, und selbst dann müsste die Reichsbank vollständige Transferfreiheit besitzen. Die Unterhändler klagten, dass die Verhandlungen bei einer solchen Position nie erfolgreich zu Ende geführt werden könnten.

Was trieb die amerikanischen Bankiers um? Sie selbst und ihre Kollegen von der Wall Street machten sich durchaus Sorgen um die Bonität der deutschen Regierung und

---

[31] Schacht (1931, S. 59–64). Akten der Reichskanzlei. Das Kabinett Müller II. Band 1. Dokumente Nr. 130. *Reichsbankpräsidenten an den Reichskanzler. 19. Februar 1929.*

die Fähigkeit der Reichsbank, relevante Beträge in harten Devisen ins Ausland zu überweisen. Sie wussten, dass die Reichsbank mit einem dauerhaften Leistungsbilanzdefizit zu kämpfen hatte und mit ihrer Reserveposition auf den Import ausländischer Kredite angewiesen war. Die Wall Street war der große Kreditgeber. Die amerikanische Delegation war nicht zufällig nach Paris gekommen, um sich an den Aufgaben der Kommission zu beteiligen.

Nach diesem Gespräch wussten die Amerikaner, dass die Deutschen dies sehr gut verstanden. Geheimrat Kastl, stellvertretendes Mitglied der deutschen Delegation, erstattete am 1. März 1929 diesbezüglich verschiedenen Ministern Bericht und informierte sie auch über die Beträge, die von den einzelnen Delegationen genannt worden waren.[32]

So strebte Moreau eine Annuität von 3 bis 3,5 Milliarden Reichsmark an, womit die 2,5 Milliarden, die Poincaré genannt hatte und mit denen Parker Gilbert liebäugelte, deutlich überschritten wurden. Er ging von den Beträgen aus, die Deutschland nach dem Londoner Abkommen von 1921 auferlegt worden waren und nicht realisiert wurden. Die Absicherung des Baranteils würde mit einer Obligation an den ausländischen Kapitalmärkten erfolgen. Er fügte an, dass Deutschland eine solche Obligation ohne Weiteres auf dem französischen Kapitalmarkt begeben könnte. Die deutsche Delegation wusste nur zu gut, dass es sich dabei um einen Bluff handelte. Die Kreditwürdigkeit der Reichsregierung und die Entwicklung der Reserven der Reichsbank waren nicht geeignet, Gläubiger im Rahmen einer deutschen Staatsanleihe zur Zeichnung derartiger Beträge zu verleiten. Die Wall Street war überzeugt, dass sich Deutschland angesichts der geldpolitischen und finanzwirtschaftlichen Möglichkeiten jährlich für höchstens eine Milliarde Reichsmark

---

[32] Akten der Reichskanzlei. Das Kabinett Müller II. Band 1. Dokumente Nr. 139. *Bericht Geheimrat Kastl über die Sachverständigenkonferenz. 1. März 1929.*

Geld auf dem Kapitalmarkt würde leihen können. Hier hatten die bereits bestehenden Schulden großes Gewicht. Die britische Delegation schlug eine Annuität von 1,8 bis 2 Milliarden Reichsmark vor. Die deutsche Delegation ihrerseits schlug die bekannten 0,8 Milliarden vor.

Albert Vögler, Mitglied der deutschen Delegation, ging darauf ein. Er zeigte die Unterschiede auf zwischen den einzelnen Beteiligten, und zwar anhand der Berechnung eines hypothetischen Barwerts unter Verwendung eines Zinssatzes von 4,5 Prozent. In den Verhandlungen wurden verschiedene Laufzeiten genannt. Am häufigsten wurden 37 Jahre für die Reparationszahlungen und 21 Jahre für die interalliierten Kriegsschulden bzw. 37 Jahre mit einer entsprechend höheren Gesamtsumme genannt. Wenn die erwähnten Annuitäten jeweils für die gesamte Laufzeit vorgesehen waren und der Effektivzinssatz 4,5 Prozent betrug, ergab sich aus diesen Zahlen jeweils der Barwert des Gesamtbetrags. Wie Vögler die Summen damals errechnet hatte, ließ sich anhand der hier eingesehenen Literatur und Dokumentation nicht nachvollziehen.[33] Die französischen Wünsche ergaben laut Vögler 72 Milliarden Reichsmark, die britischen 48 Milliarden und die deutschen Wünsche 24,5 Milliarden Reichsmark. Young unterbreitete nun einen Kompromissvorschlag. Dieser würde anhand der Berechnung von Vögler auf 39 Milliarden Reichsmark hinauslaufen.

Die Belgier waren ebenso wie die Franzosen der Auffassung, dass die Finanzierung von deutscher Seite mit Begebung einer Obligation abzusichern wäre, die zusätzlich noch mit Sicherheiten ausgestattet sein müsste. Das würde die Chance einer vollständigen Zeichnung der Obligation erhöhen. Sowohl für die Franzosen als auch für die Belgier lief es darauf hinaus, dass sie ihr Geld bekamen und sich

---

[33] Pfleiderer (2002). Darin ist ein detaillierte Beschreibung der Vorschläge enthalten, die bei den Young-Verhandlungen unterbreitet wurden. Auch hier ist nicht ersichtlich, wie die Berechnung von Vögler erfolgte.

Deutschland verschuldete. Das Zahlungsrisiko wurde auf die Reichsregierung und die privaten Gläubiger abgewälzt. Dieser Ansatz überraschte allerdings nicht. Frankreich hatte ihn, wie wir wissen, bereits früher vorgeschlagen. Es hatte zur Folge, dass man für die mit einer solchen Finanzierung geleisteten Reparationszahlungen keine Aussetzungsklauseln benötigte, die die alliierten Regierungen treffen würden.

Die Frage eines Zahlungsmoratoriums hatte schon bei der Vorbereitung der Kommission eine große Rolle gespielt. Darauf hatte Gilbert in seinen Berichten an die Alliierten bereits hingewiesen. Auch bei den Beratungen in Thoiry war dies im französischen Obligationsvorschlag enthalten. Die Frage stellte sich in diesen Verhandlungen erneut. Auch das erwähnte Kastl in seinem Bericht. Die Alliierten suchten nach einer Lösung, bei der der größte Teil der Annuität keiner Aussetzungsklausel unterliegen würde. Für die Sachleistungen sollte eine solche Klausel ohnehin nicht gelten. Würde man nun auch bei den Barzahlungen eine solche Klausel ausschließen und diese Zahlungen am besten handelsüblich finanzieren, könnten die Alliierten zufrieden sein. Selbstverständlich war die deutsche Position damit absolut unvereinbar.

Auf der Suche nach einem Kompromiss wurden diese Komponenten bei den Verhandlungen ständig hin- und hergeschoben. Hier schienen sich die europäischen Alliierten immer wieder in einer geschlossenen Front gegen Deutschland zu formieren, während die Amerikaner eine Vermittlerrolle übernahmen. Der Einfluss der Wall Street war spürbar. Und das konnte angesichts der Zusammensetzung der amerikanischen Delegation schließlich auch nicht verwundern.[34] Ungeachtet aller Verhandlungsbewe-

---

[34] Akten der Reichskanzlei. Das Kabinett Müller II. Band 1 und 2. Dokumente Nr. 152. *Bericht des Reichsbankpräsidenten über die Pariser Sachverständigenkonferenz. 12. März 1929.* Nr. 160. *Bericht der beiden deutschen Hauptdelegierten über die Pariser Sachverständigenkonferenz. 22. März 1929.* Nr. 164. *Bericht der beiden*

gungen war es einerseits die unverrückbare Position von Moreau und andererseits die ebenso unnachgiebige Position von Schacht, die keinen Spielraum für eine Übereinkunft boten. Wie sich zeigte, fungierte Parker Gilbert auch jetzt wieder – zuungunsten der Deutschen – als Störenfried, indem er ständig betonte, dass eine Übereinkunft nur mit einer Annuität von 2 bis 2,5 Milliarden möglich wäre. Während Schacht nach einer Formel suchte, die er finanzwirtschaftlich und geldpolitisch für vertretbar hielt, hatte Moreau einen anderen Ansatz. Ihm ging es um Kriegsschäden, Kriegsschulden und im Hintergrund um Frankreichs Stellung innerhalb Europas gegenüber einem Deutschland, das bestrebt war, politisch und wirtschaftlich wieder mitzumischen.[35]

Die Bank für Internationalen Zahlungsausgleich (BIZ)

Schacht unternahm einen Versuch, die festgefahrenen Gespräche wieder in Gang zu bringen, indem er die Gründung einer eigenen Bank vorschlug, die die gegenseitigen Forderungen und Schulden abwickeln sollte. Hier sollten laut seinem Vorschlag auch die Kriegsschulden einbezogen werden. Die Kriegsschulden sowie die Verpflichtungen aufgrund der Reparationszahlungen würden in der Bilanz als Aktiva erscheinen. Dem standen als Passiva die Kriegsforderungen gemeinsam mit dem Eigenkapital gegenüber. Die Bank würde sich um die Einziehung der Gelder aus den Aktiva zur Begleichung der Forderungen auf der Passivaseite kümmern. Die Zentralbanken – und für die Vereinigten

---

deutschen stellvertretenden Delegierten über die Pariser Sachverständigenkonferenz. 29. März 1929.
[35] Akten der Reichskanzlei. Das Kabinett Müller II. Band 2. Dokumente Nr. 164.

Staaten eine Bankengruppe – würden das Eigenkapital bereitstellen. Die Regierung der Vereinigten Staaten müsste lediglich ihre Kriegsforderungen einbringen und wären auf diese Weise Kreditgeber der Bank. Schacht strebte eine amerikanische Beteiligung an der Bank an, da die Vereinigten Staaten für die europäischen Schuldnerstaaten Gläubigerland Nummer eins waren. Die amerikanischen Banken hatten zudem gewichtige geschäftliche Interessen und verfügten über die Mittel, um Kompromisse zu ermöglichen. Allein das war Grund genug, sie an der Bank zu beteiligen.

Schacht stellte sich eine Bank vor, die mehr als nur eine Einrichtung zur Begleichung von Schulden war. Sein Problem waren nach wie vor das deutsche Leistungsbilanzdefizit sowie die steigenden Auslandsschulden. Schacht wollte einen Überschuss in der Handelsbilanz, geringere Transferausgaben (Reparationszahlungen), mehr Eigenkapital aufbauen und damit eine geringere Abhängigkeit von ausländischen Krediten. Die Bank sollte ihm dazu dienen, diese Ziele zu erreichen. Ihm war klar, dass die anderen Länder nicht gewillt waren, ihre Märkte für Industrieprodukte aus Deutschland stärker zu öffnen. Der Zugang zur Rohstoffgewinnung außerhalb des deutschen Reichs mit Eigenkapital, Know-how und einer Zahlungsvereinbarung unter Verwendung der eigenen Währung würde eine Importrechnung, die mit Devisen bezahlt werden müsste, vermeiden. Deutschland hatte keine solche Möglichkeit – im Gegensatz zu den meisten Alliierten mit ihren Kolonien, Mandatsgebieten und wirtschaftlichen Einflussbereichen.

Schacht war überzeugt davon, dass es für beide Seiten von Vorteil wäre, wenn die Alliierten und Deutschland in gleicher Weise in die Rohstoffgewinnung investieren könnten. Die Rohstoffversorgung würde für alle – und damit auch für Deutschland – geregelt, was gleichzeitig mit dem entsprechenden Export der dafür benötigten Investitionsgüter einherging. Die Finanzierung der Investitionen konnte über die

4 Außenpolitik, Handel, Geld und Kapital

von Schacht vorgeschlagene Bank erfolgen. Seine Idee bestand darin, mithilfe der Bank auf dem Kapitalmarkt Mittel einzuwerben und die auf diese Weise angehäuften Passiva zur Kreditvergabe für Investitionen in die Rohstoffgewinnung einzusetzen. Das hieß, dass auch der amerikanische Kapitalmarkt einbezogen würde und die amerikanischen Forderungen gegenüber der Bank steigen würden. Nicht umsonst hatte Schacht im Prinzip die Bereitschaft eines amerikanischen Bankenkonsortiums erreicht, sich an der Bank zu beteiligen. Diese Konstellation könnte den deutschen Export von Investitionsgütern stimulieren. Die geförderten Rohstoffe könnten in den beteiligten Ländern abgesetzt werden, die dank zunehmendem Export eine stärkere Nachfrage nach Rohstoffen verzeichnen würden. Die Devisenbilanz würde sich verbessern. Außerdem ließe sich diese Bilanz durch verstärkten Export in Länder, die auf Import beschränkende Maßnahmen zunehmend verzichten konnten, weiter stärken. Denn ihre Absatzchancen stiegen. Die Schuldner der Bank hätten schließlich einen Überschuss in der Leistungsbilanz zu verzeichnen und könnten ihren Verpflichtungen gegenüber der Bank nachkommen. Und darum ging es am Ende. Schacht gab offen zu, dass der ganze Plan nur dann funktionieren konnte, wenn der Welthandel unter dem Strich zunahm und die Gläubiger der Bank mitarbeiteten. Was die Gläubiger betraf, ging Schacht davon aus, dass ihre Chancen auf Durchsetzung der eigenen Ansprüche dank dieses Plans steigen würden. Schacht wies gleichzeitig darauf hin, dass die Länder, die Rohstoffe lieferten, durch diesen Plan in die Lage versetzt würden, die eigene Wirtschaftsstruktur stärker zu diversifizieren. Dazu trug auch der Import von Know-how bei, der mit den ausländischen Investitionen einherging. Dieser Prozess war in seinen Augen der Motor schlechthin für Wirtschaftswachstum in der Welt. Mit der Entwicklung neuer Märkte und der Förderung technologischer Innovationen durch Verbreitung von Know-how würde die Weltwirtschaft wachsen. Seine Bank würde dafür sorgen, dass die benötigte Liquidität bereitgestellt wird, um dies zu ermöglichen.[36]

Die Alliierten könnten die Sache beaufsichtigen und damit gewährleisten, dass alles vereinbarungsgemäß ablief. Die Finanztransaktionen erfolgten über die Bank; hier waren alle beteiligten Parteien vertreten, darunter auch die Vereinigten Staaten. Ganz zweifellos zählte Schacht dabei auf den Überschuss der Vereinigten Staaten. Diese waren selbst daran interessiert, aus ihrem Überschuss beim Kapitalexport Profit zu schlagen. Schacht ging davon aus, dass sich durch seinen Vorschlag die mit den Überschüssen verbundenen Risiken für die Amerikaner drastisch reduzieren würden.

Denn gelang das Vorhaben, würde sich das festgefahrene Überschuss-Defizit-Verhältnis verringern. Die Gläubiger kämen zu ihrem Recht und wären nicht mehr mit einem anhaltenden Debitorenrisiko konfrontiert. Sowohl die Defizit- als auch die Überschussstaaten hätten so die Möglichkeit, ausgewogenere Zahlungsverhältnisse herzustellen.[37]

Es gab aber auch Kritik an seinem Vorschlag. Bruins befürchtete eine inflationäre Geldschöpfung durch die Bank, wenn sich das von Schacht postulierte Bilanzgleichgewicht nicht einstellte.[38] Diese Kritik ging davon aus, dass die Gläubigerstaaten Liquidität mit unzureichender Rückzahlung bereitstellten. Und die Schuldnerstaaten kämen nicht aus ihrer Defizitposition. Die Liquidität hatte international inzwischen allerdings zugenommen. Schacht war überzeugt, diese Kritik mit dem Argument parieren zu können, dass bestimmte Risiken mit einer sachkundigen Führung der Bank rechtzeitig erkannt und vermieden werden könn-

---

[36] Schacht (1966, S. 233 f.).
[37] Schacht (1929, S. 13 f., 1966, S. 232–233).
[38] Tagebuch vom 19. März 1929. Später war Bruins optimistischer. Tagebuch vom 27. Januar 1930.

ten. Er hielt seinen Vorschlag im Kern für solide und derartige Risiken für beherrschbar.[39]

Owen Young war begeistert. Auf Ersuchen von Schacht legte Young den Vorschlag am 12. März 1929 vor. Die Kommission übertrug ihn dann an eine eigene Arbeitsgruppe. Auch nach Abschluss der Pariser Verhandlungen beschäftigte sich diese Arbeitsgruppe weiterhin mit dem Vorschlag. Die Bank erhielt den Namen Bank for International Settlements (BIS)/Bank für Internationalen Zahlungsausgleich (BIZ) und stand damit auf der Tagesordnung der abschließenden Regierungsberatungen.

Die Verhandlungen in Paris zogen sich hin

In Paris gingen die Reibereien über die Reparationszahlungen weiter.[40] Young unterbreitete am 28. März 1929 einen Kompromissvorschlag, der sowohl von Deutschland als auch von Frankreich zurückgewiesen wurde. Beiden war er zu mager. Deutschland sollte zu umfangreiche Verpflichtungen übernehmen, und Frankreich brachte der Vorschlag nicht genügend Sicherheit, dass die vereinbarten Annuitäten auch tatsächlich bezahlt würden.[41] Young ersuchte die deutsche Delegation um einen Gegenvorschlag. Dieser wurde am 17. April in Form eines ausführlichen Memorandums vorgelegt.[42]

---

[39] Schacht (1931, S. 205–209) zur Konzeption der BIS. Die Strategie beschreibt er auf den Seiten 213–216 sowie 229–237.

[40] Vogt (1970, S. 200 f.), Schacht (1929, S. 7 f.).

[41] Akten der Reichskanzlei. Das Kabinett Müller II, Band 1. Dokumente Nr. 164. *Bericht der beiden deutschen stellvertretenden Delegierten über die Pariser Sachverständigenkonferenz. 29. März 1929.* Schacht (1931, S. 66).

[42] Schacht (1931, S. 67–76). Mit dem vollständigen Text. Schacht (1929, S. 8 ff.).

Das deutsche Memorandum eröffnete mit einer wirtschaftlichen Argumentation. Dabei griff man auf die Ausgangspunkte zurück, die der amerikanische Finanzminister Mellon seinerzeit bei der Abwicklung der interalliierten Kriegsschulden anführte. Er bot den anderen Alliierten die Möglichkeit, Zahlungen anzupassen, wenn die jeweilige Wohlstandsentwicklung dies notwendig machte. Mit diesem Ausgangspunkt ging das deutsche Memorandum auf die wirtschaftlichen und monetären Möglichkeiten zur Umsetzung der Reparationszahlungen ein. Auch im Dawes-Abkommen war man davon ausgegangen. Denn darauf beruhten die Aussetzungsklauseln. Das anhaltende Leistungsbilanzdefizit mit der umfangreichen Position der Reparationszahlungen sowie die steigenden Auslandsschulden zeigten, dass weder Mellons Ausgangspunkt noch das Dawes-Abkommen respektiert wurden. Deutschland kam den auferlegten Verpflichtungen dank steigender Auslandsschulden nach. Es war jetzt an der Zeit, diesen Konstruktionsfehler im Rahmen einer neuen Regelung zu beseitigen. Die deutsche Delegation schlug eine Annuität in Höhe von 1,65 Milliarden Reichsmark mit einer Laufzeit von 37 Jahren vor. Für diese Annuität wurden zwei Optionen vorgeschlagen.

Die erste Option sah in begrenztem Umfang Möglichkeiten zur Aussetzung von Zahlungen vor. Diese Option war aber nur realistisch, wenn eine Reihe von Voraussetzungen erfüllt waren. So musste die eigene Landwirtschaftsproduktion mit dem Ziel gesteigert werden, Importe zu ersetzen. Dazu war es wünschenswert, den Anschluss des landwirtschaftlichen Ostpreußens an das deutsche Kerngebiet wiederherzustellen. Hier ging es also um den Polnischen Korridor. Außerdem sollten die Alliierten den Zugang deutscher Industrieprodukte zu ihren Märkten erleichtern. Das würde den Export steigern und wäre damit eine Voraussetzung für eine verbesserte Leistungsbilanz, die wiederum

Zahlungen an die Alliierten ermöglichte. Schachts Vorstellungen zufolge müsste auch der BIZ-Vorschlag umgesetzt werden. Mit all diesen Maßnahmen bestand Aussicht auf eine verbesserte Leistungsbilanz, und die Abhängigkeit von ausländischem Kapital würde zurückgehen.

Die Alternative sah die gleiche Annuität mit großzügigen Möglichkeiten zur Aussetzung der Devisenzahlungen vor sowie ein Moratorium für den Fall, dass die verlangte Summe gar nicht aufgebracht werden könnte. Hier sollte auch eine Regelung enthalten sein, die eine Überprüfung der Reparationszahlungen ermöglichte. Der Vorschlag erntete von Seiten der Alliierten sofort heftige Kritik. Sie empfanden die Bedingungen für die erste Option als derart politisch, dass Gespräche darüber undenkbar waren. Die Alternative dagegen enthielt zu viele Möglichkeiten, Zahlungen zu umgehen, und berücksichtigte zudem nicht die Forderung der Alliierten, dass Deutschland sowohl für die Kriegsschäden als auch für die Kriegsschulden aufzukommen hätte. Das Problem wurde an eine Unterkommission unter dem Vorsitzenden Lord Revelstoke verwiesen. Eine Formel für einen Kompromiss fand man aber offenbar nicht. Dazu lagen die Standpunkte zu weit auseinander.

Am 19. April 1929 trat das Kabinett auf Ersuchen von Finanzminister Hilferding zu einer Dringlichkeitssitzung zusammen. Müsste die Delegation nicht Anweisungen erhalten, um ein Scheitern der Pariser Verhandlungen zu verhindern? Müssten Schacht und seine Mitstreiter nicht den Auftrag erhalten, bei ihren Positionen die sogenannten politischen Fragen auszuklammern? Würde sich die Differenz zwischen dem letzten Young-Vorschlag mit einer Annuität von gut 2,3 Milliarden Reichsmark und den 1,65 Milliarden Reichsmark aus dem Memorandum nicht überbrücken lassen? Musste die Delegation den Auftrag erhalten, den gesamten Komplex der Reparationszahlungen an die Regierungsberatungen zu übertragen? Man dachte an ein Provisorium. Für einen begrenzten Zeitraum würden verbindliche Verpflichtungen gelten. Am Ende dieses Zeitraums könnte geprüft werden, wie die Regelung anschließend aussehen sollte. Um Zeit für eine Lösung zu gewinnen, entschied man sich nach langem Hin und Her dafür, Owen Young um eine Verschiebung der Kommissionssitzung zu ersuchen. Der Pariser Botschafter von Hoesch sollte sowohl Briand als auch die eigene Delegation über diesen Beschluss informieren und gleichzeitig mitteilen, dass die deutsche Regierung weiterhin die Auffassung vertrete, dass ein Kompromiss wünschenswert sei.[43] Unter Zustimmung aller Delegationen entschied sich Young daraufhin für eine Vertagung der Kommissionssitzung.

Bereits am 21. April befanden sich Schacht und Delegationsmitglied Vögler zu Beratungen mit dem Kabinett in Berlin.[44] Beide erstatteten umfassend Bericht. Schacht unterstrich, dass die Erwähnung der Landwirtschaft einschließlich der Verbindung zwischen Ostpreußen mit dem deutschen Kerngebiet, des Exports und der Rohstoffversorgung mittels BIZ-Konzept als Bedingungen für die Zustimmung zu einem Vorschlag ohne Aussetzungsklauseln eine Politik schlüssig ergänzte, mit der eine verbesserte Leistungs- und Kapitalbilanz angestrebt wurde. Sollten die Alliierten etwas dagegen haben, verbliebe immer noch die zweite Option. Wenn die erste Option als Versuch interpretiert werde, die Zahlungsverpflichtungen im Rahmen der Reparationen an politische Bedingungen zu knüpfen, zeuge das von bösem Willen gegenüber dem deutschen Angebot. Es habe Alibifunktion gehabt, die erste Option zurückzuweisen und dann bezüglich der zweiten Option über

---

[43] Akten der Reichskanzlei. Das Kabinett Müller II. Band 1. Dokumente Nr. 174. *Kabinettssitzung vom 19. April 1929. Besprechung über Reparationsfragen.*

[44] Akten der Reichskanzlei. Das Kabinett Müller II. Band 1. Dokumente Nr. 177. *Kabinettssitzung vom 21. April 1929. Die reparationspolitische Lage.*

4 Außenpolitik, Handel, Geld und Kapital

Art und Umfang der Aussetzungs- und Überprüfungsklauseln zu streiten. Schließlich blieben noch die unterschiedlichen Auffassungen bezüglich der Höhe der Annuitäten und ihrer Geltungszeit. Schacht und Vögler waren überzeugt davon, dass das Kabinett inhaltlich keine Einwände gegen die Erwähnung der Bedingungen zur ersten Option haben könnte. Was die Bereitschaft der Alliierten betraf, sich zu bewegen, waren sie ernüchtert. Dagegen lobten sie Owen Young, der vergeblich versucht hatte, Washington zu einer Senkung von dessen Forderungen gegenüber den europäischen Alliierten zu veranlassen. Ein entsprechender Schritt hätte den Alliierten immerhin Spielraum gegeben, ihre Ansprüche zurückzuschrauben.

Das Verhandlungsklima hatte sich verschlechtert, nachdem die inhaltlichen Eckpunkte des deutschen Memorandums an die Öffentlichkeit gelangt waren. Die sogenannten politischen Bedingungen wurden sowohl in der französischen wie auch in der linksgerichteten deutschen Presse breit ausgewalzt und als Fehltritt beschrieben, der zum Scheitern der Verhandlungen führen könnte. Selbst im Reichstag wurde die Delegation von der SPD kritisiert.

Im Kabinett philosophierte man derweil erneut über Vereinbarungen unter Vorbehalt. Damit ging man auf die Vorstellungen von Owen Young ein, die in eine ähnliche Richtung gingen. Young schlug eine Annuität von 2,3 Milliarden Reichsmark für die ersten zehn bis fünfzehn Jahre ohne Aussetzungsklausel vor. Anschließend würde man sehen, welche Regelungen man dann treffen könnte. Schacht wies diesen Vorschlag vehement zurück. Das wäre noch schlechter als die Weiterführung des Dawes-Abkommens.

Schließlich gelangten das Kabinett und die beiden Delegationsmitglieder zu einer Art Modus Vivendi. Die Delegation sollte die Unterbrechung nutzen, um in bilateralen Gesprächen einen Ausweg zu finden. Sollte die Delegation zu dem Schluss kommen, dass weitere Verhandlungen keinen

Sinn hätten, sei zunächst Rücksprache mit dem Kabinett zu halten, bevor die Delegation ihren Standpunkt formulierte. Die Möglichkeit, den ganzen Komplex im Rahmen von Regierungsberatungen zu erörtern, erschien dem Kabinett jedoch als zu riskant. Zudem war die Frage, ob die Alliierten dazu überhaupt bereit wären, wenn Deutschland die Verhandlungen abgebrochen hätte.

Am 22. April 1929 waren Schacht und Vögler wieder zurück in Paris. Das französische Delegationsmitglied Quesnay wollte mit Schacht über einen eventuellen Kompromiss sprechen. Er schlug vor, innerhalb von 37 Jahren ausschließlich die Reparationszahlungen abzuwickeln. Dabei würden für den französischen Anteil keine Aussetzungsklauseln gelten. Dann würden 21 Jahre lang deutsche Zahlungen folgen, mit denen die Alliierten ihre interalliierten Kriegsschulden begleichen könnten. Für diese Zahlungen dagegen würde dann eine Aussetzungsklausel gelten. Am 23. April sollten die Gespräche fortgesetzt werden. Moreau kam hinzu und suchte sogleich Streit. Er warf Schacht vor, die Verhandlungen auf verschiedenste Weise zu behindern. Dabei verwies er auf die Pyrmont-Rede, die Schacht vor Beginn der Verhandlungen gehalten hatte und die dessen fehlende Bereitschaft belege, überhaupt zu bezahlen. Außerdem wären da Schachts Pariser Kontakte zur Opposition gegen Poincaré. Moreau nannte Vincent Auriol sowie Daladier. Schacht behindere die Verhandlungen bewusst, indem er Probleme aufwerfe, die nichts zur Sache täten. Als Beispiel führte er die Rückgabe von Eupen-Malemedy sowie den Streit mit Belgien über den Wechselkurs des belgischen Franc zur Mark an, der auf deutscher Seite während des Kriegs galt. Das Auftreten Schachts lief laut Moreau auf eine Blockade hinaus. Es war für Schacht ein Leichtes, diese Kritik zu entkräften, woraufhin Moreau beleidigt den Raum verließ – und das Gespräch beendet war. Unter Mitwirkung von Gilbert verschärfte sich der Konflikt am 24. April noch einmal.

An diesem Tag trat unter seinem Vorsitz das alliierte Transferkomitee zusammen. Nach der Sitzung veröffentlichte er eine Pressemitteilung mit dem Tenor, dass die Zinspolitik der Reichsbank für die Devisenknappheit Deutschlands verantwortlich wäre. Die Reichsbank steuere bewusst auf die Notwendigkeit einer Aussetzung der Zahlungen zu.

Die französische Nachrichtenagentur Havas brachte diese Nachricht an prominenter Stelle. Die Banque de France reagierte sofort durch Erhöhung des Diskontsatzes für Wechsel mit Akzept einer deutschen Bank. Auch der Markt für kurzfristiges Kapital reagierte. Die Gläubiger zogen kurzfristige Kredite in Höhe von 320 Millionen Reichsmark aus Deutschland ab. Die Reichsbank machte in einer Stellungnahme deutlich, dass man den Verpflichtungen gegenüber dem Ausland nachkommen werde. Die ausländischen Zentralbanken folgten dem französischen Beispiel nicht. Die Londoner City und der Finanzplatz Amsterdam, die bei Wechselkrediten eine Hauptrolle spielten, behandelten Wechsel mit Akzept einer deutschen Bank weiterhin ganz normal.[45] Das Manöver von Moreau misslang, und die Banque de France musste sich zurückziehen.[46] Was allerdings Gilbert betraf, war die Sache noch nicht ausgestanden. Schacht sprach ihn darauf an und beschwerte sich bei Owen Young. Daraufhin musste Gilbert mit einer neuen Pressemitteilung die vorangegangene Mitteilung widerrufen. Die gesamte Angelegenheit brachte Schacht am 29. April in einer Kabinettssitzung zur Sprache. Dabei setzte er seine Angriffe gegen Gilbert fort, indem er dessen Rolle noch einmal ausführlich erläuterte. In diesem Gespräch wurde auch deutlich, wie es sich mit der Unterredung verhielt, die Gustav Stresemann mit Gilbert im November 1928 geführt hatte. Zu jener Zeit hatte Schacht Wind da-

---

[45] Jeroen Euwe (2008) sowie Christoph Kreutzmüller (2005, S. 31–42).
[46] Schacht (1929, S. 10).

von bekommen, dass Gilbert Berliner Beamtenkreise zu überzeugen suchte, dass die Annuität durchaus im Bereich von 2 Milliarden Reichsmark liegen müsste, und bei den Alliierten den Eindruck erweckte, dafür gäbe es auch Unterstützung. Stresemann erläuterte den Inhalt seines damaligen Gesprächs mit Gilbert. Es war tatsächlich um die Höhe der Annuität gegangen. Die 2 Milliarden von Gilbert hatte er ohne zu zögern zurückgewiesen. Allerdings hatte er versuchsweise einen Betrag von 1,5 Milliarden genannt, aber ausdrücklich hinzugefügt, dass dies kein offizieller Standpunkt sei.

Schacht berichtete dann, dass Owen Young nicht untätig gewesen sei. Sir Josiah Stamp sollte einen Vertragsentwurf vorlegen, dessen erste Fassung im Übrigen auf Einwände Deutschlands stieß, weil sie eine zu hohe Annuität vorsah und die deutschen Wünsche bezüglich Aussetzungsklauseln und maximaler Laufzeit nicht hinreichend berücksichtigte.[47]

Young unterbreitete jetzt einen neuen Vorschlag, von dem er meinte, dass die Alliierten ihm durchaus zustimmen würden. In den ersten 21 Jahren würde die Annuität von 1,65 Milliarden auf 2,364 Milliarden Reichsmark anwachsen. In den anschließenden Jahren 21 bis 37 ginge die Annuität dann auf 1,5119 Milliarden zurück und anschließend bis zum 58. Jahr auf 0,850 Milliarden Reichsmark. Der Vorschlag enthielt eine Aussetzungsklausel, die im ersten Jahr 0,925 Milliarden umfasste und anschließend im Verhältnis zum Gesamtbetrag steigen sollte. Die Sachleistungen wurden in den ersten zehn Jahren auf einen Wert von 0,3 Milliarden Reichsmark verringert. Am 1. und 2. Mai hielt Schacht diesbezüglich Rücksprache mit dem

---

[47] Akten der Reichskanzlei. Das Kabinett Müller II. Band 1. Dokumente Nr. 185. *Besprechung über reparationspolitische Angelegenheiten. 29. April 1929.* Vogt (1970, S. 232–233).

4 Außenpolitik, Handel, Geld und Kapital

Kabinett und erklärte nach einer Erläuterung, dass er mit diesem Vorschlag nicht leben könnte. Er wich zu stark vom Memorandum ab, das er als äußerstes Zugeständnis empfand, zu dem er bereit wäre.

Die Delegation und er selbst hatten den politischen Interessen gleichwohl hohes Gewicht beigemessen. Man würde also weiterverhandeln. Gleichzeitig teilte er mit, dass Vögler, dem diese Haltung zu nachgiebig erschien, aus den Verhandlungen aussteigen wolle. Mit dem eigenen Memorandum war das Maximum erreicht, das sich finanzwirtschaftlich noch rechtfertigen ließ. Das Kabinett wollte die Einheit im Kabinett, innerhalb der Delegation sowie zwischen Kabinett und Delegation. Es musste sich bereits genügend Kritik im Reichstag und in der Öffentlichkeit anhören. Bei Nachgiebigkeit in diesen Verhandlungen würde man in der rechten Opposition und in der Wirtschaft nicht mit großem Verständnis rechnen können. Schacht wollte die Verhandlungen noch nicht abbrechen, machte aber deutlich, dass es auch für ihn Grenzen gab, die er nicht überschreiten würde. Wenn das Kabinett anderer Meinung wäre, als er für vertretbar hielt, würde er sich dem als guter Demokrat fügen. Allerdings behielt er sich in diesem Fall das Recht vor, als Leiter der Delegation zurückzutreten. Kabinettsmitglieder fragten ihn, ob sich die amerikanische Regierung nicht dazu bewegen lassen würde, sich mit den Kriegsschulden zu befassen. Schacht gab sich diesbezüglich wenig hoffnungsvoll. Er kehrte nach Paris zurück, um herauszufinden, ob sich am Young-Vorschlag noch etwas ändern ließe.[48]

Am 4. Mai erstattete er dem Kabinett Bericht: Die amerikanische Delegation könne ihm mitteilen, dass die Aufnahme einer Überprüfungsklausel bezüglich der Regelung

---

[48] Akten der Reichskanzlei. Das Kabinett Müller II. Band 1. Nr. 190 und 191. *Besprechung der Reparationsfrage. 1. Mai 1929 und Fortsetzung der Aussprache über die Reparationsfrage. 1. Mai 1929.* Vogt (1970, S. 246 ff.), Schacht (1931).

möglich wäre. Am 6. Mai gab die Delegation die Bedingungen bekannt, unter denen sie dem Vorschlag von Young zustimmen könnte. Faktisch handelte es sich dabei um eine verkappte Zurückweisung.[49] Die deutsche Delegation würde die von Young vorgeschlagene Annuität für die ersten zehn Jahre akzeptieren können. Eine Zahlungsgarantie allerdings dürfte man von Deutschland nicht verlangen. Im Anschluss an diese zehn Jahre müsste man dann anhand einer Überprüfungsklausel und unter Berücksichtigung der Möglichkeiten Deutschlands erneut sehen. Die Annuitäten während der letzten 21 Jahre müssten ebenfalls angepasst werden können. In diesem Zeitraum ging es um die Kriegsschulden. Wenn die Alliierten eine Verringerung der Kriegsschulden vereinbaren würden, müssten die Annuitäten entsprechend nach unten korrigiert werden. Dabei war die Einschätzung des möglichen Rahmens nicht allein Sache der Alliierten. Diese Aufgabe kam unterschiedslos allen beteiligten Parteien zu. In den Annuitäten sollten sämtliche Kosten enthalten sein, darunter auch Zinsen und Tilgung für die Dawes-Anleihe sowie die Übernahme der Gruben im Saargebiet durch das Deutsche Reich. Sämtliche Bestimmungen, die den Alliierten Aufsichts- und (Mit-)Bestimmungsrechte bezüglich deutscher Angelegenheiten einräumten, müssten gestrichen werden. Auch dürfte es für die Zahlungen keine besonderen Sicherheiten mehr geben, wie sie das Dawes-Abkommen vorsah (zum Beispiel durch Reichsbahn und Industrie). Im Verkehr zwischen Deutschland und den Alliierten müssten die bestehenden diskriminierenden Maßnahmen gegenüber deutschen Bürgern und deutschen Erzeugnissen aufgehoben werden (wie etwa der britische Recovery Act mit Importzöllen auf deutsche Waren).

---

[49] Akten der Reichskanzlei. Das Kabinett Müller II. Band 1. Dokumente Nr. 198. *Der Reichsbankpräsident an den Reichskanzler. Paris, 6. Mai 1929.*

4 Außenpolitik, Handel, Geld und Kapital

Nach umfangreichen Beratungen wurde am 29. Mai 1929 ein amerikanischer Vorschlag vorgelegt, dem die Alliierten zustimmten. J.P. Morgan hatte die Kollegen unter Druck gesetzt. Denn es musste etwas geschehen. Alles, was man besprechen konnte, war inzwischen besprochen worden. Sowohl aus politischer wie auch aus finanzieller Sicht war ein Beschluss dringend nötig.[50] Der Vorschlag sah wie folgt aus.[51] Die Laufzeit wurde von 58 Jahren auf 37 Jahre verkürzt. Die durchschnittliche Annuität wurde auf 1,9888 Milliarden Reichsmark festgesetzt. In der Abfolge der Jahresbeträge während der Laufzeit war für die Jahre 1929 bis 1932 eine feste Annuität vorgesehen, danach für den Zeitraum von 1933 bis 1936 eine Verringerung um jährlich 75 Millionen, gefolgt von einer Verringerung um 100 Millionen in den Jahren 1937 und 1938. In den Jahren 1939 und 1940 sollte der Betrag noch einmal jeweils um 75 Millionen Reichsmark sinken. Um den vorgesehenen Mittelwert zu erreichen, sollten die Annuitäten in der verbleibenden Zeit wieder steigen. Als Beginn war der 1. September 1929 vorgesehen. Der erste Abschnitt umfasste damit sieben Monate, nämlich vom 1. September 1929 bis zum 1. April 1930, mit einem zu zahlenden Betrag von 742,8 Millionen Reichsmark. Für einen Teil der Annuität galt eine Aussetzungsklausel; der andere Teil war unter allen Umständen zu begleichen. Wie sich dieses Verhältnis im Laufe der Jahre entwickeln sollte, würde später festgelegt. Die Sachleistungen würden – ebenso wie im Young-Vorschlag – allmählich zurückgefahren.

---

[50] Akten der Reichskanzlei. Das Kabinett Müller II. Band 1. Dokumente Nr. 212. *Der Reichsbankpräsident an den Reichskanzler, Paris, 27. Mai 1929.* Dieses Dokument enthält eine Anmerkung, in der Staatssekretär Pünder darauf hinweist, dass J.P. Morgan eingegriffen hätte.

[51] Akten der Reichskanzlei. Das Kabinett Müller II. Band 1. Dokumente Nr. 217. *Der Reichskanzler an den Reichsbankpräsidenten. 1. Juni 1929.*

Für Delegation und Reichsregierung war die Regelung der institutionellen Fragen von großer Bedeutung. Die Aufsicht der Alliierten, etwa bei Reichsbank und Reichsbahn, sollte abgeschafft werden. Zur Regelung des Übergangs würde ein Organisationskomitee ins Leben gerufen, das zu gleichen Teilen aus deutschen und alliierten Vertretern bestehen sollte. Die Bestimmung, dass die Reparationsregelung gegebenenfalls überprüft wird, war nun vorgesehen. Deutschland konnte diesbezüglich einen Antrag bei einer zwischenstaatlichen Sachverständigenkommission stellen, die bei der BIZ angesiedelt war.

Die Young-Kommission formulierte in ihrer Abschlusserklärung eine Reihe von Vorbehalten. Dabei handelte es sich um Fragen, die zwischenstaatlich weiter besprochen werden sollten. Bezüglich dieser Fragen wurde am 31. Mai 1929 Übereinstimmung erzielt. Das bezog sich auf die Räumung des Rheinlands sowie die Rückgabe des Saargebiets. Schließlich ging es um die deutschen Ansprüche an Eigentum und Vermögen, das während des Krieges von Großbritannien konfisziert worden war. Wie Polen und Deutschland ihre gegenseitigen finanziellen Forderungen regeln wollten, sollte nicht Gegenstand der zwischenstaatlichen Beratungen sein. Eupen-Malmedy sowie die Wechselkursfrage blieben auf der zwischenstaatlichen Konferenz ebenfalls ausgespart. Die Abschlusserklärung schloss Sanktionsbestimmungen, wie sie etwa im Versailler Vertrag vorgesehen waren, aus.

Die deutsche Delegation erklärte sich auf Drängen des Kabinetts einverstanden. Dies erfolgte einstimmig, nachdem Albert Vögler am 18. Mai als Delegationsmitglied zurückgetreten war. Schacht blieb bei seinen Einwänden, dennoch stimmte er diesem Ergebnis zu. Er tat dies in dem Bewusstsein, ein Übereinkommen erzielt zu haben – wenn auch in Ermangelung einer besseren Lösung.[52] Am 5. Juni stimmte das Kabinett Müller der Abschlusserklärung zu. Am 7. Juni wurde die Erklärung in Paris von allen beteiligten Seiten unterzeichnet.

Schacht konnte dankbar sein. Am 14. Juni aß er mit Bruins, Friedrich Dreyse sowie Wilhelm Vocke, beide Mitglieder des Reichsbank-Direktoriums, zu Mittag. Schacht war mit dem erreichten Ergebnis zufrieden. Der Teil der Annuität, zu dessen Begleichung sich Deutschland vorbehaltlos verpflichtet hatte, war überschaubar. Alles Übrige konnte zur Diskussion gestellt werden. Der Vorteil der Pariser Vereinbarung gegenüber dem Dawes-Abkommen bestand darin, dass nicht mehr über Dauer und Umfang der Zahlungen gesprochen werden musste. Schacht hielt sich das selbst zugute und fügte hinzu, dass den anderen Sachverständigen klar war, unter welchen Vorbehalten die neue Regelung stand, wenn es erst um deren Umsetzung ging. In seiner Begeisterung ging er noch einen Schritt weiter. Die Bank für Internationalen Zahlungsausgleich würde natürlich unter der Leitung von Moreau und ihm selbst stehen. Moreau und Quesnay lobte er wegen ihrer abschließenden Haltung.[53]

In seiner Rede am 28. Juni 1929 in München mit dem Titel „Die Pariser Sachverständigenkonferenz" verteidigte Schacht die Vereinbarung als das geringste Übel. Gleichzeitig formulierte er seine Vorbehalte. In seiner Rede schenkte er einer Reihe von Themen Beachtung, für die in den folgenden Regierungsberatungen noch eine befriedigende Lösung gefunden werden musste.[54] Klarheit müsste herrschen, was den Status der Vertragsparteien eines Vertrags betreffe.

---

[52] Akten der Reichskanzlei. Das Kabinett Müller II. Band 1. Dokumente Nr. 203. *Reparationspolitische Besprechung. 18. Mai 1929.*
[53] Tagebücher von Bruins. 14. Juni 1929.
[54] Schacht III (1929, S. 22–27).

Es dürfte keine Unterschiede geben. Nur auf diese Weise wäre eine fruchtbare Zusammenarbeit möglich, und die Liste mit offenen Fragen könnte abgearbeitet werden. Das galt zumal für die BIZ, in deren Zusammenhang sich eine Reihe finanzwirtschaftlicher und monetärer Fragen stellten. Auch die BIZ musste noch abschließend geregelt werden. Sein Standpunkt war bekannt. Schacht stellte ausdrücklich fest, dass die Sanktionsbestimmungen mit dem Pariser Abkommen vom Tisch waren. Sie widersprachen dem Grundsatz, dass alle Vertragsparteien gleichberechtigt waren, wenn es um Zusage und Erfüllung von Verpflichtungen ging.[55]

Die zwischenstaatlichen Regierungsverhandlungen

Nach einigem Hin und Her über den Ort, an dem die zwischenstaatlichen Regierungsverhandlungen stattfinden sollten, entschied man sich schließlich für Den Haag. Vor Verhandlungsbeginn wollten sich die Alliierten darüber verständigen, wie die Erlöse aus den Reparationszahlungen untereinander verteilt werden sollten. Es ging darum, wer wie viel bekommen sollte.[56] Hier war Deutschland außen vor.

Angestoßen hatte diese Diskussion Großbritannien. Finanzminister Philip Snowden, der dem gerade erst angetretenen zweiten Kabinett von Ramsay MacDonald angehörte, strebte eine Neufestsetzung des Verteilungsschlüssels an. Er wollte mehr Geld, weil die Vereinigten Staaten Frankreich ab 1929 Erleichterungen bei den Kriegsschulden eingeräumt hatten (laut Mellon-Béranger-Abkommen, das doch noch vereinbart worden war). Snowden stellte fest, dass sich

---

[55] Schacht (1929, S. 12–17, 1931, S. 82–85).
[56] Wie sich die Alliierten wochenlang damit beschäftigten, Beträge hin- und herzuschieben, sowie ihre Uneinigkeit diesbezüglich – siehe Vogt (1970, S. 292 ff.).

4 Außenpolitik, Handel, Geld und Kapital 153

dadurch die Verteilung von Spa geändert hätte, und verlangte jährlich 48 Millionen Pfund mehr. Aber wer sollte das bezahlen? Weil mehr Geld in die Kasse fließen sollte, um alle zu befriedigen, richteten sich die Augen auf Deutschland. Und so nahm man sich erneut das Pariser Abkommen vor. Vom 1. April bis zum 1. September 1929 sollte Deutschland noch laut Dawes-Abkommen bezahlen. Das Dawes-Geschäftsjahr endete am 31. März. Das erste Jahr des Pariser Abkommens würde am 1. September 1929 beginnen. In Paris hatte man vereinbart, dass die noch ausstehenden Zahlungen für den Zeitraum bis zum 1. April 1929 laut Dawes-Abkommen zu entrichten waren. Ab 1. September galt dann die Annuität laut Young-Plan. Daraus ergab sich für Deutschland ein Vorteil von fünf Monaten. In Paris hatte das keine Rolle gespielt. Jetzt allerdings interpretierten die Alliierten diese Situation anders. Sie verlangten für den Zeitraum vom 1. April bis zum 1. September den laut Dawes-Abkommen fälligen Betrag. Das lief auf etwa 400 Millionen Reichsmark hinaus. Das deutsche Kabinett stimmte dem zu. Bei Schacht erzeugten diese neuen Begehrlichkeiten natürlich böses Blut.

Aber auch die Sachleistungen veranlassten Großbritannien zu Einwänden. Die entsprechenden Lieferungen waren von der Reichsregierung zu finanzieren und den Alliierten dann unentgeltlich zuzustellen. Für diesen Teil galt die Klausel der vorbehaltlosen Erfüllung. Großbritannien bevorzugte allerdings Bargeld in Pfund und keine deutschen Industrieerzeugnisse, die die Position der eigenen Industrie ohnehin nur schwächten. Daraus ergab sich die britische Forderung, dass die Sachleistungen entfallen sollten und der damit verbundene Betrag der fälligen Annuität zuzurechnen wäre. Außerdem verlangte Großbritannien, dass auch dieser Betrag keiner Aussetzungsklausel unterliegen sollte. Eine solche Forderung war für Schacht gleichermaßen inakzeptabel. Die Franzosen drückten aufs Tempo, weil sie die Reparationszahlungen abschließend regeln wollten, um auf günstigem Weg die Bedingungen der Vereinigten Staaten zu erfüllen, die durch Annahme des Mellon-Béranger-Abkommen gestellt wurden. Frankreich verlangte den vollen Betrag zur Stärkung seines Haushalts sowie seiner Reserveposition.

Diese interalliierten Auseinandersetzungen brachten die zwischenstaatlichen Verhandlungen in Zeitnot. Die Deutschen wurden nervös. Eine weitere Erfüllung des Dawes-Abkommens – weil noch kein Young-Plan vorlag – würde sowohl der Reichsregierung als auch der Reichsbank Probleme bereiten. Snowden reagierte auf die Unruhe Deutschlands mit der recht lakonischen Bemerkung, dass der Young-Plan dann eben nicht umgesetzt würde, sondern dass es beim Dawes-Abkommen bliebe. Bei nachweislicher Zahlungsunfähigkeit Deutschlands würde ein neuer Vertrag geschlossen, der für Deutschland sicher günstiger wäre. Wenn die Umsetzung des Young-Plans ohne Verschulden Deutschlands scheiterte, würde dies Deutschland nicht daran hindern, einfach die Young-Annuität aus der Schlusserklärung von Paris anzuwenden.[57] Auf solche Wortspielereien der Briten ging die deutsche Delegation nicht ein. Sie befürchtete zu Recht, dass das Dawes-Abkommen bei ausbleibender Einigung weiterhin Geltung behalten würde. Die Räumung des Rheinlands drohte sich zu verzögern.

Frankreich suchte die Annäherung an Deutschland, um sich gemeinsam gegen Großbritannien und dessen Zusatzforderungen zu stellen. Deutschland ging nicht darauf ein, überzeugt davon, sich einen Konflikt mit London wegen der Bedeutung dieses Finanzplatzes für den eigenen ausländischen Zahlungsverkehr nicht leisten zu können. Außerdem hoffte Deutschland auf die Rücknahme des Recovery Act, der den deutschen Export nach Großbritannien belas-

---

[57] Vogt (1970, S. 286).

tete. Das sollte besser nicht umgesetzt werden. Schließlich bestand auch noch das Problem des konfiszierten deutschen Eigentums, über das Großbritannien nicht reden wollte, Deutschland aber schon.

Zudem gab es politische Probleme, die die Verhandlungen erschwerten. Frankreich hielt sich bedeckt, was die Bedingungen betraf, unter denen es an einer Beendigung der Besetzung des Rheinlands mitwirken wollte. Auch hinsichtlich der Übergabe des Saargebiets ließ es keinerlei Nachgiebigkeit erkennen.

Doch die Uhr tickte. Das entscheidende Datum, der 1. September, rückte näher und damit der für Deutschland so wichtige Augenblick der Erlösung von der Dawes-Annuität und der Fortsetzung mit der zunächst geringeren Young-Annuität. Diese Schikane führte unvermeidlich zu einem Kompromiss der Alliierten, wobei Deutschland erneut Zugeständnisse machen musste. Außer den bereits genannten 400 Millionen Reichsmark wurde der vorbehaltlos zu zahlende Teil der Annuität in den ersten Jahren erhöht. Als schwacher Trost wurde Deutschland gestattet, die jährliche Zinszahlung im Rahmen der Dawes-Anleihe in Höhe von 88,8 Millionen Reichsmark einmalig auf diesen Betrag anzurechnen. Außerdem hätte Deutschland seinen jährlichen Beitrag an den noch bestehenden Kosten für die Besetzung des Rheinlands zu erhöhen. In Paris war Deutschland noch davon ausgegangen, diese Aufwendungen auf die Annuität anrechnen zu können. Das deutsche Kabinett stimmte zu. Es wurde ein Fonds über 60 Millionen Reichsmark für die Kosten der Besetzung eingerichtet, von denen Deutschland 30 Millionen zu tragen hatte. So stieg die Rechnung im Anschluss an Paris immer weiter.

Die deutsche Delegation trat am 28. und 29. August 1929 gemeinsam mit ihren Beratern Schacht, Melchior und Kastl zusammen, um über die alliierten Vorschläge zu sprechen. Schacht reagierte ablehnend. Deutschland hätte Anspruch auf die 400 Millionen. Er hatte mit dem Sekretär von Young abgeklärt, wie dies seinerzeit in Paris besprochen worden war. Die Alliierten konnten aus dem Pariser Abkommen keine Argumente für einen Anspruch auf diese 400 Millionen Reichsmark herleiten. Auch die Erhöhung des Baranteils der Annuität, für die im Zusammenhang mit dem Tausch von Sachleistungen gegen mehr Geld keine Aussetzungsklausel gelten sollte, war für ihn nicht annehmbar.

Melchior und Kastl hatten damit weniger Sorge. Melchior brachte ins Spiel, die Erhöhung des vorbehaltlos zu zahlenden Teils der Annuität und den Verzicht auf die 400 Millionen so auszugleichen, dass die Dawes-Anleihe in eine Anleihe mit einem niedrigeren Zinssatz umgewandelt wurde. Das sollte angesichts der Zinsentwicklung auf den Kapitalmärkten möglich sein. Für Schacht war eine solche Umwandlung nicht durchführbar. Das würde Gespräche mit den Gläubigern erfordern, und warum sollten die einer niedrigeren Verzinsung zustimmen? Auf der politischen Tagesordnung standen überdies wieder die Sanktionen. Auch diese Forderungen hielt Schacht für unannehmbar. In Paris waren diese Sanktionen gestrichen worden. Die Diskussionen schaukelten sich derart hoch, dass Schacht am 28. August 1929 die Versammlung verließ. Er empfand die Nachgiebigkeit auf deutscher Seite als prinzipienlos.[58] Am 29. August war er wieder mit von der Partie. Er sprang nicht ab, sondern machte sich – ohne große Worte zu verlieren – auf den Weg nach Baden-Baden zu einem Treffen der Kommission, die sich mit der Planung der BIZ beschäftigte. Nach diesem ganzen opportunistischen Gehabe in Den Haag empfand er die Beratungen in Baden-Baden als Erleichterung.

---

[58] Vogt (1970, S. 313 f.), Anmerkung 7. Schacht (1931, S. 100 f.).

Das Abkommen von Den Haag

Ende Januar 1930 sollte in Den Haag die Abschlusskonferenz stattfinden. Den Haag sollte sämtliche noch offenen Fragen zwischen Deutschland und den Alliierten klären. Es ging um die „Abrechnung mit der Vergangenheit". In der noch verbleibenden Zeit sollte diesbezüglich Übereinstimmung erzielt werden. Hinsichtlich der Sanktionen war Frankreich der große Quertreiber. Die Franzosen wollten generell die Möglichkeit haben, Sanktionen aufzuerlegen, wenn ihren Interessen geschadet würde.[59] Das Thema Sicherheiten schien nach Paris vom Tisch zu sein. Die Alliierten strebten sie dennoch an.

Die Gründung und Ausgestaltung der BIZ stand ebenfalls auf der Tagesordnung. Diesbezüglich mussten noch Beschlüsse gefasst werden. Natürlich ging es in Den Haag darum, wie die Besetzung des Rheinlands beendet und die Rückkehr des Saargebiets in das Deutsche Reich geregelt werden sollte. Regelungen für diesen letzten Punkt standen in Den Haag allerdings nicht in Aussicht.

Schließlich blieben noch eine Reihe weiterer Fragen, die gelöst werden mussten, wenn von einer endgültigen Abrechnung mit der Vergangenheit die Rede sein sollte. Die gegenseitigen finanziellen Forderungen von Deutschland und Polen sowie die Frage des von Großbritannien konfiszierten Eigentums würden nach Schachts Auffassung erst geregelt werden, wenn in Den Haag Beschlüsse über das Pariser Abkommen gefasst worden waren. Sie waren nicht Bestandteil der Haager Agenda. Vorzeitige Versuche der Beilegung könnten zu Schwierigkeiten führen und würden, so war er überzeugt, das Risiko erhöhen, dass die Alliierten in Den Haag Deutschland überstimmten.

---

[59] Vogt (1970, S. 324) sowie Schacht (1931, S. 121–132).

Schachts Einschätzung des Konferenzverlaufs konnte nur negativ ausfallen. Die Rechnung zulasten Deutschlands, die ihm schon in Paris sehr hoch erschienen war, stieg weiter. Und unabhängig von allen Vereinbarungen gab es auch noch die Frage der Sanktionsbestimmungen. Der katastrophale Zustand der Staatsfinanzen sowie der Reserveposition der Reichsbank gestattete keinerlei Zugeständnisse.[60]

Diesen gesamten Entwicklungen vorangegangen war der Kurseinbruch an der New Yorker Börse Ende Oktober 1929. Die amerikanischen Banken hatten Verluste zu verbuchen, wenn sie spekulative Börsengeschäfte mit Krediten finanziert oder selbst Aktien gehalten und nicht schon vor dem Börsencrash verkauft hatten.

Amerikanische Banken und Investoren vergaben international keine Kredite mehr und zogen sich nach Möglichkeit aus bestehenden Engagements zurück (siehe Anhang 1, Tab. 1).[61] Der Umfang der Auslandsschulden und die fehlenden Möglichkeiten der Reichsbank, die sich daraus ergebenden Zins- und Tilgungszahlungen bei rückläufigen Kapitalimporten zu begleichen, wurden zum offensichtlichen Problem. Schacht behielt mit seiner Risikoanalyse recht. Bereits seit Jahren befürchtete er eine Zahlungskrise, wenn sich ausländische Gläubiger zurückziehen würden. Dieser Fall drohte nun einzutreten.[62] Darüber hinaus war

---

[60] Schacht (1931, S. 104–107).

[61] Charles Kindleberger (1973, S. 291–308). Laut Kindlebergers Analyse hatte der Börsencrash das Verhalten der amerikanischen Gläubiger nachhaltig beeinflusst. Doch das war noch nicht alles. In jenem Jahr litten die Vereinigten Staaten unter Missernten, die sich auch auf die Banken in den betroffenen Landwirtschaftsgebieten auswirkten und die jeweiligen Zentralbanken zu Hilfsmaßnahmen veranlassten. Auch hier lag eine Ursache für den Engpass auf dem amerikanischen Kapitalmarkt. Angesichts ihrer Reserven hätten die Vereinigten Staaten den negativen Folgen für die internationale Kapitalversorgung dennoch entgegenwirken können. Allerdings sahen sie sich diesbezüglich nicht in der Verantwortung. Barry Eichengreen (2008, S. 69). Eichengreen verweist auf die Zinserhöhung in den Vereinigten Staaten, mit der Kredite gehalten wurden.

[62] Schacht (1966, S. 118, 226 f.).

4 Außenpolitik, Handel, Geld und Kapital

die Konjunktur Deutschlands, und nicht nur hier, rückläufig. Damit stellten sich Fragen zur Solidität der deutschen Haushaltspolitik. Der haushaltspolitische Spielraum für Reparationszahlungen wurde enger. Dies veranlasste Schacht, am 6. Dezember 1929 ein Memorandum zu veröffentlichen, in dem er Stellung nahm zu den finanzwirtschaftlichen Problemen sowie zum Verlauf der Verhandlungen mit den Alliierten.

In seinem Memorandum[63] prangerte Schacht die Bereitschaft des Kabinetts zu Zugeständnissen an, mit denen das fragile Pariser Abkommen ausgehöhlt wurde. Angesichts der Entwicklungen auf den Kapital- und Gütermärkten hielt er die Politik des Kabinetts für unverantwortlich.[64] Er bezog sich dabei nicht nur auf die Zugeständnisse gegenüber den Alliierten und die Entwicklungen auf den internationalen Märkten, sondern auch auf den schlechten Zustand, in dem sich die Finanzen des Deutschen Reichs befanden. Es gab einen beträchtlichen Liquiditätsengpass, der am Ende des Monats zu Zahlungsproblemen führen würde. Das Kabinett plante deshalb eine Anleihe bei der New Yorker Bank Dillon-Read in Höhe von 300 Millionen Reichsmark. Schacht verspürte keine große Neigung, daran mitzuwirken. Zunächst einmal sollte das Kabinett einen Plan zur Sanierung der Finanzen vorlegen. Er hielt einen Sanierungsplan in der Größenordnung von 500 Millionen Reichsmark sowie eine langfristige Anleihe für erforderlich. Diese Anleihe durfte allerdings nicht zulasten der externen Schuldenposition gehen. Das bedeutete, dass sie in Deutschland selbst begeben werden musste. Für das Kabinett war dies politisch inakzeptabel. Denn es würde angesichts der Stimmung im Land und der Mehrheitsverhältnisse im Reichstag auf politischen Selbstmord hinauslaufen. Das

---

[63] Schacht (1931, S. 105–110). Mit dem vollständigen Text des Memorandums.
[64] Akten der Reichskanzlei. Das Kabinett Müller II. Band 2. Dokumente Nr. 367. *Reparations- und finanzpolitische Besprechung vom 4. Dezember 1929.*

Kabinett saß in der Klemme. Denn ohne Mitwirkung der Reichsbank ließ sich keine Auslandsanleihe platzieren, so lautete die Vereinbarung. Das Kabinett machte sich eifrig auf die Suche nach einer Lösung. Auch der Reichspräsident wurde hinzugezogen. Er bestellte Schacht ein und drängte ihn, doch noch mitzuwirken, um eine politisch aussichtslose Situation zu verhindern.[65] Schacht wollte keine Zusagen machen.

Reichskanzler Hermann Müller ersuchte um ein Gespräch mit Parker Gilbert, der immer noch die Position des Generalagenten für die Reparationszahlungen innehatte. Das Gespräch fand am 18. Dezember 1929 statt.[66] Er empfahl Müller, sich aus dieser Pattsituation zu befreien, indem er die ablehnende Haltung Schachts und des Reichsbankdirektoriums als legitim akzeptierte. Wenn die Reichsregierung einen solchen Anleihevorschlag unterbreitete, ohne Alternativen zu erwägen, waren sie nun einmal in einer entsprechenden Position. Warum sollte man nicht zunächst versuchen, eine Anleihe auf dem inländischen Kapitalmarkt zu platzieren? Er solle Schacht fragen, ob der nicht dabei helfen wolle, und ihm dann die Leitung zur Zusammenstellung eines Bankenkonsortiums übertragen. Schließlich mussten, so Gilbert, die öffentlichen Finanzen in Ordnung gebracht werden. Das Kabinett hatte bereits einen Plan im Umfang von 220 Millionen Reichsmark. Eine weitere Option bestünde darin, einen Staatssekretär zu ernennen, der eigens mit der Aufgabe betraut wird, die Haushaltsdisziplin zu stärken und mittelfristig einen strukturell ausgegliche-

---

[65] Akten der Reichskanzlei. Das Kabinett Müller II. Band 2. Dokumente Nr. 387. *Staatssekretär Meissner über eine Unterredung des Reichspräsidenten mit dem Reichsbankpräsidenten bezüglich der Finanzlage des Reichs am 16. Dezember 1929.*

[66] Akten der Reichskanzlei. Das Kabinett Müller II. Band 2. Dokumente Nr. 391. *Aufzeichnung über die Unterredung des Reichskanzlers mit dem Generalagenten für Reparationszahlungen. Die Finanzlage des Reichs am 18. Dezember 1929.*

4 Außenpolitik, Handel, Geld und Kapital

nen Haushalt zu erreichen. Ein besserer Deckungsplan müsste vorgelegt werden, der Reichstag sollte sich mit dem Problem auseinandersetzen und dann über diesen Plan abstimmen.

Schacht begann tatsächlich mit der Zusammenstellung eines deutschen Bankenkonsortiums zur Platzierung der Anleihe für das Deutsche Reich. Das Deutsche Reich konnte bei den Banken Schatzwechsel platzieren, die durch ein Steuererhöhungs- und Einsparprogramm gedeckt waren, wobei der Schwerpunkt auf der Erhöhung der Verbrauchssteuern lag. Gleichzeitig übernahm das Kabinett die Verpflichtung, bis 1930 einen soliden Haushaltsplan vorzulegen, der zu einem strukturellen Gleichgewicht führte. So wurde diese deutsche Anleihe zu einer vorübergehenden Maßnahme zur Konsolidierung des Haushalts.

Der Reichstag stimmte dem entsprechenden Gesetz zu, das als „Lex Schacht" Bekanntheit erlangte. Am 21. Dezember 1929 trat Hilferding verständlicherweise zurück. Ihm folgte Moldenhauer von der Deutschen Volkspartei, der gleichen Partei, der auch der inzwischen verstorbene Gustav Stresemann angehört hatte.[67] Zwischen Weihnachten und Neujahr, genauer am 27. und 28. Dezember 1929, kam es zu einem Treffen zwischen den zuständigen Kabinettsmitgliedern und Schacht zur Besprechung von dessen Memorandum. Nach einem bewegten Sommer wurde Bilanz gezogen, und man mischte die Karten neu für die Fortsetzung auf der Abschlusskonferenz in Den Haag.[68] Die Minister fragten Schacht nach der Haltung der Kommission Young bezüglich der Sanktionen, die die Alliierten bei Nichteinhaltung der Verpflichtungen auferlegen konnten. Seine Antwort war kurz und bündig. Mit Abschluss einer zwischenstaatlichen Übereinkunft, die den Empfehlungen der Sachverständigen folgte, stünden Sanktionen

---

[67] Schacht (1931, S. 98).
[68] Schacht (1931, S. 108–109).

nicht mehr auf der Tagesordnung. Das stand ausdrücklich in der Abschlusserklärung von Paris. Anschließend fragten die Minister nach Schachts Auffassung zur Umsetzbarkeit des gesamten Maßnahmenpakets, mit dem man bei Abschluss der zwischenstaatlichen Regierungsberatungen zu rechnen habe. Wie nach Veröffentlichung seines Memorandums zu erwarten, beurteilte er dieses Maßnahmenpaket als durchweg negativ. Auf die Frage hin, ob ein Scheitern in Den Haag und damit ein Rückfall auf die Dawes-Regelung problematisch seien, reagierte er gleichgültig. Seiner Meinung nach bestand der Unterschied im Zeitpunkt des Eintretens einer möglichen Zahlungskrise. Beim Dawes-Abkommen wäre die Zahlungskrise demnächst zu erwarten, bei dem, was jetzt durch Den Haag drohte, ein paar Jahre später. Die Kabinettsmitglieder nahmen dies zur Kenntnis und erkundigten sich bei Schacht, ob er dennoch bereit sei, als Mitglied der deutschen Delegation an den Abschlussverhandlungen in Den Haag teilzunehmen. Schacht lehnte das ab, wollte aber dennoch weiter an den Verhandlungen über die BIZ teilnehmen und sei natürlich jederzeit bereit, dem Kabinett mit Empfehlungen zur Seite zu stehen.

Schacht sprach bei diesem Treffen den Brief an, den die Reichsbank von einer Gruppe amerikanischer Banken hinsichtlich der Beteiligung an der BIZ erhalten hatte. Es handelte sich um die Banken J.P. Morgan, The First City Bank (New York) sowie First City Bank (Washington). In diesem Brief wurden die Bedingungen angesprochen, unter denen sich diese Gruppe sowie die Reichsbank beteiligen wollten. Schacht teilte mit, dass sich beide Seiten darüber einig seien, dass das Pariser Abkommen nicht wesentlich geändert werden dürfte. Das bezog sich sowohl auf die Reparationszahlungen, die laut diesem Abkommen zu regeln wären, als auch auf den Punkt, dass keine zusätzlichen Bedingungen gestellt werden dürften. Für Schacht und die Bankengruppe bedeutete das unter anderem, dass es im Zu-

4 Außenpolitik, Handel, Geld und Kapital 163

sammenhang mit der Abwicklung von Forderungen und Schulden im Rahmen der BIZ keine Sanktionen seitens der Alliierten geben dürfte. Die Geschäftspartner der BIZ hatten lediglich die Satzung der BIZ zu akzeptieren. Die ordnungsgemäße Aufgabenerfüllung der BIZ durfte nicht durch politische Einmischung gestört werden.

Seine Antwort schickte Schacht im Anschluss an diese Beratungen an die amerikanischen Banken. Das Kabinett erhielt eine Zweitschrift des Briefwechsels. Dem Kabinett musste klar sein, dass Schacht und – wie sich später herausstellte – das gesamte Direktorium der Reichsbank nicht vorhatten, sich mit der Reichsbank an der BIZ zu beteiligen, wenn in den Abschlussverhandlungen doch noch weitere Bedingungen gestellt wurden.[69] Das Kabinett nahm dies zur Kenntnis und enthielt sich eines Kommentars.

Unmittelbar nach Eröffnung der Abschlussverhandlungen in Den Haag ging es um die Frage der BIZ.[70] Die deutsche Delegation wurde um Aufklärung in Bezug auf den Briefwechsel zwischen den amerikanischen Banken und der Reichsbank ersucht. Ihr wurde von den Alliierten mitgeteilt, dass eine Übereinstimmung – sollte es sich dabei um den Standpunkt der deutschen Regierung handeln – schwierig, wenn nicht gar unmöglich wäre. Die deutsche Delegation reagierte wider besseres Wissen mit der Bemerkung, davon keine Kenntnis zu haben und genauso überrascht zu sein wie alle anderen. Sie fügte hinzu, dass die Reichsbank gesetzlich zu einer Beteiligung gezwungen sei. Das Direktorium der Reichsbank wurde anschließend ersucht, seinen Brief an die amerikanischen Banken zurückzuziehen. Schacht und Vocke weigerten sich im Namen der Bank und ergänzten, dass es bei einem solchen Gesetzesvorhaben üblich wäre, die

---

[69] Schacht (1931, S. 110–111). Hier findet sich der vollständige Text des Schreibens.

[70] Schacht (1931, S. 114–117).

Empfehlung der Reichsbank einzuholen. Die Reichsregierung lehnte dies ab. Sie wurden gefragt, was sie tun würden, wenn sie gesetzlich zu einer Beteiligung an der BIZ gezwungen würden, auch wenn sie mit den entsprechenden Bedingungen nicht einverstanden wären. Die Antwort war ziemlich einfach: Gesetze waren einzuhalten. Welche Konsequenzen sie allerdings persönlich ziehen würden, sei ihre Sache. Von den visionären Ideen Schachts, aus der BIZ ein Instrument zur Förderung von Investitionen und Handel auf internationaler Ebene mit positiven Impulsen für die Zahlungsbilanzen der beteiligten Länder zu machen, war nichts mehr übrig.

Den Alliierten ging es ums Geld. Die Zahlungsprobleme Deutschlands wurden an die BIZ und die zwischenstaatliche Kommission übertragen, die auf Ersuchen Deutschlands die Machbarkeit der Reparationszahlungen einschätzen konnte. Schacht nahm dies zur Kenntnis und sah sich aufgrund der Position seiner eigenen Regierung zunehmend isoliert. In der letzten Phase der Haager Verhandlungen zeigte Schacht kein Interesse mehr an der Bank. Er ließ der Sache ihren Gang und beschränkte sich auf seinen Widerstand gegen die Einsetzung des Franzosen Quesnay in eine entscheidende Position. Auf den wichtigsten Positionen waren die Deutschen in der Minderheit. Mit Zustimmung Schachts wurde schließlich ein Amerikaner Präsident der Bank.[71] Bei der Behandlung des Ratifizierungsgesetzes im französischen Parlament am 5. April 1930 spielte Ministerpräsident Tardieu die Bedeutung der BIZ herunter. In seinen Augen war sie nichts weiter als ein besseres Inkassounternehmen. Das hatte Schacht bereits festgestellt.[72]

---

[71] Tagebücher von Bruins. Tagebucheintrag vom 27. Januar 1930. Bruins stellte fest, dass Schachts Gleichgültigkeit auf Frustration zurückging.
[72] Schacht (1931, S. 208).

4 Außenpolitik, Handel, Geld und Kapital

Frankreich gelang es – übrigens mit Unterstützung der anderen Alliierten –, Sicherheiten zu erwirken. Die deutsche Regierung sollte zusichern, dass sie erst dann Anleihen im Ausland begeben würde, wenn die Young-Anleihe zur Finanzierung der Reparationszahlungen vollständig gezeichnet worden war. Der Erlös der Young-Anleihe war für den vorbehaltlos zu zahlenden Teil der Annuität vorgesehen. Frankreich verlangte außerdem von der Reichsregierung, die Schuldverschreibung zulasten der Reichsbahn zu erneuern. Der Erlös würde ebenfalls an den vorbehaltlosen Teil der Annuität gehen. Die alliierte Einflussnahme auf die Führung der Reichsbahn wurde übrigens beendet.

Frankreich verlangte, dass Zins- und Tilgungszahlungen der Young-Anleihe gegenüber den Verpflichtungen aus der Kreuger-Anleihe[73] vorrangig behandelt würden, und außerdem, dass mit dem Erlös der Kreuger-Anleihe der deutsche Anteil an der BIZ finanziert werden sollte. Der französischen Forderung einer Zurückstufung von Zinsen und Tilgungen der Kreuger-Anleihe konnte man nicht stattgeben, weil das Deutsche Reich für diese Zahlungen zwar vertraglich einstand, die Anleihe selbst aber nicht begeben hatte. Begeben worden war sie vielmehr von Kreuger. Das deutsche Kabinett beschloss, keine große Sache daraus zu machen. Die Young-Anleihe über 300 Millionen Dollar wurde nach der Abschlusserklärung von Den Haag mit Mühe zu einem Kurs von 90 Prozent auf den Markt gebracht. Der Nennwert war mit einer Goldklausel versehen (1 Gold-

---

[73] Die Kreuger-Anleihe sollte mit Einwilligung von Schacht in der Zuständigkeit von Minister Hilferding im Jahr 1929 abgeschlossen werden. Der schwedische Streichholzfabrikant Kreuger sollte diese Anleihe platzieren. Deren Erlös würde der Staatskasse zufließen, um kurzfristige Schulden in eine langfristige Anleihe umzuwandeln und damit Hilferding bei der Entlastung des Haushalts zu unterstützen. Kreuger wurde im Gegenzug das sogenannte Zündholzmonopol übertragen. Die Anleihe wurde ebenfalls zu Beginn des Jahres 1930 platziert. Siehe Akten der Reichskanzlei, Das Kabinett Müller II. Band 2, Dokumente Nr. 306. *4. Frage des Zündholzmonopols*.

mark gleich 1 Reichsmark). Der Zinscoupon betrug 5,5 Prozent bei einer Laufzeit von 35 Jahren.[74]

Schacht hielt die verlangten Sicherheiten für nicht hinnehmbar. Sie verdeutlichten, dass Deutschland nur unzureichend in der Lage war, seinen Zahlungsverpflichtungen gegenüber dem Ausland nachzukommen. Der Zugang zu den ausländischen Kapitalmärkten war ohnehin schon beschränkt. Derartige Forderungen standen seiner Auffassung nach völlig im Widerspruch zum Pariser Abkommen, mit dem die Finanzbeziehungen zwischen Deutschland und den Alliierten normalisiert werden sollten.[75]

Zu den Zugeständnissen gehörte eine Reihe von Punkten, die Schachts Haltung verdeutlichten. Ende Oktober 1929 lag ein Vertrag mit Polen über einen gegenseitigen Schuldenausgleich vor, der bei Schacht auf vehementen Widerspruch stieß.[76] Seiner Auffassung nach war die deutsche Regierung zu freigebig gewesen und hatte die Entschädigung für deutsches Eigentum, das in polnische Hände gegangen war, zu niedrig angesetzt.

Es folgte ein Vertrag mit Großbritannien über Unterstützungsleistungen für die während des Krieges von der Konfiszierung betroffenen Eigentümer.[77] Nach Schachts Auffassung schacherte das deutsche Kabinett in prinzipienloser Weise. Die Unterstützungsleistungen stünden auf der Grundlage einer Prüfung des tatsächlichen Wertes vollstän-

---

[74] Mit folgender Verteilung: Vereinigte Staaten 98,25 Millionen Dollar, Großbritannien 12 Millionen Pfund, Frankreich 2515 Millionen Franc, Belgien 35 Millionen Belgische Franc, Niederlande 73 Millionen Gulden, Schweiz 92 Millionen Franken, Italien 110 Millionen Lire, Schweden 110 Millionen Kronen und Deutschland 36 Millionen Reichsmark. Siehe Hans Georg Glasemann (2013).
[75] Schacht (1931, S. 189–191).
[76] Helmut Lippelt (1971). Zu den Beträgen siehe die Seiten 527 f. Zu Schachts Bemühungen siehe Seite 564.
[77] Akten der Reichskanzlei, Das Kabinett Müller II, Band 2. Dokumente Nr. 388, 2.

4 Außenpolitik, Handel, Geld und Kapital

dig den Eigentümern zu. Davon konnte laut Schacht überhaupt keine Rede sein.

Neben seiner inhaltlichen Kritik an den Verträgen mit Polen und Großbritannien hatte er auch aus anderen Gründe Einwände gegen das Auftreten des Kabinetts. In Paris hatte man vereinbart, dass diese Fragen erst im Anschluss an ein zwischenstaatliches Übereinkommen über die Reparationszahlungen abschließend verhandelt werden sollten. Dann würden diese Zahlungen feststehen und damit auch das Prinzip der vollständigen Tilgung. Aber die Kabinettspolitik verhinderte das.[78] Die Reichsregierung akzeptierte die Möglichkeit von Sanktionen seitens der Alliierten und spielte Schachts Einwände herunter. Das Kabinett war überzeugt davon, dass er übertrieb und vor allem hinsichtlich Polen mit den falschen Beträgen hantierte. Überzeugen konnten sie Schacht allerdings nicht. Im Gespräch mit dem Kabinett am 4. Dezember[79] sowie in Schachts Memorandum vom 6. Dezember 1929 trat seine Kritik bereits deutlich zutage. Sie wurde sogar noch deutlicher.

Am 30. Januar 1930 wurde in Den Haag die zwischenstaatliche Abschlussvereinbarung geschlossen, noch unter der Verantwortung des Kabinetts Müller. Dieses Kabinett musste am 27. März 1930 aufgeben. Der Gesetzentwurf zur Ratifizierung stammte noch vom Kabinett Müller, wurde aber erst unter der nächsten Regierung, dem Kabinett Brüning, vom Reichstag behandelt. In der gleichen Gesetzesvorlage der Regierung war die Ratifizierung des

---

[78] Schacht verwies in seinem Memorandum auf Punkt 144 der Abschlusserklärung von Paris. Hier war festgelegt, dass diese „Abrechnung mit der Vergangenheit" nach endgültiger Annahme des Young-Plans in bilateralen Gesprächen zwischen Deutschland und den betreffenden Ländern abschließend erfolgen sollte. Schacht (1931, S. 103 f.).

[79] Akten der Reichskanzlei. Das Kabinett Müller II, Band 2. Dokumente Nr. 367. *Reparations- und finanzpolitische Besprechung vom 4. Dezember 1929.*

Vertrags mit Polen enthalten. Das Kabinett rechnete damit, dass die Zustimmung zum Haager Abkommen für die Mehrheit der Abgeordneten im Reichstag so wichtig sein würde, dass sie ungeachtet der Einwände gegen das Abkommen mit Polen dafür stimmen würden. Trotz des Widerstands der DNVP und ihrer Verbündeten nahm der Reichstag die Gesetzesvorlage der Regierung mit komfortabler Mehrheit an. Das Abkommen von Den Haag trat daraufhin rückwirkend zum 1. September 1929 in Kraft.

Am 2. April 1930 trat Schacht offiziell als Präsident der Reichsbank zurück; ihm folgte der ehemalige Minister und Reichskanzler Luther. Dieser war am 11. März 1930 vom Bankenrat der Reichsbank empfohlen worden. Die Reichsregierung hatte ihn anschließend Reichspräsident Hindenburg vorgeschlagen, der dem Vorschlag zustimmte. In seinem Abschiedsbrief vom 7. März 1930 an den Bankenrat der Reichsbank fasste Schacht seine Positionen noch einmal zusammen.[80]

Was bleibt

Im vorangegangenen Kapitel wurden die Auffassungen und Argumente von Hjalmar Schacht hinsichtlich einer notwendigen Finanz-, Wirtschafts- und Geldpolitik dargelegt. In diesem Kapitel wurde erläutert, wie er die entsprechenden Erkenntnisse unter den gegebenen politischen und finanzwirtschaftlichen Umständen praktisch umgesetzt hat. Schacht musste erleben, dass bei der Beschlussfassung sowohl in Deutschland wie auch bei den einzelnen Alliierten kurzfristige haushaltspolitische und finanzwirtschaftliche Erwägungen auf nationaler Ebene sowie politischer Opportunismus ausschlaggebend waren. Nationen übergreifende

---

[80] Schacht (1931, S. 118–120). Hier ist der vollständige Text enthalten.

Belange sowie die wirtschaftliche Nachhaltigkeit der vertretenen Standpunkte und Beschlüsse spielten dagegen eine untergeordnete Rolle. Deutschland hatte in den Verhandlungen von Beginn an eine schwache Position. Nach Schachts Auffassung wären Nationen übergreifende Vereinbarungen, in denen absehbare langfristige Entwicklungen berücksichtigt wurden, schon allein aus diesem Grund für die deutsche Regierung vorteilhaft gewesen. Zudem habe sie ein Interesse an gleichwertigen partnerschaftlichen Beziehungen. Bei der Standpunktbestimmung und dem Auftreten von Schacht lässt sich das gut beobachten. Für ihn waren die Ergebnisse der Verhandlungen aus zwei Gründen enttäuschend. Ihnen lag kein grundlegendes Verständnis dessen zugrunde, was aus wirtschaftlicher Sicht wünschenswert war. So spielten seine Argumente zugunsten einer wirksamen finanzwirtschaftlichen Politik bei der Beschlussfassung lediglich eine marginale Rolle. Natürlich war er deshalb vom Auftreten seiner eigenen Regierung am stärksten enttäuscht. Er zog deshalb die Konsequenz und trat als Präsident der Reichsbank zurück.

Wenn die vorgenannten Ausführungen zu Schachts Geld- und Konjunkturpolitik im gegebenen monetären Rahmen mit der besonderen Funktion der Wechseldiskont- und Akzeptrichtlinien im Zusammenhang mit Schachts Vorgehensweise bei den Young-Verhandlungen betrachtet werden, kommt man nicht umhin, festzustellen, dass er mit seiner Auffassung, wonach eine mit einer Depression einhergehende Zahlungskrise ein realistisches Risiko darstellte, recht behalten hat.

Durch den amerikanischen Börsencrash und das Verhalten der amerikanischen Investoren und Banken wurde dies Realität. Schacht hatte das beizeiten erkannt. Ihm war klar, was sich auf den Güter-, Geld- und Kapitalmärkten abspielte, und er wusste zugleich, dass die Reichsregierung in Anbetracht des Zustands der öffentlichen Finanzen keinerlei Spielraum hatte, um die Folgen zu bewältigen. Auch hier hatte er rechtzeitig seinen warnenden Finger erhoben. Er wusste auch, dass die bestehenden geldpolitischen Vorgaben mit Wechselkursstabilität auf der Grundlage fester Goldparitäten bei einer solchen Entwicklung nicht haltbar waren. Diese Erkenntnis spielte bei seinem Vorschlag zur Gründung der BIZ und der Entscheidung, dieser Bank nicht nur die Abwicklung von Reparationszahlungen und Kriegsschulden zu übertragen, eine maßgebliche Rolle. Die BIZ war in seinen Augen das Kreditinstitut, das finanzielle Überschüsse zur Finanzierung von Investitionen aktivieren sollte, um dadurch den Warenhandel sowie den Geld- und Kapitalverkehr zu beleben. Die Schuldnerstaaten würden an diesen Geschäften dank der Verfügbarkeit von Bankkrediten diskriminierungsfrei mitwirken. Die internationalen Zahlungsverhältnisse würden auf diese Weise besser ausgeglichen, und das würde die Grundlage für stabile Wechselkurse bilden. Aufgrund der mangelnden Bereitschaft der beteiligten Regierungen wurden diese Ziele nicht erreicht.

Literatur

Bergmann, C. (1930). Germany and the young plan. *Foreign Affairs 8*, 596.

Eichengreen, B. (2008). *Globalizing capital. A history of the international monetary system*. Princeton/Oxford.

Euwe, J. (2008). *Amsterdam's role as an international financial centre in Dutch-German economic relations 1914–1931*. Rotterdam.

Glasemann, H. G. (2013). *Deutschlands Anleihen 1924–1945*. Berlin.

Kindleberger, C. (1973). *The world in depression 1909–1939*. Berkeley.

Kopper, C. (2006). *Hjalmar Schacht. Aufstieg und Fall von Hitlers mächtigstem Bankier*. München/Wien.

Kreutzmüller, C. (2005). *Händler und Handlungsgehilfen. Der Finanzplatz Amsterdam und die deutschen Großbanken (1918–1945)*. Stuttgart.

Lippelt, H. (1971). Zur deutschen Politik gegenüber Poland. *Vierteljahrshefte für Zeitgeschichte, 19*(4), 527–528, 564.

Peters, G., & Wooley, J. T. The American presidency project. Nr. 163.

Pfleiderer, D. (2002). *Deutschland und der Youngplan. Die Rolle der Reichsregierung, Reichsbank und Wirtschaft bei der Enstehung des Youngplans*. Stuttgart.

Schacht, H. (1929). *Die Pariser Sachverständigenkonferenz*. München.

Schacht, H. (1931). *Das Ende der Reparationen*. Oldenburg.

Schacht, H. (1934). *Eilsener Vortrag. Das internationale Schulden- und Kreditproblem*. Berlin.

Schacht, H. (1966). *Magie des Geldes*. Düsseldorf/Wien.

Vogt, M. (1970). *Die Entstehung des Youngsplans*. Boppard am Rhein.

5

Die große Wirtschaftskrise (1930–1933)

Nachdem Schacht die Reichsbank verlassen hatte, setzte die Zeit des Niedergangs der Weimarer Republik ein. Ihren Abschluss fand diese Entwicklung unter den beiden Kabinetten des Zentrumpolitikers Brüning (30. März 1930 bis 30. Mai 1932), dem national-konservativen Kabinett von Papen (2. Juni 1932 bis 3. Dezember 1932) sowie dem Kabinett von Schleicher (3. Dezember 1932 bis 30. Januar 1933). Die politischen Verhältnisse waren durch eine immer stärkere Polarisierung gekennzeichnet. An den Wahlurnen legte Hitlers NSDAP mit einer einzigen Unterbrechung kontinuierlich zu. Dem stand die starke KPD gegenüber, während die Parteien der Mitte an Boden verloren. Die drei genannten Regierungen sahen sich angesichts dessen gezwungen, von der verfassungsrechtlichen Möglichkeit Gebrauch zu machen und mit Notverordnungen zu regieren. Der Reichstag billigte dieses Vorgehen und demonstrierte damit die eigene Machtlosigkeit. Hier zeigte sich die mangelnde Zukunftsfähigkeit der jungen demokratischen Weimarer Republik.[1] Der einstmals so fortschrittliche Demokrat Hjalmar Schacht hatte inzwischen seinen Glauben an eine demokratisch verfasste parlamentarische Republik verloren. Er schlug sich auf die Seite der National-Konservativen, die zum autokratisch regierten alten Deutschland zurückkehren wollten. Seine Broschüre aus dem Jahr 1930 mit dem vielsagenden Titel „Nicht reden, handeln! Deutschland, nimm dein Schicksal selbst in die Hand!" zeugte davon. Sie war voller nationalkonservativer Rhetorik. So besitze das deutsche Volk den Fleiß und das Pflichtbewusstsein, um aus eigener Kraft zu Wohlstand zu gelangen. Was fehle, sei die Führung, mit der sich diese Eigenschaften Geltung verschaffen könnten. Das Volk könnte sich unter geeigneter Führung von den ausländischen Einmischungsversuchen, die die eigene Bewegungsfreiheit einschränkten, befreien. Die Stärke von Deutschlands Erholung liege im Volk und seinem Staat. Und unter diesem Gesichtspunkt sei auch eine Zusammenarbeit mit anderen zu betrachten.

Der Friedensvertrag von Versailles, das Abkommen von London 1921, das Dawes-Abkommen 1924 sowie das Haager Abkommen 1930 hatten in weiten Teilen der deutschen Bevölkerung zu Unzufriedenheit geführt, die in dieser Zeit ein politisches Ventil fand. Zweifellos spielten dabei der spürbar geschwundene Wohlstand und die hohe Arbeitslosigkeit eine entscheidende Rolle.[2] Schacht verfasste in dieser Zeit zwei Broschüren sowie ein Buch. Nach der bereits erwähnten Broschüre „Nicht reden, handeln! Deutschland, nimm dein Schicksal selbst in die Hand!" folgte 1931 das bereits oben zitierte Buch „Das Ende der Reparationen". 1932 schließlich verfasste er die Broschüre

---

[1] Eine eingehende Darstellung dieser Zeit findet sich in Mommsen (2009). Kap. 10, Regierung in der Krise, Kap. 11, Der Weg zur Präsidialdiktatur.
[2] Kopper (2006). Kapitel Im Unruhe- und Wartestand: Schacht und das Ende der Weimarer Republik.

„Grundsätze deutscher Wirtschaftspolitik".[3] Schon unter Hitler – und zurückgekehrt als Präsident der Reichsbank – hielt er dann am 30. August 1934 auf der Internationalen Konferenz für Agrarwissenschaft in Bad Eilsen einen Vortrag unter dem Titel „Das internationale Schulden- und Kreditproblem". Darin analysierte er die finanzielle und wirtschaftliche Problematik der Jahre 1928–1934.[4] Deshalb soll diese Veröffentlichung hier auch zur Sprache kommen.

Die Wirtschafts- und Geldpolitik

Die folgenden Zahlen kennzeichnen die wirtschaftliche und finanzielle Situation, in der sich Deutschland befand. In der Zeit von 1924 bis 1930 stiegen die Auslandsschulden; das betraf sowohl die langfristigen als auch die kurzfristigen Schulden. Die kurzfristigen Schulden waren in diesem Zeitraum auf 150 Prozent angewachsen. Bei den langfristigen Schulden war der Anstieg nicht ganz so expansiv (siehe im Anhang 1 die Tab. A.1 und A.7). Die Leistungsbilanz wies bis 1931 ein Defizit auf. Dank des schnelleren Rückgangs der Importe gegenüber den Exporten war dann ab 1931 ein geringer Überschuss zu verzeichnen (siehe Tab. A.2 im Anhang 1). Gleichzeitig gingen die Kapitalimporte ab 1929 zurück (siehe Tab. A.1 im Anhang 1), und die bis dato positive Kapitalbilanz wies nun einen negativen Saldo auf. Ungeachtet der leichten Verbesserung in der Leistungsbilanz ergab sich 1931 insgesamt dennoch eine negative Zahlungsbilanz. Infolgedessen gingen der Reichsbank die eigenen Devisen- und Goldreserven aus (siehe Tab. A.3, A.7 und A.11 im Anhang 1). Schacht verwies darauf, dass sich diese Entwicklung bereits 1928 abzeichnete

---

[3] Schacht (1932).
[4] Schacht (1934).

und ab Ende 1929 rasant an Fahrt aufnahm.[5] Gleichzeitig verschlechterte sich die Weltwirtschaftslage.[6] Die Vereinigten Staaten hatten mit den negativen Folgen des Börsencrashs für das Kreditangebot auf den internationalen Kapitalmärkten zu kämpfen. Hier dienten Schacht die Emissionen von Auslandsanleihen an der New Yorker Börse als Beispiel, die sich 1928/1929 halbierten, um sich 1930 dann wieder leicht zu erholen. Anschließend ging es schnell bergab.[7] Wenn ausländische Gläubiger mit der Entwicklung in Deutschland unter diesen Umständen für sich ein wachsendes Kreditrisiko verbanden, war es sinnvoll so viel wie möglich Kapital und Geld zurück, zu ziehen.[8]

Die negativen Auswirkungen des monetären Systems wurden dadurch unmittelbar spürbar. Bei rückläufigen Reserven kam der Augenblick, in dem die Reichsbank eingreifen musste, um die Geldmenge entsprechend der vorgeschriebenen Deckungsquote zu reduzieren. Das Kabinett Brüning und die Reichsbank reagierten ganz im Sinne der monetären Spielregeln mit einer Politik der Geldaufwertung. Dadurch sollten Importe verringert werden, und durch geringere Nachfrage bei gleichen Produktionskapazitäten sollten Preise und Kosten sinken. Die Exporte würden laut diesen Plänen steigen und gemeinsam mit den rückläufigen Importen für einen positiven Saldo der Handelsbilanz sorgen. Das Problem mit den Reserven wäre dann gelöst. Aber so funktionierte es nicht. Der Rückgang im Welthandel und der zunehmende Handelsprotektionismus

---

[5] Schacht (1932, S. 51–55). Hier wird diese Analyse vorgestellt und um Zahlen aus anderen Quellen ergänzt.
[6] Ebd., Anhang 1, S. 32 Produktionsindex. Eine Ausnahme bildet Frankreich. Dort setzte der wirtschaftliche Rückgang erst 1932 ein. Anhang 1l, S. 35 Großhandelspreise sowie Anhang 5, S. 38, Arbeitslosenzahlen.
[7] Schacht (1934, S. 37). Anlage 3b.
[8] Ebd., Anhang 4. S. 38.

ließen wachsende Exporte nicht zu. Einziger Effekt waren die noch stärker fallenden Importe. Denen verdankte die Handelsbilanz ihren positiven Saldo. Da die Reparationszahlungen ein wenig später ausgesetzt wurden und der Schuldendienst stieg, ergab sich eine leicht positive Leistungsbilanz. Die Zahlungsbilanz war aufgrund des negativen Saldos der Kapitalbilanz insgesamt allerdings negativ. Und die Reserven nahmen weiter ab. Die Deflationspolitik musste scheitern. Wenn sich das Kabinett Brüning aufgrund der monetären Spielregeln dennoch gezwungen sah, die eigene Deflationspolitik zu forcieren, nahm es damit eine Rezession in Kauf, die sich zu einer Depression verschärfte. Brünings Politik führte zu einem Nachfrageeinbruch sowie zu Verlusten durch Unterauslastung. Zudem verschärfte sich die Beschäftigungssituation, und für Gläubiger stieg das Kreditrisiko. Die sich bereits abzeichnende negative Entwicklung der Zahlungsbilanz war für Gläubiger ein zusätzlicher Grund, sich möglichst umgehend zurückzuziehen. Deutschland rutschte laut Schacht unter Brüning in eine Deflationskrise.

Die Kreditkrise

Bevor der hier beschriebene Prozess in vollem Umfang sichtbar wurde, war es zunächst die politische Entwicklung, die Vermögensbesitzer sowie ausländische Gläubiger bedenklich stimmte. Denn der Erfolg der NSDAP bei den Wahlen am 14. September 1930 beunruhigte sie. Würde man über das eigene Vermögen noch frei verfügen können und war die reibungslose Zahlung von Zinsen und Tilgungen auf laufende Kredite noch gewährleistet, wenn die Nazis einmal das Sagen hätten? Gleichzeitig sahen sie auch, dass die Wirtschaft auf eine Depression zusteuerte. Vermögensbesitzer und ausländische Gläubiger zogen deshalb eine Milliarde Reichsmark an Vermögen und bestehenden Forderungen ins Ausland ab. Die kritische Untergrenze für die vorgeschriebene Gold- und Devisendeckung gelangte in Sichtweite und konnte durchaus einmal unterschritten werden.[9] Zwischen Mai und Mitte Juni 1931 flossen noch einmal 1,674 Milliarden Reichsmark ab.[10] Im gleichen Monat Juni wies Reichskanzler Brüning öffentlich darauf hin, dass das Deutsche Reich die Reparationszahlungen unter solchen Umständen keinesfalls weiterhin bedienen könnte. Eine solche Aussage trug nicht zur Wiederherstellung des Vertrauens in die Kreditwürdigkeit des Deutschen Reiches bei, sondern nährte das Misstrauen gegenüber der Reichsbank und deren Fähigkeit, Zahlungen an das Ausland zu leisten.

Bei Amtsantritt des Kabinetts Brüning wurden dessen politische Vorhaben auf den Finanzmärkten noch positiv aufgenommen. Durch Einsparungen und Steuererhöhungen wollte Brüning den Staatshaushalt ausgleichen und zugleich finanzielle Spielräume schaffen, um die Reparationszahlungen sowie Zinsen und Tilgungen im Zusammenhang mit Dawes-Plan, Young-Plan sowie weiteren Auslandsschulden bedienen zu können. Die Einschätzung ging dahin, dass eine solche Deflationspolitik zu einem besseren Saldo in der Leistungsbilanz führen würde. Damit wurde das positive Urteil der Märkte hinsichtlich der Kabinettspolitik unterstützt. Zwischen Ende 1930 und dem Frühjahr 1931 schlug die Stimmung jedoch um. Denn jetzt wurde allmählich klar, was geschah.

Auch für Brüning war es nicht einfach. Der öffentliche Sektor wies vor seinem Antritt eine hartnäckige Finanzierungslücke auf. In den Jahren 1927/28 wurde das in der Haushaltsplanung kaschiert, indem man jedes Jahr einen

---

[9] Schacht (1934, S. 25). Anlage 1a.
[10] Akten der Reichskanzlei, Die Kabinette Brüning I/II, Band 1, Einleitung III, *Die Banken- und Kreditkrise*.

Teil der Geldreserven aus den Überschüssen der Vorjahre zu den Einnahmen hinzuzählte. Ab 1928 war das nicht mehr möglich, und man war gezwungen, das Haushaltsdefizit extern mittels kurzfristiger Kredite zu finanzieren, die immer wieder erneuert und verlängert werden mussten. Das Defizit stieg von 11 Milliarden Reichsmark im Jahr 1927 auf 21,3 Milliarden 1930.[11] Unter dem Druck von Schacht sowie des Generalagenten für die Reparationszahlungen Gilbert wurde Ende 1929 eine haushaltspolitische Wende eingeleitet. In diese Zeit fielen die „lex Schacht" sowie der Rücktritt des Finanzministers Hilferding. Auf diese Weise sollte ein weiterer Anstieg der öffentlichen Schulden verhindert werden. Die alten Verbindlichkeiten waren damit allerdings noch nicht beglichen. Zudem stellte sich heraus, dass auch das neue Kabinett Brüning ungeachtet seiner Bemühungen um Einsparungen und Steuererhöhungen mit Haushaltsdefiziten zu kämpfen hatte. Ursache war der rasante Rückgang der Steuereinnahmen. Dieser Rückgang war noch stärker als die Folgen von Einsparungen und Steuererhöhungen. Brüning suchte die Lösung im Ausland – auch um die Reparationszahlungen und den Auslandsschuldendienst bedienen zu können (etwa die Zahlungen im Rahmen von Dawes- und Young-Plan). Denn er wusste, dass die Reichsbank kaum über Devisen verfügte. So wollte er an der Wall Street eine Anleihe über 500 Millionen Reichsmark platzieren. Die Bank Lee, Higginson und Co hatte dazu ein entsprechendes Ersuchen erhalten. Angesichts der Haushaltsentwicklung, der Höhe der deutschen Auslandsschulden sowie der Reserven der Reichsbank war allerdings keineswegs sicher, dass diese Bank darauf eingehen würde.

Schacht warf dem Kabinett dementsprechend vor, dass sich das grundlegende Problem der Auslandsschulden mit ihren Konsequenzen für die Reserveposition der Reichsbank

---

[11] Diese Zahlen stammen aus Willi Albers (1976, S. 332–334).

durch die Platzierung einer solchen Anleihe nur noch verschärfen würde.[12] Am 14. September 1930 befand sich Schacht in London auf der Durchreise in die Vereinigten Staaten. Gerade an diesem Tag hatten die Wahlen zum Reichstag der NSDAP einen fulminanten Erfolg beschert. Die Reaktion der Finanzmärkte darauf fiel wie schon gesagt, negativ aus. Nach seiner Ankunft in New York führte Schacht der Geschäftsleitung von Lee, Higginson und Co auf Nachfrage die Risiken vor Augen, die mit dem Ersuchen der Reichsregierung verbunden waren. Er warnte vor der schlechten Bonität des Deutschen Reichs und vor dem Risiko, dass die Zahlung von Zinsen und Tilgungen aufgrund der schwachen Reserveposition der Reichsbank problematisch werden könnte. Die Reichsregierung konnte ihre Anleihe dennoch platzieren, allerdings nicht gerade zu günstigen Konditionen. Sie musste zusagen, Zinsen und Tilgungen durch entsprechende Berücksichtigung in der Haushaltsplanung bedienen zu können. Auf diese Weise wurde daraus ein bevorzugtes Darlehen. Die Reichsbank hatte keine Einwände, auch wenn der Transfer von Zins- und Tilgungszahlungen mit Schwierigkeiten verbunden war.

In einem Vortrag an der Deutsch-Amerikanischen Handelskammer am 3. Oktober 1930 kippte Schacht noch einmal Öl ins Feuer, indem er öffentlich erklärte, dass sich die Reserveposition der Reichsbank momentan derart verschlechtern würde, dass eine sofortige Einstellung der Reparationszahlungen nicht mehr zu vermeiden wäre. Er wiederholte seine Analyse und die Schlussfolgerung in einer persönlichen Begegnung mit Präsident Hoover. Brüning und dessen Helfer betrieben in seinen Augen eine Vogel-Strauß-Politik. Die amerikanische Presse stürzte sich auf dieses Thema. In den Berliner Regierungskreisen dagegen waren

---

[12] Kopper (2006, S. 179 f.).

Empörung und Entrüstung groß. Die Vorträge aus Amerika verwendete Schacht für sein Buch „Das Ende der Reparationen". Die englische Ausgabe erschien 1931 zunächst in den Vereinigten Staaten und anschließend in Großbritannien. Später erschien auch eine deutsche Ausgabe.[13]

Dank seiner Vorträge und Gespräche an der Wall Street und in Washington waren Politik und Finanzwelt in den Vereinigten Staaten nicht nur bezüglich seiner Auffassungen im Bilde, sondern hatten auch eine Vorstellung von dem Risiko, dem das gesamte System des Ausgleichs der interalliierten Kriegsschulden sowie der Reparationszahlungen bei der Bank für Internationalen Zahlungsausgleich (BIZ) unterlag.[14]

Das Kabinett konnte Schacht in gewissem Sinne dankbar sein. Deutschlands Zahlungsprobleme waren in den maßgeblichen und finanziell interessierten Kreisen in den Vereinigten Staaten ins Bewusstsein gerückt. Es war ein offenes Geheimnis, dass sich auch Brüning und Reichsbankpräsident Luther im Klaren darüber waren, dass die Bedienung der Reparationszahlungen aufgrund der anhaltenden Haushalts- und Devisenprobleme mit großen Schwierigkeiten verbunden sein würde. Die Irritationen im Kabinett über Schachts Auftreten bezogen sich allerdings nicht darauf. Das Kabinett fühlte sich bei der Platzierung der Anleihe durch Schacht hintergangen und hätte auf dessen öffentliche Kritik lieber verzichtet, gerade zu einem Zeitpunkt, da man überlegte, mit welchen politischen Schritten das Zahlungsproblem zu lösen wäre. Die Irritationen über Schachts Auftreten verstärkten sich noch nach Erscheinen des Buches „Das Ende der Reparationen" im März 1931. Das Kabinett widmete diesem Thema eine ganze Kabinetts-

---

[13] Schacht (1966, S. 175–177). Darin berichtet Schacht von seiner Reise in die Vereinigten Staaten.
[14] Kopper (2006, S. 180).

sitzung, an der auch Luther teilnahm.[15] Auch hier ging es nicht darum, dass Schacht eine finanzwirtschaftliche Analyse vorgelegt hatte. Das Kabinett und Luther hatten gehofft, dass es Schacht dabei belassen würde, denn er hatte angedeutet, dass er das Kabinett bei dessen Versuchen unterstützen würde, die Reparationszahlungen erneut zur Diskussion zu stellen. Angekreidet wurde Schacht vielmehr dessen Kritik am Auftreten des Kabinetts Müller auf den Haager Konferenzen. Schacht meinte, dieses Kabinett habe unverantwortliche politische und finanzielle Zugeständnisse gemacht. Allerdings hatte das Kabinett Brüning die Ergebnisse der Haager Konferenzen akzeptiert. Außenminister Curtius sprach nun sogar von einer unerhörten Verfälschung der Tatsachen. Das Kabinett hielt eine Reaktion für notwendig, ohne im Übrigen selbst Gegenstand politischer Diskussionen werden zu wollen. Die Gegendarstellung erfolgte deshalb in Form einer unabhängigen wissenschaftlichen Prüfung des Sachverhalts. Auf diese Weise kam es zur Untersuchung des Reichsarchivs, die unter der redaktionellen Leitung von Martin Vogt in der Schrift „Die Entstehung des Youngplans" erst nach dem Krieg veröffentlicht wurde. Die Untersuchungsergebnisse lagen zwar schon in der Zeit des Hitler-Regimes vor. Allerdings hielten Hitler und dessen Helfer eine Veröffentlichung aus nachvollziehbaren Gründen für nicht opportun, denn sie gehörten selbst zu den Kritikern und hatten das Pariser Abkommen und später auch das Abkommen von Den Haag abgelehnt. Schacht stand nun in ihren Diensten. An der gesamten Vorgehensweise des Kabinetts zeigte sich die angespannte Atmosphäre und Nervosität, die dort und in der Reichsbank herrschte.

---

[15] Akten der Reichskanzlei, die Kabinette Brüning I/II, Band 2, Dokumente Nr. 272. *Ministerbesprechung vom 27. März 1931. Buch des Reichsbankpräsidenten a. D. Schacht.*

5 Die große Wirtschaftskrise (1930–1933)

Banken in Schwierigkeiten

Natürlich wurden die Banken mit den Folgen der Rezession und dem Verhalten der Gläubiger konfrontiert. Auch sie hatten umfangreiche Auslandskredite aufgenommen und mussten mit ansehen, wie ihre ausländischen Gläubiger ab 1929 absprangen. Die Zahl der Schuldner mit zweifelhaften Forderungen nahm zu. Auf der Habenseite der Bankenbilanzen wurde der Rückgang der ausländischen Finanzierungen sichtbar (siehe die Tab. A.3 und A.8 im Anhang 1). Auf der Sollseite machten sich die bekannten Rezessionserscheinungen bemerkbar. Zahlungsausfälle und Insolvenzen führten zu Rückstellungen und später zu Abschreibungen. Das konnte Liquiditätsprobleme mit sich bringen und bei unzureichenden Reserven bis zur Zahlungsunfähigkeit führen.

Der Abzug von Auslandskapital sowie andere Zahlungen an das Ausland belasteten zunehmend auch die Gold- und Devisenreserven der Reichsbank. Sie verringerten sich von 3,078 Milliarden Reichsmark am 30. Juni 1930 auf 0,524 Milliarden Reichsmark am 31. Dezember 1931 und waren auch in den Folgejahren weiter rückläufig.[16] Dies veranschaulicht das Zahlungsproblem Deutschlands. Und die Banken waren Teil dieses Problems, da sie an ihre Liquiditätsgrenzen stießen.

Das Kabinett wollte die Banken aber nicht ihrem Schicksal überlassen, sondern ergriff eine Notmaßnahme durch Gründung eines Reichswirtschaftsgarantieverbands, in dessen Rahmen Banken eine staatliche Garantie erhalten konnten, um kurzfristigen Verpflichtungen gegenüber dem Ausland nachzukommen. Der Erfolg dieses Schrittes bedeutete für die Reichsbank allerdings eine Verschärfung ihres Devisenproblems.

---

[16] Schacht (1934, S. 53). Tabelle in Anlage 20.

Doch Luther hatte eine Alternative. Am 7. Juli 1931 beschloss er, die Golddiskontbank (GDB) mit dieser Aufgabe zu betrauen. Sie besaß noch ein Pfund-Sterling-Kapital in Höhe von 50 Millionen Dollar. Luther schlug vor, dass Wirtschaft und Banken eine Garantie für eventuelle Verluste der GDB von bis zu 500 Millionen Reichsmark übernehmen sollten. Mit dieser verbesserten Finanzierung sollte die Bank im Ausland kurzfristige Verbindlichkeiten einwerben, um einen reibungslosen ausländischen Zahlungsverkehr zu gewährleisten. Das war ein Notbehelf. Die Banken würden so lange Zahlungen an das Ausland entrichten können, bis die Devisenposition der GDB erschöpft wäre. Angesichts der Gold- und Deviesen position der Reichsmark und die aus- ländischen Kapital- und Geldforderungen handelte es sich um eine recht unbedeutende Maßnahme. Nicht geklärt war, wie sich die Bank weitere Devisen würde beschaffen können, um ihren Verpflichtungen ausländischen Gläubigern gegenüber nachzukommen.

So war nachvollziehbar, dass Wirtschaft und Bankensektor, die an der Umsetzung des Vorschlags mitwirken sollten, Bedingungen stellten. Sie verlangten, dass die Reichsbank ihre Reserven mithilfe von Stützungskrediten anderer Zentralbanken ausbauen sollte. Wenn die GDB darüber verfügen könnte, wäre ihr Devisenlimit ausreichend hoch. Luther sollte doch mit seinen Kollegen sprechen.

So war es naheliegend, diesbezüglich Kontakt zur Bank of England aufzunehmen. Vom Londoner Finanzplatz durfte man erwarten, dass er einem solchen Ersuchen wohlwollend gegenüberstand. Denn dies würde die reibungslose Fortführung der Erteilung von Handelskrediten zwischen den Londoner Banken und ihren deutschen Kollegen vereinfachen. Die spannende Frage war, ob die Bank of England genügend Vertrauen in die Reichsbank besaß, um sich darauf einzulassen. Im Übrigen hatte sie es selbst nicht leicht. Das Pfund stand unter Druck, weil das Vertrauen in die Nachhaltigkeit ihrer Reserven schwand. Allerdings

5 Die große Wirtschaftskrise (1930–1933)

waren die Aussichten für Luther und seine Reichsbank denkbar schlecht. Das hatte sich schon früher gezeigt. Bereits am 20. Juni 1931 hatte Luther vergeblich versucht, von der Bank of England einen Stützungskredit zu bekommen. Der Gouverneur der Bank of England, Montagu Norman, war nicht einmal bereit, Luther zu einem Gespräch über einen solchen Kredit zu empfangen. Er hatte kein Vertrauen in die Geldpolitik der Reichsbank und ihres Präsidenten. Dennoch ging Luther mit diesem Vorschlag – und den Zusagen von Wirtschaft und Banken, unter bestimmten Bedingungen Garantien gegenüber der GDB zu übernehmen – am 9. Juli 1931 noch einmal nach London. Aber wiederum erfolglos. Daraufhin nahm die Wirtschaft ihre Zusagen zurück. Im Anschluss verfügte das Kabinett die entsprechende Regelung per Notverordnung.[17] Das Devisenproblem aber bestand für Luther unverändert weiter.

Im Mai 1931 wurde die österreichische Credit-Anstalt zahlungsunfähig. Das hätte an sich noch keine Auswirkungen auf die deutschen Banken haben müssen, wenn hier nicht eine vergleichbare Situation geherrscht hätte. Dass es mit der Finanzierung der Banken nicht zum Besten stand, war bekannt. Die Vorgänge im Zusammenhang mit dem Garantiesystem zeigten das überdeutlich, ebenso wie die Berichte der Reichsbank, wonach ausländische Kredite abgezogen wurden und der Zustand der Reserven zu wünschen übrig ließ.

Die Banken hatten offensichtlich Schwierigkeiten.[18] Ihre Forderungen gegenüber der Wirtschaft waren zunehmend

---

[17] Die Diskussion über die Garantien und den GDB-Plan kam in einer Sitzung der Kabinettsausschuss für wirtschaftspolitische Maßnahmen am 9. Juli 1931 ausführlich zur Sprache. Siehe Akten der Reichskanzlei, Kabinette Brüning I/II, Band 1. Einleitung Punkt III. *Die Banken- und Kreditkrise.*
[18] Schacht (1966, S. 166–198). Hier beschreibt Schacht die Entwicklung und erörtert die Darstellung der Auswirkungen auf die Reserveposition der Reichsbank in deren wöchentlichen Übersichten.

von Ausfällen bedroht. Noch im Mai 1931 erschienen Berichte in den Zeitungen über große Verluste beim Karstadt-Konzern. Am 30. Mai folgten negative Meldungen zum Versicherungskonzern Nordstern. Anfang Juni wurde gemeldet, dass die Stadt Berlin ihren Kredit bei der Darmstädter und Nationalbank (Danat-Bank) nicht verlängern konnte. Schon seit geraumer Zeit hatte das Unternehmen Lokomotiv- und Maschinenbau Borsig mit Problemen bei der Umstellung seiner Produktion von Kriegsmaterial auf Schienenfahrzeuge zu kämpfen. Das Unternehmen geriet in Geldnot. Die Banken ließen sich nicht darauf ein und mussten Beträge abschreiben. Der Mechernicher Bleibergbau befand sich am Rande der Insolvenz. Und das waren nur einige wenige Beispiele.[19]

Die einzelnen deutschen Länder, die sich mit kurzfristigen Verbindlichkeiten tief verschuldet hatten, fanden mit ihrem Versuch einer Refinanzierung bei den Landesbanken kein Gehör. Die Landesbanken hegten ernsthafte Zweifel, dass die Länder ihren Verpflichtungen würden nachkommen können. Denn diese Banken hatten selbst ein Problem, da sie zur Stärkung ihrer Passiva ausländische Kredite aufgenommen hatten. Auch ihre Passiva standen unter Druck, wie etwa bei der Rheinischen Landesbank und ihrem westfälischen Pendant. Alle Landesbanken mussten mit Kreditoren- und Debitorenrisiken umgehen. In diesem Punkt unterschieden sie sich nicht von den Geschäftsbanken. Ein ähnliches Bild zeigten die kommunalen Sparkassen.

Am 17. Juni 1931 wurde bekannt, dass die Danat-Bank erhebliche Abschreibungen auf ihre Kredite an das Textilunternehmen Norddeutsche Wollkämmerei in Bremen vornehmen musste. Die Brüder Lahusen, Geschäftsführer und Eigentümer der Wollkämmerei, hatten die Bilanz gefälscht, um damit das desaströse Ergebnis eines spekulati-

---

[19] Schacht (1966, S. 165). Hier führt Schacht die Unternehmen mit unsicherer wirtschaftlicher Lage auf.

ven Termingeschäfts auf dem Wollmarkt zu kaschieren. Bei der Danat-Bank befürchtete man die Insolvenz des Unternehmens. Und das war angesichts einer Abschreibung auf Aktiva in Höhe von 48 Millionen Reichsmark – bei einem Eigenkapital von 60 Millionen Reichsmark und beträchtlichem Fremdkapital, das zu einem wesentlichen Teil aus kurzfristigen Krediten bestand – auch nicht so abwegig. Zur Vermeidung eines Konkurses wandte sich die Danat-Bank an die Deutsche Bank und Disconto-Gesellschaft (DeDi-Bank) – die spätere Deutsche Bank – mit der Bitte um Übernahme. Die DeDi-Bank reagierte ablehnend. Sie wollte sich keine Problembank aufhalsen.

Luther forcierte die bereits drohende Insolvenz der Danat-Bank, indem er die Rediskontierung der von ihr ausgestellten Wechsel verweigerte. Damit wurde der Danat-Bank die Liquidität der Reichsbank entzogen, und sie rutschte noch tiefer in die Krise. Die Danat-Bank musste das Kabinett am Freitag, dem 10. Juli darüber informieren, dass eine Insolvenz unvermeidlich sei. In Dringlichkeitssitzungen am 11. und 12. Juli beschloss das Kabinett, dass die Bank am darauffolgenden Montag zur Vermeidung eines Bank Run ihre Schalter schließen sollte. Das Kabinett fürchtete, dass die Anleger ihre Bankobligationen und Aktien abstoßen würden, und beschloss gleichzeitig die Schließung der Börse am Montag und Dienstag, um einen Kurseinbruch zu verhindern. Ebenfalls beschlossen wurde, dass die Danat-Bank eine Kreditgarantie erhielt, um eine sorgfältige Abwicklung der aufgelaufenen Zahlungsprobleme zu ermöglichen.[20] Das Kabinett war sich im Klaren darüber, dass die Ereignisse in Verbindung mit der Danat-Bank kein einmaliges Vorkommnis darstellten. Unmittelbar nach der Dringlichkeitssitzung führte deshalb eine Delegation

---

[20] Ein Protokoll der Sitzung am 12. Juli ist enthalten in Akten der Reichskanzlei. Kabinette Brüning I/II, Band 2, Dokumente Nr. 379. *Ministerbesprechung vom 12. Juli 1931. Lage der DANAT Bank.*

des Kabinetts Gespräche mit Vertretern von 15 Banken sowie mit Luther von der Reichsbank. Zudem ersuchte das Kabinett unter anderen den ehemaligen Minister Hilferding sowie den ehemaligen Präsidenten der Reichsbank Schacht um sachkundige Stellungnahmen.[21]

In diesen Gesprächen wurde alles noch einmal durchgegangen. Die Danat-Bank müsste, so die Vertreter der Banken, als eigenständiger Fall betrachtet werden. In der Öffentlichkeit sowie bei ausländischen Banken und Investoren würde eine andere Darstellung der Situation ihrer Auffassung nach ganz und gar kontraproduktiv wirken. Sie befürchteten, ihre Geldgeber würden das Vertrauen in den deutschen Bankensektor verlieren.

Aber die positiven Einschätzungen der Bankenvertreter konnten die Sorgen der Kabinettsmitglieder nicht zerstreuen. So meldete die Dresdner Bank ein Liquiditätsproblem. Schnell verstummten die optimistischen Töne der anderen Banken. Neben den bereits genannten Kreditinstituten Rheinische Landesbank, Westfälische Landesbank sowie den Sparkassen steckte offenbar auch die Schröder-Bank in Schwierigkeiten. Die Commerzbank sowie einige kleinere regionale und lokale Banken folgten. Um einen allgemeinen Bank Run zu vermeiden, wurde am 14. Juli eine vorübergehende Bankenschließung ausgerufen. Man wollte Zeit finden für die Ausarbeitung von Maßnahmen zur Beendigung der Bankenkrise. Vor allem dieses Thema stand im Mittelpunkt der Beratungen.

Hilferding trat für eine Verstaatlichung der Danat-Bank ein. Eine Unterbrechung des Geschäftsbetriebs dieser Bank hätte angesichts der Kreditvergaben nachteilige Folgen für die Wirtschaft und würde sich negativ auf die Beschäftigungssituation auswirken. Wassermann von der DeDi-

---

[21] Akten der Reichskanzlei, Kabinette Brüning I/II, Band 1 Einleitung III. *Die Banken- und Kreditkrise.* sowie Band 2, Dokumente, Nr. 379. *Ministerbesprechung. Ministerbesprechung vom 12. Juli 1931.*

5 Die große Wirtschaftskrise (1930–1933)

Bank machte den Vorschlag, die Banken in der schwierigen Zeit mit großzügiger frischer Liquidität zu unterstützen. Diese Liquidität hätte die Reichsbank bereitzustellen. Das Bankgeschäft könnte dann weitergeführt werden, und die Banken bekämen Zeit für die Sanierung ihrer Bilanzen. Damit wollte er den Weg der Geldschöpfung durch die Reichsbank einschlagen, um den Banken auf diese Weise genügend Liquidität zur Verfügung zu stellen. Dazu müsste die Gold- und Devisendeckung für die Geldmenge halbiert werden. Ein zusätzlicher Vorteil bestünde darin, dass die Reichsbank damit die deflationäre Wirkung auf die Geschäftstätigkeit begrenzen würde.[22]

Unabhängig von diesem Vorschlag erfolgte ein weiterer Stimulierungsvorschlag. Luther sollte, wo immer möglich, Stützungskredite einwerben. Entsprechende Erfolge würden der Reichsbank mehr Spielraum für die Ausstattung der Banken mit weiterer Liquidität geben, ohne dabei die Deckungsquote zu gefährden. Das Kabinett und Luther entschieden sich für diesen Ansatz. Solange man hier keine Fortschritte erzielen konnte, sollte die Geldmenge weiterhin auf die vorgeschriebene Deckung abgestimmt werden und die Deflationspolitik unverändert in Kraft bleiben. Luther beschloss ganz konsequent eine Erhöhung des Diskontsatzes, um die Rediskontierung von Wechseln bei der Reichsbank zu drosseln und damit die Geldmenge zu verringern. Durch diese Liquiditätsbeschränkung verschärfte sich die Krise. Luther hatte gehofft, dass die Zinserhöhung ausländische Gläubiger dazu verleiten würde, ihre Anleihen zu halten. Aber das funktionierte nicht. Die Gläubiger hatten das Vertrauen in die Kreditwürdigkeit Deutschlands verloren. Mit dieser Geldpolitik stand Luther den Auffassungen Wassermanns von der DeDi-Bank diametral gegenüber.

Nun sah sich das Kabinett gezwungen, andere Maßnahmen zur Aufrechterhaltung des Bankensystems zu ergrei-

---

[22] Siehe auch Koop Tilman (1982, S. 1338–1344).

fen – wiederum per Notverordnung. So wurde die Kreditgarantie gegenüber der Danat-Bank für allgemeingültig erklärt. Diese Notverordnung blieb während der vorübergehenden Bankenschließung in Kraft. Sie enthielt Vorschriften dazu, welche Zahlungen abgewickelt werden durfen.[23] Damit wurde der Reichshaushalt belastet.

Beratung durch Hjalmar Schacht

Schacht gehörte zu den Beratern des Kabinetts Brüning. Er schlug eine harte Sanierung des Bankensektors vor. Zahlungsunfähige Banken wie die Danat-Bank sollten geordnet in die Insolvenz gehen,[24] denn für sie bedeutete die Garantieregelung keine Rettung.[25] In einem solchen Szenario würden die gesunden Bereiche auf andere Banken übergehen. Allerdings waren dazu gründliche Überlegungen notwendig, und deshalb schlug er als Zwischenschritt vor, die gesunden Bereiche vorläufig bei der Preußischen Staatsbank unterzubringen. Damit dieser gesamte Prozess reibungslos verlief, erschien es Schacht wünschenswert, dass

---

[23] Zulässig war die Auszahlung von Löhnen und Gehältern. Die Auszahlung anderer Geldleistungen wurde begrenzt. Bargeldlose Überweisungen zwischen Banken wurden ebenfalls gestattet. Zudem wurde eine Regelung zum Zahlungsausgleich erlassen, an der sich die Banken sowie die Reichsbank beteiligten. Zahlungen ins Ausland wurden getrennt über die Akzept- und Garantiebank abgewickelt. Diese Bank wurde auch bei der Umsetzung der Devisenbeschlüsse hinzugezogen.

[24] Der gegenwärtige Gouverneur der isländischen Zentralbank, Már Gudmundsson, berichtet in der niederländischen Wirtschaftszeitung „Het Financieele Dagblad" vom 14. September 2018 (Seite 15), dass seine Zentralbank auf die Krise von 2008 genau so reagiert hätte und damit bei geringeren Kosten ein besseres Ergebnis erreicht hätte als Zentralbanken und Regierungen in der Europäischen Union.

[25] Akten der Reichskanzlei, Dokumente 379. Darin wird auch von der Teilnahme Schachts an den Beratungen mit dem Kabinett berichtet. Staatssekretär Pünder informiert in einer Anlage zu diesem Dokument über die Stellungnahme von Schacht.

5 Die große Wirtschaftskrise (1930–1933)

die Reichsbank Kredite zur Verfügung stellte. Das bedeutete Geldschöpfung zu einem bestimmten Zweck. Ein solcher Kredit war auch notwendig, um Inhabern von Guthaben mit kurzer Laufzeit bis zu einer bestimmten Obergrenze eine Garantie zu bieten und Zahlungsprobleme auszuschließen. So könnte die Öffentlichkeit Vertrauen fassen und wirtschaftlicher Schaden würde vermieden. Die Garantie könnte sich, so Schacht, auf 10.000 bis 30.000 Reichsmark belaufen.

Die Inhaber von Guthaben bei der Danat-Bank mit mittlerer und langer Laufzeit hätten ihr Geld am Ende dieser Maßnahme höchstwahrscheinlich verloren. Schacht war der Auffassung, dass solche Gläubiger in der Lage sein sollten, ihre Risiken sinnvoll abzuwägen. Hatten sie ihr Geld für längere Zeit bei der Bank hinterlegt, waren sie offensichtlich gut überlegte Risiken eingegangen. Für die Gesellschafter der Bank galt das erst recht.

Zu seinem Vorschlag passte allerdings nicht die Absicht des Kabinetts, während der vorübergehenden Bankenschließung einen Zusammenschluss der Danat-Bank mit der ebenfalls zahlungsunfähigen Dresdner Bank zu prüfen. Aus dem Zusammenschluss zweier todkranker Banken würde kein lebensfähiger neuer Anbieter entstehen. Würde man die Fusion dennoch anstreben, wäre für einen Erfolg zusätzliches Kapital erforderlich. Wer sollte dieses Kapital aufbringen? Hier wäre dann schnell der Staat gefragt und damit der Steuerzahler. Schacht sprach sich gegen ein solches kostspieliges Szenario aus. Seinen eigenen Ansatz hielt er für günstiger und effizienter. Banken mit Liquiditätsproblemen sollten, wenn es nach Schacht ginge, einen Kredit von der Reichsbank bekommen. Dieser Vorschlag beinhaltete erneut Geldschöpfung zu einem bestimmten Zweck.[26]

---

[26] Schacht (1966, S. 168 und 170). Darin beschreibt er seine Sanierungsvorschläge.

Er implizierte – um es vorsichtig auszudrücken – eine flexible Handhabung der Deckungsvorschriften der Reichsbank und erinnerte an den Vorschlag von Wassermann.

Auf Vorschlag von Luther ersuchte das Kabinett Hjalmar Schacht, die Aufgabe als öffentlicher Verwalter für die mit staatlicher Beihilfe sanierten Banken zu übernehmen. Innerhalb eines Tages war dieser Vorschlag allerdings wieder vom Tisch – Schacht war dafür nicht zu haben. Und das kann nicht verwundern. Denn das Kabinett und Luther hatten keinerlei Absicht, seinen Empfehlungen zu folgen. Der Vorschlag von Luther entbehrte darüber hinaus nicht einer gewissen Pikanterie. Am 15. Juli 1931 erhielt Brüning einen Brief vom Vorsitzenden der Deutschen Volkspartei, in dem von mangelndem Vertrauen gegenüber Luther die Rede war und der Vorschlag unterbreitet wurde, Luther durch den zur Verfügung stehenden Schacht zu ersetzen. Schacht eignete sich nach Auffassung dieser Partei besser dafür, die Banken aus der Krise zu führen. Er sei, so wird im Brief erläutert, als kompetenter und maßgeblicher Bankier allgemein anerkannt. Reichspräsident von Hindenburg erhielt in dieser Zeit einen Brief von der Kommission für Industrie und Handel der Wirtschaftspartei in Sachsen mit dem Ersuchen, das Kabinett neu aufzustellen und Luther gleichzeitig durch Schacht zu ersetzen. In der Presse wurden ähnliche Gerüchte verbreitet. Luther blieb Reichsbankpräsident, büßte aber an Autorität ein.[27]

Unabhängig von der Bankenkrise nutzte Schacht die Gelegenheit, sich gegen die beabsichtigten Devisenbeschlüsse auszusprechen, mit denen das Kabinett den Devisensaldo

---

[27] Das findet Erwähnung in den Akten der Reichskanzlei, Kabinette Brüning I/II, Band 2, Dokument Nr. 394, *Vermerk des Staatssekretärs Pünder über die Haltung der Reichsbank und die Zusammensetzung der deutschen Delegation*. (Gemeint ist die Delegation, die über Stützungskredite für die Reichsbank verhandeln sollte).

5 Die große Wirtschaftskrise (1930–1933)

in den Griff zu bekommen versuchte. Insbesondere lehnt er den Vorschlag ab, Empfänger von Devisen dazu zu verpflichten, diese Devisen bei der Reichsbank gegen Reichsmark einzutauschen. Ein solches Vorgehen erschien ihm kurzsichtig. Denn es bestünde das eminente Risiko, dass die Devisen die Reichsbank nie erreichen, sondern von den Empfängern im Ausland zurückgehalten und nach eigenem Gutdünken eingesetzt werden. So würde lediglich der Handelsverkehr behindert. Denn das Kabinett beeinträchtigte damit eine effiziente Betriebsführungt.

Natürlich musste gegen den Verlust an Gold- und Devisenreserven etwas unternommen werden. Schacht schlug vor, die Reparationszahlungen endgültig einzustellen. Noch einschneidender war sein Vorschlag, die Konvertibilität der Reichsmark auszusetzen. Es bedeutete eine selektive Konvertibilität. Es kam schliesslich auf den Kauf durch die Reichsbank von hineinkommende Devisen gegen den offiziellen Wechselkurs. Ausgehende Devisen waren gegen Reichsmark nicht frei zu bekommen. Dafür gab es Regelungen.[28]

Die Aussetzung der feien Konvertibilität und die Ausweitung der Geldschöpfung durch die Reichsbank bedeutete eine Loslösung von den monetären Spielregeln, die mit dem Dawes-Abkommen festgelegt und mit dem Haager Abkommen bestätigt worden waren. Schacht ging auf Distanz zur Rigidität des geltenden monetären Systems. Aber weder das Kabinett noch Luther folgten dem Szenario von Schacht.[29] Das Kabinett fürchtete Reaktionen der Gläubigerstaaten, denn bei

---

[28] Schacht erinnerte daran in seinem Ende der sechziger Jahre erschienen Buch über die monetären Probleme Deutschlands in jener Zeit. Schacht (1957, S. 87, 1966, S. 169 f.).

[29] Eine umfassend dokumentierte Darstellung der Beratungen des Reichskabinetts Brüning findet sich wiederum in den Akten der Reichskanzlei. Weimarer Republik. Die Kabinette Brüning I/II, Band 1, Einleitung. III. *Die Banken- und Kreditkrise*.

einer solchen Vorgehensweise würde der Zugang zu den jeweiligen Kapitalmärkten versperrt. Auch hinsichtlich Schachts Vorschlag, die Reparationszahlungen einzustellen, waren solche Probleme zu erwarten.[30] Das Haager Abkommen sah dafür zwar ein Verfahren vor, aber dies wäre ein einseitiger Schritt, der bei den alliierten Gläubigern zweifellos schlecht ankäme. Das Kabinett setzte eher auf diplomatische Verhandlungen.

Schließlich setzte das Kabinett seine Pläne durch und erließ gleichwohl den Devisenbeschluss. Aber das Vertrauen ausländischer Gläubiger darauf, dass Deutschland Zahlungsverpflichtungen in ausländischen Währungen nachkommen würde, bröckelte weiter. Das zeigte sich an der Entwicklung der Reichsbank-Reserven sowie am Kursverlauf der deutschen Dollaranleihen an der New Yorker Börse.[31]

Dank der Abwertung der deutschen Dollaranleihen an der New Yorker Börse kam es übrigens zu einem lukrativen Handel mit diesen Papieren. Anleger, die über Dollar verfügten, kauften diese Anleihen, wandelten sie um in Anleihen, die auf Reichsmark lauteten, und boten diese an der deutschen Wertpapierbörse an. Bei soliden Schuldnern war damit ein ordentlicher Börsenkurs zu erzielen, denn günstiger Einkauf und teurerer Weiterverkauf waren natürlich gewinnbringend. Ein zusätzlicher Effekt waren die rückläufigen langfristigen Schulden. Diese Praxis würde Schacht und seine Direktoren von der Reichsbank nach 1933 zu ihrer Schuldenrückkaufpolitik inspirieren, um einen Schuldenabbau zu erreichen.[32]

Aber Schacht blieb dabei: Das von ihm angebotene Szenario sei das bessere. Internationale Gespräche wegen der Schulden müssten ohnehin geführt werden, da Deutschland

---

[30] Kopper (2006, S. 187). Hier wird beschrieben, wie sich Finanzminister Dietrich und Staatssekretär Schäffer im Kabinett gegen den Vorschlag von Schacht stellten.

[31] Schacht (1934, S. 69). Anlage 34. Die Dollaranleihekurse in New York.

[32] Adam Klug (1993). In diesem Buch werden diese Praxis und deren Fortsetzung unter Hitler als Politik von Schacht analysiert.

5 Die große Wirtschaftskrise (1930–1933)

seine Geldreserven nicht in den Griff bekam. Unterstützung für seine Argumente fand er in den Entwicklungen im Zusammenhang mit den kurzfristigen Auslandsschulden. Londoner und New Yorker Banken erklärten sich noch vor der Bankenkrise bereit, unmittelbar fällige Tilgungen für bestimmte Kategorien kurzfristiger Kredite zu verlängern.[33] Im September 1931 führt dies dann zu den sogenannten Stillhalteabkommen, in deren Rahmen Tilgungen für bestimmte kurzfristige Kredite verlängert wurden mit der Möglichkeit einer weiteren Verlängerung. Die Stillhaltevereinbarungen bezogen sich anfangs auf einen Betrag von 6 Milliarden Reichsmark an kurzfristigen privaten Verbindlichkeiten, die später um 0,26 Milliarden Reichsmark an kurzfristigen öffentlichen Verbindlichkeiten ergänzt wurden. Eine Verlängerung erfolgte halbjährlich nach entsprechenden Beratungen.[34] Dabei wurden die deutschen Schuldner gesetzlich zur Mitwirkung verpflichtet. Die Devisenbeschlüsse sollten so umgesetzt werden, dass die von diesen Vereinbarungen betroffenen Gläubiger ihr Geld auch tatsächlich erhielten. Dieses System funktionierte bis 1940. Die davon betroffenen kurzfristigen Verbindlichkeiten gingen in diesem Zeitraum von 6 Milliarden auf 500 Millionen Reichsmark zurück. Damit war ein Aufwertungseffekt der offiziellen Reichsmark gegenüber den abwertenden Fremdwährungen verbunden, zu denen seit September 1931 zunächst das britische Pfund sowie die daran gekoppelten Währungen und seit 1934 der Dollar und andere Währungen gehörten.[35]

---

[33] Schacht (1966, S. 179).

[34] Eine Reihe von Krediten wurde ausgeschlossen: langfristige Kredite, Vorauszahlungen auf Ernteerträge, Vorauszahlungen auf Erträge von Wertpapiertransaktionen sowie Kredite an Tochtergesellschaften deutscher Unternehmen im Ausland.

[35] Heinrich Irmler (1976, S. 304) mit den dort enthaltenen Tabellen, in denen die Prozentsätze mit der gewichteten Aufwertung der Reichsmark für den Zeitraum 1930–1937 aufgeführt sind.

Das war eines der Ergebnisse, zu denen eine Sachverständigenkommission der Bank für Internationalen Zahlungsausgleich in Basel gekommen war. Diese Wiggin-Layton-Kommission (benannt nach ihrem Vorsitzenden und Berichterstatter) hatte die deutschen Zahlungsmöglichkeiten analysiert und dazu am 18. August 1931 einen Bericht veröffentlicht.[36] Darin empfahl die Kommission den Regierungen, bezüglich der deutschen Schuldenproblematik etwas zu unternehmen. Und zwar dringend, da die Welt durch das Versagen der internationalen Waren-, Geld- und Kapitalmärkte immer weiter in eine Depression abgleiten würde. Die Liquiditäts- und Zahlungsprobleme insbesondere der Banken in den Schuldnerstaaten, und hier vor allem der Banken in Deutschland, führten unvermeidlich zu Engpässen bei der Kreditvergabe, die wiederum bewirkten, dass die rückläufige Konjunktur in eine Depression mündet.

Die Reparationszahlungen

Für das Kabinett hatte eine Einstellung der Reparationszahlungen Priorität. Der Wegfall dieser Transferausgaben würde die Leistungsbilanz entlasten und das Devisenproblem entschärfen. Das Kabinett wollte aber vorsichtig agieren. Bereits im Juni 1931 bemühte es sich auf diplomatischen Kanälen um Neuverhandlungen.

Die Vereinigten Staaten waren aufgrund der Zahlungskrise vom Handlungsbedarf überzeugt. Der amerikanische Präsident Herbert Hoover suchte die Lösung in einer Reduzierung der interalliierten Kriegsschulden sowie der Reparationszahlungen. Mehr als der Vorschlag, bei der Begleichung der Tilgungsraten für die Kriegsschulden sowie der

---

[36] „The Financial Crisis in Germany and the Wiggin Report". *Bulletin of International News*. Vol. 8. Nr. 6. 10. September 1931. (London). 3-10 Bank of International Settlements. *Second Annual Report. 1. April 1931 – 3. März 1932.* (Basel 10. Mai 1932) 17–19.

Reparationsannuität eine Atempause einzulegen, war für Hoover allerdings nicht drin. Entscheidend durchgreifen konnte er nicht, denn neben den Meinungsverschiedenheiten in Europa ließen die politischen Verhältnisse in den Vereinigten Staaten dafür keinen Spielraum. Hier standen Wahlen vor der Tür, und in der öffentlichen Meinung stieß ein nachhaltiges Engagement bei europäischen Fragen auf Ablehnung. Die Atempause setzte am 7. Juli 1931 mit dem Hoover-Moratorium ein. Das Moratorium war für die Reservepositionen Deutschlands ebenso kontraproduktiv wie die deutschen Versuche, Stützungskredite zu beschaffen. An den Finanzmärkten wurden sowohl das Moratorium als auch die deutschen Bestrebungen als Bestätigung für die Zahlungsunfähigkeit Deutschlands interpretiert.[37]

Staatliche Beihilfen für die Banken

Auch für die Bankenkrise musste das Kabinett noch eine Lösung finden. Die vorübergehende Bankenschließung würde am 5. August 1931 auslaufen. Man entschied sich für staatliche Beihilfen für die Banken, gestützt auf einen Kredit der Reichsbank. Schacht sollte später geringschätzig anmerken, dass dieses Vorgehen den Staat mehr gekostet habe, als wenn das Kabinett seinem Vorschlag gefolgt wäre.[38] Eine Darstellung der Beihilfepolitik des Kabinetts Brüning ist in Anhang 2 enthalten. Die Welt hat 2008 und in den darauf folgenden Jahren ebenfalls eine Bankenkrise erlebt, in der Regierungen Banken mit Steuermitteln vor dem Untergang retteten. Die Vorgehensweise in der Bankenkrise von 2008 ist mit dem Vorgehen von 1931 vergleichbar.

---

[37] Die Bank für Internationalen Zahlungsausgleich zieht diese Schlussfolgerung in dem bereits zitierten Annual Report auf S. 7. Darin wird auf S. 17 ff. das Hoover-Moratorium beschrieben. Die Zahlen zur Untermauerung dieser Schlussfolgerung finden sich auf den Seiten 11–17.

[38] Schacht (1966, S. 168–171).

Stützungskredit für die Reichsbank

Das Kabinett und Reichsbankpräsident Luther hielten an ihrer Politik fest, die durch vier zusammenhängende Komponenten gekennzeichnet war. Die Maßnahmen zur Devisenbeschränkung, um die Entwicklung der Reichsbank-Reserven zu kontrollieren. Die Suche nach Stützungskrediten zur Stärkung der Reserven. Die Fortsetzung der Versuche zur endgültigen Reduzierung und nach Möglichkeit zur Beendigung der Reparationszahlungen. Fortführung der auf Deflation gerichteten Haushalts- und Geldpolitik gemäß den geltenden monetären Vorgaben.

Man erwog, einen Stützungskredit der Banque de France zu beantragen, da die Reserven der französischen Zentralbank wieder gut gefüllt waren. Zudem wäre ein gutes Verhältnis zu Frankreich hilfreich beim weiteren Umgang mit dem Komplex der Reparationszahlungen. Gespräche mit der Bank of England hatten sich als nicht zielführend herausgestellt. Ausgerechnet am 10. Juli, dem Tag der Bekanntgabe der Insolvenz der Danat-Bank, hielt sich Luther in Paris auf. Sowohl Clément Moret, der Präsident der französischen Zentralbank, als auch der französische Finanzminister Pierre Étienne Flandin zeigten Interesse, stellten aber politische Bedingungen, für die Luther kein Verhandlungsmandat besaß. Letztendlich erreichte Luther nichts.

Alle Anwesenden der Krisensitzung vom 12. Juli wussten, wie intensiv sich Luther – vergeblich – eingesetzt hatte, um bei seinen Kollegen Kredit zu bekommen.[39] Diese fehlgeschlagenen Versuche Luthers verstärkten nach Schachts Ansicht das Misstrauen der Gläubiger in die Fähigkeit Deutschlands, seinen ausländischen Verpflichtungen nachzukommen. Dementsprechend zogen die Gläubiger weiterhin Geld aus Deutschland ab. Auch in diesem Punkt sah

---

[39] Eine Darstellung der Versuche von Luther ist enthalten in Edward W. Bennett (1962, S. 223 ff.).

Schacht den Vorteil seines Vorschlags, mit der Aussetzung der Konvertibilität den Devisenabfluss zu beenden und zugleich mit einem Moratorium der Reparationszahlungen einen Schuldenausgleich mit den Gläubigern zu erreichen.[40] Die Entwicklungen in den folgenden Monaten jedenfalls bestätigten dies, da das Kabinett wenig bis nichts erreichte.

Was Luther nicht gelang, so die Überlegung des Kabinetts, würde man selbst besser in den Griff bekommen. Zumindest konnte das Kabinett über die politischen Bedingungen sprechen. Auf Anraten von Staatssekretär Hans Schäffer bat man den mit ihm befreundeten schwedischen Bankier Marcus Wallenberg um Rat, der sowohl in Paris als auch in London angesehen war und Türen öffnen konnte, die Luther verschlossen geblieben waren. Darüber hinaus durfte Wallenberg angesichts seiner Kompetenz in Finanzfragen auf das Vertrauen des Bankensektors zählen. Auf Empfehlung von Wallenberg drängte Schäffer Brüning, in Paris und London zu verhandeln, um eine endgültige Neufestsetzung der Reparationszahlungen zu erreichen und gleichzeitig die jeweiligen Zentralbanken von ihrer starren Haltung in Bezug auf Stützungskredite für die Reichsbank abzubringen. Sie versuchten, Brüning davon zu überzeugen, dass er gut daran täte, eventuelle politische Zugeständnisse, die unter Umständen notwendig wären, nicht von vornherein auszuschließen. In monetärer und finanzieller Hinsicht war höchste Eile geboten.[41]

Brüning hatte keine Lust dazu, weil er befürchtete, mit politischen Forderungen konfrontiert zu werden. Er wusste, was Luther in dieser Hinsicht in Paris erlebt hatte. Am 12. Juli 1931, als die Bankenkrise nicht mehr zu leugnen war, ging die Banque de France dazu über, von deutschen Banken akzeptierte Wechsel nicht mehr zur Rediskontierung

---

[40] Schacht (1966, S. 169).

[41] Hans Schäffer (2008). Nachdruck in der Serie Freiraum und Entscheidung. Band 1.

anzunehmen. Am gleichen Tag hatte auch die Bank of England eine solche Anordnung getroffen. Das waren keine guten Vorzeichen.

Brüning ließ sich von Schäffer dennoch überzeugen, eine Reise nach Paris zu unternehmen. Staatssekretär Schäffer durfte Brüning wegen seiner engen Kontakte zu Wallenberg allerdings nicht begleiten, denn Wallenberg wiederum hatte Kontakt zu seinen Pariser Freunden in Politik und Finanzwelt.[42] Über die Verbindung Schäffer und Wallenberg waren die Franzosen nach Überzeugung von Brüning zu gut über die deutschen Befindlichkeiten informiert. Schäffer sollte besser mit einer Delegation nach London reisen, um dort über die Möglichkeiten einer Unterstützung der Reichsbank zu sprechen.

Am 17. Juli traf Brüning mit seiner Delegation in Paris ein und sprach mit dem französischen Premierminister Pierre Laval sowie mit Finanzminister Pierre Étienne Flandin. Dabei wurden die politischen Forderungen unmissverständlich auf den Tisch gelegt.[43] Frankreich würde mit einem Darlehen der Banque de France in Höhe von 0,5 bis 1 Milliarde Dollar und einer Laufzeit von zehn Jahren aushelfen. Dieses Darlehen war aber an folgende Bedingungen geknüpft:

- Deutschland müsste während der Laufzeit auf Verhandlungen über eine Neufestsetzung der Reparationszahlungen verzichten.
- Es dürften keinerlei Grenz- bzw. Gebietsfragen angesprochen werden.
- Deutschland dürfte keine deutsch-österreichische Zollunion vereinbaren. Dabei bezogen sich die Franzosen auf

---

[42] Akten der Reichskanzlei, Kabinette Brüning I/II, Band 2, Dokumente Nr. 394. *Vermerk des Staatssekretärs Pünder über die Haltung der Reichsbank und die Zusammensetzung der deutschen Delegation. 17. Juli 1931.*

[43] Eine Darstellung dieser Pariser Verhandlungen findet sich in William L. Patch (2006, S. 167–169).

einen früheren Versuch, den Deutschland allerdings nicht weiterverfolgt hatte.
- Deutschland sollte auf den Bau von Kriegsschiffen verzichten. Und:
- Die an die Young-Anleihe geknüpfte Negativerklärung müsste in eine Positiverklärung umgewandelt werden. (Damit würden die Gläubiger mehr Sicherheit bekommen.)

Eine Delegation unter Leitung von Hans Schäffer und Reichsbank-Vizepräsident Wilhelm Vocke reiste am 19. Juli 1931 nach London.[44] Bei den Engländern war offenbar mehr zu erreichen als bei den Franzosen. Denn sie stellten nur eine einzige Bedingung. Der Stützungskredit für die Reichsbank durfte nicht für Transfers im Rahmen der Reparationszahlungen verwendet werden, wenn diese nach dem Hoover-Moratorium wieder einsetzen würden. Bei diesen Überlegungen gingen private britische Gläubiger beispielhaft voran. So war im britischen Vorschlag der Einfluss der Londoner City spürbar.

Viele Menschen, viele Meinungen. Wozu waren die Alliierten nun schließlich bereit? Noch im selben Monat folgte in London eine Konferenz über den Schuldenkomplex. Neben Deutschland nahmen daran die Vereinigten Staaten, Frankreich, Großbritannien, Italien und Belgien teil. Zu Übereinstimmung gelangte man aber nicht. Frankreich wiederholte seine Forderungen, und zu allem Überfluss zog Großbritannien am 20. Juli 1931 sein früheres Angebot zurück. Das britische Pfund stand unter Druck, und die Bank of England hielt es nicht für vertretbar, die für einen Stützungskredit erforderlichen Devisen bereitzustellen. Auf der Konferenz wurde schließlich keine Einigung erzielt. Die Amerikaner waren am 21. Juli 1931 jedoch bereit, der

---

[44] Diese Darstellung geht zurück auf die Akten der Reichskanzlei. Die Kabinette Brüning I/II. Einleitung V. *Die Außenpolitik der Ära Brüning* sowie auf die darin genannten Dokumente in Band 2.

Reichsbank einen kurzfristigen Stützungskredit über 120 Millionen Dollar zu gewähren, wenn Deutschland eine bestimmte Menge an Baumwolle und Weizen abnehmen würde. (Tatsächlich betraf es dann nur noch Weizen.) Die Bank für Internationalen Zahlungsausgleich stellte ein Konsortium aus verschiedenen Zentralbanken zusammen, das der Reichsbank einen kurzfristigen Stützungskredit über 100 Millionen Dollar gewährte. Der Abzug ausländischer Gelder wurde damit nicht gestoppt.[45]

In der Schlusserklärung von London hieß es dazu, dass der Rückzug von Kapital aus Deutschland eine Finanzkrise wahrscheinlicher gemacht habe und dies auf mangelndes Vertrauen zurückgehe, das aufgrund der Wirtschafts- und Haushaltssituation nicht gerechtfertigt sei. Im Auftrag der Bank für Internationalen Zahlungsausgleich sollte sich eine Sachverständigenkommission mit der Schuldenproblematik befassen. Das war die bereits erwähnte Wiggin-Layton-Kommission. In deren Bericht wurde die Schlussfolgerung gezogen, dass Deutschland tatsächlich ein Zahlungsproblem hatte. Eine wesentliche Ursache wären die übermäßigen kurzfristigen Schulden. Zu deren Konsolidierung würden langfristige Kredite benötigt. Diesbezüglich bestünden allerdings keine Hoffnungen. Als Interimslösung wäre kurzfristig ein Stützungskredit erforderlich.

Diese Schlussfolgerungen leisteten Deutschland politische Schützenhilfe. Carl Melchior, der deutsche Delegierte, hatte gehofft, dass eine Schuldenregelung folgen würde. Melchior wollte durch Beschaffung von Stützungskrediten eine Senkung des Diskontsatzes erreichen. Sobald der Kreditmarkt besser funktionieren würde und die externe Position etwas gestärkt wäre, hoffte er auf eine Wiederherstellung des Vertrauens seitens der Gläubiger. Anschließend würde man sich mit der Schuldenkonsoli-

---

[45] Ebd.

dierung befassen. Die negativen Auswüchse der Deflationspolitik könnten gemildert werden. So weit war man aber noch nicht. Luther hatte den Diskontsatz auf 15 Prozent erhöht in der Erwartung, damit kurzfristige ausländische Kredite im Land halten zu können. Aber das funktionierte nicht, denn die Gläubiger hatten das Vertrauen verloren. Vielmehr verschärfte sein Zinsschritt die Depression. Die Weigerung der Banque de France sowie der Bank of England, Wechsel mit Akzept einer deutschen Bank zu rediskontieren, war nach der Konferenz von London jedenfalls vom Tisch.

Die Rolle der BIZ

Bei der Bank für Internationalen Zahlungsausgleich (BIZ) war man überzeugt, dass Deutschland die Reparationszahlungen nach Auslaufen des Hoover-Moratoriums nicht aus eigener Kraft würde begleichen können, wenn das Problem der Auslandsschulden nicht gelöst wäre. Die Reparationsannuität war ein Teil davon.[46] Die Reichsregierung ersuchte die Alliierten im November 1931 darum, eine Prüfung der Zahlungsmöglichkeiten Deutschlands vorzunehmen. Die Wiggin-Layton-Kommission trat erneut zusammen, diesmal aber als Kommission im Sinne der Regelungen des Haager Abkommens.[47] Diese Kommission wurde jetzt nach Alfredo Beneduce benannt, der Ende Dezember 1931 Bericht erstattete und die Schlussfolgerung zog, dass eine Wiederaufnahme der Reparationszahlungen eigentlich nicht möglich sei. Die Kommission empfahl, eine Konferenz

---

[46] Zur Rolle der Bank für Internationalen Zahlungsausgleich in der Zeit von 1931–1933 siehe Roger Auboin (1955). Diese Studie enthält die hier verwendete Darstellung.

[47] Die Kommission wurde durch Zuwahl um einige Mitglieder erweitert, darunter Hendrik Colijn.

einzuberufen, auf der Beschlüsse zur Schuldenproblematik gefasst werden sollten, und zwar insbesondere zu den Reparationszahlungen sowie zu den interalliierten Kriegsschulden.[48]

Erst im Juni 1932 konnten die Konferenzteilnehmer in Lausanne zusammentreten, um zu erwägen, was nach Ablauf des Hoover-Moratoriums geschehen sollte.[49] Sowohl die Bank of England als auch der Berater Sprague empfahlen Deutschland, sich auf diesen Termin einzulassen. Es standen wichtige Wahlen ins Haus: sowohl in den Vereinigten Staaten (zum Kongress) als auch in Frankreich (zur Nationalversammlung). Wären diese Wahlen erst einmal vorbei, bestünden größere Erfolgsaussichten. Der Umstand, dass in Deutschland im März 1932 Reichspräsidentenwahlen stattfinden sollten, bei denen Hitler gegen Hindenburg kandidierte, und dass im Juli 1932 Wahlen zum Reichstag folgen würden, war für die deutsche Regierung Grund genug, sich auf diesen Aufschub einzulassen. Sie verband damit die Hoffnung, dass sich die Aussicht auf eine vielversprechende Konferenz positiv auf die Wahlen auswirken würde. Hindenburg blieb tatsächlich Reichspräsident. Aber das Kabinett Brüning konnte nicht davon profitieren.

Nach dem Rücktritt des Kabinetts Brüning im Mai 1932 fand dann in Lausanne die geplante Konferenz statt. Verhandlungspartner für Deutschland war nun das Kabinett von Papen. Den Beteiligten gelang es, sich auf einen Vertragsentwurf zu verständigen, mit dem die Reparationszahlungen um 90 Prozent verringert wurden.[50] Die Franzosen formulierten allerdings einen Vorbehalt. Das Haager Abkommen sei noch nicht vom Tisch. Deutschland würde

---

[48] Bank for International Settlements. Second Annual Report. 19 f.
[49] Zum Lausanner Vertrag siehe Akten der Reichskanzlei, Kabinett von Papen. Band 1. Dokumente Nr. 83. *Ergebnis von Lausanne. Aktion des Reichs gegen Preußen. Verhältnisse zwischen Reich und Ländern. Reichsreform.*
[50] Akten der Reichskanzlei. Das Kabinett von Papen. Band 1. Dokumente Nr. 83. *Ergebnis von Lausanne. Aktion des Reichs gegen Preußen, Verhältnis zwischen Reich und Ländern. Reichsreform.*

mit dieser Entlastung aus ihrer Sicht lediglich ein Aufschub gewährt. Neben Frankreich konnte Großbritannien eine beträchtliche Kürzung der interalliierten Kriegsschulden erreichen. Die gesamte Vereinbarung würde erst mit Ratifikation durch die Vereinigten Staaten Rechtskraft bekommen. Der amerikanische Kongress ratifizierte den Vertrag allerdings nicht. Gleiches galt im Übrigen auch für den deutschen Reichstag. Aufgrund des französischen Standpunkts hatte das Kabinett von Papen selbst Schwierigkeiten mit dem Ergebnis, widersetzte sich aber nicht. Dessen ungeachtet wurde der Vertrag faktisch umgesetzt. Deutschland bezahlte die vereinbarten Summen und war 1934 endgültig von den Reparationszahlungen befreit.

Kabinett und Reichsbank lockern ihre Deflationspolitik

Die deutsche Wirtschaft befand sich in einer Depression. In der Zeit von 1929–1932 verringerten sich die Großhandelspreise um 44 Prozent. Das zeigte sich auch an den Lebenshaltungskosten, die um 35 Prozent zurückgingen. Die Tariflöhne sanken um über 22 Prozent. Wer Arbeit hatte und mehr als den durchschnittlichen Tariflohn verdiente, war relativ gut dran. Aber die Zahl dieser Beschäftigten war stark rückläufig, da die Arbeitslosigkeit weiter anstieg. Auch das Nationaleinkommen fiel. Auf sinkende Warenumsätze reagierte die Wirtschaft mit kostensparenden Umstrukturierungen und Investitionskürzungen.[51]

Ende 1931 erfolgte eine Neuausrichtung der Politik. In dieser Zeit beschloss Luther doch, den Diskontsatz zu senken, zunächst auf 8 Prozent, später dann auf 7 Prozent.

---

[51] Entsprechende Zahlen siehe Albers. *Währung und Wirtschaft*. 334. Tab. 1. Ergänzt um Tabellen aus Hjalmar Schacht (1934). Großhandelspreise in Anhang 8 sowie Zahlen zur Arbeitslosigkeit in Anhang 23.

Dabei berief er sich auf die positiven Signale aus dem Beneduce-Bericht in Bezug auf Deutschlands Devisen- und Schuldenproblem. Der Titel der Notverordnung vom 8. Dezember 1931 lautete „Zur Sicherung von Wirtschaft und Finanzen und zum Schutz des inneren Friedens".[52] Darin formulierte das Kabinett Maßnahmen zur Kontrolle von Preisen und Mieten, um die Kaufkraft zu stärken. Weniger Steuern und Abgaben sowie die Anpassung des Diskontsatzes sollten die Wirtschaft entlasten. Das Kabinett wollte damit der zunehmenden Kritik an seiner Politik den Wind aus den Segeln nehmen. Das war auch unbedingt nötig, denn die mächtige Industrielobby entzog dem Kabinett ihre Unterstützung. Und auf die Unterstützung der Gewerkschaften konnte man ebenso wenig zählen.

Die politische Unruhe nahm zu. Terror und gewalttätige Auseinandersetzungen zwischen KPD und NSDAP verschärften sich. Der Wunsch der Öffentlichkeit und der Wirtschaft nach einer anderen Politik wuchs, denn das Kabinett handelte nicht energisch genug und viel zu zögerlich. Es hatte nicht mehr das Vertrauen der Mehrheit im Reichstag. Am 30. Mai 1932 wurde das Kabinett Brüning vom wiedergewählten Reichspräsidenten Hindenburg entlassen. Das war unmittelbar vor der Konferenz von Lausanne. Auf das Kabinett Brüning folgte das national-konservative Kabinett von Papen.

Schachts Kritik an der Politik des Kabinetts Brüning

Als Brüning seinen Platz für von Papen räumen musste, rückte Schacht erneut für ein öffentliches Amt in den Blick. Bereits im Vorfeld des Papen-Kabinetts lief die Gerüchte-

---

[52] Akten der Reichskanzlei, Kabinette Brüning I/II, Band 1, Einleitung, VI. *Die Sanierungspolitik des Kabinetts Brüning II.*

5 Die große Wirtschaftskrise (1930–1933)

küche in der Presse auf vollen Touren. Schacht wurde als künftiger Finanzminister sowie als neuer Reichsbankpräsident genannt. Letzteres veranlasste Luther am 1. Juni 1932, sich über Staatssekretär Pünder an von Papen zu wenden. Er sprach sich gegen Schacht aus, und zwar wegen dessen monetären Ansichten. Mit Schacht wäre die Stabilität der Währung gefährdet, weil er nicht vor einer flexiblen Anpassung der monetären Deckungsvorschriften zurückschrecken würde, um Geldschöpfung im Sinne einer expansionistischeren Geldpolitik zu ermöglichen. Aber von Papen beruhigte Luther. Er würde nicht auf eine Entlassung Luthers hinwirken, damit Schacht an dessen Stelle treten könnte.[53] Das Ausland sollte auf eine stabile Geldpolitik zählen können. Abenteuer mit einer geldpolitischen Lockerung passten nicht in ein solches Szenario.

Schacht sprach sich nicht gegen das Kabinett von Papen aus, seine Kritik galt vielmehr Brüning. Der hatte Deutschland an den Rand des Abgrunds gebracht. Und das ging über dessen Deflationspolitik hinaus. Auch diese Politik sah Schacht – wie bereits erwähnt – kritisch. Schacht hielt Brüning vielmehr vor, seine Weltanschauung zu einem politischen System erhoben zu haben. Und das war desaströs, wenn es darum ging, das deutsche Volk aus den wirtschaftlichen Schwierigkeiten zu befreien.[54] Brüning war, so Schacht, der Mann der Verelendung und der Enthaltsamkeit, was sich lähmend auf die Geschäftstätigkeit auswirkte. Das deutsche Volk musste auf den eigenen Elan und Ehrgeiz setzen, wenn es sich aus der Depression befreien wollte. Hier war ein anderer Führungsstil notwendig. Schacht hielt Brüning vor, dass er alle Ansätze einer stärker expansionistischen Geldpolitik zur Bewältigung der Krise ablehne. Laut

---

[53] Akten der Reichskanzlei, Das Kabinett von Papen, Band I, Dokumente, Nr. 1, 1. Juni 1932. Vermerk des Staatssekretärs Pünder über eine Unterredung mit von Papen zur Frage der Belastung Luthers im Amt des Reichsbankpräsidenten.
[54] Schacht (1932, S. 7 f.). Hier werden diese Beobachtungen von Schacht geschildert.

Schacht reagiere Brüning auf derartige Vorschläge mit emotionalen Einwänden, die einer sachlichen Beurteilung im Wege stünden. Zudem stieß Schacht die Demagogie sauer auf, derer sich Brüning bei der Ablehnung einer stärker expansionistischen Geldpolitik bediente. Immer wieder und ohne jeden Grund verbinde Brüning diese Zurückweisung mit der Warnung, dies führe zu Inflation. Auf diese Weise bediene sich der Reichskanzler der Inflationsangst in der Bevölkerung, die aus der Zeit der Hyperinflation stammte. Die Deflationspolitik hatte zu einer Unterauslastung der Produktionskapazitäten geführt. Fehlende Instandsetzung hatte die Qualität beeinträchtigt und wirkte kostensteigernd. Das Arbeitsangebot war hoch. In einer solchen Situation hinsichtlich einer expansionistischen Geldpolitik vor Inflation zu warnen, ginge laut Schacht völlig an der Sache vorbei.[55]

Fraglos sollte nach Schachts Auffassung jedes Kabinett auf öffentliche Investitionen verzichten, die zu größeren Finanzierungslücken und wachsenden Schulden führen. Davon wären keine entsprechenden finanziellen Erträge zu erwarten. Fraglos sollte die Lohnentwicklung flexibel sein, um die Arbeitskosten besser auf die Konjunktur abzustimmen. Fraglos sollten die Aufwendungen für die soziale Absicherung im Einklang mit den Möglichkeiten der Wirtschaft stehen. Schacht wurde nicht müde, dies in seinen Vorträgen und Veröffentlichungen zu wiederholen. Seine Auffassungen unterschieden sich deutlich von den damaligen Bestrebungen Brünings um Einsparungen und Steuererhöhungen.

Schacht war der Meinung, dass eine geldpolitische Lockerung zu konjunktureller Erholung führen könnte, wenn bei der Kreditvergabe Nachfrageanreize mit höherer Produktion verknüpft wurden. Dann wären die Geldbewegun-

---

[55] Schacht (1931, S. 199). In einer Erörterung der Finanz- und Wirtschaftspolitik fällt hier ausdrücklich diese Bemerkung.

gen auf die Warenbewegungen abgestimmt, und das würde den Kern einer erfolgreichen Geldpolitik bilden.[56] Sein Gedanke bestand darin, dass eine Verknappung oder Lockerung des Geldes mit Konsequenzen für die Kreditvergabe dann erfolgreich wäre, wenn deren Abstimmung auf die vorhandenen Produktionskapazitäten, Neuinvestitionen und Warenumsätze im In- und Ausland optimiert würde. Damit seien die Voraussetzungen für eine Preis- und Wechselkursstabilität erfüllt. Dadurch käme auch die Sicherheit der Goldparität zustande und nicht andersherum. Die Entwicklung der Gold- und Devisenreserven bei einer bestimmten Parität sei ein Indikator für eine erfolgreiche Abstimmung, der gleichzeitig auf einen eventuellen Anpassungsbedarf in der Geldpolitik hinweisen könnte, wenn die Abstimmung nicht optimal erfolgt. Andernfalls stünden die Parität und natürlich auch der daran gekoppelte Wechselkurs infrage. Wo die geldpolitischen Fehler lagen, hatte Schacht sowohl als Reichsbankpräsident als auch bei Ausbruch der Bankenkrise ausführlich erläutert. Er kam immer wieder zurück auf die unglückliche Verbindung aus falscher Haushalts- und Steuerpolitik, fehlender Eigenkapitalbildung, steigenden Auslandsschulden (darunter Reparationszahlungen), Handelsprotektionismus, internationalen Zahlungsungleichgewichten sowie einem internationalen Geldsystem mit Paritäten, das nicht auf die Bewegungen der strukturellen Zahlungsverhältnisse abgestimmt war. Diese Argumentation vertrat er in seinen „Grundsätzen deutscher Wirtschaftspolitik" sowie im „Eilsener Vortrag" und wiederholte hier die entsprechenden Lösungsvorschläge. Und er vergaß auch nicht anzumerken, dass diese Vorschläge durch die Politik der beteiligten Regierungen torpediert würden.

---

[56] Schacht (1932, S. 38–48).

Kritik anderer an der Politik von Brüning und Luther

Die Politik des Kabinetts Brüning sowie der Reichsbank unter der Leitung von Luther war vielfältiger Kritik ausgesetzt. Schacht war nicht der Einzige. Die Kritik kam nicht nur von politischen Gruppierungen links und rechts des Zentrums. Auch Gewerkschaften und Arbeitgeber sahen ihre Interessen berührt. Letztlich stolperte das Kabinett Brüning darüber. In akademischen Kreisen sowie behördlicherseits wurden politische Analysen vorgenommen und Alternativen erarbeitet. Inwieweit stimmten die Auffassungen Schachts mit den Positionen anderer Beteiligter überein? Zur Beantwortung dieser Frage sollen jetzt eine Reihe maßgeblicher Kritiker besprochen werden.

Adolf Weber

Am 18. August 1931 äußerte sich Professor Adolf Weber in einer Beratung, die das Kabinett bezüglich der Kreditkrise sowie der Finanz- und Wirtschaftspolitik einberufen hatte. Angesichts der schwindenden Reserven der Reichsbank schlug er vor, ein Disagio der Reichsmark zu akzeptieren. Aufgrund des strammen Festhaltens am Paritätskurs war man gezwungen, die Geldmenge zu reduzieren, was eine Depression zur Folge hatte. Mit einer Abwertung der Reichsmark würde der Wert der Devisenreserven in Reichsmark zunehmen, und man könnte über eine Ausweitung der Geldmenge und damit über eine Abschwächung der Deflationspolitik nachdenken. Außerdem wäre dadurch eine Stärkung der Handelsbilanz zu erwarten, ohne dass dafür eine forcierte Deflationspolitik erforderlich wäre. Brüning trat Weber mit dem Argument entgegen, dass der von ihm unterstellte positive Saldo der Handelsbilanz nicht erreicht werden könnte, weil es aufgrund des Rückgangs des Welthandels nicht zu dem dafür erforderlichen Exportwachstum käme. Der durch eine Abwertung hervorgerufene Preissenkungseffekt bei Exportgütern würde nicht ausreichen, um eine Stärkung der Reserven zu bewirken. Der Spielraum für eine Ausweitung der Geldmenge würde sich nicht ergeben. Auch bei Webers Disagio wäre eine Ausweitung der Geldmenge nicht möglich. Die Deflationspolitik war demnach unvermeidlich.[57] Priorität haben mussten deshalb die Suche nach Stützungskrediten für die Reichsbank sowie eine endgültige Einstellung der Reparationszahlungen. Brünings Antwort ging nicht darüber hinaus. Aus den öffentlichen Berichten zu dieser Beratung ließ sich keine tiefergehende Analyse ableiten.

Der Vergleich zu Schacht

Bei Schachts Vorschlag, die Konvertibilität auszusetzen, ging es ebenfalls um eine Verbesserung der Devisenbilanz. Sein Anknüpfungspunkt war aber nicht in erster Linie die Handelsbilanz, sondern die Bilanz des Schuldendienstes. Das ergänzte er durch die endgültige Beendigung der Reparationszahlungen. Aus diesem Grund wies Schacht Vorschläge wie die von Weber zurück, die keine Antwort auf das Defizit der Gesamtleistungsbilanz gaben. Auch wenn Schacht nicht direkt darauf eingegangen ist, würde der Kurs der Reichsmark bei einer Aussetzung der Konvertibilität auf den Devisenmärkten fallen. Um die damit verbundenen negativen Effekte auf die Bilanz des Schuldendienstes aufzufangen, führte Schacht mit seinem Vorschlag eine Zahlungsbremse für Zahlungen an das Ausland ein. Übrigens stimmte er dem Argument Brünings zu, dass eine

---

[57] Akten der Reichskanzlei. Die Kabinette Brüning I/II. Band 2. Dokumente Nr. 453. *Sitzung des Wirtschaftsausschusses. Wirtschaftspolitische Maßnahmen.* 4.

Abwertung der Reichsmark an sich noch keine Ausweitung der Exportmöglichkeiten bedeutete. Wenn Weber eine Ausweitung der inländischen Liquidität vorschlug, konnte er auf die Zustimmung von Schacht zählen. Allerdings setzte Schacht im Vergleich zu Weber auf eine grundsätzlich andere Argumentation. Weber argumentierte ausgehend von den bestehenden Deckungsvorschriften. Schacht hatte sich davon gelöst, denn sein Vorschlag implizierte einen Verzicht auf das bestehende strenge monetäre System. Schacht schlug vielmehr vor, die Konvertibilität der Reichsmark aufzuheben und monetären Spielraum für eine expansive Geldpolitik zu schaffen. Das lief auf eine Entkopplung von interner und externer Geldpolitik hinaus.

1928 schrieb Weber einen Artikel unter der Überschrift „Hat Schacht Recht?".[58] Darin kritisierte er die Geldpolitik Schachts sowohl in Bezug auf den Börsencrash vom Mai 1927 als auch hinsichtlich des Dawes-Abkommens. Er warf Schacht vor, den Diskontsatz Ende 1926 wieder gesenkt zu haben. Dadurch sei es bei kurzfristigen Krediten zu einer Zinssenkung gekommen, die Spekulanten dazu verleitet habe, bei den Banken kurzfristige Kredite aufzunehmen und damit an der Börse zu spekulieren. Schachts Diskontpolitik habe mit anderen Worten die Konjunktur angekurbelt, was in den Aktienkursen und der Spekulation auf einen weiteren Anstieg zum Ausdruck kam. Spekulationen trieben diese Kurse weiter nach oben, und damit ergab sich kein realistisches Bild mehr von der Wertentwicklung der Unternehmen. Weber ging nicht auf die naheliegende Frage ein, warum die Banken nicht selbst auf diesen Gedanken gekommen sind und anschließend ihre riskante Kreditvergabe angepasst haben. Das taten sie dann letztendlich nach dem Eingreifen von Schacht. Die Börsenkurse sanken und erreichten ein realistischeres Niveau. Zu einem Börsencrash

---

[58] Adolf Weber (1950, S. 156 ff.). Darin ist der vollständige Text enthalten sowie eine Betrachtung der Geldpolitik Schachts im Kontext der tatsächlichen Abläufe in der Zeit von 1924–1930 (Abkommen von Den Haag).

5 Die große Wirtschaftskrise (1930–1933)

kam es nicht, und auch die Banken sahen sich keinen unüberwindbaren Schwierigkeiten gegenüber. Auf das Verhalten der Banken bei der Diskontsatzbewegung hinsichtlich der Diskontsatzvorgaben der Reichsbank ging Weber nicht ein. Denn dann hätte er auch feststellen müssen, dass die Banken in der Lage waren, sich den Konsequenzen der Geldpolitik der Reichsbank durch kurzfristige Kredite aus dem Ausland zu entziehen. In Bezug auf Börsenspekulationen erlangte Schacht die Kontrolle über die Banken mit anderen Mitteln und nicht mit den Diskontsatzvorgaben. Darauf ging Weber aber nicht ein. Ebenso wie später auch Ritschl warf er Schacht vor, durch Erhöhung des Diskontsatzes bei der Verhinderung des Börsencrashs eine konjunkturelle Abwärtsbewegung eingeleitet zu haben.[59] Ganz abgesehen davon, dass die im Übrigen moderate Anhebung des Diskontsatzes erst nach dem Eingriff in die Kreditvergabe der Banken an Spekulanten erfolgte, kam es gar nicht zu einer konjunkturellen Abschwächung.

In der Entwicklung der Bankbilanzen zeigte sich eine solche Abschwächung überhaupt nicht (siehe Tab. A.9 mit der Entwicklung der Aktiva sowie Tab. A.10 mit dem Wechselportfolio im Anhang 1). Wie bereits erwähnt, galt das auch für die Kennzahlen zu den Aktienkursen. Die Diskontsätze der Banken stiegen tatsächlich, hatten aber keinerlei negative Auswirkungen auf das Wechselportfolio. Allerdings nahm das Volumen an kurzfristigen Auslandskrediten zu, und die Kapitalbilanz wies einen größeren positiven Saldo auf (Tab. A.1 im Anhang 1). Die Leistungsbilanz verschlechterte sich 1927 weiter, um sich dann 1928 leicht zu erholen, wobei sie aber immer noch negativ blieb (Tab. A.2 im Anhang 1). Die Kapitalbilanz sorgte allerdings für einen Ausgleich. Es kam nicht zu einer Kreditklemme. Und das Nationaleinkommen nahm weiter zu. Wie Schacht diese Entwicklung beurteilte, ist schon erwähnt. Weber war imstande das zu wissen aber er negierte es.

---

[59] Albrecht Ritschl (2002).

Dass sich die Reparationszahlungen unter dem alliierten Generalagenten Gilbert erschwerend auf die Zinspolitik auswirkten, entging Weber nicht. Er warf Schacht vor, dem Druck von Gilbert, der einen dauerhaft hohen Diskontsatz forderte, zu stark nachzugeben. So würden Kapitalimporte gestärkt und damit auch die Devisen, um die Reparationszahlungen realisieren zu können. Mit Blick auf die tatsächlichen Umstände erscheint dieses Argument merkwürdig. Gegen den Willen von Gilbert hatte Schacht den Diskontsatz nach 1925 gesenkt, um ohne größere Kapitalimporte mehr Liquidität zu erreichen. In der Praxis zeigte sich dieser Effekt bei der Rediskontierung der Wechsel, ohne dass die Kapitalimporte stoppten. Schacht analysierte, wie es dazu kam. Weber ging zwar nicht auf Schachts Ansichten ein, dennoch zeugte das Verhältnis zwischen Weber und Schacht von gegenseitigem Respekt. Schacht übte nach 1945 Kritik an der Geldpolitik der Bundesbank und schrieb in diesem Zusammenhang ein Buch, das er Weber vorlegte. Weber seinerseits stimmte der Analyse von Schacht zu.[60]

Staatssekretär Hans Schäffer verteidigt die staatlichen Beihilfen für die Banken

Hans Schäffer, Staatssekretär für Finanzen im Kabinett Brüning, legte seine Stellungnahme zur Bankenkrise in einem vertraulichen Memorandum dar.[61] Am 29. August 1931 – mehr als einen Monat nach Ausbruch der Kredit- und Währungskrise und ausgerechnet zu dem Zeitpunkt, da Wiggin-Layton mit einer Stellungnahme an die Öffentlichkeit trat – verfasste er seine „Geheimgeschichte der Bankenkrise".

---

[60] Schacht (1966, S. 191).
[61] Eckhard Wandel (1974) ist eine Biografie von Hans Schäffer mit ausführlichen Verweisen auf dessen Tagebücher sowie weitere Dokumente.

5 Die große Wirtschaftskrise (1930–1933)

Das Schriftstück gelangte nach dem Krieg mit Öffnung des Archivs von Schäffer an die Öffentlichkeit. In seinem Memorandum stellte er bei den Banken ein zunehmendes Ungleichgewicht zwischen Passiva und Aktiva fest, wobei die kurzfristigen Passiva in der Bilanzsumme großes Gewicht hatten. Die ausländischen Passiva hatten daran einen beträchtlichen Anteil. Wenn der Geldzufluss aus Aktiva nachließ und zurückblieb hinter dem Geldabfluss der Passiva, kam es zu einem Liquiditätsproblem. Waren dann die Reserven erst einmal erschöpft, wurde daraus ein Solvenzproblem. Für die Gläubiger der Bank bestand erklärtermaßen ein Risiko, da die Bank mit einem Schuldnerrisiko belastet war.[62] Sobald sich dieser Gedanke bei den Gläubigern durchsetzte, schränkten diese ihre Finanzierung der Bank ein. Und wenn es sich um ausländische Gläubiger handelte, kostete es die Banken – und letztendlich auch die Reichsbank – Devisen. Bei rückläufigen Reserven der Reichsbank führte diese Kreditkrise zu einer monetären Krise. Regierung und Reichsbank versuchten, diese monetäre Krise mit klassischen Mitteln abzuwenden, nämlich mit einer Deflationspolitik.

Schäffer war der Auffassung, es wäre der Deflationspolitik zuzuschreiben, dass sich eine positive Leistungsbilanz ergab. Dadurch hatten ausländische Gläubiger keinen Grund, an der Fähigkeit der Reichsbank zu zweifeln, Devisen für die Begleichung von Zinsen und Tilgungen bereitzustellen. Ausländische Gläubiger zogen sich aufgrund der Bankenkrise zurück. Das Kabinett sah sich deshalb zu Eingriffen gezwungen. Mit öffentlichen Mitteln wurden die Bilanzen der Banken saniert, und es wurden Maßnahmen ergriffen, um den Geld- und Kreditverkehr wieder anzu-

---

[62] Eine Zusammenfassung in Eckhard Wandel. Siehe auch Gerhard Schulz (1992, S. 390 ff.) sowie insbesondere Fußnote 389. In dieser Fußnote wird auf das Memorandum von Schäffer verwiesen. Der Autor betrachtet dieses Memorandum als Ausnahme von der Regel, wonach die Politik über die Ungleichgewichte bei den Banken und die daraus erwachsenden Risiken nicht ausreichend im Bilde waren.

kurbeln. In der Folge bestand bei den Gläubigern kein Grund zum Rückzug, und die Ursache der monetären Krise wurde beseitigt. Die Reserven der Reichsbank waren dann nur noch eine Frage der Reparationen.

Der Vergleich zu Schacht

Im Gegensatz zu Schäffer beschäftigten sich sowohl Schacht als auch der Wiggin-Layton-Bericht sowie der Beneduce-Bericht ausführlich mit der Schuldenproblematik und dem Problem der Reserven der Reichsbank. Schacht fügte diesen Aspekten den Gedanken hinzu, dass die monetären Spielregeln bei sinkenden Reserven eine Deflationspolitik erzwangen, durch die das Debitorenrisiko stieg. Damit verstärkte sich die zersetzende Wirkung der Depression, und das Kontinuitätsproblem bei den Banken verschärfte sich. Überdies wurde das negative Verhalten der Kreditgeber gefördert, und damit spitzte sich die Reserveproblematik der Reichsbank noch weiter zu. Unvermeidliche Folge war eine Intensivierung der Deflationspolitik. Schacht sprach von einer aussichtslosen Deflationskrise. Das führte ihn schließlich dazu, seinen Konvertibilitätsvorschlag zu unterbreiten und für eine andere Vorgehensweise in der Bankenkrise einzutreten. Schäffer musste Kenntnis davon gehabt haben, bezog sich aber nicht darauf. Sein Ansatz lief auf nichts anderes hinaus als auf eine Verteidigung der Politik Brünings, die er maßgeblich mitgestaltet hatte.

Der Plan von Wilhelm Lautenbach

Wilhelm Lautenbach, Oberregierungsrat im Wirtschaftsministerium, hatte einen Plan zur Bekämpfung der Depression entwickelt, den er auf der Geheimkonferenz der Friedrich-

List-Gesellschaft vorstellte, die am 16. und 17. September 1931 im Reichsbankgebäude stattfand.[63] Teilnehmer waren unter anderen Schäffer, Luther sowie zahlreiche weitere hochrangige Mitarbeiter der öffentlichen Verwaltung sowie aus der akademischen Welt. Vertreter der Banken allerdings fehlten – mit Ausnahme eines bei einem Kreditinstitut beschäftigten Ökonomen. Auch die führenden Köpfe der Wirtschaft waren nicht zugegen. Auch der Name von Hjalmar Schacht stand nicht auf der Teilnehmerliste.[64]

Lautenbach begann seine Präsentation mit der Beschreibung des monetären Systems entsprechend den Regelungen aus dem Dawes-Abkommen. Er verwies darauf, dass die Reichsbank bei rückläufigen Reserven zur Verringerung der Geldmenge verpflichtet war. Durch die geringere Liquidität waren das Kabinett und der Bankensektor schließlich zu einer Deflationspolitik gezwungen. So lautete das Szenario jedenfalls dann, wenn keine Kapitalimporte zu verzeichnen waren, und erst recht, wenn ausländische Gläubiger ihre (kurzfristigen) Kredite zurückzogen.

Lautenbach führte seine Erläuterungen ganz klassisch fort. Ziel dieser Politik war es, bei sinkender Nachfrage und wachsender Konkurrenz Preissenkungen zu bewirken sowie Importe zu ersetzen und Exporte anzukurbeln und auf diese Weise eine Erholung der Zahlungsbilanz zu erreichen. Bei einem Erfolg wären die Voraussetzungen für einen Verzicht auf die Deflationspolitik erfüllt. In dieser Argumentation ging Lautenbach mit der Politik des Kabinetts und der Reichsbank konform. Sie entsprach voll und ganz dem Lehrbuch. Lautenbach unternahm mit seinem Plan den

---

[63] Wilhelm Lautenbach. „Möglichkeiten einer Konjunkturbelebung durch Investition und Kreditausweitung. 9. September 1931". Enthalten in Wolfgang Stütze (1952).

[64] Siehe Michael Liebig (1999) sowie Knut Borchardt und Hans Otto Schötz (1991). Darin enthalten sind das Protokoll der Zusammenkunft sowie der Lautenbach-Plan.

Versuch, schneller Devisen aufzutreiben, um die Deckung der Geldmenge zu verbessern. Die Deflationspolitik wäre dann eher vom Tisch. Die bisherige Politik hatte jedenfalls für einen positiven Saldo der Leistungsbilanz gesorgt. Ebenso wie das Kabinett wollte Lautenbach diesen positiven Saldo zurückstellen, falls die Reparationszahlungen nach dem Hoover-Moratorium wieder einsetzen sollten. Die Haushaltsplanung hatte dies zu unterstützen. An die alliierten Gläubiger und die Finanzmärkte würde das Signal gesendet, dass die Kreditwürdigkeit des Deutschen Reiches gesichert sei und die Reichsbank in der Lage wäre, Zahlungen zu leisten. Lautenbach äußerte dann die kühne These, dass ausländische Gläubiger aufgrund der von ihm erwarteten Wiederherstellung des Vertrauens dazu bewegt würden, langfristiges anstelle von kurzfristigem Auslandskapital bereitzustellen. Deutschland würde die kurzfristigen Schulden hinter sich lassen und seine Leistungsbilanz mit den langfristigen Schulden verbessern. So würde es – gemeinsam mit einer positiven Handelsbilanz – zu einer verbesserten Devisendeckung kommen, und es entstünde Spielraum für eine Ausweitung der Geldmenge sowie eine Lockerung der Deflationspolitik. Was Lautenbach anstrebte, war dem Kabinett und der Reichsbank allerdings nicht gelungen.

Wie realistisch war der Ansatz von Lautenbach? Offenbar hielt er selbst ihn für ausgesprochen realistisch, denn er schlug vor, unterstützt von ausländischen Krediten, auf eine Ausweitung der Geldmenge zu setzen und dadurch entsprechende finanzielle Mittel für ein Programm mit Arbeitsbeschaffungsmaßnahmen aufzubringen. Solche Maßnahmen würden zu einer Belebung der Geschäftstätigkeit beitragen und hätten den positiven Nebeneffekt, dass man damit Arbeitslosenunterstützung einsparen könnte.

Er stellte eine weitere kühne These in den Raum. Die Projekte würden zu einem solchen Geldzufluss beitragen, zumal in Devisen, dass die Zinsen und Tilgungen der lang-

5 Die große Wirtschaftskrise (1930–1933)

fristigen ausländischen Kredite beglichen werden könnten. Schließlich ging er davon aus, dass sich die Geschäftstätigkeit mit seinen Projekten so stark ankurbeln ließe, dass die Handelsbilanz einen zunehmenden Überschuss aufweisen würde. Offensichtlich unterstellte er so hohe Effizienzgewinne, dass es zu wettbewerbsfähigen Preisen kommen könnte. Darüber hinaus würde sich die Steuerbemessungsgrundlage verbessern, und dies würde in Verbindung mit den genannten Aspekten einen größeren Haushaltsspielraum schaffen. Eine Deflationspolitik wäre damit nicht mehr nötig.

Lautenbach begründete sein Arbeitsbeschaffungsprogramm mit gängigen betriebswirtschaftlichen Argumenten. Kredite würden vergeben, um ein Ergebnis zu erzielen, das eine solche Finanzierung rechtfertigte. Auf diesem Gedanken beruhte sein Finanzierungsvorschlag. Das Deutsche Reich oder ein vom Deutschen Reich eingesetztes Organ würde Handelswechsel ausstellen, um die Unternehmen zu finanzieren, die diese Projekte umsetzten. Die Banken würden daran mitwirken, weil sie die Wechsel bei der Reichsbank zu einem attraktiven Diskontsatz rediskontieren konnten. Letztendlich würde die Reichsbank für die erforderliche Liquidität sorgen. Bedingung dabei war allerdings eine ausreichende Liquiditätsbeschaffung durch die Reichsbank. Das Deutsche Reich sorgte mit den Projekten aus makroökonomischer Sicht für eine wirtschaftliche Belebung, die mit einem Netto-Geldzufluss einherging. Dieser Zufluss war erforderlich, um durch Steuereinnahmen entsprechende Mittel zu generieren, mit denen die Forderungen zwischen Deutschem Reich und Reichsbank zu den Fälligkeitsterminen der Wechsel ausgeglichen werden konnten.

Um seinem Ansatz Nachdruck zu verleihen, formulierte Lautenbach eine Reihe von Argumenten. Eine Preisgabe der Deflationspolitik würde das Ende des Preisverfalls bedeuten, sodass im Ausland nicht mehr der Vorwurf erhoben werden konnte, Deutschland betreibe Preisdumping. Das Ausland könnte dann auf weitere handelsbeschränkende Maßnahmen verzichten. Und davon wiederum würde der deutsche Handel profitieren.

Lautenbach gab zu, dass die Beschaffung ausländischer Kredite zunächst keine Option darstellte. Zu hoch waren die Auslandsschulden und zu tief war das Misstrauen der Gläubiger, die Zweifel hatten, ob man ihren Forderungen pünktlich und vollständig nachkommen würde. Er war überzeugt, dass es der Wiederherstellung des Vertrauens diente, wenn Deutschland auf langfristige Kredite weiterhin relativ hohe Zinsen zahlte, denn das wäre für die Gläubiger attraktiv. Die Auswirkungen auf die Finanzierungskosten der Wirtschaft und der öffentlichen Hand erwähnte er nicht. Würde das Vertrauen ausländischer Gläubiger durch ein Festhalten an den bereits bestehenden hohen Zinsen wiederhergestellt? Dieses Vertrauen sollte vielmehr durch das Programm selbst aufgebaut werden. War dieser Zusammenhang so zwangsläufig, wie Lautenbach das glauben machen wollte?

Lautenbachs haushaltspolitischer Ansatz war auf Wachstum der Geschäftstätigkeit gerichtet. Er wollte das nicht durch Stimulierung der Verbrauchernachfrage erreichen, wie etwa durch Senkung der Steuern auf Verbrauchsgüter und Einkommen. Er entschied sich vielmehr für den indirekten Weg der Schaffung von Arbeitsplätzen durch Investitionen. Mehr Berufstätige erhöhten die Verbrauchernachfrage, die die gestiegene Güterproduktion absorbierte. Allerdings schlug er eine Steuersenkung für die Wirtschaft vor. Eine solche Maßnahme hätte nicht nur einen positiven Einfluss auf die Gewinnmarge, die sich wiederum auf Investitionsentscheidungen auswirken würde, sondern könnte auch zu einer Preisgestaltung zur Erhöhung der Exportchancen beitragen. Hier würden dann die zusätzlichen Devisen zur Stärkung der

5 Die große Wirtschaftskrise (1930–1933)

Kreditwürdigkeit erwirtschaftet. Das passte gut zu seinen Bestrebungen, das Vertrauen ausländischer Gläubiger zurückzugewinnen.

Würde sich unter dem Strich dennoch ein Haushaltsdefizit ergeben, könnte eine Erhöhung der Verbrauchssteuern erwogen werden. Das würde zwar Kaufkraft kosten, aber durch die wachsende Beschäftigungszahl würde die Verbrauchernachfrage nicht zu stark leiden. Dennoch sprach er die Empfehlung aus, eine solche steuerliche Maßnahme nicht zu ergreifen. Kaufkraftverluste durch preissteigernde Steuern kamen in der Bevölkerung nicht gut an. Eine andere Möglichkeit war die Senkung der Lohnkosten der einzelnen Beschäftigten. Hier sprach sich Lautenbach zugunsten von Lohnpolitik aus. Den Abschluss seiner Vorschläge bildete ein Projektprogramm im Umfang von 2 Milliarden Reichsmark, das 500.000 Arbeitsplätze schaffen sollte. Angesichts der herrschenden Arbeitslosigkeit wäre das ein Tropfen auf den heißen Stein. Das würde aber noch nicht dagegen sprechen, wenn die Investitionen tatsächlich die beabsichtigte Wirkung erzielten. Schrittweise könnte das Programm dann ausgebaut werden.

Kabinett und Reichsbank sahen im Ansatz von Lautenbach keine Veranlassung, den eigenen Kurs zu ändern. Hier spielte das Finanzierungskonzept eine entscheidende Rolle. Ihnen kam das Konzept zu spekulativ vor. Es ging davon aus, dass sich Unternehmen, ausländische Gläubiger, ausländische Importeure und die eigenen Banken in bestimmter Weise verhielten. Lautenbachs Plan konnte nicht überzeugend darlegen, dass ein solches positives Verhalten plausibel war. Wenn es ausbliebe, würden Inflationstendenzen aufkommen, und das Devisenproblem bliebe ungelöst. Allerdings nahm man es mit den monetären Spielregeln Inzwischen nicht mehr allzu genau.

Der Vergleich zu Schacht

In den Veröffentlichungen von Schacht fehlte jeder Verweis auf Lautenbachs Plan. Bei Lautenbach wiederum fehlte jedwede Analyse der Vorgänge auf den internationalen Waren-, Geld- und Kapitalmärkten. So ging er sorglos über die naheliegende Kritik hinweg, dass gänzlich unklar war, in welcher Weise sein Plan zur Wiederherstellung der Reserveposition der Reichsbank beitrug, wenn sich der geringe Überschuss in der Leistungsbilanz nicht vermehrte, um bei enttäuschenden Kapitalimporten dennoch einen günstigen Devisensaldo ausweisen zu können. Schacht hatte deshalb seinen Konvertibilitätsvorschlag unterbreitet, der einen radikalen Bruch mit der bisherigen Geldpolitik darstellte. Ebenso wie Schäffer hätte Lautenbach über Schachts Analyse informiert sein können. Allerdings findet sich dazu auch bei ihm nichts.

Der Plan von Ernst Wagemann

Ernst Wagemann, der Präsident des Statistischen Reichsamtes, unterbreitete einige Zeit nach Lautenbach einen Plan, der große Beachtung fand.[65] Dieser Spitzenbeamte hatte eine Broschüre mit dem Titel „Geld- und Kreditreform" verfasst, in der er seinen Plan entwickelte. Am 20. Januar 1932 lag dieser Plan bei Brüning auf dem Tisch. Dass ein solcher Plan Wagemanns existierte, wusste Brüning bereits. Wagemann hatte darüber am 19. Januar im Berliner Börsen-Courier berichtet. Darin kritisierte er ausdrücklich die Deflationspolitik des Kabinetts. Bei den

---

[65] Hinsichtlich der Verwicklungen im Zusammenhang mit dem Wagemann-Plan siehe Hak-le Kim (1997, S. 193–200). Zum Plan selbst sowie zur Besprechung im Kabinett Brüning im Beisein von Luther siehe: Akten der Reichskanzlei. Die Kabinette Brüning I und II. Band 3. Dokumente Nr. 651 und 653.

Kabinettsmitgliedern und dem Präsidenten der Reichsbank kam das natürlich nicht gerade gut an.

Gestärkt fühlen durfte sich Wagemann allerdings durch den Beifall aus der Wirtschaft, und zwar von denen, die vom Inlandsmarkt abhängig waren. Hier gab es bereits seit einiger Zeit Diskussionen, ob man den Deflationskurs nicht zugunsten einer expansionistischen Kreditpolitik verlassen müsse. Die Reichsbank sollte die Deckungsquote flexibler handhaben und damit Spielraum schaffen für mehr Liquidität durch Geldschöpfung.

Den Befürwortern von Wagemanns Plan erschien eine Politik der finanziellen Entlastung und Lohnzurückhaltung ebenfalls wünschenswert. Die Konsumausgaben sollten sich aus der verbesserten Beschäftigungssituation ergeben. Auf diesem Weg suchten sie mehr Umsatz und zugleich höhere Gewinnmargen.

Die Diskussion des Plans erfolgte weitgehend hinter verschlossenen Türen, um sich nicht dem Vorwurf auszusetzen, Wagemann und seine Mitstreiter hätten eine Geldentwertung im Sinn. Eine Rolle spielte sicher auch, dass die Wirtschaft unterschiedlicher Auffassung war, welche Politik verfolgt werden sollte. Denn es gab auch Gegner des Wagemann-Ansatzes. Sie suchten die Lösung für ihre Auslastungs- und Margenprobleme in Kosten- und Preissenkungen und traten damit für eine Fortsetzung der Deflationspolitik ein. Ein solcher Ansatz würde die Wettbewerbsposition gegenüber der ausländischen Wirtschaft stärken. Solche Stimmen waren natürlich vor allem aus der Exportwirtschaft zu vernehmen. Hier konnte man mit Wagemanns Auffassung einer flexibleren Handhabung der Deckungsquote natürlich nichts anfangen. Denn das hätte Auswirkungen auf den Kurs der Reichsmark und würde im Ausland für Unsicherheit hinsichtlich der Preis- und Devisenvereinbarungen in bereits geschlossenen Handelsverträgen sorgen. Der Position der Exportwirtschaft auf den internationalen Waren- und Finanzmärkten wäre damit nicht gedient.

Wagemanns Veröffentlichung in der Presse erntete zudem Widerspruch von französischer Seite. Der französische Botschafter in Berlin, André Francois Poncet, betrachtete den Wagemann-Plan als Versuch, Mittel zur Ankurbelung der deutschen Konjunktur freizusetzen. Diese Mittel stünden dann nicht mehr für Reparationszahlungen zur Verfügung. Das Vorhaben erschien wie ein finanzieller Vorgriff auf die von Deutschland angestrebte Beendigung der Zahlungen. So weit war Frankreich noch lange nicht. Aber das Kabinett beruhigte Paris. Es würde dem Wagemann-Plan nicht zustimmen. Nach Lautenbach war die Position des Kabinetts also unverändert.

Das Kabinett unternahm Versuche, Wagemann zum Schweigen zu bringen. So war er schließlich zu der Erklärung bereit, bei dem veröffentlichten Plan handle es sich um eine persönliche Meinungsäußerung.

Im März 1932 trat der renommierte Club von Berlin[66] zusammen, um den Plan zu besprechen. Dabei handelte es sich um eine illustre Gesellschaft aus Wissenschaftlern, Industriellen und Bankiers. Auch Schacht war mit von der Partie.

Was enthielt nun der Wagemann-Plan über die expansionistische Geldpolitik durch Geldschöpfung hinaus? Er wollte, wie bereits erwähnt, durch eine geldpolitische Lockerung die Geschäftstätigkeit stimulieren. Dazu sollte die Geldpolitik für Inland und Ausland voneinander getrennt werden. Der ausländische Zahlungsverkehr sollte unter Beibehaltung des bestehenden Wechselkurses der Reichsmark sowie der zugehörigen Devisen- und Golddeckung abgewickelt werden. Wagemann wusste natürlich, dass die Position

---

[66] Den Club von Berlin (nicht zu verwechseln mit dem Nachtclub gleichen Namens) gibt es immer noch; er möchte eine unabhängige Plattform zur Diskussion gesellschaftlicher Probleme sein.

der Devisen- und Goldreserven ein solches Vorhaben nicht einfacher machte, es sei denn, sein Plan würde entsprechende Maßnahmen vorsehen. Er begnügte sich mit der Bemerkung, dass die bereits eingeleitete Devisenpolitik ausreichte.

In seinem Plan beschäftigte er sich insbesondere mit der inländischen Geldpolitik. Für den inländischen Zahlungsverkehr sollten die Deckungsvorgaben hinsichtlich der Geldmenge gelockert werden, um dem Markt auf diese Weise mehr Liquidität bereitzustellen. Diese Liquidität könnten die Banken zur Ausweitung ihrer Kreditvergabe nutzen. Damit würde der deflationären Entwicklung ein Ende bereitet.

Sein Plan enthielt detaillierte Vorschläge, wie die zusätzliche Liquidität in Verkehr gebracht werden sollte. Der Staat würde mittelfristige Zinspapiere ausgeben, die von Anlegern und Banken erworben werden konnten. Das würde dem Staat Geld zur Ankurbelung der Konjunktur verschaffen. Banken und Anleger würden diese Papiere bei der Reichsbank refinanzieren können. Damit übernahm die Reichsbank deren Forderungen gegenüber dem Staat. Natürlich würde die Geldmenge auf diese Weise wachsen. Reichsbank und Banken hätten dann eine weitere Forderungsposition gegenüber dem Deutschen Reich.

Der Staat wiederum bekäme sein zusätzliches Geld und hätte damit natürlich auch höhere Schulden. Um diesen Plan finanziell abzurunden, blieb nur noch die Frage, wie diese Schulden zu tilgen wären. Das wollte man erreichen, indem man genau darauf achtete, wie diese Gelder eingesetzt werden sollten. Wagemann dachte dabei an Projekte mit ökonomischem Nutzen sowie an Beihilfen für die Wirtschaft. So würde die Geschäftstätigkeit angekurbelt und die Besteuerungsgrundlage würde gestärkt. In seinem Plan waren dafür zwei Optionen vorgesehen. Bei der ersten Option handelte es sich um öffentliche Investitionen in Versorgungsunternehmen und Projekte, die der Wirtschaftstätigkeit zugutekamen. Im Rahmen der zweiten Option würden Unternehmen steuerliche Erleichterungen eingeräumt zur Aufbesserung ihrer Nettoerträge. Aber dieser Plan konnte im Kabinett und bei der Reichsbank nicht auf Wohlwollen stoßen. Es wurden die gleichen Einwände erhoben wie beim Lautenbach-Plan.

Der Vergleich zu Schacht

Schacht distanzierte sich nicht von diesem Plan; er schenkte ihm vielmehr keine ausdrückliche Beachtung. Die Auffassungen von Wagemann und Schacht wiesen eine gewisse Verwandtschaft auf. Da war die Entkopplung der internen und externen Geldpolitik, die im Inland einen expansionistischen Kurs ermöglichte, wenn eine Antwort auf das externe Zahlungsproblem gefunden wurde. Diesem Aspekt widmete Schacht im Gegensatz zu Wagemann besondere Aufmerksamkeit. In diesem Sinne war die Analyse von Schacht vollständiger und damit realistischer.

Die Kritik von Albert Hahn

Albert Hahn gehörte mit Adolf Weber zu den wichtigsten akademischen Kritikern der vom Kabinett Brüning und der Reichsbank verfolgten Politik.[67] Hahn begann seine Kritik, indem er die Aufmerksamkeit auf die Wechseldiskont- und Akzeptrichtlinien von Hjalmar Schacht aus den Jahren 1924–1930 richtete. Dort lag die Ursache für den Konjunkturabschwung, der später mit Brünings Politik zu einer Depression führte. Darin pflichtete er Adolf Weber bei. Hahns Beurteilung dieser Politik entsprach der von Weber. Später würde sich ihnen wie schon erwähnt auch Albrecht Ritschl anschließen.

Die Schlussfolgerungen, die bei der Erörterung von Webers Kritik im Vergleich zu Schachts Politik und Auffassungen

---

[67] Siehe Albert Hahn (1931, S. 80 f., 86 sowie 96).

5 Die große Wirtschaftskrise (1930–1933)

gezogen wurden, trafen auch auf Hahn zu. Auch für Hahn war die Politik des Duos Brüning-Luther ein dankbares Objekt für Kritik. In dieser Hinsicht unterschied er sich nicht von Weber und Schacht. Hahn verwies auf die wachsenden Verluste durch Unterauslastung in der Wirtschaft und die fehlenden Kredite, die einer konjunkturellen Erholung im Wege stünden. Dann folgte bei Hahn eine Argumentation, die den Gedankengängen von Weber ähnelte. Angesichts der negativen Zahlungsbilanz und der geringen Geldreserven lautete Hahns Schlussfolgerung, dass die Reichsmark zu teuer sei. Das würde den Export beeinträchtigen. Gerade nach der Abwertung des britischen Pfunds im September 1931 handelte es sich dabei nach seiner Überzeugung um ein dringliches Problem. Dabei gab er Folgendes zu bedenken. Die Deflationspolitik des Kabinetts und der Reichsbank seien schuld daran. Die Wirtschaft sei wegen des Nachfrageeinbruchs im Inland mit einem Rückgang ihrer Umsätze konfrontiert und nicht in der Lage, diese Verluste durch Exporte auszugleichen. Das habe damit zu tun, dass Kabinett und Reichsbank ihre Deflationspolitik von einer Geldpolitik bestimmen ließen, die den Wechselkurs an die vorgegebene Devisen- und Goldparität band. Diese Wechselkursvorgaben hätten ihren Anteil an den enttäuschenden Exporten. Die Reichsmark sei einfach zu teuer. Immer wieder musste die Deflationspolitik verschärft werden, um die Zahlungsbilanz durch Kostensenkung und höhere Exporte wieder ins Gleichgewicht zu bringen. Immer wieder wurde dadurch die Konjunktur unter Druck gesetzt, und immer wieder verhinderte offensichtlich die teure Reichsmark, das angestrebte Ziel zu erreichen. Die Politik von Kabinett und Reichsbank musste also fehlschlagen. Die von Hahn vorgeschlagene Abwertung der Reichsmark würde der Handelsbilanz zu einem positiven Saldo verhelfen, mit dem sich ein Zahlungsbilanzgleichgewicht herstellen ließe. Die Reserven der Reichsbank würden dabei stabil bleiben. Darüber hinaus würde diese Politik zu einer Aufwertung der Reserven in

Reichsmark führen und aufgrund der bestehenden monetären Spielregeln Möglichkeiten zur Ausweitung der Geldmenge bieten. Das wiederum würde die Wirtschaft stimulieren. Mit einer Abwertung würden also zwei Fliegen mit einer Klappe geschlagen.

Die Abwertung der Reichsmark sollte sich laut Hahn an der Abwertung des Pfund orientieren. Das würde ausreichen. Ohne dies konkret zu erläutern, war er der Auffassung, dass es mit einer solchen Abwertung zu einem Zahlungsbilanzgleichgewicht kommen würde, das dem Wechselkurs Stabilität verlieh und den konjunkturellen Abschwung beendete. Das Vertrauen der ausländischen Gläubiger in die Kreditwürdigkeit und das Zahlungsvermögen Deutschlands wäre damit wiederhergestellt. Kapitalimporte wären wieder möglich und könnten zu einer Kreditausweitung beitragen – und damit zu einer weiteren Belebung der Konjunktur. Bei richtiger Dosierung würden das hergestellte Gleichgewicht und die Konjunkturerholung nicht gestört.

Der Vergleich zu Schacht

Auch auf Hahns Ansichten ist Schacht nie direkt eingegangen, denn Schacht stand einer offiziellen Abwertung der Reichsmark ablehnend gegenüber. Seiner Überzeugung nach würde der unterstellte Exportgewinn nicht die von Hahn geschilderten positiven Effekte zeitigen. Schacht nannte auch die Ursachen dafür. Die Abwertung würde dem Export zwar größere Chancen sichern, aber das würde nicht ausreichen, um das angestrebte Zahlungsbilanzgleichgewicht zu erreichen. Das hatte mit dem Handelsprotektionismus der anderen Staaten zu tun, die Abwertungsmaßnahmen in diesem Zusammenhang ebenfalls als Instrument einsetzten. Abwertungsmaßnahmen zur Unterstützung von Handelsprotektionismus würden nicht zu Wechselkursen führen, die den

5 Die große Wirtschaftskrise (1930–1933)

von Hahn postulierten positiven Zahlungsbilanzeffekt implizierten. Außerdem gab es das Schuldenproblem mit seinen negativen Auswirkungen auf die Leistungs- und die Kapitalbilanz. Eine Abwertung der Reichsmark würde dieses Problem verschärfen. Damit würden eventuelle Vorteile im Handelsbereich wieder zunichtegemacht. Im Übrigen war Deutschlands Export in mehrfacher Weise gegenüber Wechselkursrisiken anfällig. Die Kosten für den Export gingen zu einem großen Teil auf importierte Rohstoffe und Halberzeugnisse zurück. Das drohte den Saldo aus Exportzuwachs und damit einhergehendem Importzuwachs bei einer einseitigen Abwertung negativ zu beeinflussen.[68] Es waren diese Argumente, die Schacht dazu brachten, Standpunkte, wie sie etwa Hahn vertrat, zurückzuweisen. Schacht unterbreitete, wie bereits an früherer Stelle dargelegt, seinen Konvertibilitätsvorschlag. Im Gegensatz zu Hahn war er zu der Schlussfolgerung gelangt, dass mit dem bestehenden monetären System gebrochen werden müsste. Die nationale Geldpolitik und die Geldpolitik in den Außenbeziehungen müssten entkoppelt werden. So würde eine expansive inländische Geldpolitik ermöglicht, während die Aussetzung der Konvertibilität der Reichsmark Gelegenheit böte, eine Schuldensenkung zu erzwingen, die Reparationszahlungen zu beenden und die Handelsbilanz zu bereinigen. Damit ließe sich ein Devisensaldo erzielen, der weitestgehend zur internen expansionistischen Geldpolitik passte. Aber selbst dann noch wäre eine Koordination auf internationaler Ebene erforderlich, um ein Gleichgewicht im internationalen Zahlungsverkehr zu erreichen. Wollte man hier zu Ergebnissen kommen, müssten die Reserveüberschüsse von Ländern, wie etwa den Vereinigten Staaten, aktiviert werden, damit genügend Liquidität vorhanden war. Diese Gedanken waren bereits in seinem BIZ-Vorschlag von 1929 enthalten. In einem solchen Rahmen ließen

---

[68] Schacht (1934, S. 14–16).

sich die von ihm vorgeschlagenen Eingriffe entsprechend den Ergebnissen internationaler Beratungen gestalten. Sollte das nicht möglich sein – und die Wahrscheinlichkeit war nach Schachts Auffassung im Anschluss an das Haager Abkommen von 1930 hoch –, blieb keine andere Wahl als ein eigener deutscher Kurs. Für eine solche Politik würden sich seine geldpolitischen Auffassungen ebenfalls am besten eignen. Diese Argumentation Schachts war Ergebnis einer fortschreitenden Durchdringung der politischen und wirtschaftlichen Problematik Deutschlands. Der entsprechende Prozess hatte bereits 1925 eingesetzt, um schließlich 1931 zu diesen Schlussfolgerungen zu führen. Hahn und die anderen Kritiker der Politik Brünings, die bereits erwähnt wurden, waren nicht so weit. Sie waren überzeugt, dass mit einseitigen deutschen Schritten eine Krise heraufbeschworen werden könnte. Dabei war ihr Blick auf das Inland gerichtet. Auf den internationalen Kontext gingen sie in ihren Betrachtungen nur ansatzweise ein.

Die Empfehlung van Keynes

In dieser Debatte nimmt John Maynard Keynes eine besondere Stellung ein. Am 6. Januar 1932 hatte Keynes in Hamburg eine Vorlesung gehalten. Darin empfahl er, die Reichsmark durch Verzicht auf ihre Konvertibilität von der Goldparität zu lösen. Der Kurs der Reichsmark würde dann auf den Devisenmärkten sein neues Gleichgewicht finden. Keynes ging davon aus, dass es bei einer Loslösung vom geltenden Paritätensystem zu einer Wiederherstellung des Zahlungsbilanzgleichgewichts kommen würde.[69]

Die Gold- und Devisenreserven würden nicht mehr unter Druck stehen. Sie hätten, gemessen an der abgewerteten

---

[69] John Maynard Keynes (1932) In deutscher Übersetzung *Vom Gelde*, (München, Leipzig, 1931, S. 15). Hier äußert er sich entsprechend.

5 Die große Wirtschaftskrise (1930–1933)

Reichsmark, an Wert gewonnen. Die Geldmenge im Inland wäre gegenüber der geldpolitischen Last geschützt, die durch die bestehenden monetären Vorgaben bestand. Zunächst müsste dieses Ziel erreicht werden, bevor man sich von staatlicher Seite an die Entwicklung von Arbeitsbeschaffungsprogrammen machte, um die Konjunktur weiter anzukurbeln. Ansonsten würden seiner Auffassung nach falsche Prioritäten gesetzt. Denn die Konjunktur könnte durchaus in eine positive Richtung gelenkt werden. Es stellte sich lediglich die Frage, ob noch weitere Maßnahmen in dieser Richtung erforderlich wären. Schauen wir uns das genauer an. Der von Keynes empfohlene Ansatz verfolgte zwei Stoßrichtungen. Neben einer verbesserten Konjunktur war auch eine Erholung der externen Zahlungsbilanz erforderlich. Zusätzliche Anreize könnten dieses Ziel gefährden, wenn sie zu einer Zunahme der Importausgaben führten, die die zusätzlichen Exporterträge überstiegen. Damit würde das Pferd beim Schwanz aufgezäumt.

Luther und Schäffer, die die Position von Keynes zur Kenntnis nahmen, hatten Einwände gegen dessen Empfehlung, dass auf der Konferenz von Lausanne der Vorschlag unterbreitet werden sollte, die Reparationszahlungen zu reduzieren und diese Reduzierung später wieder rückgängig zu machen, wenn die deutsche Wirtschaft eine entsprechende Belastung würde tragen können. Die Reparationszahlungen mussten ihrer Meinung nach vielmehr vom Tisch. Doch dabei blieb es nicht. Brüning lud Keynes zu einem Gespräch ein, um ihn zu einer Änderung der beabsichtigten Empfehlung zu bewegen. Dabei nuancierte Keynes seinen Standpunkt. Sein Wechselkursvorschlag sollte besser zurückgestellt werden, bis Lausanne einen Erfolg für den deutschen Standpunkt gebracht hätte. Brüning gab Keynes allerdings zu verstehen, sich einer Abwertung der Reichsmark nicht entgegenzustellen. Für die Zeit nach Beendigung der Reparationszahlungen schwebte Brüning sogar eine Abwertung um 20 Prozent vor. Keynes nahm das zur Kenntnis, äußerte sich aber nicht dazu. Sein eigener Vorschlag beinhaltete keine klassische Abwertung.

Keynes sah ein, dass die Beendigung der Reparationszahlungen für Deutschland eine politische und finanzielle Notwendigkeit darstellte. Brüning durfte erwarten, dass die britische Delegation für Lausanne über den Standpunkt von Keynes unterrichtet würde.[70] Keynes unterbreitete Brüning schließlich den Vorschlag, sich nicht von der Konvertibilität zu lösen, sondern einen Zwischenweg zu wählen. Demnach sollte die gesetzlich vorgeschriebene Deckung abgeschafft und die Geldpolitik auf den Devisen- und Goldsaldo im Verhältnis zum ausländischen Zahlungsverkehr abgestimmt werden. Das würde für Flexibilität sorgen. Gleichzeitig schlug Keynes vor, den monetären Goldzahlungsverkehr ausschließlich den Zentralbanken vorzubehalten. Die Zentralbanken würden also ihre Aktivitäten auf dem Goldmarkt einstellen. Damit würde die Abstimmung der Politik der Zentralbanken untereinander gefördert. Die Reichsbank folgte dieser Vorgabe bereits, wenn auch ohne Erfolg.

Krönung einer solchen Vorgehensweise wäre die internationale Koordination der Geldpolitik, um insbesondere gegen die Einbehaltung von Goldüberschüssen und die entsprechenden liquiditätsbeschränkenden Effekte vorgehen zu können, wenn es zur Beseitigung von Zahlungsungleichgewichten wünschenswert erschien, koordiniert mehr Liquidität einzusetzen. Nur auf diese Weise ließe sich dauerhaft eine Stabilisierung der Wechselkurse in einem eventuell neu gestalteten Paritätensystem realisieren. Er stellte allerdings fest, dass dies aufgrund der Haltung der Vereinigten Staaten vorerst nicht möglich sei. Denn die Amerikaner wären mit ihrem Überschuss für das Gelingen eines solchen Plans entscheidend. Die Vereinigten Staaten hielten aber

---

[70] Siehe William L. Patch Jr. und William L. Patch (2006, S. 218 und 219).

nichts von einem solchen Schritt, der ihre komfortable Überlegenheit auf geldpolitischem Gebiet beenden würde. Vielmehr vertraten sie in Bezug auf Geld- und Handelspolitik einen nationalistischen Standpunkt. Mit diesem Ansatz suchte Keynes Anschluss an seinen Essay aus dem Jahr 1930 „The Great Slump of 1930".[71]

Der Vergleich zu Schacht

Der Konvertibilitätsvorschlag von Keynes erinnert an Schachts Vorschlag. Der Unterschied besteht darin, dass Schacht eine Antwort auf das Problem der deutschen Schuldenpositionen suchte. Deshalb schlug Schacht gleichzeitig einen Zahlungsstopp vor. Damit würden die Gläubiger zur Mitwirkung an einer Schuldenregelung gezwungen, die weiterhin notwendig war, um eine ausgeglichene Zahlungsbilanz zu erreichen. Hier bestand ein wesentlicher Unterschied zwischen beiden Vorstellungen. Schacht wies wiederholt darauf hin, dass ein Ansatz wie der von Keynes nicht funktionieren könnte. Die Reichsmark würde auf den Devisenmärkten unter Garantie einbrechen. Das käme der Handelsbilanz aber nur teilweise zugute. Denn es verschärfte die Schuldenproblematik. Allerdings waren sich Schacht und Keynes darin einig, dass die Konvertibilität innerhalb eines Systems fester Wechselkurse mit festgesetzten Goldparitäten bei gleichzeitig strukturellen Zahlungsungleichgewichten nicht haltbar wäre.[72] Das Plädoyer für eine internationale Koordination unter Einbeziehung der amerikanischen Reserveüberschüsse zur Beseitigung der Zahlungsungleichgewichte erinnert stark an die Argumentation von Schacht in dessen BIZ-Vorschlag aus dem Jahr

---

[71] Robert Skidelsky (2015, S. 152–158).
[72] Ebd. und John Maynard Keynes (1932). Hier besprochen anhand der deutschen Übersetzung *Vom Gelde*.(München/Leipzig). S. 514–517.

1929. Zudem stimmten beide darin überein, dass ein solcher Ansatz aufgrund der amerikanischen Position aller Voraussicht nach nicht möglich war. Keynes ließ in seinem Gespräch mit Brüning allerdings offen, wie ein alternativer Kurs aussehen könnte.

Die Kabinette von Papen und von Schleicher

Ungeachtet aller Vorschläge zur Beendigung der Deflation änderte sich unter dem Kabinett Brüning nichts. Es zerbrach schließlich daran. Würde es unter einem nationalkonservativen Kabinett von Papen anders werden? Dieses Kabinett machte sich eine Abgabenentlastung für die Wirtschaft zur Aufgabe, um damit die Beschäftigungssituation zu verbessern. Zudem wurden Arbeitsbeschaffungsprojekte in die Wege geleitet. Mit diesem Ziel vor Augen ernannte das Kabinett in der Person von Dr. Günther Gereke einen Staatskommissar für öffentliche Arbeiten. Dabei handelte es sich um eine politische Entscheidung. Gereke war Landesvorsitzender der Christlich-Nationalen Bauern- und Landvolkpartei. Gleichzeitig unterhielt er enge Kontakte zur christlichen Gewerkschaft. Als Präsident des Landgemeindetags, der die ländlichen Gebiete vertrat, besaß er auf Verwaltungsebene in der Region entsprechenden Rückhalt. Politisch vertrat er eine nationalistische Einstellung und war Mitglied im Stahlhelm. Von Papen suchte mit dieser Ernennung eine breitere Unterstützung und wollte sich der Bezichtigungen erwehren, dass sein Kabinett in Sachen Arbeitslosigkeit zu wenig unternehme.[73] An den geldpolitischen Vorgaben allerdings wurde nicht gerüttelt. Die Politik

---

[73] Akten der Reichskanzlei. Das Kabinett von Papen. Band 2. Dokumente Nr. 161. *Ministerialbesprechung 29. September 1932* über den Plan Günther Gereke.

der Devisenzuteilung des vorangegangenen Kabinetts wurde unverändert fortgeführt.

Die Maßnahmen zur finanziellen Entlastung der Wirtschaft waren laut Plan für den Zeitraum vom 1. Oktober 1932 bis zum 30. September 1933 vorgesehen und sollten 2,7 Milliarden Reichsmark umfassen. Dabei plante das Kabinett einen Zahlungsaufschub für Umsatz-, Ertrags-, Immobilien- und Transportsteuern. Zu diesem Zweck wurden an die Unternehmen Steuergutscheine über 40 % der Summe der Steuerbescheide ausgegeben. Das Deutsche Reich bestand weiterhin auf den Steuerforderungen, gewährte damit aber einen Zahlungsaufschub und räumte die Möglichkeit der Verrechnung mit späteren Steuerbescheiden ein, wenn die Gutscheine abgegeben würden. Die Gutscheine wurden mit 4 Prozent verzinst, was aber steuerlich abzugsfähig war. Außerdem konnten die Gutscheine gehandelt werden. Die Banken waren bereit, sie als Sicherheit zu akzeptieren und mit der Möglichkeit der Rediskontierung bei der Reichsbank zu diskontieren. Das erhöhte ihren Liquiditätswert und brachte mehr Geld in Umlauf. Wenn Unternehmen ihre Gutscheine auf diese Weise zu Geld machten, weichte die Reichsbank implizit die Deckungsvorschriften auf. Das Kabinett von Papen hoffte darüber hinaus, dass Unternehmen die Gutscheine finanziell auch nutzten, um ihre Güterproduktion zu modernisieren und zu erweitern. So würden mehr Arbeitsplätze geschaffen, und anhand der wachsenden Lohnsumme würde auch die Nachfrage nach Gütern zunehmen. Das war die Antwort von Papens auf die Krise. Um das System in dieser Hinsicht zu stärken, wurden zusätzliche Gutscheine eingeführt, wenn sie einen Beitrag zur Schaffung neuer Arbeitsplätze leisteten. In diesem Rahmen konnten Unternehmen für jeden neuen Arbeitsplatz weitere Gutscheine über 400 Reichsmark erhalten. Daran war allerdings die Bedingung geknüpft, dass die Schaffung dieser Arbeitsplätze mit

Arbeitszeitkürzungen und Lohnsenkungen einherging. Laut Kabinett sollte damit die Nachfrage nach Arbeit zunehmen – ohne Anstieg der Arbeitskosten. Gleichzeitig versprach es sich davon positive Haushaltseffekte. Weniger Arbeitslose bedeuteten auch geringere Unterstützungsleistungen sowie eine Entlastung der öffentlichen Sozialversicherung. Und würde die Geschäftstätigkeit einmal anziehen, stiegen auch die Steuereinnahmen. Das Kabinett ging davon aus, dass durch die Steuererleichterungen mithilfe der Gutscheine kurzfristig zwar Ausfälle bei den Steuererträgen zu erwarten wären. Das würde später aber mehr als ausgeglichen. Die Ergebnisse allerdings waren enttäuschend. Zwar nutzte die Wirtschaft die finanziellen Entlastungen und setzte die Gutscheine zur künftigen Zahlung anstehender Steuerbescheide oder zur sofortigen Verbesserung von Cashflow und Nettogewinn ein. Aber die erhofften Beschäftigungseffekte blieben aus. Die allgemeinen Umsatzerwartungen ließen es nicht zu, dass Unternehmen den gebotenen finanziellen Spielraum für weitere Investitionen nutzten. Die 400-Reichsmark-Regelung wurde kaum in Anspruch genommen.

Das Kabinett reagierte darauf mit verschärften politischen Maßnahmen zugunsten der Arbeitgeber und zum Nachteil der Beschäftigten. Das Streikrecht wurde abgeschafft, und die bereits auferlegte Arbeitszeitkürzung sollte jetzt mit einer Kürzung der Tariflöhne einhergehen. Arbeitssuchende Beschäftigte wurden im Rahmen dieser Regelung gezwungen, eine Arbeitsstelle anzunehmen; andernfalls verloren sie ihre Unterstützung. Die Arbeitgeber wurden damit ermuntert, mehr Beschäftigte einzustellen und ihre Wettbewerbsposition zu stärken. Die Gewerkschaften sowie die linken Fraktionen im Reichstag waren außer sich und drohten mit Gegenmaßnahmen. Unterstützt wurden sie von der Fraktion der NSDAP. Die Arbeitgeber hingegen traten für eine Abschaffung der Arbeitsplatz-

5 Die große Wirtschaftskrise (1930–1933)

Gutscheine ein. Sie versprachen sich nichts davon und würden das Geld lieber unmittelbar in Händen haben. Auch die schärferen politischen Maßnahmen waren ihrer Meinung nach überflüssig. Aktionen der Gewerkschaften und einen gestörten Arbeitsfrieden konnten sie nicht gebrauchen.

Gereke ersann eine Alternative. Er bot der Wirtschaft an, die Steuergutscheine bei einer dafür gegründeten Einrichtung gegen Reichsmark umzutauschen. Dieses Geld wäre dann eine Vergütung für die Aufgaben, die die Wirtschaft im Rahmen des Arbeitsbeschaffungsplans übernommen hatte. Die Unternehmen konnten auf diese Weise ihren Umsatz steigern, um die Kapazitätsauslastung zu verbessern und die Profitabilität zu erhöhen.

Gerekes Beschäftigungsplan hatte einen Umfang von 600 Millionen Reichsmark; davon sollten 200 Millionen Reichsmark durch Einsatz der Steuergutscheine finanziert werden. Aus dem Reichshaushalt wurden noch einmal 200 Millionen Reichsmark bereitgestellt, die über rediskontierbare Schatzanweisungen finanziert wurden. Für weitere 200 Millionen sollten Projekte in den Kommunen realisiert werden, die auch von den Kommunen zu finanzieren wären. Die Wirtschaft durfte mit diesen 600 Millionen Reichsmark mit einer Zunahme ihrer Bruttoumsätze rechnen. Gereke bekam allerdings Probleme mit den Kommunen und in der Folge mit der Reichsbank. Er war davon ausgegangen, dass die Kommunen durch Beschäftigungszuwachs und die dadurch eingesparte Arbeitslosenunterstützung 200 Millionen Reichsmark würden erübrigen können. Aber der Plan stieß auf Widerstand bei den Kommunen, die nichts davon hielten. Schließlich wollte Gereke die Kommunen verschonen und schlug vor, weitere 200 Millionen Reichsmark aus dem Haushalt bereitzustellen, wiederum finanziert durch rediskontierbare Schatzanweisungen. Von den 600 Millionen Reichsmark wurden damit bereits 400 Millionen auf diese Weise finanziert. Aber auch für die Gutscheine über 200 Millionen Reichsmark mussten entsprechende Mittel gefunden werden. Gegen diese Vorgehensweise hatte Luther ernsthafte Einwände. Er wollte strikt an der vorgeschriebenen Deckung festhalten, die eine Ausweitung der Geldmenge nicht zuließ. Das Argument, dass die Geldschöpfung mit einer Steigerung der Warenumsätze und einem Beschäftigungszuwachs einhergehen würde, fruchtete bei ihm nicht. Die von Gereke zur Rechtfertigung seines Plans vorgebrachte optimistische Konjunkturprognose erschien ihm unzureichend begründet.

Auch die Wirtschaft konnte Gerekes Plan nicht viel abgewinnen. Sie wandte sich gegen eine staatliche Beschäftigungspolitik, die Gemeinwohl-Projekte im Auge hatte und Unternehmen zu abhängigen Lieferanten degradierte – wofür diese auch noch mit Steuergutscheinen bezahlen sollten. Aus Gerekes Plan wurde schließlich nicht viel, insbesondere wegen Luthers Widerstand. Es blieb bei einem kleinen Programm im Umfang von 302 Millionen Reichsmark.[74]

Das Kabinett von Papen musste im November 1932 auf Betreiben von Reichspräsident Hindenburg zurücktreten, denn es gab keinerlei Anzeichen für eine Verbesserung der Beschäftigungssituation, und die politischen und sozialen Unruhen hatten zugenommen.

Ein neues Kabinett mit vergleichbarer politischer Prägung trat an. Neuer Reichskanzler wurde General von Schleicher. Dieses Kabinett sollte keine drei Monate im Amt bleiben.[75] Hindenburg hatte ihm die Anweisung

---

[74] Akten der Reichskanzlei, Das Kabinett von Papen, Band 2, Dokumente Nr. 161. *Ministerialbesprechung vom 29. September 1932.* Ebd., Dokumente Nr. 187, *Ministerialbesprechung vom 2. und 3. November 1932.* Dieter Petzina (1967, S. 24–25).

[75] Die politischen Verwicklungen werden beschrieben von Hans Mommsen, ebd. Kap. 13, *Von der autoritären zur faschistischen Diktatur.* Zur Frage der Arbeits-

5 Die große Wirtschaftskrise (1930–1933)

gegeben, dass die Bekämpfung der Arbeitslosigkeit und die wirtschaftliche Erholung oberste Priorität hätten. Das Kabinett von Schleicher suchte Unterstützung durch eine breite Volksbewegung, die politisch von links bis rechts reichte und sowohl Arbeitnehmer als auch Arbeitgeber einschloss. Dr. Gereke – noch immer Staatskommissar – bot sich dabei als Hilfe geradezu an, denn er verfügte über die richtigen Kontakte. Von Schleicher selbst suchte Kontakt zu Gregor Strasser, der an der Spitze des sozial-radikalen Flügels der NSDAP stand. Mit ihm wollte von Schleicher auch die NSDAP in seine Politik einbinden. Strasser seinerseits ging gern darauf ein. Die NSDAP würde dann zeigen können, dass ihr Programm und ihre Parolen praktische Bedeutung hatten.[76] Die sozialdemokratische Gewerkschaft war ungeachtet des Widerstands der SPD offenbar ebenfalls zur Zusammenarbeit bereit. Wäre ein Plan denkbar, der eine solche Zusammenarbeit mit Inhalt füllen könnte?

Dr. Gereke hatte bereits einen Plan. Es handelte sich um seinen alten Plan aus der Zeit von Papens,[77] an dem er lediglich einige Änderungen vorgenommen hatte. Die 400-Reichsmark-Prämie in Form von Steuergutscheinen würde entfallen. Von dem dafür bereitgestellten Budget sollten Gutscheine im Wert von 200 Millionen Reichsmark in den Gereke-Plan fließen. Von den übrigen vorgesehenen

---

beschaffung, Akten der Reichskanzlei. Das Kabinett von Schleicher. Band I. Einleitung. *Arbeitsbeschaffungspolitik im Spannungsfeld von Wirtschafts- und Sozialpolitik.*

[76] Gregor Strasser verband seinen Namen mit dem sogenannten *Wirtschaftlichen Sofortprogramm* der NSDAP vom Mai 1932, das bei den im Juli folgenden und für die NSDAP erfolgreichen Wahlen eine Rolle spielte. Der Text findet sich in Calvin College Nr. 1876. German Propaganda Archive (o. J.).

[77] Akten der Reichskanzlei. Das Kabinett von Schleicher. Band 1. Einleitung. *Arbeitsbeschaffungspolitik im Spannungsfeld von Wirtschafts- und Sozialpolitik,* Ebd. *Das Arbeitsbeschaffungsprogramm der Regierung von Schleicher.* Akten der Reichskanzlei. Das Kabinett von Schleicher. Band 3. Dokumente Nr. 4 und 7. *Rundfunkrede des Reichskommissars für Arbeitsbeschaffung Gereke. 23. Dezember 1932 (Sofortprogramm zur Arbeitsbeschaffung)* sowie *Ministerbesprechung vom 16. Januar 1933.*

Mitteln standen der Wirtschaft sofort 500 Millionen Reichsmark an Gutscheinen zur Verfügung. Mit diesem Geld konnten die Unternehmen wirtschaften. Im Übrigen beruhte der Finanzierungsplan wiederum auf der Rediskontierung von Schatzanweisungen durch die Reichsbank. Luther brachte die gleichen Einwände vor. Unterstützung erhielt er vom Kabinett, insbesondere von Finanzminister Schwerin von Krosigk. Die Belastung der Staatskasse sei zu groß, während man sich auf die Einnahmen, die vielleicht irgendwann einmal kämen, nicht verlassen könnte. Kritik kam erneut auch von den Arbeitgebern, die im Sinne der Stärkung ihrer Wettbewerbsfähigkeit lediglich Abgabenerleichterungen und Kosteneinsparungen zustimmen konnten.

Auch politisch hielt von Schleicher dies für ungünstig. Denn Strasser wurde von Hitler nicht anerkannt. So verbot er im Oktober 1932 die weitere Verbreitung von Strassers Wirtschaftsprogramm mit dessen radikalem Inhalt. Auch die guten Beziehungen zwischen Strasser und von Schleicher konnten in Hitlers Augen keine Gnade finden. Hitlers Taktik bestand darin, sich bewusst von jedweder Kabinettspolitik, die nicht von der NSDAP dominiert war, zu distanzieren. Zur Durchsetzung seiner politischen Bestrebungen suchte er vielmehr die Unterstützung von Industrie und Finanzsektor. Strassers radikale Ideen passten nicht zu einer solchen Strategie.

Über die Meinungsverschiedenheiten hinsichtlich der NSDAP-Strategie hinaus führten Hitler und Strasser einen ganz gewöhnlichen Machtkampf. Das zeigte sich daran, dass sich der NSDAP-Wirtschaftsplan, der mit dem Namen Strasser verbunden war, für Strasser selbst längst erledigt hatte. Er hatte diesen Schritt unternommen, um die NSDAP der breiten Volksfront, die sich von Schleicher vorstellte, näher zu bringen. So dachte von Schleicher darüber nach, Strasser in sein Kabinett aufzunehmen.[78] Strasser verzichtete – allerdings gezwungen von Hitler – auf eine weitere Annäherung an von Schleicher. Hitler wiederum gelang es, seine Position in der NSDAP zu stärken und sich als Führer herauszustellen. Die breite Volksbewegung, die von Schleicher angestrebte, bröckelte dagegen.

Von Schleicher versuchte, sich durch Anpassung seiner Beschäftigungspolitik dagegen zu stemmen. Dazu wurde der Plan Gereke erweitert. Zur Finanzierung gehörten ebenso wie beim letzten Mal Steuergutscheine sowie der Rückgriff auf rediskontierbare Schatzanweisungen. Ergänzt wurde eine neue Finanzierungsart zur Erweiterung des Plans. Dazu wurde ein neuer Staatsbetrieb unter dem Namen *Deutsche Gesellschaft für öffentliche Arbeiten* ins Leben gerufen. Dieser Einrichtung wurde die Umsetzung des gesamten Plans übertragen. Die Deutsche Rentenbank-Kreditanstalt (RKA), die seinerzeit aus der Deutschen Rentenbank hervorgegangen war, wurde herangezogen, um für eine zusätzliche Finanzierung zu sorgen. Ebenso wie im Lautenbach-Plan gab die Bank Arbeitsbeschaffungswechsel aus, mit denen die von der Gesellschaft erteilten Aufträge bezahlt wurden. Die Wechsel besaßen zur Absicherung eine Staatsgarantie, waren bei den Banken diskontierbar und konnten bei der Reichsbank rediskontiert werden. Und ebenso wie bei Lautenbach sollte dieses Manöver in der Wirtschaft einen positiven Geldstrom in Gang bringen, der es dem Staat ermöglichen würde, die geleistete Vorfinanzierung wieder hereinzubekommen. Für diese Vorgehensweise entschied man sich aus formellen Gründen. Denn damit würde die gesetzliche Obergrenze bei der Rediskontierung von Schatzanweisungen umgangen.

---

[78] Siehe Henry Ashby Turner (1985, S. 316 ff.).

Auch für diesen Ansatz konnte sich Luther nicht erwärmen. Auch hier müsste die Reichsbank monetären Spielraum schaffen, was nicht zu seinen Deckungsvorgaben passte. Aus monetärer wie auch aus finanzieller und wirtschaftlicher Sicht war der gewählte Ansatz attraktiv, weil die Liquiditätsausweitung durch die Reichsbank, die Stimulierung der Nachfrage und eine bessere Auslastung der Produktionskapazitäten unmittelbar miteinander verknüpft wurden. Die kritische Frage war, ob es gelingen würde, Geldzuflüsse zu erzielen, die eine Vorfinanzierung durch die Reichsbank rechtfertigen. Luther erschien das alles zu riskant. Er gestattete lediglich rediskontierbare Schatzanweisungen im Umfang von 300 Millionen Reichsmark über die gesetzliche Obergrenze hinaus. Die Geldschöpfung als Finanzierungsquelle wurde also in begrenztem Maße ausgeweitet.[79]

Mit diesem bescheidenen Plan konnte von Schleicher nicht viel erreichen. Die zunehmenden Unruhen in Deutschland mit einer NSDAP, die nicht vor Straßenterror zurückschreckte, und einer KPD, die auf Gewalt ebenso wenig verzichtete, legte Hindenburg die Schlussfolgerung nahe, dass von Schleicher durch Hitler ersetzt werden müsse. Die National-Konservativen, eine Lobby aus Industriellen und Großgrundbesitzern, der auch Schacht angehörte, drängten Hindenburg, diesen Weg einzuschlagen. Hitler erklärte sich einverstanden.

Gereke blieb unter Hitler noch einige Wochen im Amt. Nach einer Anklage wegen Interessenkonflikten, Veruntreuung und Unterschlagung, derer er sich in der Vergangenheit schuldig gemacht habe, trat er von der Bühne ab. Er wurde zu einer Gefängnisstrafe verurteilt, stand anschließend unter Hausarrest und kam aus politischen Gründen später erneut ins Gefängnis. 1945 wurde er befreit.

---

[79] Siehe Dieter Petzina (1967, S. 28 f.).

Literatur

Albers, W. (1976). Finanzpolitik in der Depression und der Vollbeschäftigung. In *Währung und Wirtschaft in Deutschland 1876–1975*. Frankfurt a. M.

Auboin, R. (1955). *The bank for international settlements, 1930–1955*. Princeton: Princeton University Press.

Bennett, E. (1962). *Germany and the diplomacy of the financial crisis 1931*. Cambridge, MA: Cambridge Massachusetts.

Borchardt, K., & Schötz, H. O. (1991). *Wirtschaftspolitik in der Krise. Die Geheimkonferenz der Friedrich List Gesellschaft in September 1931 über Möglichkeiten und Folgen einer Kreditausweisung in der Krise* (Monographien der List Gesellschaft. Neue Folge Band 13). Baden-Baden.

German Propaganda Archive. (o. J.). *Economic emergency program of the NSDAP*. Grand Rapids: Calvin University.

Hahn, A. (1931). *Fünfzig Jahre zwischen Inflation und Deflation*. Tübingen.

Hak-Ie Kim. (1997). *Industrie, Staat und Wirtschaftspolitik: die konjunktur-politische Diskussion in der Weimarer Republik*. Berlin.

Irmler, H. (1976). Bankenkrise und Vollbeschäftigungspolitik. In *Währung und Wirtschaft in Deutschland 1876–1975*. Frankfurt a. M.

Keynes, J. (1932). *Maynard, Vom Gelde (A treatise on money)*. München/Leipzig.

Klug, A. (1993). *The German buy back 1932–1939: A cure for overhang?* Princeton.

Koop, T. (1982). *Die Kabinette Brüning* (1 und 2, 3 Bde). Boppard.

Kopper, C. (2006). *Hjalmar Schacht. Aufstieg und Fall von Hitlers mächtigstem Bankier*. München/Wien.

Liebig, M. (1999). Lautenbachs program for German recovery. *Executive Intelligence Review, 26*(2), 25–28.

Mommsen, H. (2009). *Aufstieg und Untergang der Republik von Weimar*. Berlin.

Patch, W. L. (2006). *Heinrich Brüning and the Dissolution of the Weimar Republic*. Cambridge, MA: Cambridge University Press.

Petzina, D. (1967). Hauptprobleme der deutschen Wirtschaftspolitik 1932–1933. *Vierteljahrshefte für Zeitgeschichte, 15*(1), 28–29.

Ritschl, A. (2002). *Deutschlands Krise und Konjunktur, Binnenkonjunktur, Auslandsverschuldung und Reparationsprobleme. Zwischen Dawesplan und Transfersperre, 1924–1934*. Berlin.

Schacht, H. (1931). *Das Ende der Reparationen*. Oldenburg.

Schacht, H. (1932). *Grundsätze deutscher Wirtschaftspolitik*. Oldenburg.

Schacht, H. (1934). *Eilsener Vortrag. Das internationale Schulden- und Kreditproblem*. Berlin.

Schacht, H. (1957). *Die Politik der deutschen Bundesbank*. München.

Schacht, H. (1966). *Magie des Geldes*. Düsseldorf/Wien.

Schäffer, H. (2008). *Marcus Wallenberg und die deutsche Bankenkrise 1931*. Wiesbaden.

Schulz, G. (1992). *Zwischen Demokratie und Diktatur: von Brüning zu Hitler*. Berlin/New York.

Skidelsky, R. (Hrsg.). (2015). *John Maynard Keynes. The essential Keynes*. London: Penguin Classics.

Stütze, W. (1952). *Wilhelm Lautenbach, Zins, Kredit und Produktion*. Tübingen.

Turner, H. A., Jr. (1985). *Der Großunternehmer und der Aufstieg Hitlers*. Berlin.

Wandel, E. (1974). *Hans Schäffer, Steuermann in wirtschaftlichen und politischen Krisen*. Stuttgart.

Weber, A. (1950). *Hauptfragen der Wirtschaftspolitik*. Berlin.

6

Kurze wirtschaftliche Erholung unter Hitler (1933–1939)

Im Januar 1933 wurde Hitler zum Reichskanzler ernannt. Seinem Kabinett gehörten nationalsozialistische und nationalkonservative Minister verschiedener Couleur an. Am 17. März 1933 berief Hitler Hjalmar Schacht zum Präsidenten der Reichsbank. Hitlers Ernennung zum Reichskanzler ging sicher zu einem Großteil auf seinen propagandistischen Ansatz sowie sein rhetorisches Talent zurück, das er dabei zur Schau stellte. Er ging systematisch auf Distanz zur „alten" Politik und den zugehörigen Parteien der Mitte. Für den desolaten Zustand, in dem sich Deutschland befand, machte Hitler immer wieder diese Parteien verantwortlich. Gleichzeitig hatte er es auf die Bolschewisten, die Juden, die sogenannten „Plutokraten", die marxistischen Sozialdemokraten und die Gewinner des (Ersten) Weltkriegs abgesehen. Die hatten das deutsche Volk ins Elend gestürzt. Ein radikaler Kurswechsel musste her. Die Massenarbeitslosigkeit sollte durch eine Politik zur Ankurbelung der Wirtschaft beseitigt werden. In der Außenpolitik ging es um die Wiederherstellung Deutschlands als aner-

© Springer Fachmedien Wiesbaden GmbH, ein Teil von Springer Nature 2020
A. van der Hek, *Hjalmar Schacht*,
https://doi.org/10.1007/978-3-658-28634-7_6

kannte Großmacht. Das Unrecht der Friedensregelungen musste rückgängig gemacht werden. In Bezug auf die politische Umsetzung dieses Kurswechsels machte Hitler nur vage Andeutungen. Laut Schacht besaß die NSDAP kein ausgearbeitetes Wirtschaftsprogramm. Sorge bereitete ihm das nicht. Schacht verfolgte eine Doppelstrategie. Zu eindeutige Aussagen im Kampf um die politische Macht würden für Kritik sorgen. Mit Blick auf die Wahlen war es attraktiver, mit Diffamierungen und Versprechen auf das Volk einzuwirken und dabei auf die Abneigungen und Unsicherheiten der Wähler einzugehen. Schacht überlegte auch, dass er – wenn er mit einem Kabinett Hitler wieder in der Öffentlichkeit in Erscheinung treten würde – Handlungsspielraum für die Ausgestaltung eigener Auffassungen bekäme.[1] Seiner Einschätzung nach lag das im Bereich des Möglichen. Seine Kritik an der von den Vorgängerregierungen und vom letzten Reichsbankpräsidenten Luther geführten Deflationspolitik war bekannt. Auch mit der Überzeugung, dass es ein Kabinett Hitler geben müsste, hatte er nicht hinter dem Berg gehalten. Seine Argumentation war offensichtlich ganz einfach. Stand der NSDAP die Regierungsgewalt nicht zu? Immerhin war sie bei den Wahlen erfolgreich. Wäre eine Koalition aus NSDAP und Nationalkonservativen nicht das beste Mittel, um die bolschewistische Gefahr abzuwehren? Wäre eine solche Koalition nicht auch der beste Garant dafür, Hitler und seine Verbündeten von radikalen Umbrüchen der Wirtschaftsordnung zum Nachteil der Privatwirtschaft abzuhalten?

Schacht war bereit, Hitler bei der Entwicklung eines expansiven Wirtschaftskurses zur Verringerung der Arbeitslosigkeit zu unterstützen. Er sah zugleich Möglichkeiten, einen solchen Kurs mit dem Aufbau von Landstreitkräften, Luftwaffe und Kriegsmarine zu verbinden. Schacht hielt

---

[1] Kopper (2006, S. 198–199).

6 Kurze wirtschaftliche Erholung unter Hitler ...

dies für selbstverständlich, wenn Deutschland wieder als vollwertiger Partner betrachtet werden sollte. Das Militär konnte mit Hitler und Schacht zufrieden sein.[2]

Hinter dieser pragmatisch klingenden Haltung stand Schachts Vorstellung von einem unvermeidlichen radikalen Umbau der Wirtschaftsordnung, für den die NSDAP seiner Meinung nach überzeugend eintrat.[3] Es war dies der Unterschied zwischen der klassischen und der modernen Wirtschaft. In der klassischen Wirtschaft wurde die Geldmenge auf den Umfang von Güterproduktion und Dienstleistungen abgestimmt, und die Konsumausgaben ergaben sich aus der Beschäftigungssituation und der damit verbundenen Lohnsumme. Die Marktmechanismen stellten den Ausgleich her, und staatliche Eingriffe wirkten da hinderlich. Schacht hatte diese Auffassung jahrelang selbst vertreten und sich auch jetzt noch nicht davon gelöst. Allerdings hatte sich inzwischen ein anderes Verständnis von der Rolle des Staates entwickelt. Demnach verordnete der Staat, dass die Geldmenge auf die Befriedigung der Bedürfnisse der Verbraucher abgestimmt sein sollte. Zwischen diesen beiden Auffassungen musste ein Ausgleich geschaffen werden. Schacht erklärte das wie folgt: Die Geldpolitik sollte auf Angebot und Nachfrage von Gütern abgestimmt sein, und dieser Prozess ist vom Wunsch des Staates beherrscht, die Interessen des Verbrauchers über die Interessen des Produzenten zu stellen. Der Staat sieht sich an dieser Stelle genötigt, entsprechende Regelungen zu treffen. Politisch sei dies unumgänglich, da es nun einmal mehr Verbraucher als Produzenten gebe und sich die Verbraucher deshalb durchsetzen müssten. Der Marktmechanismus aus Angebot und Nachfrage würde dem unterworfen. Der Staat würde den Markt nutzen und nicht umgekehrt. In Hitlers Deutsch-

---

[2] Walther Hoffer (1975, S. 323–358). Schacht (1949) selbst beschreibt seine Erfahrungen und Positionen in seinem Buch *Abrechnung mit Hitler*.
[3] Schacht (1938).

land galt die Gesellschaftsordnung des Nationalsozialismus. Darin drückten sich laut Schacht die Interessen der Verbraucher aus. Die Verbraucher wurden in dieser Betrachtungsweise zum Volk abstrahiert. Das Volk hatte seinen Führer und es tat im eigenen Interesse gut daran, diesem zu folgen. Schacht distanzierte sich nicht davon, brachte allerdings zum Ausdruck, dass der Führer, Hitler, vernünftig handeln würde, wenn er Schachts Empfehlungen und politischen Vorhaben folgte.

Schacht wiederholte seine Analyse aus der Zeit der Bankenkrise von 1931 und der verheerenden Deflationspolitik der vorangegangenen Regierungen und fügte hinzu, dass man sich in einer Situation befinde, in der sich die Wirtschaft nicht aus eigener Kraft aus dem Tief befreien könnte. Der Kapitalmarkt funktioniere nicht, und weder Wirtschaft noch Bürger besäßen entsprechende Mittel. Die arbeitslosen Bürger und die labile Wirtschaft müssten mittels kollektiver Ausgaben wieder in Gang gebracht werden. Die Reichsbank verfüge über die Notenpresse und müsste durch Geldschöpfung öffentliche Konjunkturimpulse vorfinanzieren. Damit war die interne Geldpolitik charakterisiert. Die externe Geldpolitik war darauf abgestimmt. Die automatische Verknüpfung zwischen interner und externer Geldpolitik, welche die bisherigen monetären Richtlinien prägte, wurde nun endgültig gekappt.

Wie diese Politik in den Jahren 1933 bis 1939 ausgestaltet wurde, soll in diesem Kapitel im Mittelpunkt stehen.

Die oben erwähnten Auffassungen sind in Schachts Veröffentlichungen aus den Jahren 1930 bis 1939 enthalten. Die entsprechenden Schriften wurden von der Reichsbank in der Zeit von 1933 bis 1939 herausgegeben. Sie unterlagen damit nicht der Zensur von Goebbels. Das heißt allerdings nicht, dass sich Schacht offen von Hitlers Politik distanziert hätte. Aber ebenso wenig heißt es, dass er diese Politik kritiklos unterstützte. In dieser Zeit erschienen folgende Beiträge: „Über das deutsche Transferprobleem" 1934, „Nationalsozialistische Bankreform" 1934, „Das internationale Schulden- und Kreditproblem (Eilsener Vortrag)" 1934, „Außenhandelsfragen" 1934, „Rede auf der deutschen Ostmesse in Königsberg" 1935, „Deutschland und die Weltwirtschaft" 1935, „Deutschland in der Weltwirtschaft" 1935, ein Vortrag vor dem Verein für Geografie und Statistik 1936, „Rede auf dem allgemeinen Sparkassen- und Kommunalbankentag" 1937, „Rede auf dem allgemeinen Bankiertag" 1938 sowie „Finanzwunder" und „Neuer Plan" 1938.

Wie stand es aus internationaler Sicht um Deutschland?

Die Reparationszahlungen waren nach Lausanne stark rückläufig. Die restriktive Devisenpolitik galt noch immer. Mit den Stillhalteabkommen erfolgte deren Durchsetzung aber nur noch selektiv, um die Gläubiger dieser Abkommen bezahlen zu können. Sie beinhalteten eine Reihe kurzfristiger Verbindlichkeiten. Deutschland war, was kurzfristige Schulden betraf, noch immer weltweit Spitzenreiter. Sein Anteil betrug 1933 ganze 26,2 Prozent (8,4 Milliarden Reichsmark, siehe Eilsener Vortrag, Anlage 3). Das größte Problem ging allerdings von den langfristigen Verbindlichkeiten aus. Diese Schulden erreichten 1930 mit 10,8 Milliarden Reichsmark ihren höchsten Stand. Sie nahmen kaum ab und standen Ende 1932 bei 10,2 Milliarden Reichsmark (Tabelle 6 im Anhang 1).[4] Die Bankenkrise und ihre Folgen spielten sich auf dem Markt für kurzfristige Kredite ab. Dabei unterschieden Schacht und seine Zeit-

---

[4] Adam Klug (1993, S. 6). Tabelle 2 enthält eine Übersicht über die Schuldenpositionen.

genossen klar zwischen Geldmarkt (kurzfristige Kredite) und Kapitalmarkt (langfristige Kredite).

1932 bestand in der Handelsbilanz ein Überschuss von 1,0 Milliarden Reichsmark. Gegenüber 1931 bedeutete das eine Halbierung. Der Überschuss sollte noch weiter zurückgehen. Die Ausfuhrerlöse sanken schneller als die Importausgaben. Die Leistungsbilanz wies seit 1930 ein geringes Plus auf, das sich aber langsam auflöste (Tabelle 2 im Anhang 1 sowie Eilsener Vortrag Anlage 21). Die Gold- und Devisenreserven der Reichsbank nahmen ab Sommer 1930 beständig ab und lagen Ende 1932 bei 0,4 Milliarden Reichsmark. Sie würden noch weiter sinken. Die Erklärung lag im Ergebnis aus Leistungsbilanz und Kapitalbilanz. Die Leistungsbilanz wies fast keinen Überschuss mehr aus, und die Kapitalbilanz war negativ. In seinem Eilsener Vortrag analysierte Schacht diesen Tatbestand. Dabei befasste er sich mit den Vorgängen auf internationaler Ebene und Deutschlands Positionierung in diesem Zusammenhang. Die Weltwirtschaft und insbesondere Deutschland befanden sich in einer tiefen Depression. Im Zeitraum von 1930–1933 verlor Deutschland mehr Gold- und Devisenreserven als irgendein anderes Land. Die Zentralbanken der Schweiz, Frankreichs und der Niederlande dagegen konnten ihre Reserven sogar ausbauen.[5] In den Vereinigten Staaten blieben die Reserven mehr oder weniger stabil. Großbritannien hatte bis September 1931 ebenfalls mit einem starken Einbruch zu kämpfen. Anschließend kam es zu einer leichten Erholung, was sich in einem geringeren Rückgang der Reserven ausdrückte. Italien und Polen teilten Deutschlands Schicksals. Die Situation in Deutschland übertraf jedoch alles. Bei einem Blick auf die Zusammen-

---

[5] Hein A.M. Klemann (o. J.). Eine zahlenmäßige Übersicht und gleichzeitig eine Beschreibung der Stellung von Amsterdam als Finanzzentrum auf Seite 6. Auf den Seiten 3–7 wird die Stellung der Niederlande im internationalen Warenhandel in Bezug auf Deutschland dargestellt.

6 Kurze wirtschaftliche Erholung unter Hitler ...

setzung der Reserven zeigten sich auffällige Unterschiede. In Bezug auf Gold nahmen die Devisenreserven der Schweiz und der Niederlande zu. Bei Frankreich geschah das in geringerem Umfang. Der leichte Rückgang der Reserven Großbritanniens ging auf die Abnahme des Goldbestands zurück. Italien, Polen und Deutschland verloren viel Gold. Die Geldmenge verringerte sich ebenfalls, aber auch hier mit erkennbaren Unterschieden zwischen den einzelnen Ländern (Eilsener Vortrag, Anlage 1b). Dies wurde natürlich von der Konjunktur- und Geldpolitik der Regierungen und Zentralbanken beeinflusst. Insgesamt gingen die Bankdiskontsätze im Zeitraum von 1931 bis 1933 zurück (Eilsener Vortrag, Anlage 1d sowie Tabelle 5 im Anhang 1). Darin zeigte sich die Reaktion der Banken auf die rückläufige Nachfrage nach kurzfristigen Krediten infolge der schwächelnden Konjunktur. Die Bankdiskontsätze befanden sich in Deutschland traditionell auf einem höheren Niveau. Die Zinspolitik der Reichsbank zielte nach 1931 auf eine gewisse Ausweitung der Geldmenge. Die Wechselportfolios der Banken schrumpften dennoch. Das Wechselgeschäft verblieb unter dem Strich auf einem besonders niedrigen Niveau. Es war von 9,2 Milliarden Reichsmark im Jahr 1929 auf 5,6 Milliarden Reichsmark 1932 gesunken (Tabelle 9 im Anhang 1). Langfristige Kredite gab es zu stabilen Zinsen, sie wurden aber fast gar nicht mehr in Anspruch genommen (Eilsener Vortrag, Anlagen 17 und 3b). Deutschland befand sich immer noch in der Deflationskrise, die unter Brüning entstanden war.

Wie stark Deutschland mit dem Problem der Handelspolitik konfrontiert wurde, zeigte Schacht anhand der Exportentwicklung. Er unterschied dabei zwischen Ländern, die ihre Währung abgewertet hatten, und solchen, die dies nicht getan hatten. Zwischen 1928 und 1933 ging der deutsche Export stark zurück, in die skandinavischen Länder um 59,01 Prozent, nach Großbritannien um 65,62 Prozent und in die Regionen des Britschen Imperiums um 61,40 Prozent. In die sogenannten Goldländer wurde aus Deutschland ebenfalls weniger exportiert. Der Rückgang lag zwischen 38,48 Prozent (Schweden) und 58,44 Prozent (Italien). Die Ausfuhr in die Vereinigten Staaten war sogar um 69,10 Prozent gesunken (Eilsener Vortrag, Anlage 11). In diesen Zahlen spiegelte sich der rückläufige Welthandel, wie Schacht in der gleichen Veröffentlichung ebenfalls zeigte. Gleichzeitig ging er auf den immer ungünstigeren Wechselkurs ein, mit dem Deutschland zu kämpfen hatte (beide Zahlen im Eilsener Vortrag, Anlage 4). Es hatte den Anschein, dass es den Ländern, die ihre Währung abgewertet hatten, besser ging. Das war allerdings relativ, denn bis auf einige Ausnahmen verloren die Abwertungsländer dennoch Marktanteile. Zu den Ausnahmen gehörten Großbritannien, Japan, Schweden und Dänemark. Eine Bestätigung für die Regel bildeten die Vereinigten Staaten, die ab 1933 bewusst auf eine Abwertung des Dollars hinwirkten (Eilsener Vortrag, Anlage 10).

Von 1930 bis 1933 gingen in fast allen Industrieländern sowohl die Importe als auch die Exporte zurück. Im Jahr 1933 kam es zu einer Erholung, die aber offensichtlich nur von kurzer Dauer war.[6] Ebenfalls spürbar war dies in der Güterproduktion sowie in der Transportbranche. Beide Bereiche erholten sich im Laufe des Jahres 1932, um sich dann ab 1933 wieder abzuschwächen. Zu den Ausnahmen gehörten hier Großbritannien und Deutschland. In diesen beiden Ländern nahm die Güterproduktion zu. Die Erholung der Produktion in anderen Industrieländern setzte 1934 ein. Dennoch wurde das Produktionsniveau aus der Zeit vor dem konjunkturellen Abschwung nicht wieder erreicht (Eilsener Vortrag, Anlage 1h). Das Ausmaß der Stagnation der Weltwirtschaft veranschaulichte Schacht außerdem anhand der Rohstoffpreise

---

[6] Mit einer Aufschlüsselung nach Ländern: Institut für Konjunkturforschung uLv Prof. Dr. Ernst Wagemann (1936, S. 165).

sowie der Lagerbestände. Die Rohstoffpreise gingen seit 1929 zurück (Eilsener Vortrag, Anlage 8), die Lagerbestände dagegen stiegen seit 1930 (Eilsener Vortrag, Anlage 6).

Schacht zog den Schluss, dass diese gesamte wirtschaftliche Flaute einer Nachfrageschwäche zuzuschreiben war. Dabei ging er auf die Funktion des monetären Systems ein und stellte fest, dass es im Trend lag, interne und externe Geldpolitik voneinander zu trennen. Die Folge war, dass die Wechselkursrichtlinien vom angestrebten Zahlungssaldo bestimmt wurden. Dabei bildeten die Struktur der Zahlungsbilanz im Verhältnis zur Wirtschaftsstruktur sowie zur Konjunkturpolitik der Regierung die wichtigsten Faktoren. Die Regierungen gingen dazu über, handels- und geldpolitische Maßnahmen zu ergreifen, und zwar mit doppeltem Ziel: Sie wollten ihre Konjunkturpolitik stärken und gleichzeitig einen dementsprechenden Devisen- und Goldsaldo erreichen (Eilsener Vortrag, Anlage 24). Die externen Vorgaben hatten sich nationalistischen Zielen unterzuordnen. Das war in Deutschland nicht anders, obgleich Schacht diese Entwicklung für verhängnisvoll hielt, weil sie die weltweite wirtschaftliche Depression mit ihrem schrumpfenden Welthandel vertiefte. Er sah sich gezwungen, ebenfalls eine solche Politik zu verfolgen, versäumte es aber nicht, Kritik daran zu üben. Dies bildete das zentrale Thema seines Eilsener Vortrags.

Schachts Vorgehensweise

Schacht suchte die Zusammenarbeit mit den Vereinigten Staaten. Dieses Land war größter Gläubiger Deutschlands; zudem fiel seine Handelsbilanz für Deutschland negativ aus.[7] Die Gläubigerposition der Vereinigten Staaten hatte

---

[7] Papadia und Schioppa (2014). Tabelle 1 auf Seite 7 sowie die Tabellen 2 und 3 auf Seite 8.

wesentlichen Anteil an der Entstehung der Krise von 1931. Schacht wurde von der amerikanischen Regierung im Zusammenhang mit der Weltwirtschaftskonferenz, die im Juni/Juli 1933 in London stattfinden sollte, zu einem informellen Treffen eingeladen. Diese Gespräche verliefen ausgesprochen enttäuschend. Davon berichtete er in seiner bekannten ausschmückenden Art.[8] Im Beisein des deutschen Botschafters in Washington, Hans Luther, sprach er mit Präsident Roosevelt sowie Minister Cordell Hull.[9]

Die Vereinigten Staaten verfolgten nach Schachts Überzeugung eine Geldpolitik, die bewusst auf eine Abwertung des Dollars abzielte. Das Land wollte seine Exporte fördern und die Importe industrieller Güter beschränken, um auf diese Weise die eigenen Arbeitsplätze zu sichern und auszubauen. Mit einem höheren Dollarpreis für Gold (Abwertung des Dollars) strebte es eine veränderte Zusammensetzung der Reserven an. Man wollte mehr Gold, als streng genommen für die Stabilität des Dollar-Kurses notwendig war. Das Gold wanderte dann aus den Reserven der Federal Reserve in einen Stabilitätsfonds. Dieser Fonds hatte zwei Ziele: Beeinflussung des Dollarkurses zum eigenen Vorteil sowie Deckung größerer Mengen an Schatzanweisungen, die der Fonds zu rediskontieren bereit war. Das verschaffte der amerikanischen Regierung den entsprechenden Spielraum für wirtschaftliche Anreize. Durch die bereits genannten handelspolitischen Maßnahmen zum Schutz der eigenen Industrie wurde diese Politik flankiert. In einer Welt, in der die Warenumsätze zurückgingen, die Kapitalmärkte nicht mehr in der Lage waren, vorhandene Liquidität in wirtschaftlich vernünftige Bahnen zu lenken, und in der die Volkswirtschaften in einer Depression steckten, zeugte eine solche Politik von nationalem Egoismus. Würde die ameri-

---

[8] Schacht (1966, S. 180–181).
[9] Hitler wollte Hans Luther loswerden und hatte ihn auf diesen Posten versetzt.

6 Kurze wirtschaftliche Erholung unter Hitler ...

kanische Regierung auf der geplanten Konferenz zu einem Kurswechsel bereit sein?

Schacht vesuchte, die Amerikaner davon zu überzeugen, dass es mit Blick auf die Konferenz sinnvoll wäre, etwas für die Schuldenproblematik Deutschlands und den Absatz deutscher Industrieprodukte zu unternehmen. Ferner wäre die Frage, ob die amerikanische Regierung nicht an der Mobilisierung der monetären Reserven zur Ankurbelung der internationalen Konjunktur mitwirken wolle. Die Erholung des Warenhandels durch Abschaffung protektionistischer Maßnahmen würde dazugehören.[10] Er drohte damit, dass Deutschland einen Zahlungsstopp verhängen würde, wenn auf der Weltwirtschaftskonferenz diesbezüglich keine Schritte in Aussicht gestellt würden. Aber er fand kein Gehör. So entschied er sich zum Handeln, ohne erst die Ergebnisse der Weltwirtschaftskonferenz abzuwarten.

Unmittelbar nach seiner Rückkehr versuchte Schacht, auf einer Gläubigerversammlung eine Schuldenregelung zu erreichen.[11] Diese fand im Mai 1933 in Berlin statt. Er hielt den vertretenen Banken vor, dass die handelspolitischen Schutzmaßnahmen der Länder (einschließlich Abwertung), in die Deutschland exportierte, bei einem schrumpfenden Welthandel zu Deviseneinnahmen geführt hätten, die nicht ausreichten, um damit Importe, Zinsen, Dividenden und Tilgungen gegenüber dem Ausland zu begleichen. Die Devisen- und Goldreserven der Reichsbank ließen dies nicht zu. Er erwäge deshalb einen Transferstopp und werde eine Regelung treffen, mit der festgelegt würde, welche Zahlungen dennoch erfolgen sollten. Eine Ausnahme sollte für die sogenannten politischen Anleihen gelten, wie Dawes- und

---

[10] Schacht (1934c, 1934d, 1938). Hier ist diese Analyse enthalten. Einzelne Elemente sind in seinen anderen Veröffentlichungen aus dieser Zeit zu finden.

[11] Beteiligt waren neben Deutschland die Vereinigten Staaten, Großbritannien, die Niederlande, die Schweiz, Frankreich, Belgien und Schweden. Schacht (1953, S. 397–399).

Young-Anleihe. Denn die deutsche Regierung wollte vermeiden, dass es wegen dieser Zahlungen zu Auseinandersetzungen mit anderen Regierungen käme. Schacht stellte den anwesenden Banken eine Regelung in Aussicht, die den Interessen der Gläubiger entgegenkommen würde. Auf diese Weise wollte Deutschland verhindern, dass die Gläubiger bei einem zu weitgehenden Zahlungsstopp gegenüber ihren Regierungen auf Gegenmaßnahmen drängten.

Schachts endgültiges Angebot an die Gläubiger umfasste eine Regelung, bei der die Gläubiger begrenzte Zahlungen der ihnen zustehenden Zinsen und Tilgungen in der jeweiligen Währung erwarten durften. Ein Teil ihrer Forderungen wurde ganz normal in der Währung ausgezahlt, die seinerzeit vereinbart worden war. Für den übrigen Teil, der nicht in ihrer Währung beglichen wurde, erhielten die Gläubiger Gutscheine in Reichsmark, die sogenannten Scrips. Diese Scrips waren handelbar. Die Besitzer von Scrips bekamen die Möglichkeit, diese Gutscheine bei der Golddiskontbank in ihre Währung einzutauschen, allerdings mit einem Nachlass.[12] Als Recheneinheit galt dabei der offizielle Wechselkurs der Reichsmark.

Schacht stellte fest, dass die ausländischen Banken Verständnis für seine Position zeigten.[13] Die Gläubiger gingen also auf Nummer sicher, weil ihnen klar war, dass ansonsten Zahlungsunfähigkeit drohte. Selbst wenn ihre Regierungen in diesem Fall Rückzahlungen mittels Sanktionen zu erzwingen versuchten, wäre das Problem der Gläubiger damit keineswegs gelöst. Denn einem bankrotten Schuldner konnten auch Regierungen nichts mehr aus der Tasche ziehen.

Bei diesem System handelte es sich um eine kurzfristige Lösung. Die eigentliche Lösung lag in der Erholung des

---

[12] Für eine Beschreibung der Scrips siehe Hans Georg Glasemann (2013, S. 16–17).
[13] Schacht (1966, S. 181–183).

6 Kurze wirtschaftliche Erholung unter Hitler ...

Welthandels bei Verzicht auf protektionistische Maßnahmen (einschließlich Wechselkursmanipulationen) sowie in einer Gesundung der Kapitalmärkte durch Beendigung der strukturellen Zahlungsungleichgewichte. Die Lösung, die Schacht vor Augen stand, bestand aus der Mobilisierung der vorhandenen Reserven zur koordinierten Versorgung des Marktes mit Liquidität. Mit dieser Liquidität und entsprechenden Investitionsbemühungen könnte sich Deutschland unter der Voraussetzung von seinen Defiziten befreien, dass der freie Geld- und Warenverkehr wiederhergestellt wurde. Dies böte auch einen Ausweg aus der weltweiten Depression.[14]

Natürlich war es nicht Sache der vertretenen Banken, sich um all dies zu kümmern. Das war Aufgabe der Regierungen und der Zentralbanken. Die Banken sollten sich allerdings im Klaren darüber sein, dass eine so grundlegende Lösung auch in ihrem Interesse wäre. Die geplante Weltwirtschaftskonferenz sollte diesbezüglich Klarheit schaffen. Das gelang allerdings nicht. Schacht nutzte die Gelegenheit, um in der Abschlusserklärung der deutschen Delegation noch einmal darzulegen, vor welchen Schwierigkeiten Deutschland stand und wie Deutschland durch das Ergebnis dieser Konferenz gezwungen wurde, seinen eigenen Weg zu gehen. Schacht wartete nicht länger und setzte zum 1. Juli 1933 die oben dargestellten Maßnahmen um.[15]

Diese Maßnahmen waren darauf gerichtet, den Devisensaldo entsprechend seinen konjunkturpolitischen Zielen auszugleichen. Nach der Scrips-Regelung folgten weitere Maßnahmen, um dieses Ziel zu erreichen. So wurden im ausländischen Dienstleistungsverkehr – und in geringerem Umfang im Warenverkehr – Gutscheine eingeführt. Die

---

[14] Schacht (1934a).
[15] Irmler (1976, S. 308–310).

Empfänger konnten die Gutscheine für ihre Einkäufe in Deutschland nutzen.

Zur Förderung des Exports und zur Stärkung des Devisensaldos ließen sich Schacht und die anderen Direktoriumsmitglieder zur Scrips-Regelung ein originelles Verrechnungssystem einfallen. Als Tochter der Reichsbank wurde eine Konversionskasse gegründet, die deutschen Schuldnern die Möglichkeit eröffnete, ihren ausländischen Zins- und Tilgungsverpflichtungen in Reichsmark nachzukommen.[16] Die Konversionskasse übernahm diese Verbindlichkeiten und erhielt von den Schuldnern den entsprechenden Betrag in Reichsmark. Anschließend bezahlte sie die ausländischen Gläubiger mit Devisen und Scrips. Die Devisen wurden als Kontokorrent von der Golddiskontbank bezogen, die ihre Devisen gegebenenfalls von der Reichsbank erhielt. Der Gläubiger konnte seine Scrips mit einem Preisnachlass an die Golddiskontbank verkaufen und erhielt dafür einen Betrag in seiner eigenen Währung. Diese Bank rechnete die Scrips zum vollständigen Betrag in Reichsmark mit der Konversionskasse ab. Auf diese Weise wurden Schulden mit einem geringeren Devisenaufwand getilgt. Der Rückkauf der Scrips zu einem geringeren Preis in Fremdwährung bedeutete auch, dass ihr Preis – umgerechnet in Reichsmark – ebenfalls geringer ausfiel. Die Golddiskontbank lieferte die Scrips an die Konversionskasse, und zwar zu dem ursprünglich höheren Preis in Reichsmark, mit dem sie in den Büchern der Konversionskasse standen. Die Konversionskasse konnte damit natürlich den gleichen Betrag für erworbene Scrips verbuchen, den die Kasse von den Schuldnern zuerst erhalten hatte. Damit stand der Saldo im Ergebnis dieser Geschäfte auf null. Der resultierende Gewinn der Diskontbank in Reichs-

---

[16] Mit Stückelungen zu 5, 10, 30, 40, 100, 500 und 1000 Reichsmark sollte eine gute Handelbarkeit erreicht werden.

mark wurde bei zusätzlichem Export zur Exportförderung eingesetzt. Damit wurden Devisenerlöse erwirtschaftet, die laut den bestehenden Devisenregelungen der Reichsbank zuflossen. Ziel war es, mit diesen Devisen die Forderungen der Reichsbank gegenüber der Golddiskontbank auszugleichen. Der Export wurde mit Beihilfen angeregt, mit denen man faktisch den Kurs der Reichsmark gegenüber dem Exportland schwächte. Diese Vorgehensweise entsprach einer selektiven Abwertung.

Der Erfolg des gesamten Systems hing dabei von drei Faktoren ab. Würden die Gläubiger mitmachen, entwickelte sich auch der Devisensaldo in die gewünschte Richtung. Das war aber nicht nur von der Regelung abhängig, sondern auch vom Umfang der realisierten Exporte. Dann mussten auch noch die dafür notwendigen Importe berücksichtigt werden. Aus politischer Sicht war man im Sinne eines Erfolgs aber auch auf die Reaktionen der anderen Regierungen angewiesen.

Welche Optionen bestanden im Risikofall?

Würden die genannten Risiken auch eintreten? Aufgrund von Hitlers Politik kam es zu einer erhöhten Nachfrage nach Industriegütern und zu entsprechenden Importen. Für die Lebensmittelversorgung waren Importe landwirtschaftlicher Erzeugnisse erforderlich. Die Politik stimulierte die Industrieproduktion zwar – allerdings für innenpolitische wirtschaftliche Ziele. Industriebetriebe hatten dadurch geringes Interesse am Export. Gleichzeitig war damit eine wachsende Nachfrage nach Rohstoffimporten verbunden. Ein weiterhin schwacher Markt für Industriegüter würde der Exportindustrie ein zusätzliches Alibi verschaffen, sich auf die zunehmende Inlandnachfrage zu richten. Alles in allem nahm die Importrechnung zu, während der Zuwachs der Exportrechnung nicht ausreichte, um die so makellos konzipierte Scrips-Regelung zum Erfolg zu führen.

Verschiedene Lösungen waren vorstellbar. Die Exportsubventionen ließen sich ergänzend aus dem Staatsetat bezahlen; man könnte die Industriebetriebe aber auch zu wettbewerbsfähigen Exportpreisen zwingen. Allerdings würde damit die Gewinnmarge der Unternehmen beschnitten. Zahlungen aus dem Reichshaushalt hätten selbstverständlich finanzielle Auswirkungen, entweder steuerliche oder – wenn andere Einkünfte ausblieben – durch anwachsende Schulden. Denkbar war auch, den Devisenanteil im Rahmen der Scrips-Regelung zu senken – in Verbindung mit einem deutlicheren Nachlass beim Scrips-Ankauf durch die Golddiskontbank. Bei einer solchen Verschärfung der Regelung wäre allerdings mit dem Widerstand der Gläubiger zu rechnen. Natürlich könnte auch eine Beschneidung der politischen Ambitionen Hitlers den Importbedarf begrenzen und bei den Unternehmen größeres Interesse an Auslandsumsätzen wecken. Während die letzte Option politisch nicht realistisch erschien, kamen die anderen Lösungen nach und nach zum Zuge.

Politik des Schuldenrückkaufs

Es gab noch eine weitere Möglichkeit im Zusammenhang mit der Scrips-Regelung. Die Auslandsschulden könnten auch zurückgekauft werden. Auch hier lief es darauf hinaus, einen Weg zu finden, der weniger Devisen kostete als die normale Bedienung der Verbindlichkeiten mit ihren jährlichen Zins- und Tilgungszahlungen. Letztendlich lief es auf die Frage hinaus, ob die Gläubiger bereit wären, ihre Forderungen mit Verlust zu verkaufen. Und eine weitere Fragen stellte sich. Welcher deutsche Investor oder welche deutsche Bank wäre bereit, die entsprechenden Anleihen zu kaufen? Sie würden sich nur dann darauf einlassen, wenn der deutsche Schuldner solide war und sie eine attraktive Rendite erzielen könnten. Aber selbst dann müssten sie über die für den Erwerb benötigten Devisen verfügen. Natürlich bestand auch die Möglichkeit, dass der Schuldner seine eigenen Schulden zurückkaufte. Auch er würde das nur mit Aussicht auf eine attraktive Rendite tun. Darüber hinaus müsste er ausreichend liquide sein und über die entsprechenden Devisen für eine solche Transaktion verfügen.

Schacht und die anderen Mitglieder seines Direktoriums fanden eine Lösung. In jüngster Zeit bot man deutschen Anlegern, Banken und Schuldnern die Möglichkeit, an ausländischen Börsen notierte Anleihen zu erwerben. Nach Umrechnung in Reichsmark wurden sie an deutschen Börsen platziert. Das lohnte sich vor allem bei einem niedrigen Kurs der Anleihe an der ausländischen Börse und der Möglichkeit einer Platzierung zu einem höheren Kurs an der deutschen Börse. Dieser Handel war deshalb so lukrativ, weil die ausländischen Anleger diese Anleihen für zu riskant hielten und damit weniger als den Nennwert akzeptieren wollten. Wenn es sich um einen soliden Schuldner handelte, überstieg der Kurs in Deutschland nach Umwandlung in Reichsmark den Kurs im Ausland. Mit solchen Geschäften ließen sich also attraktive Kursgewinne erzielen. Die Attraktivität solcher Transaktionen nahm noch einmal zu, wenn der deutsche Investor für seine Transaktion in einem Land mit abgewerteter Währung Devisen zum offiziellen Kurs der Reichsmark erwerben konnte.

Schacht und sein Direktorium setzten nun die Golddiskontbank als Vermittler ein, um genau das zu tun. Inzwischen war es für Privatpersonen nicht mehr ohne Weiteres möglich, Devisen zu erwerben. Für die Golddiskontbank galten keine derartigen Beschränkungen, denn sie konnte sich aufgrund einer gesonderten Regelung an die Reichsbank wenden. Auch hier wurden die Kursgewinne der Golddiskontbank zur Unterstützung des Exports eingesetzt. Der Export wiederum sollte die Devisen erwirtschaften, um der Reichsbank die Beteiligung an diesem Konstrukt schmackhaft zu machen. Bei einem Erfolg dieser Rückkäufe würden auf diesem Weg auch die Auslandsschulden abnehmen. Derart getilgte Verbindlichkeiten unterlagen auch nicht mehr der Bedienung von Zinsen und Tilgungen im Rahmen der Scrips-Regelung. Die Frage war, welche Regelung ausländische Gläubiger bevorzugten.

In jedem Fall ergriff die Reichsbank Maßnahmen zur Prüfung, um zu gewährleisten, dass es sich bei Inanspruchnahme von Rückkauf- und Scrips-Regelung tatsächlich um zusätzliche Exporte handelte. Die Unternehmen mussten sich mit Förderanträgen an entsprechende Prüfstellen wenden. Dabei war es den Unternehmen gestattet, ihre Auslandsschulden zurückzukaufen und dazu Devisen aus den eigenen Exporterlösen zu verwenden. Sie verpflichteten sich allerdings, diese Schulden an deutschen Börsen zu platzieren und die entsprechenden Kursgewinne zur Anpassung ihrer Exportpreise zu nutzen. Auch hier ging es wieder um Erwirtschaftung zusätzlicher Exporte.[17]

Diese Maßnahme war 1933 ganz offensichtlich ein Erfolg. In diesem Jahr wurden Scrips und Schuldbeträge für etwa 1,2 Milliarden Reichsmark erworben. Dieser Betrag wird später allerdings nicht mehr übertroffen.[18] Schon 1934 war der Umsatz auf 0,6 Milliarden Reichsmark zurückge-

---

[17] Irmler (1976, S. 310).
[18] Klug (1993). Klug schlussfolgert in seiner Untersuchung, dass die Rückkaufregelung an sich angesichts der gelungenen Transaktionen ein Erfolg war. Das wird in Tabelle 6 (Seite 20) veranschaulicht. Die Schuldenpositionen selbst werden nur für das Jahr 1932 genannt – siehe Seite 12, Tabelle 5. In diesen Tabellen werden andere Werte genannt als in den vergleichbaren Tabellen bei Papadia und Schioppa. *Foreign Debts*. Die Erklärung liegt in der Verwendung der Statistiken. Klug greift auf die Statistiken des Völkerbunds zurück. Papadia und Schioppa konnten deutsche Statistiken verwenden, die in den Besitz der Bank of England gelangt waren. Schuldenrückkauf und Schuldenpositionen erscheinen bei ihnen

6 Kurze wirtschaftliche Erholung unter Hitler ...

gangen. Während sich die gesamten Handelsschulden 1933 noch auf etwa 23 Milliarden Reichsmark beliefen, waren sie 1934 bereits auf etwa 18 Milliarden Reichsmark gesunken. Die Schuldentilgungsmaßnahmen spielten dabei sicherlich eine Rolle. In diesen Zahlen enthalten war auch der allmähliche Rückgang der kurzfristigen Schulden aufgrund der Stillhalteabkommen. Die öffentlichen kurzfristigen Auslandsschulden stabilisierten sich schließlich nach 1933 auf einem Niveau von 4 bis 4,6 Milliarden Reichsmark.[19] Diese Verbindlichkeiten unterlagen nicht den Regelungen.

Schacht verteidigte diese Politik mit dem Argument, dass die Gläubiger dennoch einen beträchtlichen Teil ihrer Forderungen vereinnahmen konnten. Er verwies darauf, dass die Gläubiger für die Laufzeit bis zur Einführung dieser Schuldenmaßnahme Zinsen erhielten, welche die Zinsen in ihren eigenen Ländern überstiegen.[20] Zugleich machte er darauf aufmerksam, dass den Gläubigern laut Ankaufbedingungen ein besserer Kurs zustand als ohne diese Maßnahme, denn die Nachfrage an ihrer eigenen Börse stieg, und das kam dem Kurs zugute.[21] Für die Gläubiger war das letztlich ein schwacher Trost.

Der Umsatzrückgang bei den Ankaufgeschäften nach 1933 war angesichts der positiven Kursentwicklung an den Börsen in New York und Deutschland bemerkenswert. 1934 verschlechterte sich die Handelsbilanz. Auch bei der Leistungsbilanz zeigte sich eine vergleichbare Entwicklung. Unter Berücksichtigung aller Zu- und Abflüsse waren die Gold- und Devisenreserven der Reichsbank nicht mehr der Rede wert. Die entsprechenden Zahlen deuteten auf einen

---

auf Seite 9, Tabelle 4. Der Kursverlauf der betreffenden Anleihen findet sich auf Seite 22, Abb. 3. Diese Angaben werden hier als zuverlässigste Zahlen verwendet.
[19] James (1986, S. 404, Tabelle XXXIX).
[20] Schacht (1934a). Notiz zu Anlage 17.
[21] Schacht, ebd., Notiz zu Anhang 34.

unbefriedigenden Start dieser Maßnahme.[22] So war man zu einer Analyse der Faktoren gezwungen, die dieser Zahlungsbilanz zugrunde lagen (Tabelle 10.1 des statistischen Anhangs 1).

1933 konnte man – gemessen am Gesamtexport – in beträchtlichem Umfang zusätzliche Exporterlöse erzielen.[23] Die relative Bedeutung dessen wurde mit Blick auf den Rückgang der Exporterlöse ab 1933 deutlich. Durch die Importausgaben kam es allerdings unvermeidlich zu einem Defizit in der Handelsbilanz.[24] In Reichsmark gerechnet, war der gesamte Handel rückläufig.[25] Wie stark sich Mengen- und Preiseffekte auswirkten, zeigte sich an der Import- und Exportentwicklung in Tonnen sowie in finanziellen Erlösen (Tauschverhältnis). Obwohl die Exporte (gerechnet in Tonnen) die Importe übertrafen, kam es nicht zu einer Stärkung der Handelsbilanz.[26] Vielmehr zeigte sich bei der Entwicklung der Export- und Importpreise eine gegenläufige Tendenz. Das wiederum bedeutete, dass die Exportindustrie im Ausland mehr absetzen musste, wenn sie mit den wachsenden Importausgaben mithalten wollte. Dabei spielte auch die Struktur des deutschen Exports eine Rolle. Dieser war stark abhängig von den Entwicklungen auf den Märkten für Industrieprodukte. Und hier waren noch im-

---

[22] Ebi (2004). Ebi gelangt zu der Schlussfolgerung, dass die Maßnahme gescheitert war.

[23] Siehe W. Strauss (1936, S. 79 ff.), zitiert in Irmler (1976, S. 310 f.).

[24] Siehe die Tabellen auf den Seiten 16 und 25 des Wochenberichts Nr. 41 vom Oktober 1936, Institut für Konjunkturforschung.

[25] Ritschl (2002, Abb. 3.1) auf Seite 109 zeigt die Entwicklung der Handelsbilanz von 1927 bis 1934. Darin wird das zahlenmäßige Bild, das Schacht selbst vermittelt, bestätigt.

[26] Schacht (1934a). Anlage 4. Ebi. *Export um jeden Preis*. Tabelle 11 auf Seite 62 zeigt für den Zeitraum von 1930–1934 einen kontinuierlichen Rückgang des deutschen Anteils an den weltweiten Exporten, die insgesamt ebenfalls rückläufig sind. Der Preiseffekt, einschließlich Wechselkurseffekt, wird in Ebi, Tabelle 9 auf Seite 52 verdeutlicht.

mer Rückgänge zu verzeichnen.[27] Hinzu kam der Preisverfall. Bei den Preisen für deutsche Importe war im Laufe des Jahres 1933 ein Zuwachs erkennbar, durch den aufgrund der Mengenentwicklung auch die Importausgaben stiegen. Diese Preissteigerung verlangte eine Erklärung. Rohstoff produzierende Länder sahen sich zu Produktionsbeschränkungen genötigt, um mit einer auf diese Weise erzwungenen Preissteigerung für Kostendeckung zu sorgen und die eigene Handelsbilanz zu verbessern.[28] Was Deutschland betraf, spielten spezifisch nationale Faktoren eine Rolle. Die Vorgaben für die Inlandskonjunktur wurden bewusst expansionistisch ausgerichtet. Eine Steigerung der Importe sowie eine Verlagerung des Absatzes ins Inland waren die Folge. Das erklärte auch den Anteil der geförderten zusätzlichen Exporte. Allerdings sah dieser Anteil besser aus, als er tatsächlich war.

Nicht in den Rahmen dieser Maßnahme fiel der sogenannte Kompensationshandel. Der Kompensationshandel bot der Wirtschaft Möglichkeiten direkter Handelsgeschäfte bei zugleich minimalem direkten Geldeinsatz. Dass sich damit die Devisenvorgaben der Reichsregierung umgehen ließen, war eine willkommene Begleiterscheinung. An sich waren solche Handelsgeschäfte in der Praxis üblich, konnten aber von den Behörden schwer kontrolliert werden. Dabei wurden gegenseitige Käufe und Lieferungen miteinander verknüpft und buchhalterisch verarbeitet. Zahlungen beschränkten sich dabei auf die Saldi. Bei Großunternehmen und Konzernen ließ sich das intern anhand von Buchungen in den Konzerngesellschaften sowie durch Saldenausgleich auf höheren Ebenen der Erzeugerkette regeln.

---

[27] Diese Entwicklungen werden durch die Tabellen im bereits zitierten Wochenbericht des Instituts für Konjunkturforschung bestätigt.
[28] Schacht (1934a). Die Übersichten über die Rohstoffmärkte in Anhang 9.

Auch innerhalb von Kartellen und ganzen Branchen kam es durch gegenseitige Absprachen zu derartigen Praktiken. Aus politischer Sicht musste das nicht problematisch sein, da die Verwendung knapper Devisen unterblieb und die Handelsgeschäfte dennoch abgewickelt werden konnten. Das Problem bestand darin, dass international tätige Unternehmen ihre Barliquidität über Auslandsbanken regelten. Und darauf hatte die Reichsbank keinen Zugriff. Zudem konnte die Reichsbank nicht ohne Weiteres feststellen, welche Deviseneträge im Rahmen der Rechnungsstellung mit unlauteren Absichten unterdrückt wurden.

Internationale Konzerne und Kartelle waren allerdings gerade wegen der beschriebenen Praktiken von der Exportförderung ausgeschlossen. Bei brancheninternen Absprachen beaufsichtigte man dies entsprechend, und gegebenenfalls konnte ein Ausschluss von den Exportfördermaßnahmen erfolgen. Allerdings nahm der Verwaltungsaufwand dadurch nicht gerade ab. 1937 schließlich erfolgte ein Verbot dieser Kompensationsgeschäfte in Kartellen, Konzernen, Konglomeraten und Branchen.

Enttäuschende Rückkauf- und Scrips-Maßnahmen

Die Scrips-Regelung wurde 1934 angepasst. Gläubiger erhielten von der Konversionskasse nun weniger Devisen und einen höheren Scrips-Anteil. Das wurde in gewissem Umfang durch einen geringeren Nachlass beim Verkauf der Gutscheine an die Golddiskontbank ausgeglichen. Die Gläubiger reagierten darauf, indem sie Scrips nicht mehr akzeptierten und damit einen Großteil ihrer Forderungen verlängerten. So verlor die Exportförderung eine Finanzierungsquelle. Grund dafür war, dass die Regierungen Verhandlungen anstrebten und die Gläubiger daraufhin erst einmal abwarteten.

Die Regierungen der Niederlande und der Schweiz wollten eine Klärung der Zahlungen an ihre Gläubiger erreichen und über die wettbewerbsverzerrenden Exportförderungen sowie die Handelsbeschränkungen von deutscher Seite verhandeln. Mit den Niederlanden war 1934 vertraglich vereinbart worden, die Zahlungen durch Warengeschäfte auszugleichen und die eventuell verbleibenden Saldi zu verrechnen (vertragliches Clearing). Dieser Vertrag ging mit einer handelspolitischen Vereinbarung einher, die dafür sorgen sollte, dass die Zahlungssaldi zwischen den beiden Ländern nicht zu groß wurden. Denn das würde eine Verrechnung natürlich erschweren.[29] Dieser Vertrag war jedoch schon kurz nach Abschluss überholt. An seine Stelle trat ein Vertrag, in dem geregelt war, dass die Zahlungen aus dem niederländischen Im- und Export über die Clearingstelle des Nederlandse Clearing Instituut und auf deutscher Seite über die Verrechnungskasse abgewickelt würden. Dazu waren Vereinbarungen hinsichtlich der Saldi in Gulden und Reichsmark nötig, da diese ausgeglichen werden mussten. Zur Begleichung der Rechnungen wurden dabei der wechselseitige Handel sowie die dafür berechneten Warenpreise entsprechend angepasst.[30] Bilaterale Zahlungen und bilateraler Handel in dieser Form waren allerdings kein spezifisch niederländisch-deutsches Phänomen. es wurde in ganz Europa praktiziert. Nationale Interessen bestimmten dabei die Kompromisse, die in den Vereinbarungen zur Regelung des bilateralen Handels- und Zahlungsverkehrs zum Tragen kamen.

In seinen persönlichen Erinnerungen zeichnete H.M. Hirschfeld – von 1933 bis 1939 Generaldirektor im

---

[29] B.G. Meijer (1949, S. 183–184).
[30] H.A.M. Klemann und S. Kudryashov (2012, S. 191 f.).

niederländischen Ministerium für Industrie und Handel (Wirtschaftsministerium) – ein treffendes Bild vom Verlauf der Verhandlungen zwischen den Niederlanden und Deutschland.[31] Die Niederlande drohten mit dem eigenständigen Clearing, das bei Warengeschäften auf ein erzwungenes Zahlungsgleichgewicht hinauslief. Dabei bestimmten die Niederlande – ausgehend von der Gesamtheit der eigenen Im- und Exporte – einseitig den Wechselkurs, mit dem Zahlungen verrechnet wurden (sogenannter Clearingkurs). Mit einem solchen Schritt würden die Niederlande den deutschen Interessen allerdings schaden. Im Ergebnis schlossen die Niederlande bereits im Dezember 1933 mit Deutschland einen Vertrag, wonach den Niederlanden die Zinsen und Tilgungen für die Deutschland gewährten langfristigen Kredite erstattet wurden. Im Gegenzug würden die Niederlande mehr deutsche Produkte erwerben. Das führte zu den genannten Clearing-Vereinbarungen von 1934. Mit der Schweiz wurde eine vergleichbare Regelung getroffen. Diese Vereinbarungen sorgten bei den anderen ausländischen Gläubigern Deutschlands natürlich nicht gerade für positive Stimmung. Mit gewissem Erfolg suchten sie Unterstützung bei ihren Regierungen, um eine mit den niederländischen und schweizer Gläubigern vergleichbare Situation herzustellen.

Vom 27. April bis zum 29. Mai 1934 kamen Deutschland und seine wichtigsten Gläubigerländer in Berlin zu Verhandlungen zusammen.[32] Ein Erfolg blieb den Gesprächen allerdings verwehrt, weil es den Gläubigerländern nicht gelang, sich auf eine gemeinsame Position gegenüber Deutschland zu verständigen. Lediglich in Bezug auf die Abwicklung der sogenannten politischen Anleihen (also etwa Dawes- und Young-Anleihe) fanden sie eine einheitli-

---

[31] H.M. Hirschfeld (1959).
[32] Eine Darstellung des tatsächlichen Verlaufs der Konferenz und der anschließenden Entwicklungen findet sich in Ebi (2004, S. 136–150).

che Auffassung. Demnach sollte Deutschland die Zinsen und Tilgungsraten auf diese Anleihen weiterhin uneingeschränkt bedienen. Diese Frage wurde aber nicht auf die Tagesordnung gesetzt, denn diesbezüglich war nichts zu besprechen. Die Versuche Schachts und seiner Mitstreiter, der Gegenseite in diesem zentralen Punkt doch noch Zugeständnisse abzuringen, schlugen fehl. Letztendlich war die Konferenz von Wortgefechten der beteiligten Parteien geprägt, die keinen Einigungswillen zeigten.

Beispielhaft war die Auseinandersetzung zwischen Schacht und der britischen Delegation. Die britischen Banken, die Handelsgeschäfte finanzierten, besaßen offene kurzfristige Forderungen gegenüber Deutschland. Diese Forderungen waren mit dem Stillhalteabkommen geregelt. Der britsch-deutsche Handel hatte ein unbedingtes Interesse, die Beziehungen nicht zu beeinträchtigen. An dieser Stelle zeigte die britische Seite deutliche Kompromissbereitschaft. Anders sah es bei den britischen Gläubigern mit langfristigen Forderungen gegenüber Deutschland aus. Sie strebten eine umgehende und vollständige Bezahlung an und mussten sich mit Scrips- und Rückkaufregelung herumschlagen. Die britischen Unternehmen aus dem Bereich Industrieproduktion waren über die deutschen Exportfördermaßnahmen erbost. Diese entgegengesetzten britischen Interessen musste Schacht berücksichtigen.

Die britischen Regierungsvertreter unterbreiteten den Vorschlag, die deutschen Schuldner mit langfristigen Schulden zur Zahlung von Zinsen und Tilgungen zu verpflichten. Dies sollte über die Konversionskasse jeweils zum geltenden Kurs des Pfunds vor der Abwertung erfolgen. Deutsche Schuldner würden dann nicht mehr von der Abwertung profitieren und müssten höhere Reichsmarkbeträge in die Kasse einzahlen. Die Konversionskasse würde bei diesem Vorschlag mehr Reichsmark einnehmen und könnte dann auch höhere Pfundbeträge zum Abwertungskurs des Pfunds bei der Golddiskontbank erwerben. Auf diese Weise ließ sich der Scrips-Anteil verringern. Schacht reagierte mit der Bemerkung, dass Großbritannien seine Exporte nach Deutschland dann zum Abwertungskurs und seine deutschen Importe zum Kurs vor der Abwertung abrechnen würde. So war die Debatte von gegenseitigen Spitzfindigkeiten geprägt, brachte aber keine Lösung.

Am Ende des Treffens unterbreitete Schacht ein Angebot, auf das man sich aber nicht einigen konnte. Es lief darauf hinaus, dass die Gläubiger langfristiger Verbindlichkeiten formell sämtliche Ansprüche auf Zinsen und Tilgungen behielten, sie zum Fälligkeitstermin aber nicht mehr würden einlösen können. Die Zahlungen für das zweite Halbjahr 1934 würden zwar noch überwiesen. Für die anschließenden Zahlungen würden die Gläubiger aber handelbare Scrips erhalten mit der Möglichkeit, diese in eine Schuldverschreibung mit einer Laufzeit von zehn Jahren (1935–1945) und einem Zinscoupon von 3 Prozent umzuwandeln. Die Schuldverschreibung lautete auf die Währung des Kreditgebers, und der Betrag entsprach dem offiziellen Wechselkurs der Reichsmark. Eine solche Schuldverschreibung ließe sich mittels einer Verkaufsoption bei der Golddiskontbank vorzeitig einlösen. Allerdings war dies für die Kreditgeber mit einer Kürzung des Anspruchs um 40 Prozent verbunden. Dieses Angebot hatte eine Gültigkeit von 30 Tagen und konnte verlängert werden. Maßgeblich dafür, ob dieses Angebot nach 30 Tagen eingelöst werden konnte, war die Devisenposition der Reichsbank. Damit sollten Kreditgeber zu einem schnellen Einstieg ermutigt werden. Die Scrips-Regelung wurde auf diese Weise in eine ganz normale Rückzahlungsregelung mit verlängerten Laufzeiten umgewandelt. In handelspolitischer Hinsicht gab es bei diesen Gesprächen ansonsten keine Entwicklungen. Diesen Themenbereich betrachteten alle Beteiligten von Anfang an als bilaterale Frage.

6 Kurze wirtschaftliche Erholung unter Hitler ...

Die beteiligten Parteien gingen in dem Wissen auseinander, dass die weiteren Entwicklungen von bilateralen Gesprächen bestimmt würden. Ihnen war auch bewusst, dass die genannten politischen Anleihen weiterhin Gesprächsthema bleiben würden – denn Schacht und seine Mitstreiter würden nicht aufgeben. Schachts Ziel blieb weiterhin ein ausreichender Devisensaldo, um für die als notwendig erachteten Importe aufzukommen. Der britische Minister Neville Chamberlain zögerte nicht. Am 4. Juni 1934 drohte er im britischen Unterhaus und kündigte entsprechende Gesetze an, die ein eigenständiges Clearing ermöglichen sollten. Darüber hinaus könnte der aus der Zeit der Reparationszahlungen stammende Recovery Act wieder in Kraft gesetzt werden. Dieser bot die Möglichkeit zusätzlicher Zölle auf deutsche Importe, die dann britischen Gläubigern zugute kämen. Eine Umsetzung dieser Maßnahmen wäre gänzlich von der Haltung Deutschlands abhängig. Frankreich und Schweden teilten ebenfalls mit, dass ein Ausbleiben geeigneter Zahlungsvereinbarungen nicht ohne Folgen bleiben würde.

Allerdings ließ sich die Hitler-Regierung durch die von Neville Chamberlain angedrohten Maßnahmen nicht von ihren Vorhaben abbringen. Auf Vorschlag von Schacht beschloss das Kabinett am 14. Juni 1934, bekannt zu geben, dass die Zahlungen für die politischen Anleihen künftig in gleicher Weise behandelt würden wie die übrigen langfristigen Auslandsschulden. Das traf sämtliche Empfängerländer. Dennoch suchten Großbritannien und die anderen Gläubigerländer den Kontakt zu Deutschland. Sie schlugen vor, über Schachts Angebot von Ende Mai 1934 zu verhandeln; auf die Maßnahme im Zusammenhang mit den politischen Anleihen müsste allerdings verzichtet werden. Außerdem forderten sie die Gleichbehandlung aller Gläubiger. Würde dem nachgegeben, wären die getrennten Vereinbarungen Deutschlands mit der Schweiz und den Niederlanden hinfällig.

Schacht hielt dagegen. Aus seiner Sicht waren die politischen Anleihen ebenso zu behandeln wie alle anderen langfristigen Verbindlichkeiten. Es war eine Wette in der Hoffnung, sich angesichts des britischen Interesses an einer ungestörten Fortführung der Handelskredite und des deutsch-britischen Handels schließlich doch noch durchzusetzen. Sollte diese Taktik erfolgreich sein, würde Deutschland von einer wesentlichen Bürde befreit. Die britische und amerikanische Forderung einer Gleichbehandlung würde Schacht allerdings zwingen, erneut mit den Niederlanden und der Schweiz zu verhandeln, es sei denn, diese beiden Länder schlossen sich dem britisch-amerikanischen Standpunkt an.

Bei den Verhandlungen zwischen der deutschen und der britischen Delegation am 27. Juni 1934 in London wurde klar, dass es den Briten ernst war. Die Position des britischen Regierungsvertreters, Leith Ross,[33] bestätigte, was der deutsche Botschafter in London, von Hoesch, bereits einige Tage zuvor berichtet hatte. Die Zahlungsverpflichtungen aufgrund der politischen Anleihen mussten erfüllt werden. Deutschland musste den Import von Baumwolle aus den britischen Überseegebiete erleichtern. Die von Deutschland vorgeschlagenen Anleihen, mit denen die Scrips abgesichert wurden, sollten mit einem Zins von 4 statt 3 Prozent ausgestattet sein, bei einem Rückkaufnachlass bei der Golddiskontbank von 35 statt 40 Prozent. Zudem sollte es gemäß dem Gleichbehandlungsgrundsatz keine bevorzugte Behandlung der Niederlande und der Schweiz mehr geben. Dabei würde die Gleichbehandlung wechselseitig gelten. Leith Ross erklärte sich bereit, gemeinsam mit Deutschland

---

[33] Sir Frederic Leith Ross und Schacht kannten sich gut. In der Zeit der Young-Verhandlungen hatten sie sich mehrfach getroffen. Leith Ross unterstützte in jener Zeit den britischen Finanzminister Churchill und war auch nach dessen Ausscheiden aus dem Amt eng in die Frage der Reparationszahlungen eingebunden. Siehe das Kapitel über die Young-Verhandlungen.

zu prüfen, wie der gegenseitige Handel, einschließlich der damit einhergehenden Kreditvergabe, gefördert werden könnte, um Deutschland auf diese Weise eine gegenüber Großbritannien günstigere Leistungsbilanz zu verschaffen. Den Vorschlag von deutscher Seite, den Zahlungen für die politischen Anleihen nachzukommen, sofern Großbritannien unverzüglich größere Absatzmöglichkeiten einräumen würde, lehnten die Briten ab. Ein solches Tauschgeschäft kam nicht infrage.

Der deutsche Wirtschaftsminister Schmitt, Finanzminister Schwerin von Krosigk sowie Außenminister von Neurath[34] fürchteten, dass die Briten tatsächlich ein eigenständiges Clearing und zusätzliche Importzölle durchsetzen würden, wenn Deutschland keine Zugeständnisse machte. Setzten sich die Briten durch, würde Deutschland zu einer Importbeschränkung bei Rohstoffen und landwirtschaftlichen Erzeugnissen gezwungen, und die konjunkturellen und politischen Ziele ließen sich schwerer erreichen. Das durfte das Nazi-Regime nicht zulassen. Schacht argumentierte, die britischen Verpflichtungen im Rahmen der Handelskredite sowie die britischen Handelsinteressen sorgten dafür, dass es sich die Briten zweimal überlegen würden, bevor sie die gefürchteten Maßnahmen ergriffen. Diese Argumentation konnten die Minister nicht nachvollziehen. Schließlich entschied Hitler und stellte sich dabei auf die

---

[34] Kurt Schmitt (1886–1950) kam aus der Wirtschaft (Allianz Versicherung) und war damals bereits Mitglied der NSDAP. Er wurde Ehrenmitglied der SS und war auch während des Krieges in der SS aktiv. Nach seinem Rücktritt als Minister 1934 ging er wieder in die Wirtschaft (u. a. AEG und Deutsche Continental-Gas-Gesellschaft).

Schwerin von Krosigk (1887–1977), der unter von Papen Finanzminister geworden war, blieb bis 1945 in diesem Amt. Er war parteilos und gehörte zur konservativ-nationalen Strömung.

Von Neurath (1873–1956), der unter von Papen Außenminister geworden war, übte dieses Amt bis 1938 aus. Anschließend war er von 1939–1943 Reichsprotektor von Böhmen und Mähren. Er war ebenfalls parteilos, und auch er gehörte zur konservativ-nationalen Strömung.

Seite der Minister. Schacht hatte sich nicht durchgesetzt. Hitler wollte die Angelegenheit aber nicht auf die Spitze treiben. Zur Durchsetzung seiner Ziele musste er die eigene Position konsolidieren und eine ausreichend starke Militärmacht aufbauen. In einer solchen Situation benötigte man entspannte Auslandsbeziehungen.

Am 4. Juli 1934 unterzeichneten Botschafter von Hoesch und Karl Blessing, damals noch im Wirtschaftsministerium beschäftigt, mit Großbritannien ein neues Transferabkommen, das im November in ein Zahlungs- und Verrechnungsabkommen umgewandelt wurde. Im Rahmen des Transferabkommens galten die Verpflichtungen aufgrund der politischen Anleihen uneingeschränkt fort. Der deutsche Vorschlag von Obligationen zur Umwandlung der Scrips wurde akzeptiert, allerdings mit höherem Zinssatz und geringerem Rückkaufnachlass. Die gegenseitige Gleichbehandlung wurde festgeschrieben. Mit den anderen Gläubigerländern wurden im Laufe des Jahres 1934 ebenfalls Regelungen getroffen. Sie reichten von Zahlungsvereinbarungen für ausstehende deutsche Verbindlichkeiten über Verrechnungsübereinkommen mit dem Ziel, den Saldo der gegenseitigen Handelsbilanz zu verringern, bis hin zu entsprechenden Handelsabkommen. Die Zahlungen für die politischen Anleihen blieben in allen Fällen bestehen.

Stärkung der Position Schachts

Schacht sah sich in seiner Position gestärkt, nachdem er Schmitt im August 1934 als verantwortlichen Minister für Wirtschaftspolitik abgelöst hatte.[35] Zu verdanken hatte Schacht dies einer Meinungsverschiedenheit zwischen Hitler und Schmitt, in der er für Hitler Partei ergriffen hatte.

---

[35] Kopper (2016, S. 76–110).

Dieser Konflikt zwischen Schmitt und Hitler hatte sich unvermeidlich zugespitzt, weil Schmitt der Auffassung war, dass die Militärausgaben aus handelspolitischen Erwägungen mit niedrigerer Priorität zu behandeln wären. Aufgrund des wachsenden Rohstoffbedarfs und der verstärkten Ausrichtung der Industrie auf den heimischen Markt wirkten sich diese seiner Meinung nach zu negativ auf die Handelsbilanz aus. Angesichts der miserablen Devisenposition zählte Schmitt auf die Unterstützung Schachts.

Schachts Analyse ging jedoch in eine andere Richtung. Die Verluste durch Unterauslastung sowie der Investitionsstau der Industrie aus der Zeit vor 1933 machten die Militärausgaben als Konjunkturmotor so attraktiv. Der Auslastungsgrad der Industrie nahm zu, und es waren genügend Mittel für den Abbau des Investitionsrückstands vorhanden. Nicht nur hier verbesserte sich die Beschäftigungssituation. Durch die Einkaufsvorgaben der Industrie und die geringere Arbeitslosigkeit erhielt die übrige Wirtschaft ebenfalls positive Impulse. Ungeachtet einer geringfügigen Kürzung trugen auch die Arbeitsbeschaffungsmaßnahmen zum allgemeinen Bild bei. Dass ein Devisenproblem bestand, ließ sich natürlich nicht leugnen. Diesbezüglich musste etwas unternommen werden, nach Möglichkeit aber nicht auf Kosten der genannten Konjunkturpolitik. Hitler war mit dieser Vorgehensweise natürlich einverstanden.

Schacht ging auf das Argument von Schmitt ein, wonach das Devisenproblem konjunkturpolitische Zurückhaltung verlangte. Dabei warf er Schmitt eine zu große Bereitschaft zu Zugeständnissen in den Gläubigerverhandlungen vor. Die mäßigen Ergebnisse der Exportfördermaßnahmen lastete er Schmitt an. In den Gesprächen mit Schmitt und Hitler im Juni 1934 in Berchtesgaden konnte Schacht die Meinungsverschiedenheiten zu seinen Gunsten nutzen. Hitler pflichtete Schacht bei, und Schmitt hatte den Eindruck, als Minister nicht mehr gebraucht zu werden. Hitlers Position war insofern bemerkenswert, als dass er sich zu einem früheren Zeitpunkt gegen Schacht gestellt hatte – zugunsten von Schmitt, gemeinsam mit anderen Ministern, die in den Verhandlungen über finanzielle und handelspolitische Regelungen der Forderung Schachts nach möglichst geringen Zugeständnissen gegenüber Großbritannien nicht folgen wollten. Am 2. August 1934 wurde Schacht Schmitts Nachfolger als Reichswirtschaftsminister.[36] Vor allem Göring – darin übrigens von Hitler unterstützt – ersuchte Schmitt, dem Regime als loyales Mitglied der NSDAP weiterhin zu dienen. Man hatte ihn keinefalls abgeschrieben. Schachts Ernennung zeugte lediglich vom Opportunismus Hitlers, der mit Schacht seine Vorstellungen durchsetzen konnte.

Der Neue Plan

Um Devisen zu erwirtschaften, mussten neue politische Maßnahmen entwickelt werden. Dabei war der Komplex aus bilateralen Verrechnungs-, Zahlungs- und Handelsvereinbarungen zu berücksichtigen. Diese neue Wirtschaftspolitik wurde von Karl Blessing gemeinsam mit den Stabsdiensten der Reichsbank entwickelt[37] und erhielt die Bezeichnung „Neuer Plan". Bei bestehenden Verrechnungs- und Zahlungsabkommen bestand das Ziel darin, den deutschen Überschuss zu steigern, um auf diese Weise eine For-

---

[36] In Ebi (2004) wird diese politische Konstellation bei der Beschreibung der historischen Entwicklung der bilateralen Abkommen nicht erwähnt. Dagegen findet sie sich im Essay von Kopper (2016, S. 5 f. sowie 17–19). Kopper macht allerdings wenige Angaben zu den historischen Entwicklungen im Zusammenhang mit den bilateralen Abkommen. Diesbezüglich ist Ebi eine reiche Informationsquelle. Siehe Ebi (2004, S. 149–159).

[37] Die folgenden Ausführungen orientieren sich an den Darstellungen von Ebi und Kopper.

derung der Reichsbank gegenüber der Zentralbank des Vertragspartners zu begründen. Der entsprechende Devisenüberschuss konnte dann zur Deckung des Importbedarfs eingesetzt werden, der wiederum zu einer Ausweitung der Wirtschaft führte. Außerdem konnte er dem Schuldenrückkauf dienen, wobei verbleibende Reichsmark natürlich in die Exportförderung gesteckt wurden. Bestand kein entsprechendes Abkommen, wurde im Sinne einer ausgeglichenen Handelsbilanz dennoch versucht, die Ausfuhren an die Einfuhren zu binden. Ein solches Szenario war für Länder geeignet, denen gegenüber Deutschland eine geringe Verschuldung aufwies. Wenn sich der Devisensaldo damit allerdings nicht verbesserte, sollten Ein- und Ausfuhren nach Möglichkeit mit solchen Ländern erfolgen, mit denen entsprechende Verbesserungen erreicht werden konnten. Die Importrichtlinien wurde verschärft. Der Schwerpunkt lag jetzt bei der Einfuhr von Rohstoffen und landwirtschaftlichen Erzeugnissen, die für den Aufbau der Streitkräfte sowie für die Lebensmittelversorgung unbedingt benötigt wurden.

Im Rahmen der Maßnahmen zur Exportförderung musste die Exportindustrie mit eigenen Mitteln aushelfen. Dazu finanzierten die Unternehmen einen Vorschuss von 470 Millionen Reichsmark. Hinzu kamen 70 Millionen Reichsmark aus der Konversionskasse. Mit dem Fonds war der Gedanke verbunden, die Exportsubventionen auszugliedern, sollten die Devisenerlöse infolge der Maßnahmen enttäuschend ausfallen. Wenn zusätzliche Exporte realisiert wurden und die Devisenerlöse in Form von Reichsmark bei der Reichsbank landeten, kam dies den Exporteuren durch Abbuchung ihrer Beträge im Fonds zugute. Von diesen Erlösen hing wesentlich ab, ob die Vorfinanzierung ganz oder nur teilweise zurückfloss. In jedem Fall erhielt die Reichsbank entsprechende Devisen. Dieser Plan wurde damit begründet, dass die betroffene Wirtschaft von den Konjunkturmaßnahmen der Reichsregierung profitieren würde und deshalb durchaus ein Opfer von ihr verlangt werden könnte.

Schacht erteilte dem Plan seinen Segen, musste sich aber Kritik des Finanzministeriums gefallen lassen. Von dieser Seite wurde vorgebracht, dass die Wirtschaft bei einem enttäuschenden Ergebnis weniger geneigt wäre, Geld vorzustrecken. Das Finanzministerium sah bereits dunkle Wolken heraufziehen und fürchtete, dass dies auf öffentliche Gelder zur Unterstützung des Exports hinauslaufen würde, um den angestrebten Devisensaldo zu erreichen. Schacht wollte eine solche Entwicklung ebenfalls vermeiden. Man suchte nach anderen Mitteln, um dem Finanzministerium entgegenzukommen. Die Bank für Industrie-Obligationen, die im Rahmen des Dawes-Abkommens 1924 gegründet worden war, um die Industrie an den Reparationszahlungen zu beteiligen, verfügte noch über Kapital. Dieses Kapital könnte ebenfalls eingesetzt werden. Das Finanzministerium wies den Rückgriff auf die Mittel der Bank für Industrie-Obligationen aus dem einfachen Grund zurück, dass das Kapital aus einer Hypothek auf nicht liquidierbare Aktiva bestand. Also musste die Arbeitslosenversicherung einspringen, die dank der verbesserten Beschäftigungssituation einen Überschuss aufwies. Schacht und seine Mitstreiter entwickelten darüber hinaus einen Notfallplan und schlugen dazu vor, die Zinsen auf die Scrips-Anleihen gutzuschreiben. Die Idee wurde aber fallen gelassen. Die Gläubiger würden darin mit Recht einen Vertragsbruch sehen.

So sah der Neue Plan aus, den Schacht selbst am 26. August 1934 auf der Leipziger Herbstmesse präsentierte. Das Devisenergebnis für das erste Halbjahr 1935 blieb hinter den Erwartungen zurück.[38] Deshalb kam es 1935 erneut zu Änderungen an der Finanzierung der Exportförderung.

---

[38] Wochenbericht Institut für Konjunkturforschung. Nummer 41, Oktober 1936, Tabelle auf Seite 161.

6 Kurze wirtschaftliche Erholung unter Hitler ...

Branchenspezifisch und unter Berücksichtigung des Import-Export-Profils wurden den Unternehmen Abgaben zur Finanzierung der Exportförderung auferlegt. 1935 müssten sich dann die Ergebnisse der angepassten Maßnahmen zeigen. Im Laufe des Jahres 1935 ging das Handelsbilanzdefizit auf 8 Millionen Reichsmark zurück. Dank der Scrips-Konsolidierungsmaßnahmen nahm auch das Defizit in der Schuldendienstbilanz ab. Unter dem Strich würde sich für das Gesamtjahr 1935 eine negative Leistungsbilanz von 107 Millionen Reichsmark ergeben (Tabelle 10.1 des statistischen Anhangs 1). Das war eine deutliche Verbesserung. Die Reserven der Reichsbank dagegen bewegten sich mit einem Plus von 4 Millionen Reichsmark praktisch nicht vom Fleck. Und das war nicht überraschend. Der Saldo der Reserven bestand aus der Summe der Gold- und Devisenausgaben sowie der Gold- und Deviseneinnahmen. Es ging darum, genügend Devisen einzunehmen, um die inländische Konjunkturpolitik zu einem Erfolg zu machen. Ein Puffer bei der Reichsbank wäre zwar wünschenswert, bei einer erfolgreichen Durchsetzung der Maßnahmen aber nicht unbedingt erforderlich.

Bezüglich der verbesserten Handelsbilanz waren allerdings einige relativierende Anmerkungen erforderlich. Die Verbesserung hing mit Veränderungen auf den internationalen Gütermärkten zusammen, wo die Preise für Industrieprodukte wieder anstiegen. Dieser positive Effekt wurde noch dadurch verstärkt, dass die Rohstoffpreise hinterherhinkten. Und das war aus der Importrechnung ersichtlich. Diese Entwicklung setzte sich im ersten Halbjahr 1936 fort. Unter dem Strich waren die Importausgaben in diesem Jahr leicht rückläufig (gerechnet in Reichsmark). Die Exporterlöse verbesserten sich anschließend weiter. Dabei profitierte Deutschland von einem verbesserten Tauschverhältnis. Für das Gesamtjahr 1936 ergab sich schließlich ein Handelsbilanzüberschuss von 544 Millionen Reichsmark.

Das Defizit in der Schuldendienstbilanz ging weiter zurück. Die Leistungsbilanz wies ein Plus von 615 Millionen Reichsmark auf. Deutschland würde 1936 im Rahmen der bilateralen Abkommen einen positiven Saldo erwirtschaften. Dieser trug zum Handelsüberschuss bei, den Deutschland 1936 in Europa erzielte, auch wenn dies mit einem sinkenden Marktanteil im Warenhandel einherging. Wo der Handel ohne Verrechnungsabkommen abgewickelt wurde, nahm der Marktanteil allerdings zu.[39] Das begünstigte die Verlagerung des Warenhandels in diese Länderkategorie. Allerdings handelte es sich hier um geringe Beträge. Dieser Trend setzte sich 1937 fort, wenngleich mit geringerem Erfolg. Die Handelsbilanz und die Entwicklung der Schuldendienstbilanz führten zu einer schwächeren Leistungsbilanz. Zwar wurden höhere Exporterlöse erwirtschaftet, aber die Importausgaben stiegen noch kräftiger. Der Überschuss schmolz dahin. Die Schuldendienstbilanz fiel etwas negativer als im Jahr 1936 aus.

Ungeachtet ihres Einfallsreichtums mussten Reichsbank und Wirtschaftsministerium im Laufe der Jahre 1936/37 allerdings feststellen, dass sie mit den getroffenen Maßnahmen nicht in der Lage waren, die Probleme hinter sich zu lassen. Schacht hatte bereits im Dezember 1935 davor gewarnt. Das war in einem Vortrag in München beim Bund der Freunde der Technischen Hochschule.[40] In diesem Vortrag brachte er seine negative Einschätzung der bestehenden bilateralen Verträge sowie der aus der Not geborenen Regelungen zum Ausdruck. Die gesamten Abläufe während der

---

[39] Ebd. Tabellen auf den Seiten 162–167.
[40] Schacht (1935) mit erläuternden Tabellen. Diese Tabellen gewähren Einblick in den Außenhandel mit Ländern, mit denen Zahlungs- und Verrechnungsabkommen bestanden, sowie mit Ländern ohne solche Vereinbarungen. Außerdem betreffen sie den Welthandel, aufgeschlüsselt nach Warenkategorien, Preisen, Mengen und Beträgen. Bezüglich der Beträge und Preise wird unterschieden zwischen den Zahlen in Eigenwährung und in Reichsmark. In seinem Buch *Magie des Geldes* (S. 114 f. und 117) kommt er dann noch einmal darauf zurück.

bilateralen Verhandlungen hatten ihn negativ gestimmt. Es sei nun an der Zeit, sich mit seiner Kritik dazu auch öffentlich zu äußern. Dabei verteidigte er den Neuen Plan als Notbehelf. Die Regulierung des Handels mittels bilateraler Verrechnungs-, Zahlungs- sowie handelspolitischer Abkommen, mit denen die Abwicklung der Zahlungen in den Zentralbanken und Ministerien zusammengeführt wurde, führte zu einem Rückgang und nicht zu einem Wachstum des Handels. Die Regelungen sorgten sowohl beim Handel als auch auf dem Geldmarkt dafür, dass die Beteiligten die Wachstumsmöglichkeiten auf die bilateralen Zahlungsmöglichkeiten abstimmten. Ein solches Vorgehen stünde einer Wiederbelebung des Welthandels im Weg und würde damit auch eine weltweite Konjunkturerholung verhindern. Schacht hatte seine Auffassungen bezüglich der Wirtschafts- und Geldpolitik nicht geändert. Er hatte aus Opportunitätserwägungen gehandelt und musste feststellen, dass damit höchstens kurzfristig eine gewisse Erleichterung verbunden war, dies strukturell aber keine Lösung darstellte. In seinem Eilsener Vortrag konstatierte er dies unumwunden.

Abwertungsoption. Göring und Hitler greifen ein. Schacht hat ausgespielt.

Wäre die Abwertung der Reichsmark eine Möglichkeit, ein besseres Devisenergebnis zu erzielen? Diese Frage hatte immer im Raum gestanden. In der Zeit des Kabinetts Brüning befürwortete Schacht eine Aussetzung der Konvertibilität der Reichsmark, die Sanierung der Banken ohne staatliche Beihilfen sowie eine expansive Geldpolitik mit einer gewissen geldpolitischen Lockerung. Damit war in jedem Fall eine Entkopplung von interner und externer Geldpolitik verbunden. Angesichts von Struktur und Defizit der Zahlungsbilanz sowie der Struktur der deutschen Wirtschaft mit ihren entsprechenden Implikationen erschien ihm eine einseitige Abwertung der Reichsmark nicht sinnvoll. Inzwischen war die geldpolitische Entkopplung zu einem international verbreiteten Phänomen geworden. In diesem Zuge erhielten die Länder die Goldparität ihrer Währung auch nicht mehr aufrecht. Je nach Angebot und Nachfrage auf den Geldmärkten lief das auf eine Abwertung der Währung hinaus. Durchweg unterlag der Geldmarkt den staatlichen Eingriffen auf den Güter- und Kapitalmärkten. Deutschland bildet da keine Ausnahme, etwa bei der Beibehaltung des Kurses der Reichsmark als Rechnungseinheit für die Abwicklung der Zahlungsvereinbarungen beim Clearing und beim Schuldenabbau. Das war die Konsequenz aus der Zahlungsbilanzanalyse von Schacht und seinen Mitarbeitern.

1933, einige Monate nach der Machtübernahme durch Hitler, unterbreitete der bekannte Industrielle Fritz Thyssen den Vorschlag, die Reichsmark zugunsten des Exports abzuwerten. Wie erwähnt, wollte Schacht diesen Weg nicht beschreiten.[41] Unterstützt durch eine Studie der Wirtschafts- und Statistikabteilung der Reichsbank, wiederholte er seine Argumente. Seine Mitarbeiter wies er an, den Thyssenplan nicht zu beachten, und der Industrie gab er zu erkennen, dass dieser Plan nicht erwünscht sei.

Nach dem Scheitern der Gläubigerverhandlungen im Mai 1934 entbrannte die Diskussion in den Jahren 1934/35 erneut. Zunächst waren die Spitzenbeamten des Wirtschaftsministeriums, darunter Wilhelm Lautenbach, von einem Abwertungsszenario angetan. Erneut kam die Wirtschafts- und Statistikabteilung ins Spiel und veröffentlichte eine ablehnende Stellungnahme. Das Spiel wiederholte sich. 1935 lautete das Argument, dass eine solche Diskus-

---

[41] Kopper (2016, S. 306–312). Darin wird die Diskussion 1933/34 um die Abwertung beschrieben.

sion aufgrund der Verhandlungen über die bilateralen Vereinbarungen nicht angebracht wäre. Die Reichsmark mit ihrer gesetzlichen Parität sei im Übrigen nichts anderes als die Verrechnungseinheit, die in bilateralen Vereinbarungen und Beziehungen verwendet werde. Diesbezüglich sollte keine Verwirrung gestiftet werden.

1936 kam Schacht jedoch selbst auf die Frage zurück. Dem waren eine Reihe von Entwicklungen vorausgegangen, die ihn schließlich veranlassten, über eine Abwertung nachzudenken. Die Situation der Zahlungsbilanz war seiner Einschätzung nach deprimierend. Im Inland war er dem Druck der Streitkräfte ausgesetzt, die den Import industrieller Rohstoffe steigern wollten, damit die Industrie mehr militärische Güter liefern konnte. Dadurch erhöhte sich der Gesamtwert der Importe. Dabei richtete sich die gesamte Aufmerksamkeit auf die konjunkturelle Belebung im Inland, und das ging auf Kosten des Exports. Beide Entwicklungen standen Schachts Exportfördermaßnahmen entgegen. Schacht erkannte auch, dass sich die Exportaussichten durch die Abwertungswelle ausländischer Währungen weiter eintrübten. Das Engagement beim Schuldenabbau wurde zurückgefahren. Schacht vesuchte, die Exportförderung mithilfe der umstrittenen Beiträge der Wirtschaft aufrechtzuerhalten. Er strebte jetzt den Einsatz von Haushaltsmitteln an. Dieses Vorhaben stieß bei Finanzminister Schwerin von Krosigk nicht gerade auf Zustimmung. Später kam ihm der Finanzminister dennoch ein Stück weit entgegen. Schacht warb im April 1936 bei der Heeresleitung um Verständnis für seine Überzeugung, dass bei den Ausgaben Zurückhaltung geboten sei und sich der Rohstoffbedarf der Streitkräfte nur bei einer ausreichenden Exportleistung befriedigen ließe. Bei Reichskriegsminister von Blomberg und der Streitkräfteführung stieß er damit jedoch auf taube Ohren. Von Blomberg äußerte

Schacht gegenüber, dass er ihn wohl verstanden habe, der Führer aber eine Lösung finden werde.

Am 7. März 1936 rückte die Wehrmacht in das Rheinland ein und beendete damit den demilitarisierten Status der Region. Hitler hatte sich gegen die Bedenken der Heeresleitung durchgesetzt, obgleich er wusste, dass er sich in einer militärisch schwachen Position befand. Gerade die militärische Schwäche sowie die geopolitischen Ambitionen Hitlers liefen auf eine weitere Erhöhung der Militärausgaben hinaus. In einer solchen Situation Hitler gegenüber dafür einzutreten, die Militärausgaben zu mäßigen, zeugte von politischer Naivität.

Schacht unternahm im April 1936 den Versuch, Importe, die der Lebensmittelversorgung dienten, einzuschränken. Das bedeutete – ebenso wie sein erfolgloses Eintreten für eine Drosselung der Militärausgaben – eine Abkehr von den Prioritäten der Nazis. Nach Schachts Überzeugung war es notwendig, die Umsetzung dieser Prioritäten zurückzustellen, um einen kritischen Zustand der Devisenposition zu verhindern. Es war unmöglich, alle Ziele gleichzeitig zu erreichen. Er unterbreitete den Vorschlag, die Einfuhr von Fetten zu beschränken. Der NSDAP-Minister für Landwirtschaft und Lebensmittelversorgung Darré wies dies zurück und konnte dabei auf die Unterstützung Hitlers zählen.

Aufgrund der Missernte von 1936 drohten bei der Lebensmittelversorgung Engpässe. Tierische Fette wurden ein noch knapperes Gut, weil nicht genügend Futtermittel zur Verfügung standen und die Landwirtschaft die benötigten ölhaltigen Saaten und Getreide nicht liefern konnte. Fette mussten sogar importiert werden. Schachts Vorschlag passte Darré ausgesprochen schlecht. Schacht sah sich mit Darré und von Blomberg einer geschlossenen Front gegenüber und verlor seinen Einfluss auf die Devisenpolitik endgültig, als er Hitler deshalb ersuchte, Göring die Zuständigkeit für die Handelspolitik zu übertragen. Was er bei den Kollegen

6 Kurze wirtschaftliche Erholung unter Hitler ...

im Kabinett nicht durchsetzen konnte, würde Göring möglicherweise gelingen.

Göring hatte Verständnis für die Problematik des Devisenbedarfs und suchte selbst nach Möglichkeiten, um an den politischen Bestrebungen des Regimes festzuhalten. Immerhin war er der zweite Mann nach Hitler. Er übernahm die Handelspolitik, und damit war Schacht in diesem Bereich aus dem Spiel. Das bedeutete nicht, dass Schacht in der Folgezeit aus seinem Herzen eine Mördergrube machte. Im Mai 1936 begann Hitler daran zu zweifeln, dass ihm Schacht in Anbetracht von dessen Position überhaupt noch nützlich sein konnte, denn Hitler verfolgte eine andere Agenda als Schacht.

Göring begann schließlich, sich bezüglich der finanz- und wirtschaftspolitischen Möglichkeiten zur Durchsetzung der Prioritäten der Nazis beraten zu lassen. Auf sein Ersuchen legten Ernst Trendelenburg[42] und Georg Thomas[43] im Juli 1936 jeweils Empfehlungen vor. Sie brachten ihre Besorgnis hinsichtlich der Kosten für die Bewaffnung sowie der Folgen für die Handelsbilanz zum Ausdruck und beurteilten eine Abwertung der Reichsmark zur Ankurbelung des Exports zudem positiv. Diese Maßnahme in Verbindung mit einem geringeren Import industrieller Rohstoffe und einem Rückgang der öffentlichen Ausgaben im Bereich Bewaffnung würde sich wirtschaftlich vorteilhaft auswirken. Allerdings war eine sorgfältige Vorgehensweise geboten, um unvermittelte Rückschläge der Inlandskonjunktur mit den entsprechenden Folgen für Kaufkraft und Beschäftigungssituation zu vermeiden. Diese Empfehlungen kamen Göring keineswegs gelegen und wanderten sofort in die Schublade. Seine Vorgehensweise zeigte zugleich,

---

[42] Ernst Trendelenburg war in der Weimarer Zeit Spitzenbeamter verschiedener Regierungen und zum damaligen Zeitpunkt für die Industrie tätig.

[43] Georg Thomas, 1890–1946, war zum damaligen Zeitpunkt Stabschef der Ausrüstungskommission der Wehrmacht.

dass Göring in diesem Zusammenhang auf Schachts Mithilfe verzichtete.[44]

Göring ersuchte schließlich auch noch Carl Goerdeler um eine Empfehlung. Angesichts der früheren Kritik Goerdelers an den steigenden öffentlichen Ausgaben, die zu einem unerwünschten Preisauftrieb führten, musste Göring mit einer Empfehlung rechnen, die ebenfalls auf eine Begrenzung der Ausgaben hinauslief. Das würde sich zweifellos negativ auf den Umfang der Militärausgaben auswirken. Goerdeler schloss sich den Stellungnahmen von Trendelenburg und Thomas an. Im August 1936 erhielt Göring das Arbeitspapier mit Goerdelers Empfehlung, einschließlich handelspolitischer Maßnahmen, die auf eine Wiederherstellung des Freihandels gerichtet waren sowie auf eine Geldpolitik, die eine offizielle Abwertung der Reichsmark durch Erhöhung des Goldpreises vorsah. Auch Goerdelers Stellungnahme blieb unberücksichtigt und landete im Papierkorb.[45]

Fast gleichzeitig legte Göring einen eigenen Wirtschaftsplan für die kommenden vier Jahre vor. Er konnte auf die Unterstützung Hitlers zählen, der sich in einem Papier voller Nazi-Rhetorik über den Lebensraum für das eigene Volk ausgelassen hatte und Autarkie beanspruchte – Forderungen, denen sich Göring anschloss. Die Ausdehnung des geografischen Wirtschaftsraums sowie die drastische Verringerung der wirtschaftlichen Abhängigkeit vom Ausland bildeten den Kern der ökonomischen Vorstellungen von Hitler und Göring. Damit verbunden war die Perspektive eines besseren Lebens für Arbeiter, Bauern und Unternehmer. Sie müssten Opfer erbringen und den Aufbau starker Streitkräfte unterstützen, damit dieses irdische Paradies für sie erobert werden könnte. Die wörtliche Fassung von

---

[44] Dietmar Petzina (2010, S. 47).
[45] Ines Reich (1997, S. 234 ff.).

Hitlers Denkschrift blieb zum damaligen Zeitpunkt vertraulich. Für Hitlers und Görings Vierjahresplan galt das zwar nicht,[46] dennoch bezog Göring Schacht in diesen Plan nicht ein. Schacht vernahm erst am 4. September 1936 davon und stand damit vor vollendeten Tatsachen. Allerdings wird Schacht entsprechende Vermutungen gehabt haben. Die Erfahrungen, die Trendelenburg, Thomas und Goerdeler mit Göring gemacht hatten, konnten ihm in der Reichshauptstadt Berlin nicht verborgen geblieben sein. Öffentlich distanzierte sich Schacht nicht von Görings Plan. Allerdings hielt er Vorträge, in denen er eine solche Wirtschaftspolitik aus inhaltlichen Gründen ablehnte und verlangte, dass Importe nach Möglichkeit ersetzt werden sollten. Eine wirtschaftliche Autarkie wäre für Deutschland jedoch nicht sinnvoll, und diese Überzeugung wurde seiner Auffassung nach generell geteilt.[47]

Konfrontation mit Hitler und Göring

Schacht suchte nach Möglichkeiten, um diese negative Entwicklung zu stoppen. Dazu setzte er sich mit Carl Goerdeler in Verbindung. Auch dieser hatte es nicht bei Worten belassen, sondern aus dem Kreis von Industriellen Fürsprecher um sich versammelt, um eine radikale politische Kursänderung im Sinne seiner abgelehnten Empfehlung zu erreichen. Aus der Industrie beteiligt waren Hermann Duecher (AEG), Robert Bosch (Robert Bosch GmbH) sowie Albert Vögler (Vereinigte Stahlwerke). Ihr Ziel waren Freihandel und die Wiederherstellung des freien Zahlungsverkehrs. Aus währungspolitischer Sicht musste Deutsch-

---

[46] Petzina (2010, S. 49 ff.). Eine ausführliche inhaltliche Darstellung von Hitlers Denkschrift ist enthalten in den Vierteljahrsheften für Zeitgeschichte, Jahrgang 3, 1955, Heft 2, *Hitlers Denkschrift zum Vierjahresplan 1936*.
[47] Siehe insbesondere Schacht (1938).

land angesichts der Reserveposition der Reichsbank und der Entwicklung der Zahlungsbilanz abwerten. Im Inland sollte die Aufrüstung gestoppt werden, um die Folgen des neuen Kurses haushalts- und handelspolitisch in den Griff zu bekommen. Geringere Militärausgaben würden Spielraum für Investitionen bieten und eine Neuorientierung der Geschäftstätigkeit erleichtern. Handelspolitisch war es wünschenswert, Importe durch Abwertung zu begrenzen, denn dadurch würde die Industrie mehr Bewegungsfreiheit auf den Exportmärkten erhalten. Es bestand noch immer ein Schuldenproblem, das mit den bisher erfolgten Maßnahmen zwar gelindert und beruhigt, aber keinesfalls gelöst worden war. Dieser komplexe Prozess der Neuorientierung erforderte eine sorgsame Umsetzung, die eine gewisse Zeit in Anspruch nehmen würde.

Im Gegensatz zur Gruppe um Goerdeler stellte Schacht eher die Probleme heraus, die zunächst gelöst werden mussten, bevor eine solche politische Neuausrichtung erfolgen konnte.[48] Ohne Mitwirkung von Deutschlands Wirtschaftspartnern Vereinigte Staaten, Großbritannien, Frankreich, Niederlande und Schweiz ließ sich der neue Kurs nicht umsetzen. Das gesamte System aus Handels-, Zahlungs- und Verrechnungsabkommen sowie die eigenen Schulden- und Exportfördermaßnahmen müssten auf den Prüfstand gestellt werden, wenn von Freihandel sowie von freiem Geld- und Kapitalverkehr die Rede sein sollte. Das würde zu internationaler Zusammenarbeit nötigen, die derzeit in weiter Ferne lag.

---

[48] Schacht hat die hier dargestellte Analyse 1934 in seinem *Eilsener Vortrag* dargelegt. Eine ähnliche Erörterung findet sich in weiteren Publikationen von seiner Hand (1934a), *Über das deutsche Transferproblem, Ausführungen des Reichsbankpräsidenten Dr. Hjalmar Schacht vor den Vertretern der Auslandspresse im Reichsministerium für Volksaufklärung und Propaganda, am 21. Juni 1934.* (Reichsbank Berlin 1934) und *Außenhandelsfragen, Weimarer Rede des Reichsbankpräsidenten Hjalmar Schacht am 29. Oktober 1934.* (Reichsbank Berlin 1934).

Schacht hatte zwar Kontakt zur Gruppe um Goerdeler, er trat dieser Gruppe aber nicht bei. Er suchte nach einer Alternative zur Politik von Göring und Hitler, die für die Naziführer akzeptabel war. Obgleich er Importsubstitutionen nicht prinzipiell ablehnte – in bestimmten Situationen waren sie wirtschaftlich vertretbar –, konnte er mit dem Autarkie-Dogma von Göring und Hitler nichts anfangen. Ebenso wenig hatte Schacht Einwände gegen eine Politik, die sich darauf richtete, im Nordosten die abgetrennten Gebiete Preußens geografisch wieder mit dem Deutschen Reich zu verbinden. Sicher hätte er auch nichts gegen eine Rückkehr der polnischen Gebiete Schlesiens nach Deutschland gehabt. 1938 erfolgten der Anschluss Österreichs an das Deutsche Reich sowie die anschließende Annexion des Sudetenlandes – eine Angelegenheit, über sich niemand mehr aufzuregen brauchte. Schacht hatte sich für ein Wiedererstarken der deutschen Militärmacht ausgesprochen, allerdings nicht in Form eines neuen starken Staates, der mit Gewalt einen europäischen Eroberungskrieg entfesseln würde. Er strebte keinen Bruch mit Göring und Hitler an, sondern suchte nach einer Alternative, um das Blatt zu wenden, und zwar in einer Weise, dass auch Göring und Hitler von einem Kurswechsel überzeugt werden konnten.[49]

Der koloniale Entwicklungsplan Schachts

Schacht sah gewisse Chancen, Göring und Hitler davon zu überzeugen, dass es auch einen anderen Weg gab als die wirtschaftlich unverantwortliche Aufrüstung sowie die Suche nach Lebensraum im Osten Europas, die das Risiko eines Konflikts mit den Alliierten und natürlich mit den

---

[49] Schacht (1938).

osteuropäischen Ländern bargen. Er holte seinen kolonialen Entwicklungsplan hervor, mit dessen Hilfe die deutsche Rohstoffversorgung gesichert werden sollte. Verknüpft war dieser Plan mit dem Export von Investitionsgütern zur Steigerung der Rohstoffgewinnung. Im Gegensatz zu seinem gescheiterten BIZ-Vorschlag war hier kein multilateraler Ansatz mehr vorgesehen, sondern der Vorschlag war ausschließlich darauf gerichtet, Deutschland Einfluss auf Kolonien und Mandatsgebiete zu verschaffen. Die industrialisierte Welt täte gut daran, Deutschland diese Bestrebungen zuzugestehen.

Das politische Szenario sah wie folgt aus: Steigerung des Absatzes deutscher Investitionsgüter und Reduzierung der Rohstoffimporte bei Vermeidung von Währungsrisiken und Kontrolle der Handelsbedingungen. Gleichzeitig sollte ein Zahlungsbilanzdefizit vermieden werden. Dies lief auf eine Erweiterung des deutschen Wirtschaftsraums unter Einbeziehung von Kolonien hinaus, wobei Erzeugung und Absatz von Industriegütern und Rohstoffen besser aufeinander abgestimmt wären. Schacht trat außerdem dafür ein, den Selbstversorgungsgrad im Bereich Landwirtschaft zu erhöhen. Von der technischen und wirtschaftlichen Machbarkeit dessen war er überzeugt. Das Nahrungsmittelangebot würde dann zwar schlicht, aber nicht unverantwortlich mager ausfallen.[50] Die unbedingten Autarkiebestrebungen Görings und Hitlers lehnte er, wie bereits erwähnt, ab. In seinen Augen war eine solche Ausrichtung auf Autarkie nichts als ein unangebrachter Notbehelf. Dabei verwies er auf die wechselseitige Verflechtung der Volkswirtschaften untereinander. Mit seinem Plan wollte er entsprechende Voraussetzungen schaffen, um die bestehenden Zahlungsungleichgewichte durch multilaterale handels- und währungspolitische Vereinbarungen zu beseitigen und Freihan-

---

[50] Schacht (1936).

del sowie freien Kapitalverkehr zum gegenseitigen Vorteil zu erreichen. Dazu waren entsprechende Anstrengungen von Zentralbanken und Regierungen erforderlich. Bei einem Erfolg würde die Weltwirtschaft wieder wachsen können. Technische Innovationen sowie die Erschließung neuer Märkte würden wesentlich dazu beitragen. Dabei standen Schacht die Entwicklungsländer vor Augen.[51] Jetzt galt es, Hitler von der Richtigkeit seines Ansatzes zu überzeugen. Wie sollte das geschehen in einer Welt, in der Frieden nicht garantiert war und die Länder wirtschaftlich einen nationalistischen Kurs einschlugen?

Schacht sah die Möglichkeit eines Arrangements: die Umsetzung seiner Pläne und als Gegenleistung eine europäische Friedensregelung. Würde das gelingen, könnte auch noch die Finanzierung der öffentlichen Ausgaben im Inland befriedigend geregelt werden. Die Dringlichkeit einer weiteren Bewaffnung des Militärs würde sich dann erübrigen. Schacht versprach sich davon Gewinn für alle Seiten. Er strebte Verhandlungen an und begann in Frankreich. Hitler hielt ihn nicht zurück.

Schachts Verhandlungen[52]

In Paris war 1936 eine Mitte-links-Regierung unter Premierminister Léon Blum an der Macht. Mit dem Gedanken an Aristide Briand, der in Beratungen mit der deutschen Regierung jederzeit bereit war, für eine Entspannung der Beziehungen zu sorgen, war Schacht davon überzeugt, dass er in Paris fruchtbare Gespräche führen könne. Denn eine Übereinstimmung mit Frankreich war entscheidend. Allein schon

---

[51] Schacht (1932, S. 58–73).

[52] Die internationalen Gespräche über Fragen der Kolonien werden hier dargestellt anhand der Untersuchung von Frédéric Clavert (2006) (Dissertation Universität Straßburg, 13. Januar 2015) sowie Kopper (2006, S. 294–305).

aus Sicherheitserwägungen hatte Frankreich ein großes Interesse am Erhalt seiner territorialen Integrität. Deutschland war aus dem Völkerbund ausgetreten, hatte die Verträge von Locarno gekündigt, und mit den Friedensregelungen waren keine Garantien in Bezug auf die deutsch-polnische Grenze verbunden. Hitler beendete den entmilitarisierten Status des Rheinlands durch Stationierung von Wehrmachtstruppen. In Frankreich war man besorgt. Frankreich verfügte in Afrika über umfangreichen Kolonialbesitz und hatte darüber hinaus vom Völkerbund zugewiesene Mandatsgebiete unter Verwaltung. Alle Voraussetzungen für ein entsprechendes Arrangement waren gegeben: geopolitische Sicherheit und als Gegenleistung Rohstoffgewinnung in Afrika durch Deutschland in Verbindung mit dem Export von Investitionsgütern. Deshalb war Frankreich für Schacht ein wichtiger Gesprächspartner. Würde Frankreich auf seine Pläne eingehen, hätte er einen Bündnispartner für seine folgenden Gespräche mit Großbritannien.

Noch bevor Göring im September seinen Vierjahresplan vorlegte, saß Schacht in Paris. Am 26. August traf er unter anderem seinen Kollegen von der Banque de France, Emile Labeyrie, Ministerpräsident Léon Blum sowie Finanzminister Vincent Auriol. Würde Frankreich Deutschland beim Zugang zu Rohstoffen und bei der Lieferung von Investitionsgütern in die Kolonien und Mandatsgebiete unterstützen? Würde diese Unterstützung so weit gehen, dass die Gewinnung und der Transport der Rohstoffe ohne Zölle und Abgaben bzw. andere Behinderungen vonstatten gehen könnten?

Auch die Bemühungen um Wechselkursstabilität mit freiem Waren- und Kapitalverkehr kamen in dem Gespräch mit Labeyrie zur Sprache. Schacht erläuterte, dass dieser Problemkomplex mit seinem kolonialen Entwicklungsplan leichter lösbar wäre. Schließlich wurde im Gespräch mit Blum die politische Seite erörtert. Bestünde die Möglichkeit eines neuen Locarno-Vertrags auf der Grundlage von Nichtangriffsvereinbarungen? Die Beziehungen zu Polen und zur Sowjetunion wurden angeschnitten. Deutschland besaß mit Polen einen Nichtangriffsvertrag, der aber nach der deutschen Besetzung des Rheinlands auf unsicheren Füßen stand. Polen traute den geopolitischen Bestrebungen Deutschlands nicht. Der Polnische Korridor sowie Oberschlesien könnten durchaus das nächste Ziel sein. Frankreich hatte einen Nichtangriffsvertrag mit der Sowjetunion, und auch die Beziehungen zu Polen hatten sich verbessert. Ohne Einbeziehung dieser Länder in eine Regelung mit Deutschland würde es für Frankreich keine befriedigende Situation an der Ostgrenze Deutschlands geben. Schacht hob die friedlichen Absichten Deutschlands hervor. Er machte immer wieder deutlich, dass er Hitlers Einverständnis besäße und die Zustimmung Deutschlands zu einem aktualisierten Locarno-Vertrag verkünden dürfe, wenn diese Afrika-Politik umgesetzt würde. Unter bestimmten Bedingungen wolle Deutschland zugleich in den Völkerbund zurückkehren.

Léon Blum erwiderte, dass es nicht nur darum ginge, ein System aus Nichtangriffsverträgen zu etablieren, sondern vielmehr eine Übereinkunft erzielt werden müsste, die beide Seiten zu entsprechender Abrüstung verpflichtete. Die Nichtangriffsidee müsste durch Waffenverzicht untermauert werden. Bezüglich der Frage der Kolonien zeigte er Verständnis für Schachts Argumentation. Frankreich wäre bereit, über Möglichkeiten einer Beteiligung Deutschlands an der Rohstoffgewinnung in den Kolonien und Mandatsgebieten zu sprechen. Schacht müsse verstehen, dass eine Regelung des Komplexes Abrüstung und kollektive Sicherheit Voraussetzung dafür sei. Als Reaktion auf Blums Einwand, dass die kolonialen Wünsche auch eine Beteiligung Großbritanniens voraussetzten, fragte Schacht, ob Blum bereit wäre, darüber mit den Briten zu sprechen. Schließlich ergänzte Blum, dass Hitler selbst die Initiative ergreifen müsste, wenn man zu wirklichen Verhandlungen kommen wolle. Ironisch fragte er Schacht, ob Hitler das wirklich wolle, denn er, Blum, sei Franzose, Jude und Marxist. Léon Blum wollte sich mit London in Verbindung setzen. Am 2. September erstattete Schacht Hitler Bericht, der die Vorgehensweise Schachts billigte.[53]

Léon Blum sprach am 20. September 1936 mit dem britischen Außenminister Anthony Eden, der versprach, die Frage mit Premierminister Baldwin zu erörtern. Die Reaktion ließ nicht lange auf sich warten. Baldwin sah keine Veranlassung zu Gesprächen mit Deutschland über dessen Ambitionen als Kolonialmacht. Das entsprach den Schlussfolgerungen, die das britische Kabinett nach intensiven Diskussionen über den Bericht einer Kommission unter Leitung des für Kolonien zuständigen Staatssekretärs Lord Plymouth im Juli 1936 gezogen hatte. Großbritannien konnte rechtlich nicht selbstständig über Gebiete verfügen, die von anderen Mächten verwaltet wurden. Die britische Regierung hatte zudem moralische und strategische Einwände. Von Hitler-Deutschland würde man nicht erwarten können, dass es die Gebiete in Übereinstimmung mit den Richtlinien des Völkerbundes verwalten würde. Darin war vorgeschrieben, dass im Rahmen der Verwaltung die Entwicklung der einheimischen Bevölkerung gefördert werden sollte. Das würde über eine rein koloniale Ausbeutung hinausgehen. Außerdem konnte man eine deutsche Verwaltung der ostafrikanischen Gebiete aus strategischen Gründe nicht akzeptieren. Die strategisch wichtige Verbindung zwischen dem Kap der Guten Hoffnung und Ägypten würde durch deutsche Stützpunkte bedroht. Südafrika, Australien und Neuseeland wiesen eine Einbeziehung ihrer Mandatsgebiete in diese Diskussion von vornherein zurück.[54]

---

[53] Clavert (2006, S. 402 ff.).

[54] Die britische Position hat W. Roger Louis (1971, S. 1175–1191) dargestellt in „Colonial Appeasement, 1936–1938".

Einige Tage nach diesem Gespräch wurde der französische Franc abgewertet, unmittelbar gefolgt von der Abwertung anderer westeuropäischer Währungen, darunter auch der niederländische Gulden. Ende September 1936 erzielten Frankreich, Großbritannien, die Vereinigten Staaten, die Niederlande, die Schweiz sowie Belgien ein Übereinkommen, um die neuen Wechselkurse zu stabilisieren und gleichzeitig zu prüfen, wie sich dies handelspolitisch unterstützen ließ. Schacht war nun mit einer neuen Realität konfrontiert. Am 30. September 1936 teilte er den betreffenden Ländern mit, dass Deutschland über die Wechselkurse und die damit verbundenen handelspolitischen und finanziellen Fragen, darunter auch die Frage der kolonialen Rohstoffversorgung, sprechen wolle.[55]

Die Sicht von Schacht auf diese Entwicklung wurde anhand eines Gesprächs deutlich, das er im Oktober 1936 in Berlin mit H.M. Hirschfeld, dem Generaldirektor des niederländischen Ministeriums für Handel, Industrie und Verkehr, führte.[56] Die Abwertung des Guldens hatte Auswirkungen auf die Verrechnungs-, Zahlungs- und Handelsabkommen. Hirschfeld erstattete gegenüber seinem Ministerpräsidenten Colijn umfassend Bericht von diesem Gespräch. Colijn wollte über sämtliche Vorgänge, welche die niederländisch-deutschen Beziehungen betrafen, genauestens unterrichtet werden. Hirschfeld hielt Schacht vor, dass die Wiedererlangung der ehemals deutschen Kolonien das Rohstoffproblem Deutschlands nicht lösen würde. Dafür wäre mehr erforderlich. Hirschfeld bezog sich vermutlich auf den Umstand, dass diese Kolonien für die deutsche Rohstoffversorgung nur eine beschränkte Bedeutung hatten. Schacht teilte dem niederländischen Gesandten seinerseits mit, dass Frankreich Deutschland entgegenkom-

---

[55] Clavert (2006, S. 412 f.).
[56] Hirschfeld (1959, S. 85–90).

men wolle. Schacht fragte sich nun, ob das auch für Großbritannien gelte. Darauf musste er von Hirschfeld vernehmen, dass im Zusammenhang mit den britischen Kolonien und Mandatsgebieten, die für Schacht interessant sein könnten, auf britischer Seite nicht mit Kompromissbereitschaft zu rechnen sei. Schacht sollte sich nicht einbilden, Deutschland könnte Stützpunkte im Fernen Osten bekommen. Dem würden Einwände Japans entgegenstehen. Japan hatte ebenfalls ein Problem mit der Rohstoffversorgung und würde es nicht zulassen, dass Deutschland in dieser Region ähnliche Ziele verfolgte.[57]

Dennoch war Hirschfeld für Schachts Argumente zugunsten eines stärkeren Engagements Deutschlands in den Kolonialgebieten empfänglich, sei es auch aus geopolitischen Gründen. Würde Deutschland wieder über Kolonien verfügen, wäre die internationale Politik allerdings verwundbarer als ohne solchen Besitz. Es bestanden jetzt deutsche Interessen, die das Land bei einem internationalen Konflikt zur Zurückhaltung zwingen konnten. Sie erörterten auch die Argumente, die für und gegen eine Abwertung der Reichsmark sprachen. Hirschfeld zeigte auch hier Verständnis für Schachts Überlegungen, dieses Thema umsichtig zu behandeln. Eine Sache stand allerdings fest. Beide betrachteten die Abwertungsoption als Bestandteil eines Systems stabiler Wechselkurse. Das verlangte internationale Koordination und den Verzicht auf einseitige Maßnahmen, zumal in einer Situation, in der zahlreiche Länder diesen Weg beschritten und anschließend entsprechende Koordinationsvereinbarungen getroffen hatten. Gemeint war damit die Allianz einer Reihe westeuropäischer Länder sowie der Vereinigten Staaten. Schacht verwies auf die bekannten Probleme mit der Handelsbilanz sowie der Schuldenposi-

---

[57] Clavert (2006, S. 442 ff.). Hier werden die deutsch-chinesischen Gespräche über die Rohstoffgewinnung und zugleich die Position Japans erörtert. Hirschfeld muss dies mit seiner Bemerkung gemeint haben.

tion. Laut Hirschfeld wäre die Voraussetzung für eine Schuldenregelung, dass einseitige Maßnahmen von deutscher Seite in Bezug auf den Schuldendienst und die Schulden selbst nicht mehr toleriert würden. 1936 war Schacht schließlich so weit, unter bestimmten Bedingungen einer Neufestsetzung des offiziellen Goldpreises der Reichsmark zuzustimmen.

Ab September 1936 folgten dann hektische Absprachen zwischen Schacht und dessen ausländischen Verhandlungspartnern. Schließlich musste er feststellen, dass Görings Vierjahresplan mit den darin enthaltenen militärischen Vorhaben sowie der Entscheidung zugunsten einer Autarkie bei Rohstoffen und landwirtschaftlichen Erzeugnissen sowie Hitlers Ablehnung von Abrüstungsgesprächen Frankreich zu einer abwartenden Haltung zwangen. Daran änderte sich auch nichts, als Schacht seinen kolonialen Entwicklungsplan zu einer notwendigen Voraussetzung machte, die zunächst zu erfüllen wäre, wenn Übereinstimmung bezüglich europäischer Sicherheitsfragen erzielt werden sollte. Großbritannien blieb zurückhaltend, und die Vereinigten Staaten distanzierten sich. Sie wollten vor allem über die Liberalisierung des Handels sprechen. Die Amerikaner waren überzeugt davon, die eigene Industrie mit der Abwertung des Dollars ausreichend zu schützen. Eine Abhängigkeit von Rohstoffen und landwirtschaftlichen Erzeugnissen bestand nur in geringem Umfang. Überdies unterhielten sie intensive Beziehungen zu den lateinamerikanischen Ländern, die auf diesem Gebiet genügend zu bieten hatten. Zur Sicherung der Ölversorgung verfügten die Vereinigten Staaten über eigene Quellen und waren darüber hinaus im Nahen und Mittleren Osten sowie in Lateinamerika vertreten.

So konnte man erwarten, dass die Vereinigten Staaten die Autarkie-Politik Görings als Handelshemmnis betrachten und zurückweisen würden. Schacht versäumte es nicht, die Vereinigten Staaten zu beruhigen. Im Januar 1937 veröffentlichte er in der Zeitschrift Foreign Affairs einen Artikel mit dem Titel „German's Colonial Demands". Die Autarkie des Vierjahresplans hätte ein anderes Aussehen bekommen, wenn die Vereinigten Staaten den kolonialen Entwicklungsplan Schachts unterstützt hätten. Dabei bezog sich Schacht auf das 14-Punkte-Programm Wilsons mit den Grundzügen einer Friedensordnung. Aufgrund dessen habe Deutschland – so wie auch jedes andere Land – Anspruch auf Teilhabe an der Entwicklung der Kolonien und Mandatsgebiete. Dabei verfolge Deutschland keinerlei imperialistische Ziele.

Im gleichen Monat sprach Schacht mit dem wichtigsten Wirtschaftsberater der britischen Regierung, seinem alten Bekannten aus der Zeit der Young-Verhandlungen, Leith Ross, über seinen kolonialen Entwicklungsplan sowie über den Frieden in Europa. Schacht legte dar, dass es um die Wahrung des deutschen Interesses an einer ungestörten Rohstoffversorgung ging. Deutschland schlug vor, dies auf der Grundlage zwischenstaatlicher Abkommen zu erreichen, die eine Rohstoffgewinnung unter deutscher Leitung mit deutschem Kapital vorsahen, wobei sich auch die Fördergebiete, einschließlich der Plantagen, im Besitz Deutschlands befinden würden. Militärische Ziele habe Deutschland nicht, und das könnte in den Abkommen auch zum Ausdruck gebracht werden. Diese Position Schachts führte erneut zu Diskussionen im britischen Kabinett. Finanzminister Neville Chamberlain erwog ein Abkommen über Kamerun und Togo im Tausch gegen eine europäische Friedensregelung, wobei allerdings die Mitwirkung Frankreichs erforderlich war. Tansania wiederum stand aus strategischen Gründen nicht zur Debatte. Chamberlain stieß im Kabinett auf heftigen Widerspruch. Dabei wurden die Einwände der Plymouth-Kommission wiederholt. Er suchte einen Ausweg und schlug vor, Deutschland zwar nicht dessen Kolonialbesitz zurückzugeben, stattdessen aber Garantien für den Zugang zu Rohstoffen sowie für den Absatz deutscher Industrieprodukte in den Kolonien und Mandatsgebieten anzubieten. Das reichte Schacht für ein Abkommen nicht aus.

Schacht dachte auch an Kongo, Ruanda und Burundi sowie an Teile von Angola. Das hätte allerdings die Mitwirkung von Belgien und Portugal vorausgesetzt. So kam es nicht überraschend, dass der belgische Ministerpräsident Paul van Zeeland die Initiative ergriff, um in bilateralen Gesprächen zu prüfen, ob internationale Beratungen zu einer Übereinstimmung hinsichtlich des gesamten Komplexes aus kollektiver Sicherheit, Fragen der Kolonien und Rohstoffversorgung sowie der Liberalisierung des Handels führen könnten. Als weiteren Punkt fügte er noch den Zahlungsverkehr innerhalb eines Systems mit festen Wechselkursen hinzu.[58] Gemeinsam mit dem belgischen Bankier Frère machte sich Van Zeeland auf den Weg. Dabei erfuhr Frère in einem Gespräch mit Schacht noch einmal von den territorialen Wünschen Deutschlands in Bezug auf Eupen-Malmédy, Schleswig-Holstein, Oberschlesien und den Polnischen Korridor. Schacht überging in dem Gespräch mit Frère die Tatsache, dass es ihm bei den Verhandlungen über das Haager Abkommen 1930 bei der Frage Eupen-Malmédy nicht gelungen war, Ergebnisse zu erzielen. Anschließend schien das Problem zu ruhen. Van Zeeland ging auf die Bemerkungen Schachts zu Eupen-Malmédy nicht ein. Görings Vierjahresplan und die Abrüstung Deutschlands waren laut Schacht nicht verhandelbar. Seiner Auffassung nach war das auch nicht nötig. Deutschland würde keine bewaffneten Konflikte anstreben und von einem neuen Locarno-Vertrag profitieren. Zudem würde die Autarkiepolitik durch seinen kolonialen Entwicklungsplan relativiert.

---

[58] W. R. Louis (1971).

Schließlich verwies Schacht auf den deutschen Vorschlag, mit der Tschechoslowakei einen Nichtangriffsvertrag zu schließen.

Im Umfeld seiner Gespräche mit Van Zeeland und Frère traf Schacht auch zu einer Unterredung mit dem belgischen Minister Hendrik de Man von den Sozialdemokraten zusammen. In diesem Gespräch kamen Schachts Ansichten zu den geldpolitischen Beziehungen zur Sprache. Eine Neufestsetzung der Wechselkurse anhand fester Paritäten musste mit einer befriedigenden Schuldenregelung sowie einer Handelspolitik einhergehen, die die wirtschaftlichen Grundlagen eines solchen Systems garantieren würde. Dazu gehörte Schachts kolonialer Entwicklungsplan. Dem Vernehmen nach konnten sich beide Gesprächspartner auf einen solchen Ansatz einigen.[59] Allerdings geriet Schacht in allen Verhandlungen an einen toten Punkt. Ursache war seine wiederholte Forderung, dass zunächst Übereinstimmung bezüglich seines kolonialen Entwicklungsplans erzielt werden müsse, bevor es zu einer Neuauflage von Locarno kommen könne. Daran die Bedingung von Abrüstung zu knüpfen, war natürlich ebenfalls ausgeschlossen. Schacht bewegte sich vollständig innerhalb der von Hitler gemachten Vorgaben.

Schacht tritt als Wirtschaftsminister zurück

Während der Verhandlungen musste Schacht zu seinem Leidwesen feststellen, dass Göring seine Forderung, den Importbedarf im Zusammenhang mit den Rüstungsausgaben zurückzufahren, in keiner Weise berücksichtigte. Doch das war noch nicht alles. Nach Schachts Einschätzung ver-

---

[59] Clavert (2006, S. 428).

6 Kurze wirtschaftliche Erholung unter Hitler …

folgte Göring seine Autarkiebestrebungen in einem gänzlich unvertretbaren Maß. So umfasste Görings Politik der Eigenversorgung mit Rohstoffen unter anderem die aus betriebswirtschaftlicher Sicht ineffiziente Gewinnung von Eisenerz. Schon ein knappes Jahr nach der Einführung des Vierjahresplans setzte Göring – gegen den Willen Schachts und der deutschen Schwerindustrie – die Gründung der Reichswerke AG für Erzbergbau und Eisenhütten „Hermann Göring" durch. Auch in die Entwicklung und Produktion synthetischer Kraftstoffe und Materialien wurde eine Menge Zeit und Geld gesteckt. Dazu hatte Göring die IG Farben hinzugezogen. Gemeinsam mit dem Vorstandsvorsitzenden von Shell, Deterding, versuchte Schacht, Göring davon abzubringen. Warum sollte man auf betriebswirtschaftlich fragliche Weise Öl und Ölderivate erzeugen, wenn sie auf dem Weltmarkt günstiger eingekauft werden konnten? Aber ihre Bemühungen waren vergeblich. Schacht stand technologischen Innovationen keineswegs ablehnend gegenüber, wandte sich aber aus wirtschaftlichen Gründen gegen Görings Vorgehensweise.[60]

Göring strebte aus Sicherheitserwägungen außerdem eine regionale Neuordnung der Industrie an. Produktionsstätten aus dem Ruhrgebiet sollten in ein Gebiet im mitteldeutschen Dreieck um Magdeburg, Bitterfeld und Merseburg umgesiedelt werden. Auch diese Ressourcenvergeudung, die in der Industrie im Ruhrgebiet natürlich auf Widerstand stieß, konnte in Schachts Augen keine Gnade finden. Dies führte in bestehenden Industriegebieten zu kostspieligen, aber nutzlosen Desinvestitionen und war in der neuen Zielregion ebenfalls mit überflüssigen und teuren Investitionen verbunden.[61] Die Reichswerke Hermann Göring, die Produktion von synthetischem Öl

---

[60] Schacht (1966, S. 72–73) zur wirtschaftlichen Bedeutung technologischer Kenntnisse. Über Görings Autarkie. Ebd. 111 f. sowie 133.
[61] Die Vorgänge werden von James (1986, S. 386–387) beschrieben.

sowie Ölderivaten bei der IG Farben, die Verlagerung der Industrie aus dem Ruhrgebiet und das wachsende Ungleichgewicht in der Leistungsbilanz aufgrund der Rüstungspolitik machten für Schacht das Maß voll. Er spielte öffentlich mit dem Gedanken, als Wirtschaftsminister zurückzutreten, und unternahm schließlich auch einen entsprechenden Versuch. Hitler ließ sich eine gewisse Bedenkzeit, denn er wollte Schacht in der Folge nicht auch noch als Reichsbankpräsidenten verlieren. Hitler brauchte ihn dort zunächst noch, um im Ausland auch weiterhin den Eindruck zu vermitteln, dass die Finanz- und Geldpolitik in sachkundigen Händen lag. Schacht legt das Amt als Wirtschaftsminister nieder und stimmte seiner Neuernennung zum Präsidenten der Reichsbank zu. Voraussetzung waren Zugeständnisse, die ihm hinsichtlich der Finanzierung der Rüstungsausgaben gemacht wurden. Diese Ausgaben durften nicht mit dem Risiko einer Defizitfinanzierung mit Geldschöpfung sowie entsprechenden inflationären Tendenzen infolge Überauslastung der Produktionskapazitäten und Druck auf dem Arbeitsmarkt verbunden sein. Gleichzeitig musste ein Ausgleich in der Devisenbilanz gesucht werden. Im März 1937 wurde Schacht erneut zum Präsidenten der Reichsbank ernannt, und es galt die Vereinbarung, dass die Einhaltung der genannten Bedingungen als Kriterium für seinen weiteren Verbleib im Amt dienen sollten. Anschließend war der Weg frei, ihn als Wirtschaftsminister ziehen zu lassen. Am 27. November 1937 war es so weit, und er wurde zum Minister ohne Geschäftsbereich ernannt. Hitler wollte den Außenstehenden damit deutlich machen, dass kein ernsthafter Konflikt vorlag. Dieses Ministeramt war nicht an einen besonderen Geschäftsbereich gebunden.

Erst 1943 trat Schacht als Minister endgültig zurück. Seine Kritik an den politischen Bestrebungen von Hitler und Göring erreichte in den Jahren 1942/43 einen Höhepunkt. Diese Politik war seiner Auffassung nach verhängnisvoll und musste in einer Katastrophe enden. Das äußerte er in einem Schreiben an Hitler. Daraufhin erfolgte seine Entlassung als Minister ohne Geschäftsbereich. Anschließend behielt die Gestapo ihn ständig im Auge, bis er 1944 unter dem Verdacht verhaftet wurde, sich am Umsturzversuch der Gruppe um Goerdeler beteiligt zu haben. Beweise konnte man nicht vorlegen, aber der Verdacht stand im Raum. Bis zum Kriegsende war Schacht in verschiedenen Konzentrationslagern inhaftiert.[62]

Endspiel

Am 19. November 1937 traf sich der britische Außenminister Lord Halifax mit Hitler in Berchtesgaden, um über dessen Vorstellungen im Zusammenhang mit Schachts Bestrebungen einer Rohstoffgewinnung in Kolonien zu sprechen. Hitler und Göring unterstrichen, dass es ihnen vor allem um einen gleichberechtigten Zugang zu den Kolonien ging und sie eine Rückkehr zum alten Kolonialbesitz anstrebten. Am 21. Januar 1938 wies die Reichsbank in einer Reaktion den soeben erschienenen Bericht von Paul van Zeeland zurück. Van Zeelands Eintreten für eine Wiederaufnahme des freien Zahlungsverkehrs ohne befriedigende Antworten auf die von Schacht aufgeworfenen Fragen sei nicht akzeptabel. Die Stellungnahme böte keinerlei Grundlage für Verhandlungen. Ende Januar 1938 lag kein gemeinsamer Vorschlag von Großbritannien, Frankreich, Belgien und Portugal für weitere Gespräche mit der deutschen Regierung vor. Neville Chamberlain, inzwischen Premierminister, suchte mit einem ganz neuen Vorschlag einen Ausweg aus dieser festgefahrenen Situation. Die Kolonialmächte in Zentralafrika sollten die Kolonien und Mandats-

---

[62] Kopper (2006, S. 346–347, 330–359). Über die Zeit von 1943–1945.

gebiete neu ordnen und dabei Deutschland einen Platz einräumen. Dabei wären bestimmte Verwaltungsgrundsätze zu berücksichtigen. Die Frage, wie die neue Landkarte aussehen sollte, führte in britischen Regierungskreisen zu zahlreichen Vorschlägen. Hinsichtlich der Machbarkeit zeigte sich Neville Chamberlain optimistisch, denn als Gegenleistung winkte den betreffenden Ländern eine Regelung, die Sicherheit und territoriale Integrität garantieren sollte.

Am 5. März 1938 sollte der britische Botschafter in Berlin bei Hitler vorfühlen, was dieser von einem solchen Vorschlag hielt. Hitler reagierte überraschend. Er strebe nicht den Besitz anderer Länder an. Was Deutschland einmal gehört habe, darüber könne man sprechen. Er konstatierte, dass die Beteiligten noch keinen gemeinsamen Plan hätten, und sah keinerlei Dringlichkeit, eine Übereinstimmung zu erzielen. Die Frage könne, was ihn angehe, durchaus noch auf die lange Bank geschoben werden. Damit war Neville Chamberlains Vorhaben vom Tisch. Für Schacht war es ein Debakel.

Die inländische Geld- und Konjunkturpolitik

Nach der Ernennung Hitlers zum Reichskanzler machte man sich auf der Grundlage des Plans von Finanzstaatssekretär Fritz Reinhardt unverzüglich an die Bekämpfung der Arbeitslosigkeit (Reinhardt-Programm). Dabei handelte es sich um eine Intensivierung der Beschäftigungsprogramme früherer Kabinette.

Hitlers Motiv war klar. Die Depression, die Deutschland mit immenser Arbeitslosigkeit und gravierenden Folgen für die Gesellschaft gefangen hielt, musste beendet werden. Ein entsprechender Erfolg trüge zu seiner Popularität bei und würde die neu erlangte Macht festigen.

6 Kurze wirtschaftliche Erholung unter Hitler ...

Die Maßnahmen zur Beschäftigungspolitik waren auf dieses Ziel abgestimmt. Arbeit sollte dort entstehen, wo die Menschen lebten. Dabei machte man sich dankbar den umfangreichen Instandhaltungs- und Investitionsstau zunutze, der sich durch die Deflationspolitik in den vorangegangenen Jahren gebildet hatte. Kern des Reinhardt-Programms war die Finanzierung von Wohn- und Zweckbauten, Straßenbau sowie anderen Verkehrseinrichtungen. Die Wirtschaft würde durch Umsätze der beteiligten Bauunternehmen und Lieferanten profitieren.

Für die Landwirtschaft wurden Maßnahmen getroffen, um die Vermögenssituation sowie die Einkommen der Landwirte zu verbessern. So stellte man beispielsweise Kredite mit niedrigem Zinssatz zur Verfügung. Darüber hinaus wurde ein System geschaffen, das den Landwirten Absatz- und Preisgarantien bot. Einkaufsstellen wurden eingerichtet, die den Erzeugern den Absatz bestimmter Mengen zu festgesetzten Preisen ermöglichten. Mit diesen Maßnahmen ist der Name von Landwirtschaftsminister Hugenberg verbunden.

Doch das war noch nicht alles. Die Umsetzung von Projekten mit regionaler und überregionaler Bedeutung vervollständigte das Programm. Diese Projekte befanden sich dann zwar nicht im Umfeld der Arbeitssuchenden, wurden aber von Betrieben ausgeführt, die dafür zusätzliche Beschäftigte einstellten. Die Finanzierung war vergleichbar mit der Finanzierung der Arbeitsbeschaffungsmaßnahmen unter den beiden vorangegangenen Kabinetten. Die Reichsbank übernahm die Vorfinanzierung, schöpfte damit Geld und akzeptierte eine Ausweitung der Geldmenge. Der Unterschied zu den vorangegangenen Kabinetten war der Umfang der Geldschöpfung. Auch jetzt erfolgte die Finanzierung außerhalb des Staatshaushalts. Die Argumentation lief jetzt ebenfalls darauf hinaus, dass diese Form der Finanzierung durch Unterauslastung der Produktionskapazitäten aufgrund fehlender Nachfrage gerechtfertigt wäre. Wenn die Konjunktur unter Zuhilfenahme solcher Programme anziehen würde, verbesserte sich die Steuerbasis und der Staat könnte das Geld wieder einnehmen, um die Positionen der Reichsbank auszugleichen. Schacht stand voll und ganz dahinter. Die Reichsbank stellte 1933 für die Vorfinanzierung 1,6 Milliarden Reichsmark zusätzlich bereit.[63] Die gesamte Vorfinanzierung im Rahmen von Investitionen in öffentliche Projekte betrug in den beiden Steuerjahren 1933/34 und 1934/35 3,2 Milliarden Reichsmark. Die Reichsregierung, nachgeordnete Behörden sowie andere öffentliche Einrichtungen, für die die Regierung zuständig war, finanzierten aus ihren jeweiligen Etats weitere 3,1 Milliarden, womit der Gesamtbetrag auf 6.3 Milliarden Reichsmark anwuchs.[64] Die Steuererleichterungen durch die immer noch in Umlauf befindlichen Steuergutscheine beliefen sich auf 1,5 Milliarden Reichsmark. Zum Gesamtbetrag kamen weitere 0,9 Milliarden Reichsmark aus den bestehenden Arbeitsbeschaffungsprogrammen sowie 0,4 Milliarden aus den Etats der Kabinette von Papen sowie von Schleicher hinzu.[65]

Das Nationaleinkommen stieg von 44,1 Milliarden Reichsmark im Jahr 1933 auf 50,5 Milliarden Reichsmark 1934 und nahm anschließend weiter zu.[66] Der Impuls von über 7 Milliarden Reichsmark trug substanziell zu diesem Einkommenswachstum bei. Aus sozialpsychologischer

---

[63] Schacht (1966, S. 146–156). Hier beschreibt Schacht, wie die Vorfinanzierung erfolgte. Die Darstellung folgt dieser Beschreibung. Schacht nennt hier allgemeine Zahlen. Für eine genauere Übersicht über das Engagement der Reichsbank im Wechselverkehr und die Position des Finanzsektors wurde zurückgegriffen auf H. Irmler (1976, S. 283 ff.), und W. Albers (1976, S. 331 ff.) enthält Zahlen zu den öffentlichen Finanzen. K.H. Hansmeyer und R. Caesar (1976, S. 367 ff.).

[64] Albers (1976, S. 350, Tabelle 4).

[65] Albers (1976, S. 350, Tabelle 4).

[66] Albers (1976, S. 348, Tabelle 3). Ritschl (2003). Verwendet in Tabelle 3 als Kennzahl für das BIP von 1933 56,8 Milliarden Reichsmark.

Sicht funktionierte das Programm ausgezeichnet. Die Bevölkerung begann, wieder an das Gemeinwesen zu glauben. Ab 1934 kam ein weiterer finanzieller Impuls in Höhe von durchschnittlich 3 Milliarden Reichsbank jährlich hinzu. Dazu wurde erneut auf die bewährte Methode der Ausgabe von Wechseln mit Akzept zur Rediskontierung bei der Reichsbank zurückgegriffen. Dieser Betrag war für die Wiederaufrüstung bestimmt. Bis 1938 sollte dieser Finanzierungsimpuls mit einem Höchstbetrag während des gesamten Zeitraums von 12 Milliarden Reichsmark andauern. Die Rüstungsinvestitionen stiegen von 0,7 Milliarden im Jahr 1933 auf 15,5 Milliarden Reichsmark 1938. Damit wurde also ein zunehmender Teil dieser Ausgaben nicht mit Wechseln, sondern aus anderen Quellen finanziert.[67] Dies entsprach im Übrigen ganz den Vorstellungen Schachts. Der Einsatz der Wechsel war als Finanzierungsimpuls und nicht als strukturelle Finanzierung gedacht. Ob die finanzielle Deckung dieser Steigerung vertretbar war, stand auf einem anderen Blatt.

Wiederaufrüstung als Industrie- und Beschäftigungspolitik

Die Wiederaufrüstung verschaffte der Industrie zweifellos neue Umsatzmöglichkeiten. Da die Industrie mit Verlusten durch Unterauslastung sowie Instandhaltungs- und Investitionsrückständen zu kämpfen hatte, kamen ihr diese öffentlichen Ausgaben sehr gelegen. Der katastrophale Zustand, in dem sich die Industrie befand, trug in nicht geringem Umfang zum Beschäftigungsproblem bei. Denn in der Wirtschaftsstruktur Deutschlands spielte die Industrie nun einmal eine herausragende Rolle. Im Jahr 1936 waren über

---

[67] Albers (1976, S. 348, Tabelle 3).

40 Prozent aller Beschäftigten in der Industrie tätig.[68] Die Zahl der Arbeitsplätze stieg im Zeitraum von 1933 bis 1936 um 31 Prozent. Die Industrie hatte daran einen wesentlichen Anteil. Die hohen Beschäftigungszahlen in der Industrie waren auch auf den Umstand zurückzuführen, dass die Investitionen im Rüstungsbereich von 1933 bis 1936 um 8,3 Milliarden stark angestiegen waren. Nach 1936 verstärkte sich diese Tendenz noch. Die Rüstungsinvestitionen stiegen weiter – auf 15,5 Milliarden im Jahr 1938.[69] Man kann ohne Weiteres davon ausgehen, dass sich dieser Trend nach 1938 noch verstärkte. Nach dem Anschluss des tschechischen Sudetenlandes folgte mit dem Einmarsch in Polen der Krieg. Sowohl der Aufbau der Streitkräfte als auch der öffentliche Verwaltungsapparat ganz allgemein, darunter der Reichsarbeitsdienst als Zwangsmaßnahme, sorgten dafür, dass der Staat ein immer wichtigerer Arbeitgeber wurde. Die Industrie schwamm als Zulieferer der Streitkräfte auf dieser Welle mit.

Versuche, mehr Arbeitsplätze in der Landwirtschaft zu schaffen, um den Zuzug in die Städte einzudämmen, und die landwirtschaftliche Produktion so zu stärken, dass ein höherer Selbstversorgungsgrad erreicht wurde, scheiterten. Die Industrie und der öffentliche Sektor, die in den urbanen Gebieten konzentriert waren, übten eine starke Anziehungskraft aus.[70]

Die Ergebnisse der politischen Maßnahmen konnten sich sehen lassen. Das Nationaleinkommen (nicht inflationsbereinigt) stieg beständig und erreichte 1939 87,2 Milliarden Reichsmark. Die Arbeitslosigkeit ging beständig

---

[68] Diese Zahl unterscheidet sich etwas von früheren Zahlen. Für die einzelnen Branchen ergeben sich mehr oder weniger deutliche Abweichungen nach oben. Die Zahl von etwa 17 Millionen Beschäftigten im Jahr 1936 leitet sich her aus der Zahl von H. James (1986, S. 371) für das Jahr 1935 sowie dem Zuwachs bei der Beschäftigtenzahl, den Albers (1976, S. 348, Tabelle 3) beziffert.
[69] Albers (1976, S. 348, Tabelle 3).
[70] H. James (1986, S. 355).

zurück, und zwar von 5,6 Millionen im Jahr 1932 auf 0,1 Millionen 1939. Im gleichen Zeitraum wuchs die Gesamtbeschäftigung um 54 Prozent. Die Inflationrate war niedrig. Die Lebenshaltungskosten stiegen von 1932 bis 1939 lediglich um 6 Prozent. In der gleichen Zeit stiegen die Bruttolöhne pro Kopf um 22 Prozent. Diese ausgezeichneten Zahlen waren der Geldpolitik der Reichsbank im Zusammenwirken mit der Haushaltspolitik von Finanzminister Schwerin von Krosigk zu danken. Wie nachhaltig diese Politik war, wurde für Schacht zur drängenden Frage.

Die Regulierung des Bankensektors

Schacht strebte unmittelbar nach seinem Amtsantritt 1933 einen größeren Einfluss auf den Bankensektor an, um die Wirksamkeit der Geldpolitik zu stärken. Sein Ziel bestand darin, Bankenkrisen, die auf unverantwortliche Finanzierungsvorgaben der Kreditinstitute zurückgingen, zu verhindern. Das begann damit, dass die Zuständigkeiten für den Finanzsektor nicht mehr beim Wirtschaftsministerium, sondern bei der Reichsbank lagen. Ab diesem Zeitpunkt stellte der Bankensektor keinen normalen Wirtschaftszweig mehr dar, sondern war Bestandteil der Geld- und Kapitalmarktpolitik und befand sich damit unter der Obhut der Reichsbank. Schacht wollte es allerdings dabei nicht belassen.[71]

Am 7. April 1933 bekam Schacht von Hitler grünes Licht für eine Untersuchung der Leistungsfähigkeit des Finanzsektors. Dahinter stand die Idee, die Reichsbank im Ergebnis einer solchen Untersuchung mit Befugnissen auszustatten, mit denen sie in der Lage war, Banken auf deren öffentliche Aufgabe zu verpflichten. Banken – ebenso wie Unternehmen – waren nicht dazu da, Risiken einzugehen,

---

[71] Kopper (2006, S. 10–12). K.H. Hansmeijer und R. Caesar (1976, S. 372–373).

die zu Kontinuitätsproblemen führen konnten. Vielmehr sollten Banken den Zahlungs- und Kreditverkehr möglichst risikolos abwickeln und ihre Aufgabe der Geldschöpfung darauf abstimmen.[72] Schacht war deshalb ausdrücklicher Befürworter einer rigorosen Trennung der Geschäftstätigkeit von Banken im Bereich Geldverkehr einerseits (kurzfristige Kredite) sowie Kapitalverkehr andererseits (langfristige Kredite, risikobehaftetes Kapital).

Zudem bestand ein politisches Problem. Innerhalb der NSDAP gab es eine Strömung, die für eine Verstaatlichung der Kreditinstitute eintrat. Das wollte Schacht verhindern, indem er die Reichsbank mit neuen Befugnissen ausstattete. Damit würden die Argumente der Verstaatlichungsbefürworter ins Leere laufen. Die Reichsbank beaufsichtigte den Finanzsektor im Namen des Staates, aber ohne Einmischung der Regierung.

Obgleich Schacht schon im Vorfeld genau wusste, was er wollte, erschien ihm die Untersuchung als überzeugendes Mittel zur Durchsetzung seiner Ziele. Das Wirtschaftsministerium wurde dabei nicht übergangen, sondern arbeitete mit. Das Finanzministerium wiederum war in der Kommission vertreten, die diese Untersuchung vorbereitete. Federführend war allerdings die Statistik- und Wirtschaftsabteilung der Reichsbank. Am 20. Dezember 1933 lag das Ergebnis auf dem Tisch, und es entsprach ganz den Wünschen Schachts. Schließlich dauerte es noch bis Dezember 1934, bevor das neue Bankengesetz vorlag.

Hitler erhielt nun umfassendere Weisungsbefugnisse über die Reichsbank als seine Vorgänger. Der Bankenrat, der den Präsidenten ernannte und entließ – übrigens nach Bestätigung des Reichspräsidenten –, wurde aufgelöst. Diese Aufgabe übernahm der Reichskanzler. Anstelle des Bankenrates gab es jetzt einen Aufsichtsrat über das Kredit-

---

[72] Schacht (1934b).

wesen, der vom Präsidenten der Reichsbank ernannt wurde. Der Reichskanzler ernannte allerdings einen Reichskommissar mit beratender Stimme.

Die Reichsbank formulierte in der Folge Richtlinien für die Kreditinstitute zur Durchsetzung von Eigenkapitalanforderungen und Liquidität.[73] Im Rahmen der Aufsicht über die Einhaltung dieser Vorgaben konnte die Reichsbank Anweisungen zu Struktur und Umfang von Aktiva und Passiva erteilen. Die Reichsbank erhielt zudem die Befugnis zur Offenmarktpolitik. Bestätigung fand, dass der Staat die Zustimmung der Reichsbank benötigte, um Mittel auf dem Kapitalmarkt zu erwerben. Damit kam man Schachts Wunsch entgegen, der auf diese Weise die Finanzierung öffentlicher Ausgaben beeinflussen wollte. Allerdings wurde der Spielraum des Staates erweitert, kurzfristige Kredite, Solawechsel und Wechsel mit Akzept zur Rediskontierung bei der Reichsbank auszustellen.

Andererseits behielt die Reichsbank ihre weitreichenden Befugnisse in Bezug auf den ausländischen Zahlungsverkehr. Als Schacht 1934 Wirtschaftsminister wurde, erhielt er auch die Zuständigkeit für die Handelspolitik. Auch seine Befugnisse bezüglich des ausländischen Handelszahlungsverkehrs wurden gestärkt, wenn auch nur für kurze Zeit. Schon 1936 übernahm Göring die handelspolitischen Zuständigkeiten. Nach seinem Rücktritt als Wirtschaftsminister im Jahr 1937 besaß Schacht nur noch die Befugnisse, die ihm sein neues Bankengesetz einräumten.

Unabhängig vom neuen Bankengesetz wurde die Autonomie der nachgeordneten Behörden beschnitten, die sich nun nicht mehr ohne Zustimmung des Finanzministers auf dem Kapitalmarkt betätigen durften. Ihre Schuldenpositionen wurden ausgeglichen. Zumindest die Kritikpunkte Schachts aus der Zeit zwischen 1924 und 1930 waren da-

---

[73] Kopper (2016).

mit vom Tisch. Damals wurden seine Bemühungen ständig durch nachgeordnete Behörden torpediert, die eigenmächtig ausländische Kredite aufnahmen – ohne große Beachtung der monetären Folgen und der Auswirkungen auf die Zahlungsbilanz.[74]

Die viel besprochene Finanzierung der Militärausgaben

Das Engagement der Reichsbank zur Finanzierung der Militärausgaben nahm im Laufe des Jahres 1934 Gestalt an. Nach dem Krieg wurde dies zu einem viel diskutierten Thema. Das geht vor allem auf den Umgang mit der Anklage gegen Schacht vor dem Nürnberger Kriegsverbrechertribunal zurück. Darin dienten die entsprechenden finanzpolitischen Maßnahmen als Beweis für Schachts Beteiligung an der Vorbereitung der militärischen Aggression Deutschlands. Schacht ist darauf in seinem Buch „Magie des Geldes" ausführlich eingegangen. Demnach hätten er und die anderen Mitglieder des Direktoriums anderthalb Jahre gebraucht, um ein Instrumentarium zur Finanzierung der Militärausgaben zu entwickeln und auszugestalten, das aus monetärer Sicht vertretbar war.

Schließlich ergab sich eine Finanzierungsform, die eng an die Finanzierung der Arbeitsbeschaffungsprojekte angelehnt war. Die Finanzierungstechnik war dabei identisch. Eine eigens zu diesem Zweck gegründete Institution gab Wechsel aus, mit denen die Lieferungen und Aufträge der Unternehmen bezahlt wurden. Die Unternehmen konnten diese Wechsel bei ihren Banken einlösen, die aufgrund der

---

[74] H. James (1986, S. 372–373). Darin wird kurz auf die Politik von Schwerin von Krosigk im Zusammenhang mit den nachgeordneten Behörden eingegangen. Die Unterschiede zum Zeitraum von 1924 bis 1933 kommen nicht zur Sprache.

6 Kurze wirtschaftliche Erholung unter Hitler ...

Reichsgarantie für die Wechsel sowie durch die Möglichkeit von deren Rediskontierung bei der Reichsbank gestärkt wurden. Der Rediskontsatz war im Vergleich zu den 4 Prozent Zinsen für diese Wechsel allerdings gering. Auch hier wurde davon ausgegangen, dass mit der erwarteten wirtschaftlichen Belebung auch die Mittel zur Verfügung stehen würden, mit denen die Wechselportfolios der Banken sowie der Reichsbank beglichen werden konnten. In Anbetracht der Laufzeit der Projekte konnten die Wechsel verlängert werden. Zugleich hatte man festgelegt, dass der Staat die Wechsel auch schon vorzeitig begleichen könnte. So ließen sich die Wechselportfolios früher zurückfahren. Der wichtigste Unterschied gegenüber den Arbeitsbeschaffungswechseln war die ausgebende Institution. Die Industrie gründete dazu eine eigene Bank, die Metallurgische Forschungsgesellschaft (Mefo), mit den Gesellschaftern Siemens AG, Gutehoffnungshütte, Rheinstahl AG und Krupp. Sie brachten jeweils 250.000 Reichsmark ein, während sich die Mitarbeiter der Reichsbank um die Ausführung kümmerten. Dabei wurde vereinbart, dass der Gesamtumfang der ausgegebenen Wechsel in der Zeit von 1934 bis 1938 nicht mehr als 12 Milliarden Reichsmark betragen sollte.[75]

Schacht zählte auf die Unterstützung von Finanzminister Schwerin von Krosigk, der für die Staatsgarantie und letztendlich für die Finanzierung der Rücknahme der Mefo-Wechsel verantwortlich war. Schwerin von Krosigk vertrat ebenso wie Schacht den Standpunkt, dass sich der öffentliche Etat über die Konjunkturzyklen hinweg im Gleichgewicht befinden müsste. Davon sollten Ausgabe und Verwaltung der Wechsel bestimmt werden.[76]

---

[75] Irmler (1976). Die Tabelle auf Seite 322 enthält eine Übersicht des Wechselverkehrs in der Zeit von 1933 bis 1936.
[76] Albers (1976, S. 347).

Schachts Kapitalmarktpolitik

Die Mefo bildete nur einen Teil der Kapitalmarktpolitik. Schacht besaß umfassendere Befugnisse für eine wirksame Kapitalmarktpolitik als seine Vorgänger.[77] Sollte er sich zur Ankurbelung der Konjunktur für eine Politik des billigen Geldes entscheiden, bestand das Risiko, dass die verfügbaren liquiden Mittel über die Banken in die Finanzierung von Aktiengeschäften flossen, die aufgrund optimistischer Kurserwartungen eine gute Rendite versprachen. Schacht hatte nicht nur Sorge wegen überzogener Kurse, die schließlich zu einem Kursverfall und damit zum Verlust des investierten Geldes führen würden. Mit seiner Politik des billigen Geldes wollte er vielmehr erreichen, dass mehr investiert und mehr konsumiert werden sollte. Das Geld sollte nicht im Börsenhandel versanden. Die Liquidität sollte in eine Kreditvergabe mit wirtschaftlichem Nutzen fließen. Deshalb verfügte er über gesetzliche Möglichkeiten, die Höhe der Dividendenausschüttungen zu bestimmen. Im März 1934 wurde bestimmt, dass die Dividende je Anteilsschein auf 6 bis 8 Prozent zu begrenzen war, um auf diese Weise die Selbstfinanzierung zu fördern und den Kursverlauf zu beeinflussen. Aus der Entwicklung der Aktienemissionen hätte abgeleitet werden können, dass die Maßnahme funktionierte. Allerdings kam es praktisch nicht mehr zu Aktienemissionen. Die Aktienkurse stiegen zwar, aber bei Weitem nicht so stark wie das Produktionswachstum der Industrie. Von 1932 bis 1936 war die Produktion um 48 Prozent gewachsen. Der Aktienindex der Berliner Börse hatte lediglich um 20 Prozent zugelegt. Natürlich spielte dabei auch die Rentabilitätsentwicklung eine Rolle.[78]

---

[77] Irmler (1976, S. 321–324) sowie die Tabellen auf den Seiten 322 und 323. Die Zahlen reichen bis 1936 (für nachfolgende Jahre keine Zahlen auffindbar).
[78] Irmler (1976, S. 321–324).

Um die Chance zu erhöhen, dass der gewünschte Effekt auch tatsächlich eintrat, besaß Schacht ein Druckmittel. Unternehmen sollten den ausschüttbaren Gewinn, der oberhalb des zulässigen Dividendenprozentsatzes lag, bei der Golddiskontbank anlegen. Dadurch floss der Golddiskontbank der zu vernachlässigende Betrag von 78 Millionen Reichsmark zu. Die Unternehmen hatten eingesehen, dass sie durch Investition der operativen Überschüsse den ausschüttbaren Gewinn besser reduzierten. Die bereits zunehmenden Warenumsätze rechtfertigten dies. Selbstverständlich gab es auch Unternehmen, die keine so hohen Gewinne erzielten.

Die Bankbilanzen wiesen in der Zeit von 1932 bis 1936 eine strukturelle Verbesserung auf, die sicher auch der qualitativen Aufwertung des Kreditportfolios zuzuschreiben war. Abschreibungen waren rückläufig, und Rückstellungen konnten aufgelöst werden. Das Verhältnis zwischen kurz- und langfristigen Aktiva sowie kurz- und langfristigen Passiva verbesserte sich. Kurzfristige Aktiva stiegen von 25,3 Milliarden auf 27,0 Milliarden Reichsmark, und langfristige Aktiva von 24,7 auf 27,9 Milliarden Reichsmark, während die Passiva von 33,3 Milliarden auf 40,8 Milliarden Reichsmark anwuchsen, wobei die Zusammensetzung der Aktiva und Passiva hinsichtlich Laufzeiten mehr oder weniger vergleichbar war. Kurzfristige Kredite gingen für die Position Debitoren (Kunden- und Interbankenkredite) von 20,2 Milliarden auf 18,0 Milliarden Reichsmark zurück. Kurzfristige Kredite im Rahmen der Wechselportfolios stiegen von 5,1 Milliarden auf 9,0 Milliarden Reichsmark. Damit war ein Anhaltspunkt für die wachsenden Warenumsätze gegeben. Wechsel, die ein Akzept der Reichsbank besaßen, galten den Banken aus Liquiditätserwägungen als sicher. Angesichts der Zunahme der Geschäftstätigkeit und der verbesserten Liquidität der Unternehmen, ließ sich das auch generell für die von den Banken akzeptierten ausgegebenen Wechsel sagen. Man konnte einen Geldzufluss erwarten, der die Ausweitung der Passiva rechtfertigte.

Der Gesamtumlauf an Wechseln war in der Zeit von 1933 bis 1936 auf über 15 Milliarden Reichsmark angestiegen. Die Gesamtsumme der Wechsel, die der Vorfinanzierung der Reichsbank unterlagen und für öffentliche Ausgaben gedacht waren, belief sich 1936 auf etwa 9 Milliarden Reichsmark. Dass anhand des Zuwachses bei der Summe umlaufender Wechsel eine Belebung der Konjunktur festgestellt werden konnte, bedarf allerdings einer Anmerkung. Das Wachstum bei den umlaufenden Wechseln lag vor allem in der von der Reichsbank übernommenen Vorfinanzierung der öffentlichen Ausgaben. Im Folgenden wird gezeigt, dass sich Schacht dessen bewusst war und eine Begrenzung dieses Bestands an Wechseln anstrebte. Optimistisch stimmte ihn, dass anfangs ein wesentlicher Teil der Mefo-Wechsel im Portfolio der Banken verblieb und damit nicht zur Geldschöpfung durch die Reichsbank beitrug.

Die öffentlichen Finanzen

Wenn man die Konjunkturpolitik des Kabinetts Hitler in Bezug auf die Geld- und Kapitalmarktpolitik der Reichsbank verstehen will, benötigt man Einblick in die öffentlichen Finanzen. Umfang, Ausgabenkategorien und Finanzierungsarten der öffentlichen Etats bestimmen deren Konjunktureffekte. Eine detaillierte Übersicht über die Ausgaben des Reichs, der nachgeordneten Behörden sowie der davon abhängigen Stellen, darunter Reichsautobahnbau, Post und Reichsbahn, ist nicht möglich.

Die laufenden Ausgaben (gewöhnliche Tätigkeit) waren vorschriftsmäßig strukturell durch Steuereinnahmen gedeckt. Die öffentlichen Investitionen (außergewöhnliche Tätigkeit) mussten gedeckt sein durch den Saldo der Summe aus Darlehen, Bedienung der Darlehen sowie operativen Nettoerträgen. Eventuell entstehende Fehlbeträge gingen zulasten der gewöhnlichen Tätigkeit. Die Finanzierung der Staatsunternehmen, wie Post und Reichsbahn, erfolgte anhand der üblichen betriebswirtschaftlichen Methoden.

Schließlich gab es die Sozialversicherungsfonds und Pensionskassen mit jeweils eigenen Finanzierungsweisen. Sowohl der Reichsbank als auch dem Reich sowie den nachgeordneten Behörden standen für unterschiedliche Finanzierungszwecke entsprechende Finanzierungsmöglichkeiten zur Verfügung. Diese besaßen eine eigene Bilanz und eine eigene Gewinn-und-Verlust-Rechnung

Während der Einblick in die öffentlichen Finanzen im Allgemeinen eher unzureichend ist, ergeben sich für die Militärausgaben doch zumindest einige Anhaltspunkte. Auch wenn sich aus der Literatur nicht schlüssig herleiten lässt, wie die Finanzierung der Investitionen sowie der direkten und indirekten Kosten für den Militärapparat genau erfolgte, sind doch konkretere Aussagen möglich als für den öffentlichen Sektor insgesamt. Von den 3,2 Milliarden Reichsmark für öffentliche Ausgaben im Jahr 1933 bezogen sich 0,7 Milliarden auf den Militärsektor. Die Ausgaben für den Militärsektor stiegen 1936 auf 9 Milliarden Reichsmark (öffentliche Ausgaben: 13,2 Milliarden) und 1938 auf 15,5 Milliarden (öffentliche Ausgaben: 21 Milliarden).[79]

---

[79] Es gab umfangreiche Debatten über die Höhe der Ausgaben für die Wiederaufrüstung und deren Finanzierung. In James. *The German Slump* ist auf Seite 383 sowie in Tabelle XXXVIII eine Übersicht mit verschiedenen Werten zu diesen Ausgaben enthalten. James findet die Zahlen von Schwerin von Krosigk, die dieser beim Nürnberger Kriegsverbrecherprozess vorlegte, am überzeugendsten. Er führt auch Zahlen von Schacht an, die er aber nicht für seriös hält. Schacht (1966, S. 132) hat in seinem Buch *Magie des Geldes* selbst Zahlen vorgelegt. Allerdings stammen diese Zahlen nicht von ihm. Er führt vielmehr Feldmarschall Keitel an, der beim Nürnberger Kriegsverbrecherprozess ebenfalls Zahlen präsentierte. Sie stammen aus den Steuerjahren 1935/36 bis 1937/38. Siehe Schachts Betrachtung in *Magie des Geldes* auf den Seiten 128 f. Dies ent-

Die Finanzierung erfolgte ab 1934 teilweise mit den bereits erwähnten Mefo-Wechseln (die nicht im Staatshaushalt enthalten waren) und teilweise aus dem Staatshaushalt. Wenn wir bei den Mefo-Wechseln von einem mittleren jährlichen Betrag von 3 Milliarden Reichsmark ausgehen (der Gesamtbetrag bis 1938 durfte 12 Milliarden Reichsmark nicht überschreiten), wurde mithilfe der Mefo-Wechsel – unter Berücksichtigung vorzeitiger Rückzahlungen des Staates an Banken und Reichsbank – ein immer geringerer Teil der Militärausgaben finanziert.[80]

---

spricht der Zahl von Albers in Tabelle 3, Seite 348. In dieser Arbeit werden die Zahlen von Albers verwendet. Höhere Summen würden im Übrigen die Schlussfolgerungen von Schacht bezüglich der Finanzierbarkeit der Rüstungsausgaben lediglich noch bekräftigen.

[80] Schacht verweist darauf in *Magie des Geldes* (1966, S. 150); Ritschl kommt für die einzelnen Jahre auf andere Ausgabezahlen als die 3 Milliarden von Schacht. In der Summe erreichen die über die Jahre ausgegebenen Wechsel bei Ritschl einen Wert von 12,9 Milliarden Reichsmark. Die Abweichung gegenüber Schachts Höchstbetrag von 12 Milliarden Reichsmark ist nicht so groß. Auch bei Ritschl liegt der Jahresmittelwert im Bereich von 3 Milliarden Reichsmark. Nach Abzug der vorzeitigen Rückzahlungen ergibt sich bei ihm ein geringerer Nettobetrag. Das galt für die Mefo-Bilanz tatsächlich. Mit dem Rückzahlungsbetrag nahmen die Belastungen für das Deutsche Reich zu (Militärausgaben plus Rückzahlungen für die Mefo-Wechsel aus dem Staatshaushalt). Ritschl übersieht diesen Aspekt vollständig und suggeriert, dass sich das Haushaltsdefizit durch die Rückzahlungen abgeschwächt habe. Das könnte in den folgenden Jahren (also nach 1938) durchaus der Fall sein, wenn keine Mefo-Wechsel mehr ausgegeben würden und sich die Belastung des Staatshaushalts durch Rückzahlungen und Militärausgaben verringerte. Auch diesen Aspekt übersieht Ritschl. Auf die gleiche – meines Erachtens unzutreffende – Argumentation greift er bei der Kreditfinanzierung zurück. Tilgungen führen bei ihm zu einer Verringerung des Finanzierungsdefizits. Diese gehen durchaus zulasten des Haushalts, können allerdings künftig für Entlastung sorgen, wenn der Trend zur Kreditfinanzierung rückläufig ist. Davon konnte im Übrigen keine Rede sein. Ritschl bringt Finanzierungsdefizit (financial flow) und Schuldenposition (financial stock) durcheinander. Er redet das Finanzierungsdefizit herunter, um zu demonstrieren, dass Schacht den Keynesianischen Finanzierungsvorgaben nicht folgte. Die Charakterisierung der Geldpolitik Schachts im Sinne von Keynes bzw. (bei Ritschl) im Sinne eines anderen Paradigmas ist aus historischer Sicht abwegig. Schacht dachte ganz und gar nicht in derartigen Kategorien. Das war auch gar nicht möglich, da das Hauptwerk von Keynes, auf das Ritschl verweist, erst später erschienen ist, nachdem Schacht und Schwerin von Krosigk bereits ihre geldpoli-

6 Kurze wirtschaftliche Erholung unter Hitler ...

Die Mittel für die Militärausgaben musste das Deutsche Reich zunehmend aus dem eigenen Staatshaushalt finanzieren. Die Steuereinnahmen betrugen 1933 5,1 Milliarden Reichsmark, stiegen dann 1936 auf 9,2 Milliarden und 1938 auf 15,7 Milliarden Reichsmark.[81] Es lag auf der Hand, dass das Deutsche Reich 1938 ein Finanzierungsproblem bekäme, wenn die weitere Steigerung der Steuereinnahmen hinter der Zunahme der Militärausgaben zurückbleiben sollte und Schacht an einer zusätzlichen Finanzierung mit Mefo-Wechseln nicht mehr mitwirken würde.

Bereits 1937 war Schacht zu der Überzeugung gelangt, dass eine Finanzierung mithilfe der Notenpresse nicht mehr infrage käme. Er konstatierte Spannungen auf dem Arbeitsmarkt – es drohte Fachkräftemangel. Allein dieser Aspekt stand einem weiteren Wachstum der Wirtschaft im Weg. Zudem herrschte bei Preisen und Löhnen ein Aufwärtsdruck. Preissteigerungen wurden durch Einführung eines Preisstopps auf nicht importierte Waren verhindert. Dadurch konnte der Preisindex für Lebenshaltungskosten bis 1939 auf dem Niveau von 1936 gehalten werden. Im Jahresbericht der Reichsbank für 1937 war diese Analyse mit der entsprechenden Schlussfolgerung enthalten.[82]

Schacht schrieb Anfang 1937 einen Brief an Hitler, in dem er um Zustimmung zur Beendigung der Ausgabe von Mefo-Wechseln ersuchte und gleichzeitig darum bat, dass das Deutsche Reich ab 1938 mit der Reichsbank abrechnen

---

tische Ausrichtung formuliert hatten. Siehe Ritschl 2003, S. 125–140, Tabelle 3) mit Erläuterung.

[81] Albers (1976, S. 348 Tabelle 3). Die Zahlen von Albers stimmen im Großen und Ganzen mit denen von Schacht (1966, S. 151) überein. Schwerin von Krosigk nennt in seinem Brief an Hitler vom 1. September 1938 für den Zeitraum von 1932 bis 1937 übrigens einen Betrag von 7,5 Milliarden Reichsmark pro Jahr. Dieser Betrag stimmt mit den Zahlen in Albers, Tabelle 3 auf Seite 348 im Wesentlichen überein, ausgenommen die deutlich höheren Zahlen für 1938 und die Folgejahre.

[82] Hansmeyer und Caesar (1976, S. 379).

sollte. Davon machte Schacht seine Wiederernennung zum Reichsbankpräsidenten abhängig. Aber selbst bei einer Wiederernennung stünde er zunächst nur für einen Zeitraum von einem Jahr zur Verfügung. Schacht wollte reinen Tisch machen. Hitler sagte zwar zu, dennoch drohte Unheil. Finanzminister Schwerin von Krosigk verschaffte sich am 10. März 1938 die Befugnis zur Verlängerung der ausstehenden Mefo-Wechsel über das Jahr 1938 hinaus. Würde es dazu kommen, bestünde keine Möglichkeit, ab 1938 abzurechnen.

Schacht hatte sich in Schwerin von Krosigk getäuscht. Er war davon ausgegangen, einen Mitstreiter zu haben. So zumindest hatte es in dessen Brief an Hitler vom 1. September 1938 geklungen.[83] Darin folgte Schwerin von Krosigk der gleichen Argumentation wie Schacht, indem er auf die Inflationsgefahr bei einer weiteren Finanzierung mithilfe der Notenpresse hinwies. Hitler interessierten diese Einwände nicht. Die Zusicherung gegenüber Schacht hatte keine Bedeutung. Er wies Schwerin von Krosigk an, eine Rückzahlung der Mefo-Wechsel nicht vorzusehen. Inzwischen besaß die Reichsbank in ihrem Portfolio Mefo-Wechsel in Höhe von 7 bis 8 Milliarden Reichsmark (Gesamtumfang: 12 Milliarden Reichsmark). Schacht erfuhr Ende 1938 von Schwerin von Krosigk, dass er statt Geld eine Reichsschuldverschreibung mit einer Laufzeit von 17 Jahren erhalten könnte. Mit diesem Zahlungsaufschub würden die ausstehenden Wechsel gleichzeitig prolongiert. Die Wechselprolongation erfolgte nicht mehr bei der Mefo, sondern wurde auf noch bestehende andere Einrichtungen übertragen, wie etwa die Deutsche Industriebank, die Deutsche Rentenbank sowie die Deutsche Gesellschaft für öffentliche Arbeiten (die „Öffa", die seinerzeit die Ausgabe der Arbeitsbeschaffungswechsel übernommen hatte). Die

---

[83] Dieser Brief ist vollständig enthalten in Schacht (1966, S. 151 f.).

6 Kurze wirtschaftliche Erholung unter Hitler ...

Verwaltung war damit nicht mehr in den Händen von Mitarbeitern der Reichsbank.

Es handelte sich um ein Arrangement, mit dem das Deutsche Reich Liquiditätsprobleme vermeiden wollte.[84] Wie gravierend die Situation war, zeigte sich auch am Vorhaben Schwerins von Krosigk, von Unternehmen, die öffentliche Einrichtungen belieferten, Kredite zu erzwingen. 1938 wurde an Lieferanten des Deutschen Reichs, etwa an die Reichsbahn und die Post, 40 Prozent ihrer Rechnungsbeträge nicht mehr sofort ausgezahlt. Stattdessen erhielten sie Steuergutscheine, die teils mit kürzerer und teils mit längerer Laufzeit sowie mit einem Zinscoupon ausgestattet waren.[85]

Ende 1938 wandte sich Schwerin von Krosigk an Schacht mit dem Ersuchen, auf dem Kapitalmarkt eine zusätzliche Anleihe zu begeben. Schacht lehnte das ab. Schwerin von Krosigk setzt sich dennoch durch, und die Banken stellten Geld bereit. Allerdings verschafften sie sich Liquidität, indem sie die Mefo-Wechsel in ihrem Portfolio nachträglich bei der Reichsbank rediskontierten. Während Schacht mit ansehen musste, wie sein Bestand an Mefo-Wechseln zunahm, war er sich gleichzeitig im Klaren darüber, dass er diese Wechsel gegenüber dem Deutschen Reich nicht mehr würde einlösen können. Für Schacht und das gesamte Direktorium der Reichsbank war das Maß jetzt voll. Am 7. Januar 1939 boten sie Hitler ihren Rücktritt an und verbanden dies mit einer umfassenden Erklärung.[86]

Diese Erklärung ließ an Deutlichkeit nichts zu wünschen übrig. Das Deutsche Reich müsste Ausgaben und Einkünfte in Einklang bringen. Die Aufnahme von Krediten

---

[84] Hansmeyer und Caesar (1976, S. 379 f.).

[85] Eine ausführlichere Beschreibung findet sich in Albers (1976, S. 362 f.).

[86] Das Rücktrittsschreiben sowie die Erklärung mit allen Unterschriften sowie Anmerkungen des Kabinettschefs von Hitler, Dr. Lammers, sind enthalten in Hansmeyer und Caesar (1976, S. 381–383).

wäre nur dann zulässig, wenn die entsprechenden Tilgungs- und Zinszahlungen aus den laufenden Einkünften beglichen werden könnten. Eine Vorfinanzierung mithilfe der Notenpresse wäre keine Option mehr. Spielraum für eine erneute Erweiterung der Geldmenge ohne Inflation bestünde angesichts der Auslastung der Produktionskapazitäten nicht. Das Deutsche Reich müsste eine Lohn- und Preisspirale mit entsprechend straffen Vorgaben verhindern. Schließlich – und das war nicht unwesentlich – müsste die Reichsregierung die Befugnis der Reichsbank respektieren, sich der Zustimmung und Mitwirkung zu enthalten, wenn sie eine Inanspruchnahme des Geld- und Kapitalmarkts für nicht vertretbar erachtete. Ende Januar wurde dem Rücktrittsersuchen stattgegeben. Anschließend wurde das Bankengesetz geändert, die Reichsbank war nun direkt Hitler unterstellt.

Schlussfolgerung

Analysen und Auffassungen zur Geld- und Konjunkturpolitik, die Schacht bis 1933 entwickelt hatte, galten für ihn auch in der Zeit von 1933 bis 1939 unverändert fort. Er machte unmissverständlich klar, dass seine praktische Vorgehensweise notgedrungen davon abweichen musste. Seine expansive Geldpolitik war im Inland erfolgreich gewesen. Allerdings musste er feststellen, dass dies dem Umstand geschuldet war, dass diese Geldpolitik Hitler zupasskam. Er erkannte ganz klar, wo die Grenzen lagen und welche Vorgaben zu machen waren, wenn Deutschland nicht in die Rezession abrutschen wollte.

Durchsetzen konnte er sich mit seinen Analysen und Auffassungen ebenso wenig wie vor 1933 – weder extern noch intern. Er machte dafür die kurzsichtige nationalistische Politik verantwortlich, die immer stärker um sich griff.

Seiner Meinung nach war Deutschland in diesem Umfeld gezwungen, ebenfalls einen solchen Weg einzuschlagen. Nach 1937 wurde ihm klar, dass eine nach seiner Überzeugung vertretbare Geld- und Konjunkturpolitik nicht mehr möglich war und ein Konflikt mit Hitler drohte. 1939 war dies unvermeidlich geworden.

Görings Vierjahresplan bildete die entsprechende Zäsur. Schacht unternahm mit seiner kolonialen Rohstoffgewinnung im Tausch gegen eine europäische Friedensregelung einen verzweifelten Versuch, Autarkie, Aggression und Bedrohung abzuwenden. Es dauerte lange, bis er begriff, dass er von Hitler und Göring lediglich dazu benutzt wurde, gegenüber den Alliierten den Schein zu wahren. Das zeugte auch von Schachts Naivität.

Immer skeptischer wurde Schacht in Bezug auf Versuche einer weitreichenden internationalen Koordination der Geld- und Handelspolitik anhand gemeinsamer Ausgangspunkte sowie Vorgaben für Geld- und Kapitalmärkte. Seine eigenen Vorstellungen, die er in seinem BIZ-Vorschlag niedergelegt hatte und in seinen Publikationen bis in die Hitlerzeit hinein regelmäßig wiederholte (Eilsener Vortrag), ließen ihn allerdings nicht los. Er kam zu dem Schluss, dass eine internationale Abstimmung dringender war denn je, während die Regierungen gleichzeitig nicht bereit oder nicht in der Lage waren, sich darauf einzulassen.

Aus dieser Sicht zeigte sich Hjalmar Schacht konsequent in seinen Analysen und den daraus resultierenden Erkenntnissen und Auffassungen hinsichtlich Geld- und Konjunkturpolitik. Gleichzeitig musste er in der Praxis davon abweichen, da in einem Umfeld mit wachsendem wirtschaftlichem Nationalismus keine andere Möglichkeit bestand. Dabei stellt sich die Frage, ob dies für ihn der einzige Grund war, den wirtschaftlich nationalistischen Kurs unter Hitler einzuschlagen. Bereits während der Verhandlungen zum Young-Plan hatte er beobachtet, dass internationale Zusammenarbeit nicht mehr bedeutete, als für die eigenen nationalen Interessen einzutreten. Hinzu kam, dass er das Vertrauen in die Weimarer Republik nach und nach verlor, weil es den Regierungen auf parlamentarisch-demokratischem Weg nicht gelang, eine vernünftige finanzwirtschaftliche Politik durchzusetzen. Diese Umstände sowie seine Beobachtungen auf internationaler Ebene führten ihn ins national-konservative Lager. Das ging sogar so weit, dass er sich für eine Ernennung des Führers der NSDAP, Adolf Hitler, zum Reichskanzler einsetzte. Ihm war durchaus klar, dass dies das Ende der Weimarer Republik bedeutete. So verwundert es auch nicht, dass Schacht nach der Machtergreifung Hitlers bereitwillig als Präsident der Reichsbank zurückkehrte. Mit seiner Unterstützung Hitlers ging er noch einen Schritt weiter, indem er sich die Konsequenz des Antisemitismus zu eigen machte, wonach jüdische Deutsche keine Deutschen sein konnten. Zahlreiche Vertreter aus dem national-konservativen Lager verhielten sich ähnlich. Auch Schacht war der Auffassung, dass Hitler mit seiner Rassenpolitik zu Exzessen neigte. Das bedeutete allerdings nicht, dass er sich von Hitler distanziert hätte. Wie andere national-konservative Vertreter auch ging Schacht erst in der Zeit zwischen 1943 und 1945 in Opposition zu Hitler, als deutlich wurde, dass Deutschland auf eine Niederlage, auf die Vernichtung der wirtschaftlichen Infrastruktur und auf eine vollständige soziale Auflösung zusteuerte.[87]

Nach dem Krieg wurde bekannt, dass Schacht in eine Firma investiert hatte, die sich mit dem Erwerb jüdischen Kunstbesitzes und dessen Weiterverkauf befasste – ein für ihn ausgesprochen lukratives Geschäft.[88]

---

[87] Schacht (1966, S. 78) und Kopper (2006, S. 304 f. sowie 325 f.).
[88] Helmut Schmidt, Fritz Stern (2010, S. 53–55) sowie Kopper. Ebd.

Hjalmar Schacht hat zwei Gesichter. Er ist der brillante Ökonom und Bankier. Mit seinen monetären und wirtschaftlichen Analysen und Auffassungen war er seiner Zeit weit voraus. Als Erneuerer der Geld- und Konjunkturtheorie ist er mit John Maynard Keynes vergleichbar und war diesem bei der Formulierung der Kritik am Goldstandard-System sogar voraus. In politischer Hinsicht ist er ab Ende der Zwanziger/Anfang der Dreißiger Jahre nicht nur national-konservativ ausgerichtet, sondern wird über Jahre hinweg sogar zu einer wesentlichen Stütze von Hitlers Politik und akzeptiert antisemitische Einstellungen gegenüber jüdischen Deutschen.

Literatur

Albers, W. (1976). Finanzpolitik in der Depression und der Vollbeschäftigung. In *Währung und Wirtschaft in Deutschland 1876–1975*. Frankfurt a. M.

Clavert, F. (2006). *Hjalmar Schacht. Financier et diplomat 1930–1950*. Strassbourg.

Ebi, M. (2004). *Export um jeden Preis, die deutsche Exportförderung von 1932–1938*. Stuttgart.

Glasemann, H. G. (2013). *Deutschlands Anleihen 1924–1945*. Berlin.

Hansmeyer, K.-H., & Caesar, R. (1976). Kriegswirtschaft und Inflation (1936–1948). In *Währung und Wirtschaft in Deutschland 1876–1975*. Frankfurt a. M.

Hirschfeld, H. M. (1959). *Herinneringen uit de jaren 1933–1939*. Amsterdam/Brüssel.

Hoffer, W. (1975). *Der Nationalismus. Dokumente 1933–1945*. Frankfurt a. M./Hamburg.

Irmler, H. (1976). Bankenkrise und Vollbeschäftigungspolitik. In *Währung und Wirtschaft in Deutschland 1876–1975*. Frankfurt a. M.

James, H. (1986). *The German slump: Politics and economics, 1924–1936*. Oxford.

Klemann, H. A. M. (o. J.). *German Dutch monetary relations 1871–1939*. Rotterdam.

Klemann, H. A. M., & Kudryashov, S. (2012). *Economic history of Nazi-occupied Europe 1939–1949*. London.

Klug, A. (1993). *The German buy back, 1932–1939. A cure for overhang?* Princeton.

Kopper, C. (2006). *Hjalmar Schacht. Aufstieg und Fall von Hitlers mächtigstem Bankier*. München/Wien.

Kopper, C. (2016). Das Ministerium Schacht und sein Einfluss. In A. Ritschl (Hrsg.), *Das Reichswirtschaftsministerium in der NS-Zeit*. Berlin.

Louis, W. R. (1971). Colonial Appeasement, 1936–1938. *Revue Belge de Philologie et d'Histoire, 49*(4), 1175–1191.

Meijer, H. G. (1949). *Economisch Technische Verschijnselen, Inleiding tot de Organisatie en Techniek van de Handel*. Purmerend.

Papadia, A., & Schioppa, C. A. (2014). *Foreign debts and secondary markets. Lessons from interwar Germany*. London/Brüssel.

Petzina, D. (2010). *Autarkiepolitik im Dritten Reich. Der nationalsozialistische Vierjahresplan*. Berlin.

Reich, I. (1997). *Carl Friedrich Goerdeler. Ein Oberbürgermeister gegen den NS Staat*. Köln.

Ritschl, A. (2002). *Deutschlands Krise und Konjunktur, Binnenkonjunktur, Auslandsverschuldung und Reparationsprobleme. Zwischen Dawesplan und Transfersperre, 1924–1934*. Berlin.

Ritschl, A. (2003). Hat das Dritte Reich wirklich eine ordentliche Beschäftigungspolitik betrieben. *Jahrbuch für Wirtschaftsgeschichte, 44*(1), 125–140.

Schacht, H. (1932). *Grundsätze deutscher Wirtschaftspolitik*. Oldenburg.

Schacht, H. (1934a). *Erklärung zur deutschen Transferfrage vor dem Zentralausschuß der Reichsbank am 14.06.1934*. Berlin: Reichsbank.

Schacht, H. (1934b). *Nationalsozialistische Bankreform*. Berlin.

Schacht, H. (1934c). *Eilsener Vortrag. Das internationale Schulden- und Kreditproblem*. Berlin.

Schacht, H. (1934d). *Über das deutsche Transferproblem*. Berlin.

Schacht, H. (1935). *Deutschland und die Weltwirtschaft*. München.
Schacht, H. (1936). *Vortrag auf der Hundertjahrfeier des Vereins für Geographie und Statistik zu Frankfurt am Main*. Berlin.
Schacht, H. (1938). *„Finanzwunder" und „Neuer Plan". Vortrag vor dem Wirtschaftsrat der Deutschen Akademie*. Berlin.
Schacht, H. (1949). *Abrechnung mit Hitler*. Berlin/Frankfurt a. M.
Schacht, H. (1953). *76 Jahre meines Lebens*. Bad Wörishofen.
Schacht, H. (1966). *Magie des Geldes*. Düsseldorf/Wien.
Schmidt, H., & Stern, F. (2010). *Unser Jahrhundert, Ein Gespräch*. München.
Strauss, W. (1936). *Die Zusatzausfuhr mit Hilfe von Bonds und Scrips*. Leipzig.
Wochenbericht Nr. 41 (1936). Berlin: Institut für Konjunkturforschung.

7

Schachts Kommentare zur Geldpolitik der Nachkriegszeit

Hjalmar Schacht war ab 1944 in verschiedenen Konzentrationslagern inhaftiert und gelangte schließlich in das Lager Niederdorf in Südtirol.[1] Dort, im abgelegenen Pustertal, geriet er schließlich in die Hände der amerikanischen Streitkräfte. Schnell musste er feststellen, dass es sich nicht um seine Befreiung handelte. Vielmehr hatte er sich vor dem Kriegsverbrechertribunal in Nürnberg zu verantworten. Ihm wurden Verschwörung mit Hitler gegen den internationalen Frieden und die Sicherheit bzw. Teilnahme an der Kriegsvorbereitung zur Last gelegt. Am 1. Oktober 1946 wurde er freigesprochen. In Württemberg kam er für kurze Zeit wieder mit seiner Familie zusammen. Dann nahmen ihn die deutschen Behörden fest. Im Rahmen der Entnazifizierung wurde er vor eine Spruchkammer gestellt, die über eine Beteiligung an Verbrechen gegen die Menschlichkeit sowie an Kriegsvorbereitungen zu befinden hatte. Schließlich wurde er zu acht Jahren Arbeitslager verurteilt. Das Be-

---

[1] Die hier dargestellten Abläufe orientieren sich an Kopper (2006, S. 359 ff.).

rufungsverfahren brachte zwar keinen Freispruch, führte aber im September 1948 zu seiner Freilassung. Von Württemberg zog er nun nach Niedersachsen. In einem weiteren Berufungsurteil folgte am 13. September 1950 ein endgültiger Freispruch. Er wäre nicht Hjalmar Schacht gewesen, wenn er nun für den Rest seines Lebens geschwiegen hätte. Seine Vergangenheit verfolgte ihn. 1948 erschien sein Buch „Abrechnung mit Hitler".[2] Darin äußert er Bedauern über die Geschehnisse und bietet Erklärungen für sein offenkundiges Unvermögen, rechtzeitig zu erkennen, mit wem er es in der Person Hitlers und dessen Gefolgschaft zu tun hatte. An die Stelle dieses Unvermögens tritt jetzt eine harte Verurteilung.

Deutschland war ab 1945 ein besetztes Land, das den Krieg wirtschaftlich, sozial und physisch zerstört hinter sich gelassen hatte. Wie sollte jetzt eine wirtschaftliche Erholung aussehen? Im Jahr 1949 veröffentlichte Schacht sein Buch „Mehr Geld, mehr Kapital, mehr Arbeit",[3] in dem er den wirtschaftlichen Zustand Deutschlands unter den Alliierten analysierte und darlegte, welcher finanzwirtschaftliche Weg im Inland und in den Außenbeziehungen zu beschreiten war, um eine wirtschaftliche Erholung zu erreichen. 1953 erschienen seine Erinnerungen „76 Jahre meines Lebens".[4] Dieses Buch sollte Zeugnis geben von seinen lauteren moralischen Absichten sowie von seinem scharfen Blick auf Deutschlands Probleme in der Zeit der Weimarer Republik wie auch danach unter Hitler. Schacht versuchte, sich zu rechtfertigen, was ihm gerade in Bezug auf die Judenverfolgung nicht richtig gelang.

1953 ließ er sich in Düsseldorf nieder und gründete die Deutsche Außenhandelsbank Schacht und Co. KG. Die

---

[2] Schacht (1949a).
[3] Schacht (1949b).
[4] Schacht (1953).

Regierungen von Indonesien, Indien, Pakistan, Syrien und Ägypten ließen sich von ihm zu geldpolitischen und finanzwirtschaftlichen Fragestellungen gern beraten. Im offiziellen Deutschland war er allerdings eine „unerwünschte Person". Dies war nach dem Krieg deutlich spürbar. Bei der Bundesbank galt die Regel, auf Schachts Äußerungen zu geldpolitischen Schritten der Bank nicht zu reagieren. Otmar Emminger wies in einer kritischen Betrachtung zur Funktionsweise des Goldstandards darauf hin.[5] Und Otmar Emminger war nicht irgendwer. Nach dem Krieg hatte er viele Jahre bei der Bundesbank gearbeitet, wurde deren Vizepräsident und schloss seine Karriere bei der Bank schließlich als Präsident ab.

Es war charakteristisch für die Atmosphäre, die nach 1945 um die Person von Hjalmar Schacht entstanden war. Zahlreiche prominente Vertreter aus dem Finanzsektor mit zweifelhafter Rolle während der Nazi-Zeit sahen offenbar einen Vorteil darin, Schacht auf der Anklagebank zu halten.[6] Es gab aber auch Ausnahmen. Wilhelm Vocke, von 1919 bis 1939 bei der Reichsbank beschäftigt und Vizepräsident während der Präsidentschaft von Schacht, wurde nach dem Krieg Präsident der ersten deutschen Zentralbank – der Bank deutscher Länder. Vocke ergriff in Nürnberg Partei für seinen ehemaligen Kollegen. Anders Karl Blessing, der unter Hitler noch intensiver mit Schacht zusammengearbeitet hatte als Vocke. Nach der Entlassung des Direktorium der Reichsbanks 1939 bekleidete er noch verschiedene Ämter im Dienst des Regimes, und zwar bis zum Ende des Kriegs, als Schacht längst im Konzentrationslager saß. Die Alliierten wurden Blessings habhaft, ließen ihn aber schnell wieder frei, und er konnte in wichtige Positio-

---

[5] Otmar Emminger (1987, S. 1–17). Herausgegeben von der Gesellschaft für Unternehmensgeschichte, Köln.
[6] Siehe Kopper (2005).

nen zurückkehren. Ab 1957 war er Präsident der Bundesbank, der Nachfolgerin der Bank deutscher Länder.

Noch bemerkenswerter nach dem Krieg war die Kritik von Hermann Josef Abs an Schachts Amtsführung in der Zeit von 1933 bis 1939. Abs war während der Präsidentschaft von Schacht im Jahr 1937 in den Vorstand der Deutschen Bank eingetreten. Die von Reichskanzler Brüning mittels staatlicher Beihilfen gerettete Deutsche Bank hatte unter Schacht ihre Eigenständigkeit zurückerhalten. Die Deutsche Bank stand in der Hitlerzeit weder der Mefa-Finanzierung noch den Finanzierungspraktiken Hitlers ablehnend gegenüber. Im Gegenteil. Abs arbeitete als Bankier, aber auch in verschiedenen anderen Funktionen, bis zum Ende des Krieges mit Hitler zusammen. Zwar waren die Alliierten hinter ihm her, aber im Gegensatz zu Schacht konnte er in seine alte Funktion zurückkehren. Überdies führte er Anfang der fünfziger Jahre in London im Namen der Bundesregierung die Verhandlungen über die deutschen Schulden. Vor einer Versammlung unter Schirmherrschaft der Konrad-Adenauer-Stiftung hielt es Hermann Josef Abs in einem Vortrag über die Londoner Schuldenregelung[7] damals für nötig, Schacht öffentlich zu kritisieren. Während der Diskussion äußerte er sich entrüstet über Schachts Finanzierungspolitik. Er verurteilte sie als eine Art von Betrug. Dabei ging es insbesondere um den Finanzierungsmechanismus der Mefo-Wechsel. Abs vergaß allerdings darauf hinzuweisen, dass er selbst seinerzeit keinerlei Einwände gegen diese Finanzierung hatte. Das galt in gleicher Weise für das Vorgehen beim Schuldenrückkauf. Nach dem Krieg lag es offensichtlich im Trend, vor allem Kritik an den Mefo-Wechseln zu üben, obgleich diesen nichts Unmoralisches anhaftete. Außerdem vergaß Abs den Hinweis, dass Schacht 1939

---

[7] Eine gute Darstellung dieser Regelungen und ihrer Entstehung findet sich in Hans Günter Hackerts. (2001, S. 167–215).

7 Schachts Kommentare zur Geldpolitik der ...

durchaus Einwände gegen die Fortsetzung dieses Finanzierungsinstruments vorgebracht hatte. Geldpolitische und konjunkturelle Gründe waren für Schacht diesbezüglich maßgeblich. Das führte zu dem bekannten Konflikt mit Hitler sowie zu seinem Rücktritt als Präsident der Reichsbank.[8] Abs war notorischer Kollaborateur.

Schacht äußerte sich nach dem Krieg nicht zum Verhalten ehemaliger Kollegen und anderer Personen während der Nazi-Zeit. Ihm war klar, dass er öffentlich keine große Rolle mehr spielen würde. In einem Interview mit dem Spiegel am 18. September 1948 meinte er, in Bonn müsse man nicht befürchten, dass er eine Rückkehr in ein öffentliches Amt anstrebe. Seine öffentliche Zurückhaltung Personen gegenüber galt allerdings nicht für Karl Blessing. Der bekam sein Fett weg. In der Zeit nach 1958, als die Konvertibilität der D-Mark innerhalb des Wechselkurssystems des IWF wiederhergestellt war, hatte die Bundesrepublik mit anhaltenden Zahlungsüberschüssen, vor allem in Dollar, zu kämpfen. Durch die Pflicht zur Konvertibilität konnten die wachsenden Dollarerträge infolge des anhaltenden Zahlungsüberschusses der Bundesrepublik gegenüber den Vereinigten Staaten zu einem festen IWF-Kurs in D-Mark umgetauscht werden. Damit nahm auch die inländische Geldmenge zu. Bei der gleichzeitig anziehenden Konjunktur, verbunden mit knappen Produktionskapazitäten und fehlenden Arbeitskräften, stieg dementsprechend das Inflationsrisiko.

An dieser Politik der Bundesbank übte Schacht grundlegende Kritik, und zwar bereits in einem Vortrag aus dem Jahr 1957, der unter dem Titel „Deutsche Kapitalmarkt-

---

[8] Für ein umfassendes Bild der Rolle von Hermann Josef Abs siehe Ulrich Novak und André Kerner (2016). Der Vortrag mit Diskussion bei der Adenauer-Stiftung (1982).

politik"⁹ veröffentlicht wurde. Darin warf er der Bundesbank vor, dass sie sich weigerte, gegen die unbegrenzte Annahme von Dollar Stellung zu beziehen, während die Vereinigten Staaten der Golddeckung nicht nachkamen, die der Parität des Dollar Glaubwürdigkeit verschaffen sollte. Nach Schachts Einschätzung war dies Folge eines falsch entworfenen internationalen Währungssystems, das mit dem IWF institutionalisiert worden war. Das System funktionierte so, dass die Vereinigten Staaten ihre Zahlungsdefizite mit Dollar finanzierten, die von den Überschussländern weiterhin akzeptiert wurden, und gleichzeitig auf Anpassungsmaßnahmen zur Beseitigung dieser Defizite verzichten konnten. Blessing, der damalige Präsident der Bundesbank, vesuchte nach Einschätzung von Schacht, die negativen Auswirkungen mit Behelfsmitteln in den Griff zu bekommen, statt sich grundsätzlich dagegen auszusprechen. Laut Schacht hatte Blessing das Problem einer unverantwortlichen Geldschöpfung nicht erfasst. Zudem verstieß er gegen den gesetzlichen Auftrag der Bundesbank, für Preisstabilität zu sorgen. Schacht merkte an, dass er den Blessing von damals wiedererkenne. Dabei verwies er auf die Ereignisse in Nazideutschland in den Jahren 1939–1945. Im Januar 1939 hatte das Direktorium der Reichsbank gegen Hitlers Geld- und Finanzpolitik protestiert – mit der Konsequenz, dass zunächst Präsident Schacht und in diesem Zuge Dreyse und Hülse zurücktraten. Als Hitler die Reichsbank durch Verordnung zu Liquidität auf dem Markt verpflichtete, traten auch Vocke, Blessing und Erhardt zurück. Nun wurde ein vollkommen neues Direktorium eingesetzt, einschließlich eines Beirats, dem Blessing allerdings wieder angehörte. Diese Aufgabe erledigte Blessing ungeachtet einer Politik, die er offenkundig noch

---

⁹ Schacht (1957a), unter anderem in seinem Vortrag vor der Wirtschaftsvereinigung Groß- und Außenhandel, veröffentlicht unter dem Titel *Deutsche Kapitalmarktpolitik*.

1939 für inakzeptabel hielt, ohne große Probleme weiter. Schacht ertrug dieses Verhalten Blessings nicht und streute Salz in die Wunde, indem er an diese Vorgänge öffentlich erinnerte.

Schacht veröffentliche weiter zu geldpolitischen und finanzwirtschaftlichen Fragestellungen. Nach seinem Buch „Mehr Geld, mehr Kapital, mehr Arbeit" erschien 1966 „Magie des Geldes. Schwund oder Bestand der Mark",[10] in dem die genannten Geschehnisse um Blessing ebenfalls eine Rolle spielten.[11] Etwa ein Jahr vor seinem Tod befasste er sich eingehend mit der Bundesbank. In seinem Buch „Die Politik der deutschen Bundesbank"[12] formulierte er ausführlicher als im Vortrag von 1957 seine Kritik sowohl an der Politik der Bundesbank als auch an der Politik der Bundesregierung. Er wies erneut auf die Konstruktionsfehler im Gefüge des IWF sowie auf die Ausgestaltung der deutschen Konjunktur- und Geldpolitik hin. Am 3. Juni 1970 verstarb Schacht. Seine letzte Ruhestätte fand er in München, der Landeshauptstadt des Bundeslandes, in dem er die letzten Jahre seines Lebens verbracht hatte.

Keynes und Schacht

Bereits während des Zweiten Weltkriegs waren die Vereinigten Staaten und Großbritannien von der Notwendigkeit überzeugt, in Absprache mit den anderen Alliierten ein neues internationales Währungs- und Handelssystems schaffen zu müssen. Dazu gehörte auch eine Investitionsbank, um Länder mit strukturellen Problemen in die Lage zu versetzen, sich an diesem System zu beteiligen. Der Zu-

---

[10] Schacht (1966).
[11] Schacht (1966, S. 197).
[12] Schacht (1957b).

sammenbruch der Weltwirtschaft in den Dreißiger Jahren und die damit verbundene Depression, die endlos schien, weil sich die Länder zu ihrer Rettung auf nationale, protektionistische Positionen zurückzogen, sollte verhindert werden. Das war die Lehre aus den Dreißiger Jahren. Die Beratungen dazu fanden im amerikanischen Bretton Woods statt. Auf britischer Seite nahm John Maynard Keynes teil. Ungeachtet seiner Position als Vorsitzender der Arbeitsgruppe zum Thema Investitionsbank beteiligte er sich intensiv an den Diskussionen über monetäre Zusammenarbeit.[13] Dabei formulierte er einen umfassenden Vorschlag, der von seiner Regierung mit geringfügigen Änderungen übernommen wurde.[14] Auch wenn sich dieser Vorschlag am Ende nicht durchsetzen konnte, erhielt er in der wirtschaftswissenschaftlichen Fachliteratur die entsprechende Aufmerksamkeit. Bereits 1941 hatte Keynes seine Gedanken zu einer neuen Währungsordnung entwickelt.[15] Der in Bretton Woods unterbreitete Vorschlag entsprach dabei einer leicht redigierten Fassung seines Entwurfs aus dem Jahr 1941. In diesem Entwurf bezog sich Keynes auf die Vorgehensweise von Schacht ab 1933, der das bilaterale Zahlungsclearing vorangetrieben hatte. Keynes nahm darauf Bezug, dass Schacht unmittelbar vor dem Crash von 1931 zu der Einsicht gelangt war, dass ein System des freien Geldverkehrs in Verbindung mit konvertiblen Währungen, die aufgrund von Goldparitäten in einem festen Verhältnis aneinander gebunden waren, nicht funktionieren konnte. Es sei unter den damals herrschenden Verhältnissen auf internationaler Ebene nicht möglich gewesen, eine ausgeglichene Zahlungsbilanz herzustellen. Die Zahlungsverhältnisse waren geprägt von Ländern mit strukturellem

---

[13] Benn Steil (2008).
[14] Keynes' Vorschläge von 1942 und 1943 sind enthalten in J. Keith Horsefeld (1969). Documents.
[15] Keynes „The Clearing Union (1941)" in Skidelsky (2015, S. 426–444).

Zahlungsüberschuss einerseits sowie Ländern mit strukturellem Zahlungsdefizit andererseits. Keynes analysierte die Ursachen und wiederholte seine Argumente aus den Jahren 1930 bis 1932.[16] Laut Keynes bestand das Neue, das Schacht in die Überlegungen zur Geldpolitik eingebracht hatte, im Rückgriff auf etwas für die internationale Wirtschaftsordnung Grundlegendes. Das waren nicht die Geld- und Goldbewegungen im Verhältnis zu den auf Goldparitäten beruhenden Wechselkursen, sondern die mittels Geld bewerteten Warenbewegungen. Aufgabe des Geldsystems sei es, die mit den Warenbewegungen verbundenen Zahlungen zwischen den Wirtschaftseinheiten störungsfrei zu ermöglichen. Von einem Zahlungsgleichgewicht könne nur dann die Rede sein, wenn sich auch die in Geld ausgedrückten Warenbewegungen im Gleichgewicht befänden. Die herrschende Währungsordnung mit ihren Goldparitäten störe ein solches Zahlungsgleichgewicht. So habe Schacht die Notwendigkeit bilateraler Clearingmöglichkeiten erkannt und auf die Vorgaben der Währungsordnung verzichtet. Keynes legte dar, dass es aufgrund dieses Gedankengangs wünschenswert sei, eine Währungsordnung zu entwerfen, die auf multilateralem Clearing der Zahlungssaldi beruhte und so gestaltet sei, dass strukturelle Ungleichgewichte vermieden werden könnten. Sowohl Defizit- als auch Überschussländer müssten ihre internen Anpassungsprozesse entsprechend organisieren und koordinieren, wobei Überschüsse zur Unterstützung dessen genutzt werden könnten, was zu einer Wiederherstellung der Zahlungsgleichgewichte beitrüge. 1941 äußerte er sich öffentlich zu der Notwendigkeit, dass die Vereinigten Staaten als wichtigster Kreditgeber aufzutreten hätten. Er merkte gleichzeitig an, dass sich die Vereinigten Staaten in all den

---

[16] Keynes „A Treatise on Money (1930)", „The Great Slump (1930)", „An Economic Analyses of Unemployment" und „The Consequencies to the Banks of the Collapse of Money Values (1932)" in Skidelsky (2015, S. 142–174).

Jahren, in denen sie vom Überschuss profitieren durften, nicht dazu berufen gefühlt hätten. Keynes wollte sie mit seinem Multilateralismus dennoch dazu veranlassen. Dementsprechend schlug er ein multilaterales Wechselkurssystem mit Goldparität vor, das allerdings nicht unter dem Verfügungsrecht der einzelnen beteiligten Länder stand. Die Zentralbanken würden in ihrer Zusammenarbeit Defizit- und Überschusspositionen regulieren und immer wieder zum Ausgleich kommen. Gold bildete demnach ein Interventionsmittel der Zentralbanken, das im Rahmen der Zusammenarbeit koordiniert eingesetzt würde. Das Ergebnis wäre eine Wechselkursstabilität anhand der Goldparitäten. Grundlegende Änderungen könnten das System allerdings durcheinanderbringen. In diesem Fall bestünde eventuell die Notwendigkeit, die Paritäten anzupassen.

Schacht war – wie oben dargestellt – überzeugter Gegner eines bilateralen Zahlungs- und Verrechnungssystems. Er machte daraus auch keinen Hehl. Mit einem „System Schacht" wollte er nichts zu tun haben.[17] Außerdem war dieses bilaterale System gar keine Erfindung von ihm und auch nicht typisch deutsch. Die Analysen von Keynes und Schacht zum scheiternden monetären System waren jedoch miteinander verwandt. An dieser Stelle hatte Keynes recht. Sie waren in der gleichen Zeit entstanden, wobei sich Schacht aber nicht auf Keynes bezogen hatte.

Schachts Kritik an einer Clearing-Union

Die zentrale Frage bei Keynes' Vorschlag war, ob seine Clearing-Union genügend Befugnisse erhalten würde, um die nationale Souveränität bei der Geld- und Konjunkturpoli-

---

[17] Schacht (1966, S. 267–279, Kap. 15). System Schacht?

tik zu durchbrechen. Um mit Schacht zu sprechen: „Währung ist nationalistisch".[18] Das wollte Keynes umgehen. Er fasste den Wert der Währung im Geschäftsverkehr nicht mehr in nationalistischen Kategorien. Schacht fürchtete hingegen, dass ein solcher Schritt politisch nicht realistisch wäre. Deshalb wies er Vorschläge, die auf ein multilaterales Clearing unter Verzicht auf eine nationale Souveränität bei der Geld- und Konjunkturpolitik hinausliefen, als nicht durchsetzbar zurück. Er nannte zwar nicht ausdrücklich den Namen Keynes, verwendete aber den Begriff Clearing-Union.[19]

Bei näherer Betrachtung des Vorschlags von Keynes ist noch eine bemerkenswerte Meinungsverschiedenheit zwischen Schacht und Keynes zu konstatieren. Keynes' Vorschlag beschränkte sich auf den Zahlungsverkehr und berücksichtigte kaum den Kapitalverkehr mit dessen langfristigen Krediten, den damit verbundenen Kapitalpositionen sowie den sich daraus ergebenden Termingeschäften.[20] Keynes beschäftigte sich kaum mit den strukturellen Ursachen von Zahlungsungleichgewichten. Zwar unterbreitete er den Vorschlag zu einer Weltbank, um mittels Investitionen an den strukturellen Defiziten zu arbeiten. In seiner geldpolitischen Analyse, die dem Clearing-Vorschlag zugrunde lag, spielten solche strukturellen Aspekte allerdings keine wesentliche Rolle. Bei Schacht hingegen war das anders. Er schlug 1929/30 die BIZ vor, deren Passiva internationalen Investitionen in die Förderung des Warenhandels dienen sollten. Mit den entsprechenden Aktiva aus diesem Warenhandel wiederum sollte ausreichender Cashflow erwirtschaftet werden, um Solvenz und Liquidität der BIZ zu gewährleisten. Bei der BIZ ging es um den

---

[18] Schacht (1966, Kap. 6).
[19] Schacht (1949b, S. 66).
[20] Horsefeld, Volume III, S. 13, Abschnitte 46–48.

Kapitalverkehr, die sich daraus ergebenden Handelsströme und den damit verbundenen Zahlungsverkehr. Die BIZ war also nicht vergleichbar mit der Clearing-Union von Keynes. Keynes wollte mit seinem Vorschlag allerdings das gleiche Ziel erreichen wie Schacht mit seiner BIZ: Beendigung der internationalen Zahlungsungleichgewichte und Schaffung der Grundlagen für monetäre Stabilität auf internationaler Ebene. Der Ökonom Rolf Lüke interpretierte den Vorschlag von Keynes als Variante von Schachts BIZ-Vorschlag.[21] Sieht man sich jedoch Keynes' Vorschläge und Schachts Veröffentlichungen genau an, ist eine solche Interpretation nicht vertretbar.[22]

Schachts Goldtaler-Konzept

Schacht stellte sich 1949 die Frage, welcher politische Weg für Deutschland am schnellsten zur wirtschaftlichen Erholung sowie zur Beteiligung am internationalen Wirtschaftsverkehr führen könnte. In seinem Buch „Mehr Geld, mehr Kapital, mehr Arbeit" unterbreitete er einen Vorschlag, der für seine Denkweise in Bezug auf Konjunktur- und Geldpolitik charakteristisch ist. Es handelte sich auch hier wieder um einen banktechnischen Ansatz, bei dem Geldschöpfung durch die Zentralbank mit der Finanzierung der Wirtschaftstätigkeit verknüpft wurde. Dabei spielten Kriterien eine Rolle, die der jeweiligen Konjunkturphase entsprachen, in der sich die deutsche Wirtschaft gerade befand, und auch die externe Zahlungssituation berücksichtigten, die sich aus Struktur und Saldi der Zahlungsbilanz ergab.

---

[21] Der Ökonom Rolf Lüke vergleicht Schachts Clearing-Vorschlag mittels der BIZ aus den Jahren 1929/30 mit der Clearing-Union von Keynes. Rolf Lüke (1985, S. 65–76).
[22] Schacht (1949b, S. 9–59, 1966) An verschiedenen Stellen. An dieser Stelle wird Schachts Sicht wiederholt, die er bereits vor dem Krieg entwickelt hatte.

7 Schachts Kommentare zur Geldpolitik der ...

Dem besetzten Deutschland fehlten nach dem Krieg die Mittel zu einer wirtschaftlichen Erholung aus eigener Kraft. Warenhandel sowie Geld- und Kapitalverkehr waren durch die Vorgaben der Besatzungsmächte streng reglementiert – auch mit dem Ausland. Das galt auch für den Wechselkurs der Deutschen Mark, die die Reichsmark ersetzt hatte. Die Reichsbank wurde aufgelöst und durch die föderal organisierte Bank deutscher Länder (BdL) ersetzt.[23] Schacht wollte die Bundesrepublik möglichst umgehend von den alliierten Reglementierungen befreien und die Wiederherstellung des freien Waren-, Geld- und Kapitalverkehrs erreichen.[24] Dazu benötigte man ausländisches Kapital, das im Sinne des genannten Ziels einzusetzen wäre.

Schacht ging von der Tatsache aus, dass die Vereinigten Staaten über einen starken Dollar mit Goldparität verfügten, gestützt auf eine beträchtliche Goldreserve. Gleichzeitig bestand gegenüber anderen Ländern, vor allem

---

[23] Eine Beschreibung findet sich in Hans Möller. *Währung und Wirtschaft.* 433–485.

[24] Hier handelte es sich keineswegs um eine typisch deutsche Situation. In den Niederlanden zum Beispiel war es nicht anders. Quellen dazu finden sich unter overheid.nl, Wet en Regelingen Besluit. Vaststelling Selectielijst, Neerslag, Internationale beleidshandelingen (...) 1945 und späterer Jahre, Version 2007. Bis 1980 galten in den Niederlanden der Devisenerlass 1945 [Deviezenbesluit 1945] sowie das Gesetz über den internationalen Zahlungsverkehr 1934 [Wet Internationaal Betalingsverkeer 1934]. Ausländische Zahlungen waren genehmigungspflichtig. Unmittelbar nach dem Krieg galten für den Handel außerdem Vorgaben zur Devisenzuweisung. Auch unter dem Einfluss internationaler Regelungen und Vereinbarungen im Rahmen von IWF, GATT, OECD und EWG wurden diese Vorgaben nach und nach gelockert. 1980 wurde ein neues Gesetz verabschiedet, das Gesetz über finanzielle Beziehungen mit dem Ausland [Wet Financiële Betrekkingen Buitenland], das die Befugnisse des Finanzministers regelte. Die niederländische Zentralbank hatte sich wie auch bisher um die Ausführung zu kümmern. Der Zahlungsverkehr wurde liberalisiert, während der Minister die Befugnis erhielt, unter bestimmten Bedingungen dennoch Genehmigungen daran zu knüpfen. Das Gesetz von 1980 hat der Verfasser als Sprecher der PvdA-Fraktion in der Zweiten Kammer des niederländischen Parlaments behandelt. Eine Zusammenfassung der Vorgänge in den Niederlanden, einschließlich Verweis auf die relevanten Dokumente, findet sich in den Abschn. 1.3.1 bis 1.4.5 der Zusammenfassung der politischen Entwicklung im oben genannten Dokument. Siehe auch R. J. Schotsman (1987, S. 277–312, 314–329).

gegenüber westeuropäischen Staaten ein Zahlungsüberschuss. Die Vereinigten Staaten nutzten diese Position, um Dollarkredite an Länder zu vergeben, die ansonsten nicht über genügend eigene Mittel verfügten, zumal nicht in harter Währung. Auf diese Weise wurden europäische Länder bei der Lebensmittelversorgung sowie beim Wiederaufbau der Infrastruktur und anderer Einrichtungen unterstützt. Dabei dachte man durchaus an einen Investitionsimpuls, der die Volkswirtschaften in Gang bringen sollte. Aber die Vereinigten Staaten dachten auch an sich selbst. Denn der Marshallplan bezweckte zugleich die Förderung des Handels zugunsten der amerikanischen Wirtschaft. Schließlich sollten sich amerikanische Investitionen in Europa auch rentieren. Voraussetzung dafür waren Kapital und Handel.

Schacht hatte damit keinerlei Probleme. Allerdings hielt er diese Vorgehensweise nicht für die geeignete Methode, um den europäischen Ländern und insbesondere Deutschland wieder auf die Beine zu helfen. Der amerikanische Zahlungsüberschuss mit seinen beträchtlichen Reserven ließe sich durchaus besser nutzen.

Schachts banktechnischer Vorschlag sah wie folgt aus. Die Vereinigten Staaten würden der BIZ eine Milliarde Dollar an Gold zur Verfügung stellen. Die Bank deutscher Länder (BdL) könnte bei der BIZ Geld leihen, und zwar in Form von Gutscheinen, die an den Dollar gekoppelt waren. Dabei diente das Gold über eine Milliarde Dollar als Deckung. Die BdL könnte dann mithilfe dieser Gutscheine die Kreditvergabe der Banken an die Exportindustrie ermöglichen. Die BIZ-Gutscheine bezeichnete Schacht als „Goldtaler". Dabei erhielt die BIZ gegenüber der deutschen Zentralbank eine Forderung in Goldtaler. Banken wiederum erhielten von der BdL die Verfügung über Goldtaler-Kredite. Bedingung war, dass damit ausschließlich die Kreditvergabe zugunsten von Investitionen innerhalb der Exportindustrie gedeckt wurde. Außerdem bestünde die

Möglichkeit, dass die BdL zur Unterstützung von Importen bei der Fed Dollar erwarb und mit Goldtalern bezahlte. Wie auch immer sollten die mit Goldtalern gedeckten Kredite einen Exporterlös in Dollar erbringen, der ausreichte, um den Banken gegenüber für die Zinsen und Tilgungen aufzukommen und anschließend mit der BdL zur Tilgung der aufgenommenen Goldtaler-Kredite in Dollar abzurechnen. Die BdL wäre dann in der Lage, ihren Verpflichtungen gegenüber der BIZ nachzukommen. Wichtig wäre, den Wechselkurs des Goldtalers zur D-Mark zwischen der BIZ und der BdL festzulegen. Dieser Wechselkurs sollte sowohl zur Berechnung der den Banken bereitgestellten Kredite als auch zur Abrechnung der Banken mit der BIZ über die BdL dienen. Schacht hat sich dazu nicht konkret geäußert. Es ging darum, dass sich die Dollarbilanz im strukturellen Gleichgewicht befand. Der Vorschlag bot in der Praxis einen guten Anhaltspunkt für den tatsächlichen D-Mark-Dollar-Kurs. Auf dieser Grundlage ließ sich ein marktgerechter Kurs bestimmen.[25]

Was Schacht verschwieg, waren die Erfolgsaussichten in einer Zeit ohne freie Güter- und Geldmärkte. Würde die deutsche Industrie die anvisierten Ausfuhrerlöse realisieren können?

Im Jahr 1949 arbeiteten sämtliche westeuropäische Länder mit Devisenbeschlüssen und handelspolitischen Maßnahmen zur Kontrolle ihrer Devisenbestände. Ganz offensichtlich suchte Schacht mit seinem Vorschlag nach einen Weg zur Beendigung dieser Praktiken. Das rechtfertigte den Einsatz der amerikanischen Überschüsse. Er äußerte sich nicht dazu, was dieser Vorschlag für die anderen westeuropäischen Länder bedeutete. Würde man auch für sie ein solches Konstrukt benötigen?

---

[25] Schacht (1966, S. 158 f.).

Aus geldpolitischer Sicht war dieses Konzept deshalb attraktiv, weil die Goldreserven der notorischen Überschussländer, in diesem Fall die Reserven der Vereinigten Staaten, aktiviert wurden. So gelangte Liquidität in den Markt, die benötigt wurde, um die strukturellen Ungleichgewichte zwischen Überschuss- und Defizitländern abzubauen, indem die Defizitländer in die Lage versetzt wurden, die Zahlungsbilanz durch zunehmende Geschäftstätigkeit mittelfristig gegenüber den Überschussländern auszugleichen. Schacht hatte diese Vorstellungen vor dem Krieg in seinem „Eilsener Vortrag" explizit zur Sprache gebracht. Schacht rechnete mit Kritik an seinem Goldtaler-Vorschlag und nahm bereits im Vorfeld dazu Stellung.[26] Er ging davon aus, dass es möglich wäre, die Vereinigten Staaten von seinem Vorschlag zu überzeugen und zur Mitarbeit zu veranlassen. Statt des Marshallplans brauchten die Vereinigten Staaten lediglich zwei Maßnahmen zu ergreifen: Sie müssten erstens im Rahmen eines Systems, das für sie mit überschaubaren Risiken verbunden war, Gold an die BIZ verleihen und zweitens den amerikanischen Markt für deutsche Produkte öffnen.

Schachts Vorschlag blieb theoretisch interessant. Praktische Bedeutung konnte er nicht erlangen. Weder die Besatzer noch die Entscheidungsträger in Deutschland schenkten dem Vorschlag Aufmerksamkeit. Die Vereinigten Staaten hatten nicht vor, ihre Goldreserven in dieser Weise einzusetzen.[27]

---

[26] Schacht (1966, S. 78–86).

[27] Benn Steil (2008, S. 256 f.). Der Autor beschreibt hier den Beschluss von Bretton Woods zum IWF sowie die amerikanische Sichtweise, die übernommen wurde. Der Verzicht auf strenge Regeln hinsichtlich der Golddeckung des Dollar durch die Vereinigten Staaten wird anhand einer Reaktion des amerikanischen Unterhändlers Harry White auf einen kritischen Kommentar des konservativen britischen Parlamentsabgeordneten in der New York Times erläutert. Dieser Kommentar wurde in der Anhörung des Senats zum Thema IWF zitiert. Boothby kritisierte die bevorzugte Stellung des Dollar. Gegenüber der IWF-Regelung hatte er einen zwiespältigen Eindruck, denn bei allen Währungen

Schacht hätte wissen können, dass sein Vorschlag von den Vereinbarungen der westeuropäischen Länder aus dem Jahr 1947 abwich. Sie hatten im Rahmen des Marshallplans Zahlungsabkommen über multilaterale monetäre Kompensation geschlossen.[28] Mit dem Abkommen wurde die Absicht verfolgt, den gegenseitigen Zahlungsverkehr wieder anzukurbeln. Die Devisenregelungen könnten dann zurückgenommen werden. Im Rahmen der BIZ würde ein Mechanismus eingerichtet, um die gegenseitigen Defizite und Überschüsse auszugleichen. Das war für die Dauer des Abkommens in der Zeit von 1947 bis 1951 eine machbare Option. Frankreich und Großbritannien hatten einen Überschuss. Die Defizite der anderen Länder waren nicht groß. Eine Ausnahme bildete die Bundesrepublik.[29] Entsprechend profitierte sie am meisten davon. Schacht schwieg dazu.

Die Europäische Zahlungsunion

Nach den beiden Zahlungsabkommen im Rahmen des Marshallplans folgte ein neues Übereinkommen. Dabei handelte es sich um die Europäische Zahlungsunion

---

setzte man Goldkonversion voraus, außer beim Dollar. Boothby fürchtete, dass die festgelegten Paritäten Großbritannien schaden würden, weil sie eine Überbewertung des Pfund sowie unzumutbare Konsequenzen für die britischen Goldreserven implizierten. Die Vereinigten Staaten, meinte er, hätten damit das Privileg für Pfund Gold erwerben zu können, während sie sich selbst in einer vergleichbaren Situation mit der Ausgabe von Dollar begnügen könnten. In umständlicher Argumentation bestätigte Harry White diese Sichtweise. Er ignorierte die Tatsache, dass die anderen Länder in einer solchen Situation Dollar durchaus ablehnen und unter Verweis auf die zweifelhaften Regelungen Gold verlangen könnten und dass die Fed zwar Gold für Dollar liefern konnte, aber auch das Recht hatte, dies mit Hinweis auf die Gleichstellung von Dollar und Gold abzulehnen. Großbritannien begann keine neuen Verhandlungen über den IWF.

[28] Gianni Toniolo und Piet Clement (2005, S. 3–8).

[29] Ebd., Zahlungsbilanztabelle auf Seite 5.

(EZU).[30] Auch hier ging man vom multilateralen Zahlungs-Clearing auf europäischer Ebene aus. Schacht hat sich auch zu dieser Entwicklung nicht geäußert. Er begann erst Ende der fünfziger Jahre mit Einschätzungen zur Geldpolitik der Bundesrepublik. Anschließend folgte seine Kritik an der Geldpolitik von Bundesrepublik und Bundesbank, nachdem sie Teil des IWF-Systems geworden waren. Schacht veröffentlichte seinen Goldtaler-Vorschlag im Jahr 1949. 1951/52 entstand die Europäische Zahlungsunion. Erst 1957/58 folgte der IWF.

Die Europäische Zahlungsunion war teilweise ein Erfolg. Innerhalb der EZU verzeichnete Frankreich während der Laufzeit des Vertrags von 1952 bis 1958 Defizite (eine Ausnahme bildete 1955). Großbritannien wies eine bessere Bilanz auf. Das Land erzielte von 1953 bis 1955 Überschüsse. Auch Italien verzeichnete außer in den Jahren 1952 und 1958 Überschüsse. Große Gewinnerin war die Bundesrepublik Deutschland, die ab 1952 ununterbrochen Überschüsse erwirtschaftete. Die Handelsbilanzen verbesserten sich durch den Handel mit Ländern außerhalb des EZU-Raums, und zwar vor allem mit den Vereinigten Staaten. Die Situation bei den Gold- und Dollarreserven verbesserte sich ebenfalls, wenn auch in sehr unterschiedlichem Umfang. Die Goldreserven nahmen außer in Großbritannien zu, wobei die Bundesrepublik wiederum als Gewinner hervorging. Die Dollarreserven stiegen ebenfalls, Ausnahme war hier lediglich Frankreich. Auch bei den Dollarreserven lag die Bundesrepublik an der Spitze. Für die Vereinigten Staaten spielten Goldreserven keine entschiedene Rolle, allerdings war es bemerkenswert, dass die eigenen Goldreserven

---

[30] R. Triffin gehörte zu denjenigen, die die theoretische Grundlage für die Europäische Zahlungsunion schufen. Siehe Ivo Maes und Ilaria Pasotty (2016). Die Argumentation von Triffin erinnert übrigens stark an Keynes' Vorschlag einer Clearing-Union.

in diesem Zeitraum nicht zunahmen.[31] Die Vereinigten Staaten kümmerte das nicht, solange die Welt bereit war, ihre Dollar zu akzeptieren.

Der Internationale Währungsfonds

Zur Konzeption des IWF sowie zur Geldpolitik der Bundesrepublik in Verbindung mit dem IWF äußerte sich Schacht kritisch. Um seine Auffassungen richtig einordnen zu können, folgen hier kurze Erläuterungen zum IWF.

Beim IWF handelte es sich um ein zwischenstaatliches System von Goldparitäten, anhand dessen die Wechselkurse stabilisiert werden sollten. Die Währungen waren konvertierbar. Die Zentralbanken der beteiligten Länder konnten im Falle kurzfristiger Zahlungsschwierigkeiten Stützungskredite aus dem Fonds erhalten. Voraussetzung war, dass sie entsprechende Maßnahmen ergriffen, um die vereinbarte Parität beim jeweiligen Wechselkurs einzuhalten. Das beinhaltete nichts anderes als einen Zahlungsbilanzsaldo, mit dem der für die Währung festgelegte Wechselkurs auf den Devisenmärkten erhalten blieb. Die Aufwendungen für den Anpassungsprozess hatte das Defizitland zu tragen, das unter Umständen Stützungskredite vom IWF erhielt. Bei Überschussländern enthielten Beschlüsse lediglich Empfehlungen, an einem Abbau der Ungleichgewichte mitzuwirken und dazu Importe aus den Defizitländern zuzulassen. Der IWF war für die Beratung zuständig und beaufsichtigte die Abläufe. Dabei bezog der Fonds seine Mittel zur Vergabe von Stützungskrediten anhand eines vorab festgelegten Quotensystems von den eigenen Mitgliedern.

---

[31] Toniolo und Clement (2005, S. 7, Tab. 2) sowie Anhang 1, Seite 29.

Die Inanspruchnahme des IWF-Fonds war Aufgabe des IWF. Zusätzliche Kredite wurden in der Regel im Rahmen der BIZ besprochen. Später kamen weitere Möglichkeiten hinzu, wie etwa die Sonderziehungsrechte (*„Special Drawing Rights"*) zur Versorgung des Marktes mit Liquidität zugunsten der Anpassungsprozesse in Defizitländern.

Das Bemerkenswerte am IWF-System war die Sonderstellung des Dollar. Lediglich die Vereinigten Staaten hatten die Möglichkeit, eventuelle Zahlungsdefizite, die den Dollarkurs unter Druck setzen könnten, mit der Ausgabe von Dollar auszugleichen. Dadurch wurden diese Defizite laut Konvertibilitätsvereinbarung von den Ländern, die Forderungen gegenüber den Vereinigten Staaten hatten, akzeptiert. Der Dollar behielt ungeachtet der amerikanischen Defizitposition seine Parität. Andere Länder hatten dann mit einem zunehmenden Dollarüberschuss zu kämpfen, es sei denn, sie ergriffen entsprechende Maßnahmen dagegen. Ein Überschussland musste versuchen, die Dollar international zum festgesetzten Kurs abzugeben, oder konnte sie in die eigene Währung umtauschen, womit dann die eigene Geldmenge wuchs. Auch die Reserven nahmen in diesem Fall entsprechend zu. Wollte man das verhindern, war die Zentralbank gefragt. Die jeweiligen politischen Entscheidungen hingen von der Konjunkturentwicklung ab. Ließe sich eine Zunahme der Geldmenge ohne Inflationsrisiko auffangen? Boten die internationalen Geld- und Kapitalmärkte genügend Möglichkeiten, um Dollar profitabel abzugeben? Konnte man irgendwie verhindern, dass die gestiegenen Dollarreserven über die Zunahme der Geldmenge doch noch in den Wirtschaftsverkehr gelangten, wenn dies aus konjunkturellen Gründen nicht wünschenswert war? Die Zentralbanken und ihre Regierungen standen vor einem komplexen finanzwirtschaftlichen Managementproblem. Zudem waren sie mit den erschwerenden Bedingungen des politischen Beziehungsgeflechts auf internationaler

Ebene konfrontiert. Die Gegensätze zwischen den westlichen Ländern unter Führung der Vereinigten Staaten und der Sowjetunion mit ihren Satellitenstaaten mündeten schließlich in den Kalten Krieg mit dessen nuklearer Bedrohung. Die Überschussländer, die sich der Dollarflut erwehren wollten, mussten abwägen, ob sie sich der Sonderstellung des Dollar widersetzten. Dazu hätten sie die Vereinigten Staaten zu einem Ende der Politik des Zahlungsdefizite zwingen müssen, was unvermeidlich eine Diskussion über die Verteidigungshaushalte nach sich gezogen hätte. In den Ost-West-Beziehungen wäre das unter Umständen ein unerwünschtes Szenario. Die Alternative bestand darin, die Dollar – aber auch die daraus folgenden geldpolitischen Probleme (siehe oben) – weiterhin zu akzeptieren. Wo lagen die politischen und finanzwirtschaftlichen Grenzen? Bereits in der Zeit der Europäischen Zahlungsunion kamen Zweifel an der Nachhaltigkeit des IWF-Systems auf. Die amerikanischen Überschüsse gingen zurück. Die amerikanischen Goldreserven sanken nach einiger Zeit.[32] Die Vereinigten Staaten nahmen keine Korrektur ihrer politischen Linie vor und gaben weiterhin Dollar aus. Die skizzierten (geld-)politischen Dilemmas blieben auf der Tagesordnung.

Schacht zur deutschen Geldpolitik

Der deutsche Zahlungsüberschuss mit den Vereinigten Staaten führte Ende der fünfziger Jahre, zumal nach dem offiziellen Beitritt der Bundesrepublik zum IWF im Jahr 1959, zu einem beträchtlichen Dollarzufluss. Die Ursache wurde oben dargestellt. Schacht wies darauf hin, dass aus der Rechenschaftslegung der Bundesbank in den

---

[32] Toniolo und Clement (2005, S. 29). Die Zahlen in Anhang 1.

sechziger Jahren ersichtlich ist, dass sich die Bank durchaus dessen bewusst war und dennoch nicht gegen den Systemfehler im IWF vorging. Die Vereinigten Staaten verfolgten eine expansive Konjunkturpolitik durch Ausweitung der Geldmenge seitens der Fed. Dies wurde in der Handelsbilanz spürbar, die ein strukturelles Defizit aufwies. Die Importe überstiegen außer in den Jahren 1961 bis 1965 die Exporte. Die Bundesrepublik hatte einen Überschuss zu verzeichnen, der hauptsächlich darauf zurückging, dass die deutsche Industrie die amerikanischen Wettbewerber aus dem Markt drückte. Schuld daran hatte die amerikanische Politik.

Außerdem stellte sich die Frage der Kapitalmarkttransaktionen. Offensichtlich exportierten die Vereinigten Staaten Dollarkapital. Kredite und Kapitalanlagen, die auf Dollar lauteten, wurden direkt sowie über den Euro-Dollar-Markt im Ausland abgewickelt. Für amerikanische Investoren war die Bundesrepublik ein dankbarer Zielmarkt, denn die amerikanische Industrie konnte auf den internationalen Gütermärkten von Deutschland aus besser konkurrieren als vom Heimatland aus. Sowohl über die Handels- als auch über die Kapitalbilanz flossen Dollar in die Bundesrepublik, wo sie größtenteils in D-Mark umgetauscht wurden. Die inländische Geldmenge wuchs und beflügelte die Konjunktur, während das Inflationsrisiko zunahm und der Arbeitsmarkt durch Vollbeschäftigung unter Druck geriet.

Auf den freien Devisenmärkten war diese Entwicklung durch Abwertung des Dollar und Aufwertung der D-Mark spürbar. Laut den Bestimmungen des IWF musste die weltweite Liquidität in Dollar nicht vollständig durch Gold gedeckt sein. Die Goldparität des Dollar verlor zunehmend an Glaubwürdigkeit. Im Zuge dieser Entwicklung galt auch die Konvertibilität des Dollar nicht mehr als unumstößliche Selbstverständlichkeit. Die Zentralbanken kamen der Fed zu Hilfe, indem sie – koordiniert durch die BIZ – Stützungskredite gewährten, um damit den offiziellen Dollarkurs zu halten. Letztendlich handelte es sich dabei um den koordinierten Ankauf von Dollar, womit Forderungen gegenüber den Vereinigten Staaten entstanden. Die Bundesbank stand hier an erster Stelle und war sogar zur zweimaligen Neubewertung der D-Mark bereit, auch wenn der anschließende Rückgang des Handelsüberschusses nur vorübergehenden Charakter hatte. Die deutsche Industrie behielt ihren Preisvorteil gegenüber den amerikanischen Mitbewerbern. Denn die Vereinigten Staaten taten wenig, um ihre Defizitposition auszugleichen, während gleichzeitig die auf Konjunkturbelebung ausgerichtete Geldpolitik nicht eingeschränkt wurde.

Schacht verwies darauf, dass die Bundesbank den Dollarzufluss im Ergebnis des IWF-Systems und der amerikanischen Geldpolitik gestattete. Seiner Auffassung nach war ein solches Vorgehen aus konjunktureller Sicht nicht akzeptabel, solange diese Dollar in einer Phase konjunkturellen Aufschwungs in D-Mark umgetauscht wurden und damit zur Ausweitung der Geldmenge beitrugen. Preisinstabilität könne die Folge sein. Die Bundesbank würde ihrem gesetzlichen Auftrag zur Wahrung der Preisstabilität damit zuwiderhandeln. Die Vereinigten Staaten exportierten Inflation, so Schacht, und die Bundesbank ließe sie gewähren.[33] Gleichzeitig hatte er den Eindruck, dass Bundesbank und Bundesregierung mit Tricks versuchten, Dollar aus dem Verkehr zu ziehen und damit den von ihm konstatierten Inflationsimport zu verhindern. Ein grundlegender Lösungsansatz aber fehle. Der IWF müsse reformiert werden, und in diesem Zuge wäre die privilegierte Position der Vereinigten Staaten zu beenden.

Zu den Tricks der Bundesbank gehörte die bereits erwähnte Vergabe von Stützungskrediten an die Fed ohne

---

[33] Schacht (1966, S. 269).

zwingende Forderung zu einer Neuausrichtung. Auf diese Weise wurde die D-Mark-Geldschöpfung infolge der Dollarimporte teilweise unterbunden, und für die Fed verbesserte sich die Deckung des Dollar. Allerdings war dies nur ein vorübergehender Effekt. Die Bundesbank machte darüber hinaus von ihrer Befugnis Gebrauch, Banken zur Hinterlegung von Liquidität zu verpflichten. Dabei handelte es sich um die bewährte Mindestreserveregelung. Mit ihrer Hilfe wurde eine Ausweitung der Geldmenge gebremst.

Schacht schlug vor, die der Bundesbank angebotenen Dollar, die aus Dollarkrediten stammten, nicht in D-Mark umzutauschen, sondern den betreffenden Akteuren in Form von verzinsten, auf D-Mark lautenden Forderungen zu übertragen. Die Forderungen könnten dann phasenweise – und abgestimmt auf eine angesichts der Konjunktur vertretbare Geldmenge – ausgezahlt werden. Schacht schlug außerdem vor, den Banken die Möglichkeit zu geben, die Gelder aus der Mindestreserve gegen Zinsen an diesbezüglich angewiesene Einrichtungen auszuleihen, die sich mit öffentlichen Investitionsvorhaben zur Strukturstärkung befassten. Auf diese Weise hätte die Mindestreserve eine nützliche Funktion und würde darüber hinaus sogar Zinsen erwirtschaften, denn aus wirtschaftlicher Sicht handelte es sich bei der Mindestreserve um totes Kapital. Die Bundesbank reagierte nicht auf Schachts Vorschläge. Aber auch für Schacht waren diese Maßnahmen nur Notbehelfe. Am eigentlichen Konstruktionsfehler des IWF-Systems und an der falschen Reaktion von Bundesbank und Bundesregierung änderten sie nichts.[34] Das Vorgehen der Bundesbank blieb nach Schachts Überzeugung bloßes Flickwerk.[35]

Sollte eine Anpassung des IWF-Systems, mit der die Vereinigten Staaten selbst zu geeigneten Maßnahmen gezwun-

---

[34] Schacht (1957a, S. 25, 1957b, S. 35–47, 1966, S. 190–207).
[35] Schacht (1966, S. 185–207) sowie (1957b, S. 68–73 und 81–87).

gen würden, nicht zustandekommen, müsse die Bundesbank laut Schacht die Konvertibilität zwischen Dollar und D-Mark aussetzen. Das würde den Umtausch von Dollar in D-Mark sofort einschränken. Allerdings würde damit auch offenbar, dass die Goldparität des konvertiblen Dollars nicht mehr haltbar war. Dies hätte zur Folge, dass die Vereinigten Staaten als dominanter geldpolitischer Akteur entthront würden, wenn sie nicht in der Lage wären, die Schieflage zu beseitigen.

Schacht ging ausführlich auf die Frage ein, welche Voraussetzungen erfüllt sein müssten, um auf internationaler Ebene ein Zahlungsgleichgewicht als Grundlage für stabile Wechselkurse zu erreichen. Diesbezüglich verfasste er einen Kommentar zum Bericht eines Treffens der Friedrich-List-Gesellschaft im März 1965, das diesem Thema gewidmet war.[36] Nach der allgemein vertretenen Auffassung konnte ein solches System nur existieren, solange die Wirtschaftspolitik im internationalen Kontext koordiniert wurde. Wie dann das entsprechende Währungssystem auszusehen habe, blieb in der Diskussion unklar. Es gab Befürworter freier Wechselkurse – für den Fall, dass wirksame Koordinationsmechanismen fehlten. Andere traten für feste Wechselkurse ein. Diese müssten dann in Goldparitäten verankert sein. Hier stellte sich jedoch die Frage, ob ausreichend Gold vorhanden war, um die steigende Nachfrage nach Liquidität in einer wachsenden Weltwirtschaft befriedigen zu können.

Schacht hielt den zuletzt genannten Aspekt für zweitrangig. Wenn es eine international koordinierte Wirtschafts- und Geldpolitik gebe, stelle sich diese Frage gar nicht. Mit einem solchen Koordinationsmechanismus erreiche man auf nationaler wie auch auf internationaler Ebene eine wirksamere Abstimmung der Geldmenge auf Umfang und Entwicklung der Warenumsätze. Der Liquiditätsbedarf sei

---

[36] Schacht (1966, S. 269–278).

bei effizienter Allokation geringer. Man könne dann auch weniger streng mit den Wechselkursen verfahren. Diese folgten den Bewegungen auf den Devisenmärkten, die bei gelungener Koordination größere Stabilität zeigten.

Nach Schachts Auffassung gab es auf der Welt genügend Gold, um Liquiditätsengpässe zu vermeiden. Nach gegenseitiger Rücksprache ließe sich der Goldpreis auch erhöhen, ohne dass sich die Wechselkursverhältnisse änderten. Letztendlich handelte es sich um eine politische Frage. Wären die Staaten bereit, ein derartiges System einzurichten? Für Schacht lag die Antwort auf der Hand. Die Voraussetzung einer koordinierten Wirtschafts- und Geldpolitik könne nicht erfüllt werden. Die Wirklichkeit sehe so aus, dass Wirtschafts- und Geldpolitik von innen- und außenpolitischen Erwägungen bestimmt seien und damit eine überaus sinnvolle Koordination nicht zustandekäme. Geldsysteme würden von Regierungen eingerichtet und gegebenenfalls auch genutzt. Das sei in der Weimarer Republik und der Hitlerzeit so gewesen, und nach dem Krieg scheine sich daran auch nichts geändert zu haben.[37]

Die Konsequenzen waren unvermeidlich. Immer wieder mussten die für die Geldpolitik zuständigen nationalen Stellen situationsgebunden eingreifen. Das Thema Währung blieb nationalistisch. Allerdings stand das einem wechselseitigen Kontakt der Zentralbanken untereinander nicht im Weg. Dazu gab es die BIZ. Schacht stand vor einem unlösbaren Dilemma. In seinem Buch *Magie des Geldes* kam er auf seinen ursprünglichen BIZ-Vorschlag zurück. Er begrüßte die Einrichtung der Weltbank und zitierte zustimmend Truman, der für die Gründung dieser Institution 1950 in einer Weise die Werbetrommel rührte, die an Schachts BIZ-Vorschlag aus dem Jahr 1929 erinnerte.[38]

---

[37] Schacht (1966, S. 100).
[38] Schacht (1966, S. 233–248).

In den fünfziger und sechziger Jahren war die internationale Gemeinschaft ungeachtet entsprechender Ansätze davon noch weit entfernt. Bemerkenswert erscheint dabei, dass der stellvertretende Präsident der Bundesbank (und spätere Bundesbankpräsident) Otmar Emminger im Jahr 1976 Schachts Einschätzung der amerikanischen Politik bestätigte. Zu den Konstruktionsfehlern des IWF-Systems schwieg er zu diesem Zeitpunkt allerdings. Dieses System hatte man wegen seiner Problematik bereits verlassen. Emminger erklärte das strukturelle Zahlungsungleichgewicht zwischen der Bundesrepublik und den Vereinigten Staaten mit der unterschiedlichen Konjunkturentwicklung.[39] Eigentlich ginge es nur darum, das Problem zu benennen. Diese unterschiedliche Konjunkturentwicklung gehe seiner Auffassung nach auf eine politische Ursache zurück. Deutschland verfolge eine Konjunktur- und Geldpolitik im Sinne der eigenen Wettbewerbsfähigkeit auf den internationalen Gütermärkten, während die Vereinigten Staaten ein ambitioniertes Militärprogramm in die Wege leiteten, um sich sowohl für den Kalten Krieg als auch für regionale Krisenherde wie in Korea und Vietnam zu wappnen. Damit seien eine Ausweitung der Inlandsausgaben und das Einverständnis zur Geldschöpfung verbunden. Die Dollar dienten schließlich der Sicherheit des Westens. Die Bundesrepublik reagierte darauf mit zweimaliger Aufwertung der D-Mark sowie mit der Vergabe von Stützungskrediten an die Fed. Die deutschen Überschüsse wurden zur Finanzierungsquelle für die Vereinigten Staaten. Otmar Emminger machte mit diesem Essay eindringlich klar, in welchem Umfang die Praxis der Geldpolitik von den außenpolitischen

---

[39] Otmar Emminger, Bundesbankpräsident von 1977 bis 1979 äußerte sich in *Währung und Wirtschaft*. 485–555 ausführlich zur Vorgehensweise der Bundesbank. Zur damaligen Zeit war er Vizepräsident der Bundesbank. Die Kennzahlen zur deutschen Zahlungsbilanz in jenen Jahren finden sich in Alois Oberhauser (1976, S. 614). Die Tabelle mit Erläuterung.

Beziehungen der Bundesrepublik Deutschland diktiert wurde.

Inzwischen hatte er dafür ein entsprechendes Bewusstsein entwickelt. In der Zwischenkriegszeit wäre er noch nicht so weit gegangen. Emminger kritisierte die Vorgehensweise von Schacht damals aus theoretischen Gründen. Von Ernst Wagemann hatte er den Auftrag zu einer vergleichenden Untersuchung erhalten, in der die Geldpolitik Schachts der britischen Geldpolitik gegenübergestellt und gezeigt werden sollte, dass eine Abwertung auch für Deutschland sinnvoller gewesen wäre, zumal zu einem früheren Zeitpunkt.[40] Die Handelsbilanz sowie die Leistungsbilanz hätten besser ausgesehen, und eine Depression wäre, wenn nicht vermieden worden, so doch möglicherweise weniger gravierend ausgefallen. Emminger zog die Schlussfolgerung, dass Schacht dogmatisch an der Parität der Reichsmark festgehalten habe. Das zeige beispielhaft der Verzicht auf die Preisstabilität zugunsten der Beibehaltung des Wechselkurses. Das britische Pfund wurde 1931 abgewertet. Schacht übte die Funktion des Reichsbankpräsidenten zum damaligen Zeitpunkt nicht mehr aus. Es scheint so, als ob sich Emminger zur Politik des Kabinetts Brüning und des Reichsbankpräsidenten Luther geäußert habe. Schachts Kritik und seine politischen Probleme aus der Zeit von 1924 bis 1930 spielten bei Emminger gar keine Rolle. Während der Hitlerzeit bestanden vollkommen andere Wechselkursvorgaben. Damals wurde tatsächlich die Frage diskutiert, ob die Reichsmark nicht besser abgewertet werden sollte. Auch Wagemann hatte sich an dieser Debatte beteiligt. Die Position von Schacht in dieser Auseinandersetzung wurde im vorangegangenen Kapitel besprochen.

Unternahmen die Vereinigten Staaten denn gar keine Anstrengungen zur Begrenzung der Dollar-Geldschöpfung?

---

[40] Emminger (1934, S. 101 ff.).

In Amerika ging man dazu über, die Kreditvergabe an amerikanische Unternehmen, die Niederlassungen im Ausland gründen wollten, zu besteuern. Aber das funktionierte nicht. Außerhalb der Vereinigten Staaten gab es Dollar im Überfluss, die auf dem Off-Shore-Markt für Dollar-Obligationen zur Verfügung standen. Die Auswirkungen dieses Euro-Dollar-Marktes hatte Schacht in seiner Analyse berücksichtigt und geschlussfolgert, dass die Zentralbanken den Kapitalverkehr nur begrenzt kontrollierten.[41] Schacht verwies darauf, dass die amerikanische Wirtschaft mit diesen Obligationen zunehmend Investitionen in notorischen Überschussländern tätigten, wie etwa in Deutschland. So war sie in der Lage, die Maßnahmen zur Erhöhung der Finanzierungskosten zu umgehen. Überdies zielte die amerikanische Wirtschaft auf finanzielle Vorteile, indem sie über ihre deutschen Investitionen Export betrieben. Dank ihres fachlichen Könnens und ihrer Produktivität blieb die deutsche Industrie trotz Lohn- und Preissteigerungen wettbewerbsfähig.[42] Die amerikanischen Unternehmen machten sich das zunutze. Diese Konstellation brachte noch mehr Wirtschaftstätigkeit, weitere Handelsüberschüsse und zusätzliche Dollar in die Bundesrepublik. Durch die Verlagerung des Dollarkapitals nach Deutschland und die zusätzlichen Exporte in die Vereinigten Staaten weitete sich das amerikanische Defizit aus. Wenn die Erträge der amerikanischen Auslandsinvestitionen nicht in die Vereinigten Staaten zurückgelangten, würde das amerikanische Defizit bestehen bleiben. Schacht selbst erlebte es nicht mehr. Das von ihm kritisierte IWF-System brach Anfang der siebziger Jahre zusammen. De Gaulle bot Dollarüberschüsse gegen Gold an. Der Dollar befand sich mit anderen Worten im freien Fall. Unter anderem Deutschland gewährte

---

[41] Schacht (1957b, S. 89).
[42] Emminger. *Währung und Wirtschaft*. Die Grafik auf Seite 545.

keine Stützungskredite mehr. Die Bundesbank stellte sogar die Konvertibilität des Dollar gegen die D-Mark ein. In der Folge gab Präsident Nixon die Parität des Dollar auf. Damit war das IWF-System Geschichte. Das IWF-System war zusammengebrochen, wie es Schacht vorhergesagt hatte.

Bedeutung von Schachts Beiträgen der Nachkriegszeit

Schacht stellte mit seinem Goldtaler-Vorschlag ein Instrument bereit, um Länder in die Lage zu versetzen, sich von ihrem Devisendefizit zu befreien. Dabei ging es um eine goldgedeckte Zwischenwährung, die Banken unter bestimmten Bedingungen einen erweiterten Spielraum für die Kreditvergabe verschaffte. Voraussetzung war die naheliegende Forderung, dass mit der Kreditvergabe entsprechende Dollarerträge erwirtschaftet werden sollten, um das System im Gleichgewicht zu halten. Ebenfalls bezeichnend war sein Vorschlag, wonach das Überschussland mit einer starken Währung – in diesem Fall die Vereinigten Staaten – die Deckung bereitzustellen hatte. Auf diese Weise wurde ein Überschuss zur Beseitigung eines Defizits aktiviert. In diesem Sinne sollte das System geldpolitisch stabilisierend wirken. Schacht betrachtete seinen Vorschlag als bilaterale Angelegenheit zwischen dem besetzten Deutschland und den Vereinigten Staaten. Der multilaterale Aspekt kam durch Einbeziehung der BIZ hinzu. Ließe sich sein Vorschlag auf multilateraler Ebene umsetzen? Schacht hat sich dazu nicht geäußert. Aber im Prinzip wäre das durchaus denkbar. Und würde es seinem früheren BIZ-Vorschlag ähneln? Ja, sofern die Überschusspositionen für Investitionen genutzt würden, die sich positiv auf den Welthandel auswirkten und die Defizit- und Überschusspositionen im Sinne eines Gleichgewichts tendenziell annäherten. Ebenso wie damals wurde die Bereitstellung wertbeständiger Liquidität mit der unmittelbaren Forderung nach einer bestimmten Verwendung der Mittel verknüpft. Laut seinem BIZ-Vorschlag sollten die Mittel zur Finanzierung von Investitionen in Entwicklungsländern eingesetzt werden – mit positiven Auswirkungen auf den Welthandel und Beseitigung struktureller Zahlungsungleichgewichte. Ein Gedankengang, der Schacht auch nach dem Krieg nicht losließ.

Schachts Kritik am IWF-System und an der Politik von Bundesbank und Bundesregierung war nicht ungewöhnlich. Er stimmte in einen immer größer werdenden Chor von Kritikern ein. Dabei wurden verschiedene Alternativen für eine koordinierte Geldpolitik vorgeschlagen: von der Rückkehr zum Goldstandard (Friedrich von Hayek und Jacques Rueff) bis hin zur Wiederbelebung von Keynes' multilateralem Clearing (Robert Triffin). Milton Friedman hielt solche Bestrebungen für zwecklos. Die Finanzmärkte würden selbst für Ausgleich sorgen. Schacht äußerte sich dazu nicht ausdrücklich. Er strebte mehr Flexibilität in einem System auf der Grundlage von Goldparitäten an. Das lief auf eine Bewegung dieser Paritäten in Übereinstimmung mit den Zahlungsverhältnissen hinaus. Um eine Destabilisierung zu vermeiden, waren strukturelle Maßnahmen erforderlich, die die fundamentalen Ursachen zu beseitigen hatten. Diese Ursachen waren im Bereich der Kapital- und Gütermärkte zu suchen. Schacht fand den entsprechenden Ansatz in seinen Vorschlägen, die auf das seinem BIZ-Vorschlag zugrunde liegende Konzept zurückgriffen. Ohne einen solchen Ansatz konnte ein stabiles Wechselkurssystem auf der Grundlage von Goldparitäten nicht bestehen. Diese Vorstellungen sind zentrales Thema seines Buches „Magie des Geldes", in dem er auf seine Ansichten und Erfahrungen aus der Zwischenkriegszeit zurückgriff.

Literatur

Adenauer Stiftung. (1982). *Die Rhöndorfer Gespräche* (Bd. 4). Stuttgart/Zürich.

Emminger, O. (1934). Die englische Währungsexperimenten der Nachkriegszeit. *Weltwirtschaftliches Archiv, 40*(2/3), 101. Berlin.

Emminger, O. (1987). *The evolution of the exchange rate from ‚Sacrosant' parity to flexible monatery policy instrument*. German Yearbook on Business History, German Society for Business History (S. 1–17). Köln.

Hackers, H. G. (2001). Wiedergutmachung in Deutschland. *Vierteljahrshefte für Zeitgeschichte, 49*(2), 167–215.

Horsfeld, J. K. (1969). *The International Monetary Fund 1945–1965, twenty years of international monetary cooperation* (Bd. III). Washington.

Kopper, C. (2005). *Bankiers unterm Hakenkreuz*. München/Wien.

Kopper, C. (2006). *Hjalmar Schacht. Aufstieg und Fall von Hitlers mächtigstem Bankier*. München/Wien.

Lüke, R. (1985). The Schacht and the Keynes plans. *Banca Nationale del Lavoro, Quarterly Review, 112* (152), 65–76.

Maes, I., & Pasotty, I. (2016). *The European payments union and the origins of Triffin's regional approach towards international monetary integration*. Ortebro University School of Business and Working Paper Research National Bank of Belgium (No. 301).

Novak, U., & Kerner, A. (2016). *Die Akte der Deutschen Bank. Geschichte, Skandale, Zukunft*. Langen/Müller/Herbig.

Oberhauser, A. (1976). Geld- und Kreditpolitik bei weitgehender Vollbeschäftigung und mäßigem Preisanstieg. In *Währung und Wirtschaft in Deutschland 1876–1975*. Frankfurt a. M.

Schacht, H. (1949a). *Abrechnung mit Hitler*. Berlin/Frankfurt a. M.

Schacht, H. (1949b). *Mehr Geld, mehr Kapital, mehr Arbeit*. Schloss Bleckede/Elbe.

Schacht, H. (1953). *76 Jahre meines Lebens*. Bad Wörishofen.

Schacht, H. (1957a). *Kapitalmarktpolitik*. Hamburg.

Schacht, H. (1957b). *Die Politik der deutschen Bundesbank*. München.

Schacht, H. (1966). *Magie des Geldes, Schwund oder Bestand der Mark*. Düsseldorf/Wien.

Schotsman, R. J. (1987). *De parlementaire behandeling van het monetaire beleid in Nederland sinds 1863* (daaronder begrepen de monetaire analyse van De Nederlandsche Bank N.V. sinds de jaren vijftig). Den Haag.

Skidelsky, R. (Hrsg.). (2015). *John Maynard Keynes. The essential Keynes*. London: Penguin Classics.

Steil, B. (2008). *The battle of Bretton Woods, John Meynard Keynes, Harry Dexter White and the making of a new world order*. Princeton/Oxford.

Toniolo, G. (2005). mit Unterstützung von Clement, Piet, *Central Bank Cooperation at the Bank for International Settlements and the Transition from a State-led Financial System 1950–1970*. Cambridge: Cambridge University Press.

8

Nachwort

Nach dem Zweiten Weltkrieg wurde der deutschen Krise zur Zeit der Kabinette Brüning sowohl in historisch orientierten als auch in theoretischen Wirtschaftsuntersuchungen große Aufmerksamkeit geschenkt. Das galt beispielsweise für die Debatte deutscher Wirtschaftswissenschaftler zu der Frage, ob die Politik von Brüning vertretbar gewesen sei oder nicht, die sogenannte „Borchardt-Kontroverse". Knut Borchardt behauptete, dass Brüning angesichts der stark gestiegenen Staatsschulden und des immer noch bestehenden Finanzierungsdefizits keine Alternative gehabt habe. Es standen keine ausländischen Kredite mehr zur Verfügung. Eine Sanierung der öffentlichen Finanzen aus eigener Kraft war unvermeidlich geworden. Folge war eine fortgesetzte Deflationspolitik. Diese Politik führte zu Kostensenkungen durch Nachfrageschwäche und einen Kampf um schwindende Marktanteile. Das Ergebnis war eine tiefe Depression, auf die nach Borchardts Überzeugung nur eine wirtschaftliche Erholung folgen konnte. Monetäre Impulse wären dann lediglich zur Ankurbelung gerechtfertigt gewesen. In dieser

Debatte erhielt Borchardt Unterstützung von Albrecht Ritschl. Kritik dagegen kam von Carl Ludwig Holtfrerich und Rainer Meister. Holtfrerich war der Auffassung, dass Brünings Problem auf Brüning selbst und dessen Vorgänger Hermann Müller zurückging, weil diese öffentliche Investitionen als Wachstumsmotor ausgeschlossen hatten. Erst das daraus resultierende enttäuschende Wirtschaftswachstum machte das Finanzierungsproblem so dringlich. Meister behauptete, dass es für die Entscheidung von Brüning keinen Grund gegeben habe. Eine rechtzeitige Abwertung der Reichsmark hätte bei einer Lohnkostenentwicklung, die hinter der Produktivitätssteigerung zurückblieb, ausgereicht, um die Zahlungsbilanz auszugleichen und die Konjunktur anzukurbeln.

Auffällig ist, dass die an dieser Debatte Beteiligten keinen Blick für die Geldpolitik hatten, die von den Vorgaben des Währungssystems auf der Grundlage von Wechselkursen mit festen Goldparitäten diktiert wurde, während gleichzeitig auf internationaler Ebene ein Zustand struktureller Zahlungsungleichgewichte herrschte. In diesem Kontext wies Deutschland ein strukturelles Defizit auf, das sich in dem Moment manifestierte, als keine ausländischen Kredite mehr zur Verfügung standen. Die beiden Autoren beachten auch nicht das unzulängliche Instrumentarium der Reichsbank, das es nicht gestattete, die angestrebte Geldpolitik unter den gegebenen Umständen durchzusetzen. Unter Umgehung der Reichsbank gelang es dem Finanzsektor nämlich, ausländische Kredite als Finanzierungsquelle für die eigenen Aktiva zu nutzen. Ausländische Geldgeber waren – dank Zinsdifferenzen und in Erwartung eines wirtschaftlichen Aufschwungs – zur Bereitstellung von Geldern bereit, solange sie damit Renditen erwirtschaften konnten. Die offenkundigen dauerhaften Defizite in der Leistungsbilanz betrachteten sie anscheinend nur als vorübergehendes Phänomen. Die beiden Autoren interessierten sich auch nicht für die Vorgänge auf den internationalen Güter-, Geld- und Kapitalmärkten. In der vorliegenden Arbeit wird gezeigt, dass Schacht die Komplexität haushaltspolitischer, handelspolitischer, konjunktureller sowie monetärer Bedingungen berücksichtigte und dabei die internationalen Verhältnisse sowie die Funktionsweise des Währungssystems im Auge behielt. Seit 1925 bis in die Dreißiger Jahre hatte Schacht diese Aspekte in verschiedenen Publikationen ins Blickfeld gerückt und seine eigenen Auffassungen dazu formuliert. Schon Schachts frühe Analysen enthielten grundlegende Kritik an den Vorstellungen der Beteiligten an der Borchardt-Kontroverse. Mit Ausnahme von Albrecht Ritschl beachtete übrigens keiner von ihnen in irgendeiner Weise die Erkenntnisse Schachts. Ritschl kannte die entsprechenden Arbeiten zwar, seine Betrachtungen werden diesen Analysen aber nicht gerecht.

Insbesondere in den Vereinigten Staaten kam es nach dem Zweiten Weltkrieg unter Wirtschaftswissenschaftlern zu einer Debatte über die deutsche Krise Anfang der Dreißiger Jahre. Die Beiträge zu dieser Debatte finden sich in der Wirtschaftsgeschichtsschreibung von Harold James, Barry Eichengreen und Peter Temin. Im Gegensatz zur deutschen Debatte besteht hier großes Interesse an der Funktionsweise von Währungssystem und Finanzsektor. Die Kritik von James, Temin und Eichengreen am Währungssystem weicht im Wesentlichen nicht von den Analysen Schachts ab, die in der vorliegenden Arbeit besprochen wurden. Das gilt auch für die Kritik an der Deflationspolitik Brünings. Zur Eigenkapital- und Liquiditätskrise im Bankensektor gehen die Meinungen allerdings auseinander.

Eichengreen und Accominotti sowie James und Ben Bernanke bestätigen die Auffassungen Schachts diesbezüglich. Temin ist jedoch andere Meinung. Seiner Überzeugung nach sei die Ursache für die Bankenkrise nicht bei den Banken zu suchen, sondern vor allem in der Deflationspolitik

Brünings. Die Bankbilanzen hätten sich bei einer anderen Politik Brünings nicht derart verschlechtert. Erst durch diese Politik wurde das Debitorenrisiko heraufbeschworen. Anfangs führte es aber offenbar noch nicht zu einem Rückzug der Geldgeber. Das war eher Folge als Ursache. Seltsam ist, dass sich Temin und sein Koautor Ferguson nicht mit den Bankbilanzen befassten, also unter anderem mit deren Passiva, die von ausländischen Geldgebern stammten, sowie mit Struktur und Risiken der Aktiva. Das Zahlungsbilanzdefizit, die neue Haltung der amerikanischen Gläubiger nach 1929 sowie die Vorgaben des Währungssystems waren unstrittig Ursache für den Rückzug der ausländischen Gläubiger, die nicht mehr sicher sein konnten, dass die Rückzahlung ihrer Forderungen gewährleistet war. Die Situation der Bankbilanzen sowie die Reserveposition der Reichsbank spielten dabei durchaus eine Rolle. Und es ist richtig, dass sich die Deflationspolitik des Kabinetts Brüning und des Reichsbankpräsidenten Luther dabei sehr nachteilig auswirkte.

Nicht unerwähnt darf die Studie von Isabel Schnabel bleiben. Sie gelangt anhand einer statistischen Analyse zu der Schlussfolgerung, dass die Bankenkrise und die Finanzkrise im Jahr 1931 zusammenfielen und einander verstärkten. Eine eindeutige Ursache sei nicht auszumachen. Das hat für Kritik Temins gesorgt, der ja seinerseits die eindeutige Ursache zu kennen meint: die Politik von Brüning. Es fällt auch hier auf, dass sich keiner der genannten Forscher auf Schacht bezieht.

Nach dem Krieg entbrannte eine Diskussion über die Nachhaltigkeit des IWF-Systems. Schachts Auffassungen diesbezüglich kommen in der vorliegenden Arbeit ausführlich zur Sprache. Sie sind für die Analyse des IWF-Systems von Robert Triffins von Bedeutung. Triffin möchte das bestehende IWF-System durch ein angepasstes multilaterales Clearingsystem ersetzen, wie es etwa von Keynes im

Rahmen von Bretton Woods vorgeschlagen wurde. Schacht konnte dem nichts abgewinnen. Er hatte zwei grundlegende Einwände. Das System von Keynes gebe ebenso wenig wie die Variante von Triffin eine Antwort auf die Frage, wie sich strukturelle wirtschaftliche Unterschiede, die zu Zahlungsungleichgewichten führen, beseitigen lassen. Schacht fürchtete zugleich, dass die Staaten nicht bereit seien, ihre souveränen Befugnisse über die Geld- und Konjunkturpolitik zugunsten eines multilateralen Clearingsystems aufzugeben, das verpflichtende Anpassungsmaßnahmen auferlegt.

Nach dem Krieg gab es eine Strömung, die eine Wiedereinführung des Goldstandards aus der Zeit vor dem Ersten Weltkrieg anstrebte. Der Franzose Jacques Rueff und der Österreicher Friedrich von Hayek gehörten dazu. Sie übergingen die Argumente – unter anderem von Schacht – wegen der fehlenden Nachhaltigkeit dieses Systems. Dabei erwähnten sie Schacht im Übrigen gar nicht. Sie waren überzeugt davon, dass auf diese Weise ein Währungssystem entsteht, mit dem die Staaten automatisch zu Anpassungsmaßnahmen gezwungen würden, sobald ihre Währung zu deutlich und zu lange von den Goldparitäten abwich. Das würde die Staaten von einer wirtschaftlich unverantwortlichen Geld- und Haushaltspolitik sowie von staatlichen Eingriffen abhalten, mit denen Marktprozesse und unvermeidliche Anpassungen behindert werden. Dabei gehen sie nicht auf die enormen politischen und wirtschaftlichen Strukturunterschiede ein, die mit dem Ersten Weltkrieg sichtbar geworden und nach dem Zweiten Weltkrieg mindestens ebenso stark hervorgetreten sind. Schacht hielt in seiner Kritik am IWF-System entsprechende Auffassungen deshalb für völlig überholt. Staaten kämen nicht umhin, sich den für wirtschaftliche und geldpolitische Eingriffe nötigen Spielraum zu verschaffen, wenn die eigenen Interessen dies nahelegten. Schacht kam es darauf an, dass immer wieder eine Abwägung erfolgt zwischen staatlichen

Eingriffen und einer freien Entfaltung des Marktes. Schacht erschien ein solches Vorgehen unumgänglich, weil sich Staaten nicht von Eingriffen abhalten lassen und überdies kein Währungssystem vorstellbar sei, in dem Geld- und Kapitalmärkte so funktionieren, dass die Marktmechanismen jederzeit den gewünschten wirtschaftlichen Effekt zeitigen. Schacht ging in seinen Veröffentlichungen auf die Faktoren ein, die dabei eine Rolle spielen. Er ging nicht so weit wie Milton Friedman, der staatliche Eingriff gerade deshalb ablehnte, weil sie der rationalisierenden Wirkung von Marktmechanismen im Weg stünden. Schacht lehnte ein Währungssystem mit Goldparitäten nicht ab, strebte aber Flexibilität an, um Strukturunterschiede beseitigen und eine beherrschbare Stabilität der Wechselkurse erreichen zu können. Gold wäre dann ein von allen Beteiligten akzeptiertes Interventionsmittel. Milton Friedman ging dabei nicht auf das Manipulationspotenzial von Marktteilnehmern ein, wie etwa von Staaten, die Marktmechanismen durch Marktmacht und politischen Druck zum eigenen Vorteil nutzen wollen. Ebenso wenig ging er auf die Macht der Öffentlichkeit ein, die vom Staat verlangen kann, für die Sicherung ihrer Existenz zu sorgen. Denn die Öffentlichkeit möchte den Wohlfahrtsstaat. In seinen Publikationen beschäftigte sich Schacht auch mit diesem Phänomen. Nach Schachts Tod und dem Zusammenbruch des IWF-Systems beschäftigte man sich weiter mit den Möglichkeiten eines realisierbaren Konzepts zur monetären Zusammenarbeit, die für optimale Preis- und Wechselkursstabilität sorgte und gleichzeitig Konjunktureinbrüche verhinderte. Es war Jelle Zijlstra, der Präsident der niederländischen Zentralbank und zugleich Präsident der Bank für Internationalen Zahlungsausgleich, der dabei eine prominente Rolle spielte. 1972 hielt er auf der Feier zum fünfzigsten

Jahrestag der Oesterreichischen Nationalbank eine Rede.[1] Dabei stellte er es als wünschenswert heraus, ein System mit festen Wechselkursen auf der Grundlage eines Paritätensystems zu erreichen. Bei seinem Ausscheiden als Präsident der BIZ im Jahr 1981 wiederholte er diesen Standpunkt noch einmal, trat aber für einen Anpassungsmechanismus ein, der so viel Flexibilität bieten müsste, dass sich die Strukturunterschiede der Beteiligten auffangen ließen. Damit äußerte er sich ähnlich wie Schacht, ohne diesen im Übrigen zu erwähnen.

Schachts Bedeutung für die Theorie der Geldpolitik

Hätte man die Auffassungen und Analysen Schachts gründlicher zur Kenntnis genommen, hätte sich die wissenschaftliche Literatur im Bereich Geldpolitik in anderer Form entwickelt. Man hätte anerkannt, dass Schacht früher als andere adäquate Einsichten gewonnen hatte, die jetzt erneut thematisiert wurden.

Schacht hat im Laufe seines Lebens Analysen vorgenommen, um eine Antwort auf die Frage zu finden, wie unter den gegebenen Bedingungen eine wirksame Geld- und Konjunkturpolitik aussehen sollte. Ihm fiel es dabei schwer zu akzeptieren, dass die Politiker, mit denen er zu tun hatte, ihm nicht immer folgen wollten. Häufig warf er ihnen Unkenntnis, Kurzsichtigkeit oder ganz einfach Opportunismus vor. Immer wieder passierte es, dass er sich, ungeachtet seiner Position und Reputation, dem Machtwort politischer Entscheider zu unterwerfen hatte. Dies erklärt auch seine Haltung bei politischen Gesprächen auf internationaler Ebene. Hier musste er sich den verabschiedeten Kompro-

---

[1] C. Goedhart und M. Tyrdá (2012, S. 56 ff.).

missen beugen. Er akzeptierte sie, nicht selten aber als das geringere Übel, oder er protestierte dagegen. Die Folgen waren dann an der Heimatfront zu spüren. Denn dies führte zu unlösbaren Kontroversen mit den Regierungen aus der Zeit der Weimarer Republik und anschließend mit den Nazispitzen. Zweimal führten solche Auseinandersetzungen zu seinem Ausscheiden als Reichsbankpräsident. Diese Niederlagen nahm er nicht einfach so hin, was sich in seinen Publikationen zeigte. Mit der Zeit verlor Schacht, der als Linksliberaler begonnen hatte, das Vertrauen in die parlamentarische Demokratie. Bewusst schloss er sich dem national-konservativen Lager an, das mit dem Nationalsozialismus paktierte. Schacht ging dabei so weit, dass er die Konsequenzen von Hitlers Rassentheorie akzeptierte und jüdische Deutsche ihm als Nicht-Deutsche galten, die diskriminiert werden durften. Er wandte sich gegen die Exzesse der Nazis, verurteilte aber nicht die antisemitische Diskriminierung. So war Schacht ein Mann mit doppeltem Gesicht. Er war der brillante Bankier und Währungsökonom, der gleichzeitig einen totalitären Staat duldete, in dem eine Ideologie der Rassendiskriminierung sowie ein virulenter und mörderischer Antisemitismus herrschten.

Vielleicht war die Politik nicht seine Welt, aber er konnte sich ihr auch nicht entziehen und hatte als Reichsbankpräsident darin seine Rolle zu spielen. So bleibt die Frage, welche Bedeutung Schachts Analysen und Auffassungen für das Wissen um eine umfassende Geld- und Konjunkturpolitik haben. Ein Vergleich mit Untersuchungen aus seiner Zeit sowie aus der Zeit nach dem Zweiten Weltkrieg lässt den Schluss zu, dass Schacht mit seinen Gedanken zur Geldpolitik sowie zur Funktion des Finanzsektors ein Modernisierer war. In der angelsächsischen Wirtschaftswissenschaft, die sich mit der Entstehung und den Folgen der Krise von 1931 sowie mit dem IWF-System in der Folge von Bretton Woods beschäftigt hat, haben Schachts Vorstellungen und Ideen keinen Raum bekommen. Die Ursache dafür ist unklar. Eine Ausnahme bildete Keynes. Auch in der deutschen Wirtschaftswissenschaft ist eine Beschäftigung mit Schacht eher ungewöhnlich. Hier bildete Ritschl die Ausnahme. Wenn dennoch ein gewisses Interesse an Schacht bestand, waren die damit verbundenen Interpretationen seiner Auffassungen unzulänglich, wie die vorliegende Arbeit zeigt.

Literatur

Goedhart, C., & Tyrdá, M. (2012). *Jelle Zijlstra. A central banker's selected speeches and articles.* Berlin: Springer.

Anhang 1 – Statistisches Material

Was die Angaben in den Tabellen betrifft, muss darauf hingewiesen werden, dass Statistiken zu Bankbilanzen bis zum Jahr 1931 mangelhaft waren. Eine Berichtspflicht gegenüber der Reichsbank bestand nicht. Zwar sammelten die Filialen der Reichsbank Daten, aber erst 1924 hatte Schacht geregelt, dass diese Sammlung durch die Filialen systematischer erfolgen sollte. Eine grundlegende Verbesserung trat ab 1934 mit Schachts neuem Bankengesetz ein.

Wo dies möglich war, wurden die Statistiken aus den Publikationen von Schacht verwendet. Diese Statistiken stammen von der Reichsbank selbst. Gleichzeitig wird das Zahlenmaterial aus dem Essay-Band der Bundesbank von 1976 verwendet, und an einer Stelle wird auf Zahlen aus der Untersuchung von Muge Adalet zurückgegriffen.

Tab. 1 Einfuhr und Verschuldung Deutschlands 1924–1929 (in Milliarden Reichsmark)

Jahr	Kapitalbew. langfr.	Kapitalbew. kurzfr.	Nicht aufgliederbar	Zusammen
1924	+1,0	+1,5	+0,4	+2,9
1925	+1,1	+0,3	+1,7	+3,1
1926	+1,4	+0,1	−0,9	+0,6
1927	+1,7	+1,8	+0,4	+3,9
1928	+1,7	+1,4	+1,2	+4,3
1929	+0,6	+1,1	+1,0	+2,7

Schacht (1934, S. 66), Anlage 30

Tab. 2 Deutsche Zahlungsbilanz, Leistungs- und Kapitalverkehr 1924–1933 (in Milliarden Reichsmark)

Jahr	Saldo der Leistungsbilanz	Enthaltene Reparationen	Saldo der Kapitalbilanz
1924	−1,7	−0,3	+2,5
1925	−3,0	−1,1	+1,4
1926	±0	−1,2	+1,5
1927	−4,2	−1,6	+3,5
1928	−3,2	−2,0	+3,1
1929	−2,5	−2,3	+1,4
1930	−0,6	−1,7	+1,2
1931	+1,0	−1,0	+0,7
1932	+0,3	−0,2	−0,7
1933	+0,1	−0,1	

Irmler (1976, S. 291)

Tab. 3 Rückzahlungen bei einzelnen (ausgewählten) Bankengruppen 1931 (Milliarden Reichsmark)[a]

	Von 11,1	auf 7,8	Änderung −3,3	Änderung in % −30 %
Berliner Großbanken				
Provinzbanken	1,5	0,9	−0,6	−44 %
Sonstige allgemeine Aktien- und GmbH-Banken	1,7	1,0	−0,7	−40 %
Girozentralen und Landesbanken	2,8	2,1	−0,7	−25 %
Privatbankiers	2,3	1,9	−0,4	−17 %
Sparkassen	12,4	11,7	−0,7	−6 %
Kreditgenossenschaften	4,0	3,7	−0,3	−7 %

Anmerkung: Diese Tabelle zeigt die Verschiebungen bei den ausländischen Kreditpositionen infolge der ausgehenden Zahlungen an die Gläubiger, die sich zurückzogen
[a]Irmler (1976, S. 300)

Anhang 1 – Statistisches Material

Tab. 4 Kurse von Dollarbonds in New York, 1930–1933

Jahr	Dawes-Anleihe	Young-Anleihe	Kommunal-Anleihe	Industrie-Anleihe
1930	104,8	80,8	87,4	87,7
1931	85,3	59,3	60,8	63,9
1932	63,2	42,2	37,4	36,2
1933	67,2	43,3	37,2	37,9

Schacht (1934, S. 69), Anlage 34

Tab. 5 Realverzinsung festverzinslicher Wertpapiere nach dem Krieg, 1925–1932

Jahres-ende	Realverzinsung					
	Deutschl.	USA	GB	Frankr.	Niederl.	Schweiz
1925	9,72	4,17	4,65	6,01	4,03	4,23
1926	7,99	4,09	4,67	5,45	4,03	4,67
1927	7,25	4,09	4,55	4,84	4,06	4,45
1928	7,83	4,24	4,42	4,54	3,90	4,27
1929	8,18	4,17	4,71	3,56	3,96	4,29
1930	7,95	4,10	4,28	3,51	3,71	3,91
1931	9	4,27	4,83	3,79	5	3,87
1932	8,96	4,10	3,54	3,87	3,61	3,58

Schacht (1934, S. 48), Anlage 14

Tab. 6 Privatdiskontsätze nach dem Krieg, 1925–1932

Jahr	Privatdiskontsätze					
	Berlin	New York	London	Paris	Amsterdam	Schweiz
1925	7,62	3,44	4,13	–	–	2,27
1926	4,92	3,59	4,47	–	–	2,52
1927	5,49	3,51	4,24	–	3,65	3,27
1928	6,53	4,16	4,15	3,06	4,18	3,33
1929	6,87	5,09	5,25	3,44	4,82	3,31
1930	4,43	2,53	2,56	2,31	2,09	2,01
1931	6,78	1,65	3,60	1,54	1,39	1,44
1932	4,95	1,31	1,87	1,31	0,77	1,52

Schacht (1934, S. 49), Anlage 16

Tab. 7 Bankkreditoren und Auslandskredite in Deutschland, 1925–1932 (in Milliarden Reichsmark)[a]

Stand Ende Juni	Ausland Bankkredite	Anteil Ausland Barkredite	Gesamtes Volumen der ausl. kurzfr. Kredite an Dtl.	Trattenkredit[b]	Auslandsschulden kurzfr.	Auslandsschulden langfr.
1925	0,84	19,7 %	4,0	0,4	4,0	4,1
1926	1,31	24,7 %	5,1	0,3	5,1	5,2
1927	2,49	35,1 %	8,6	0,5	8,6	6,8
1928	3,77	43,4 %	12,0	1,1	12,0	8,5
1929	4,02	39,8 %	15,7	1,8	15,7	10,2
1930	3,88	34,3 %	15,3	2,1	15,3	10,8
1931	1,53	18,0 %	13,1	2,1	13,1	10,7
1932	0,62	9,4 %	9,7	1,3	9,7	10,2

[a]Irmler (1976, S. 286). Die Kennzahlen aus der Zeit vor 1931 wurden anhand getrennter Protokolle/Berichte geschätzt. Vor dieser Zeit musste die Aufnahme von Auslandskrediten nicht gemeldet werden. Trattenkredite sind kurzfristige Kredite, die von Käufern und Verkäufern bei der Umsetzung ihrer Transaktionen geschlossen werden. Die Mittel werden von der Bank auf Kredit bereitgestellt. Die Gesamtsumme langfristiger Auslandsschulden wurde aus den Tabellen 19 und 30 des Eilsener Vortrags hergeleitet

[b]Trattenkredite sind Kredite zulasten von Bankkunden im Sinne der Abwicklung wechselseitiger Geschäfte. Die Bankkunden verfügen dafür bei der Bank über eine Kreditlinie, die dann in Anspruch genommen wird

Tab. 8 Kurzfristige Auslandskredite Dez. 1930 bis Juli 1931 (in Milliarden Reichsmark)

	Dezember 1930	Juli 1931
Öffentlich	1,1	0,8
Banken	7,2	5,1
Deposito und Wechsel	7,0	?
Sonstige Kredite	2,2	1,5

Muge Adalet (2002, S. 44)

Tab. 9 Kreditgewährung der Kreditinstitute, 1925–1932

Jahr	Kredite insgesamt	Kurzfr. Kredite insgesamt	Langfr. Kredite insgesamt	Wertpapiere
1925	20,4	17,4	2,6	0,5
1926	29,4	21,3	6,8	1,3
1927	39,2	25,5	11,6	2,2
1928	50,3	31,4	16,1	2,9
1929	56,0	32,5	20,2	
1930	59,3	32,2	23,5	3,5
1931	55,8	26,5	24,9	4,4
1932	53,5	24,9	24,5	4,0

Irmler (1976, S. 323). Die Zahlen ab 1931 umfassen auch private Bankhäuser. Damit ist ein Vergleich zu den vorangegangenen Jahren nicht sinnvoll. Noch wesentlicher ist, dass es 1931 im Ergebnis der Bankenkrise zu einer Bankenrefinanzierung sowie zu einer Bankenfusion gekommen ist

Tab. 10 Wechselumlauf und seine Unterbringung, 1925–1932 (in Milliarden Reichsmark)

Jahr	Reichsbank	GDB	Kreditinstitute	Nichtbanken	Insgesamt ohne Reichsbank
1925	1,7	0,1	3,8	3,1	7,0
1926	1,3	0,09	4,1	2,1	6,3
1927	2,4	0,1	4,8	2,5	7,4
1928	2,5	0,05	5,6	3,7	9,4
1929	2,5	0,08	5,1	4,0	9,2
1930	2,0	0,1	5,0	2,9	8,0
1931	3,1	0,3	3,7	2,3	6,3
1932	3,6	0,3	3,4	1,9	5,6

Irmler (1976, S. 322)

Tab. 11 Abnahme der Deckungsbestände der Reichsbank (Gold und deckungsfähige Devisen)

30. Juni 1930	3,1 Mrd. gerundet
31. Dezember 1930	2,7
30. Juni 1931	1,7
31. Dezember 1931	0,5
30. Juni 1932	0,4
31. Dezember 1932	0,4
30. Juni 1933	0,3
31. Dezember 1933	0,4
30. Juni 1934	0,1

Schacht (1934, S. 53), Anlage 20

Tab. 12 Zahlungsbilanz 1933–1934 (in Millionen Reichsmark)[a]

	1933	1934	1935	1936	1937
Saldo Handelsbilanz	+666	−373	−8	+554	+437
Saldo Leistungsbilanz	+132	−534	−107	+625	+259
Saldo Deckungsbestände der Reichsbank	396	84	88	72	76

Anmerkung: Schacht nennt für die Handelsbilanz andere Zahlen: 1934: −284; 1936: +550; 1937: +443 (Schacht 1938)

[a]Ritschl (1991, 2002, Tabelle B.4). Anhang. Hier sind Ritschls Zahlen für 1938 und spätere Jahre nicht enthalten, da sie aufgrund des „Anschlusses" Österreichs sowie der Besetzung europäischer Länder mit den vorangegangenen Jahren nicht mehr vergleichbar sind

Tab. 13 Volkseinkommen und wichtige gesamtwirtschaftliche Größen im Deutschen Reich, 1928–1932 (in Milliarden Reichsmark)

Jahr	Bruttoinvestitionen privat		Bruttoinvestitionen öffentlich		Volkseinkommen	
1928	5,5	100	8,2	100	71,2	100
1929	4,5	82	8,3	101	70,9	99
1930	3,7	67	6,7	82	64,6	91
1931	2,5	45	4,0	49	52,1	73
1932	1,6	29	2,7	33	41,1	58

Albers (1976, S. 334)

Anhang 2 – Bankenkrise

Lösung der Kreditkrise durch staatlichen Eingriff

Das Kabinett Brüning musste sich mit dem Problem der insolventen Banken sowie mit dem Verfall des inländischen Geld- und Kreditverkehrs befassen. Die ersten Schritte erfolgten im Juli 1931. Im August des gleichen Jahres kam es zur Beratung über definitive Schritte. Anfang 1932 wurde der Prozess mit einer Reihe endgültiger Maßnahmen abgeschlossen.

Die Akzept- und Garantiebank[1]

Um den Zahlungsverkehr wieder anzukurbeln, sollten die Banken in kontrolliertem Umfang über Liquidität verfügen können. Zu diesem Zweck nahm Ende Juli 1931 die Ak-

---

[1] Detailliertere Informationen in Irmler (1976, S. 293).

zept- und Garantiebank ihre Geschäfte auf. Sie verfügte über ein Grundkapital von 200 Millionen Reichsmark. 80 Millionen davon kamen vom Staat, 20 Millionen von der Golddiskontbank, 20 Millionen von der Deutschen Bank, 12 Millionen von der Bank für Industrieobligationen (gegründet 1924 aufgrund des Dawes-Abkommens zur Mobilisierung von Geld aus der Wirtschaft für Reparationszahlungen), 12 Millionen von der Deutschen Rentenbank Kreditanstalt (gegründet nach 1923 als Nachfolgerin der Rentenbank), 12 Millionen von der Preußischen Staatsbank und 12 Millionen von der Dresdner Bank. Von den benötigten 200 Millionen Reichsmark fehlten noch 32 Millionen Reichsmark, für die der Staat bürgen sollte. Als liquide Mittel dienten zum einen die Einzahlungen auf die Aktien durch die Gesellschafter in Höhe von 50 Millionen Reichsmark sowie ein staatlicher Vorschuss über 100 Millionen Reichsmark, mit dem die Gesellschafter Einzahlungen auf ihre Anteile zurückstellen konnten. Darüber hinaus erfolgte eine Zusicherung des Staates an die Bank über die Deckung von Verlusten, um das Eigenkapital und damit den möglichen Kreditumfang zu gewährleisten. So konnte der Akzept von Wechseln durch die Banken wieder anlaufen. Die Akzeptbank nahm (Handels- und Finanz-)Wechsel an, die dann bei der Reichsbank rediskontiert werden konnten. Bei Wechseln, die die Akzeptbank nicht annahm, war auch eine Rediskontierung durch die Reichsbank nicht mehr möglich. Für die Reichsbank bedeutete diese Vorgehensweise Sicherheit, weil hinter der Akzeptbank neben einer staatlichen Beteiligung auch eine Staatsgarantie sowie der staatliche Vorschuss standen. Die Bank wurde zum Erfolg. Ende 1931 bestanden Verpflichtungen für akzeptierte Wechsel über 1,625 Milliarden Reichsmark, davon 100 Millionen von der Danat-Bank, 100 Millionen von der Dresdner Bank und 1 Milliarde Reichsmark von den Sparkassen. Durch die Rediskontierung bei der Reichsbank gab es keine unmittelbaren negativen Folgen für den Cashflow. Das Obligo der Reichsbank und damit letztendlich des Staates hatte deutlich zugenommen. Die Zahlungsfähigkeit der Banken blieb ein Problem.

Dabei fällt auf – und das ist sicher kein Zufall –, dass die wichtigsten Kunden der Akzeptbank die drei Kreditinstitute mit den größten Schwierigkeiten waren.

Die Rekapitalisierung von Problembanken

Schließlich bestand das Problem mit den zahlungsunfähigen Banken. Im Kabinett konzentrierte sich die Diskussion auf die drei problematischen Großbanken – die Danat-Bank, die Dresdner Bank und die Sparkassen.

Für Dresdner Bank und Sparkassen wurden Notmaßnahmen eingeleitet, die über den bereits getroffenen Beschluss zur Deckung der Kreditrisiken mit einer Staatsgarantie hinausgingen. Der Staat übernahm mittels einer Kapitalspritze indirekt die Risiken der Dresdner Bank. Die Sparkassen und ihre Girozentralen wurden ebenfalls aus dem Gefahrenbereich geholt. Das führte zu Einwänden anderer Banken, wie der Deutschen Bank und der Berliner Handelsgesellschaft, die sich noch stark genug wähnten und Wettbewerbsverzerrungen fürchteten. Denn staatliche Beihilfen konnten den Wettbewerb verzerren und die Privatbanken benachteiligen.

Die Industrie hatte größtes Interesse an der Weiterführung der Danat-Bank und ergriff die Initiative zu deren Rettung. Sie wurde schließlich von einem Konsortium großer Industrieunternehmen übernommen. Aber auch hier musste der Staat einspringen, damit die Übernahme mit der gebotenen Eile abgeschlossen werden konnte. Das Konsortium erhielt einen Vorschuss des Staates, den das Kabinett mit den Interessen der Industrie begründete.

Die Dresdner Bank musste laut Kabinett aus ganz anderen Gründen gerettet werden.[2] Zu deren Kunden gehörten zahlreiche Genossenschaften (Handels-, Produktions- und Verbrauchergenossenschaften). Die Genossenschaften verfügten mit der Preußenkasse über eine Zentralbank, die aufgrund der finanziellen Verflechtung ihrer Mitglieder mit der Dresdner Bank ebenfalls ins Spiel kam. Die gesellschaftlichen Interessen der Genossenschaften waren für das Kabinett hinreichender Anlass, auch hier die helfende Hand zu reichen.

Zur Regelung dieser Hilfe bediente man sich der bestehenden Reichs-Kredit-Gesellschaft. Diese öffentliche Bank stammte aus dem Ersten Weltkrieg. In ihr sollten die Engagements des Staates an (halb-)öffentlichen sowie privaten Unternehmen gebündelt werden. Der Staat gab Schatzwechsel sowie kurzfristige Kredite zur Finanzierung der Liquidität der Dresdner Bank aus, wobei die RKG als Vehikel diente. Die Dresdner Bank hatte ihrerseits Sicherheiten in Form von Anteilen sowie Forderungen gegenüber den Städten Bremen, Hamburg und Oldenburg sowie dem Land Bayern zu erbringen. Der Finanzminister hielt die Fäden in der Hand, auch wenn die RKG Management- und Aufsichtsbefugnisse erhielt. Den Anfang machten staatliche Gelder in Höhe von 25 Millionen Reichsmark, bei denen es aber nicht blieb. Der Betrag stieg weiter. Die Sicherheiten aufgrund der Forderungen gegenüber nachgeordneten Behörden verloren durch die dort auflaufenden Defizite und die sinkende Bonität an Substanz.

Der Finanzminister erkannte durchaus, dass die bei der RKG versammelten Sicherheiten und Anteile nur geringe

---

[2] Harald Wixforth (2011, S. 75–94).

Aussicht auf Rückzahlung boten. Aber die Rettung der Dresdner Bank hatte oberste Priorität.

Schließlich erfolgte Ende Juli 1931 eine Refinanzierung der Bank. In diesem Zuge erwarb die RKG zu den 100 Millionen Reichsmark an Stammaktien, die sich bereits in ihrem Besitz befanden, für weitere 300 Millionen Reichsmark Vorzugsaktien mit einer Dividende von sieben Prozent. Die Finanzierung erfolgte mit zwei Krediten über je 100 Millionen Reichsmark (Laufzeit ein bzw. zwei Jahre) sowie einem Solawechsel über 100 Millionen Reichsmark für drei Jahre. Alle Papiere boten einen Zinscoupon von sieben Prozent. Private Inhaber von Stammaktien, die zuvor beträchtliche Verluste hatten einstecken müssen, erlebten durch die Stützungsaktion einen Kursaufschwung, auch wenn die Aktien unter einem starken Verwässerungseffekt zu leiden hatten. Allerdings waren sie gegenüber der RKG in der Minderheit und hatten faktisch nichts zu sagen. Formal jedoch blieb die ursprüngliche Gesellschafterstruktur erhalten. Denn über 90 Prozent der Aktien besaß die RKG. Damit erzwang sie in der Satzung weitreichende Befugnisse in Bezug auf Beaufsichtigung und Ernennung der Geschäftsleitung, die auch umfassend genutzt wurden. Brüning hatte in dieser Hinsicht feste Prinzipien. Wer aus eigener Schuld gescheitert ist, hat das Feld zu räumen, und zwar ohne finanzielle Zugeständnisse. Sofern die betreffenden Bankiers und ihre Aufsichtsräte nicht über Eigenkapital oder andere Einnahmequellen verfügten, standen sie plötzlich mittellos auf der Straße.

Schließlich ging es um die Geschäftskontinuität von Danat-Bank und Dresdner Bank. Fraglich war, ob das Industriekonsortium in der Lage sein würde, genügend Kapital für die Übernahme der Danat-Bank zusammenzubringen, wenngleich deren Wert durch die erlittenen Verluste deutlich gesunken war. Würde die Bank dann im Übrigen stabil genug sein, um das Konsortium vor künftigen Verlusten zu schützen?

Die Art der Finanzierung der Dresdner Bank konnte ebenfalls problematisch werden. Wie sollte die RKG den Staat bezahlen, der die kurzfristigen Kredite zu tilgen und die fälligen Zinsen zu bedienen hatte – und zwar aus den Erträgen der von ihr erworbenen Beteiligung? Würde die Dresdner Bank wieder in die Gewinnzone zurückkehren? Und was sollte mit der Minderheit der privaten Inhaber von Stammaktien passieren? Innerhalb kürzester Frist standen beide Banken erneut auf der Tagesordnung des Reichskabinetts. Einige Banken, die ebenfalls Schwierigkeiten hatten, waren noch hinzugekommen, so unter anderem die Deutsche Bank. Mit der Gründung der Akzept- und Garantiebank und den finanziellen Notmaßnahmen für einige Problembanken hatte man Zeit gewonnen. Zur großen Erleichterung von Banken, Wirtschaft, Behörden und Verbrauchern setzte der Zahlungs- und Kreditverkehr der Banken ab 5. August wieder ein. Die Sparkassen folgten drei Tage später.

Die kommunalen Sparkassen verlieren das Vertrauen der Kleinsparer

Welche verheerenden Folgen die Deflationspolitik des Kabinetts und des Reichsbankpräsidenten Hans Luther hatte, zeigte sich besonders deutlich an den kommunalen Sparkassen.[3] Vor allem die Kleinsparer hatten diesen Kreditinstituten ihr Geld anvertraut. Durch die anhaltende Deflationspolitik war dies in nicht geringem Umfang befördert worden. Wer über ein gutes Einkommen verfügte,

---

[3] Sparkassen waren bis 1931 kommunale Einrichtungen. Zu den Bilanzpositionen der Sparkassen vor, während und nach der Kreditkrise: Ludwig Sperk und Manfred Wilsdorf (o. J., 76–94).

schob Ausgaben auf die lange Bank. Bis Mai 1931 nahmen die Einlagen zu. Zur Ausweitung ihrer Kredittätigkeit hatten die Sparkassen bis 1930 ausländische Kredite eingeworben. Die Kommunen kämpften ebenso wie das Reich mit Haushaltsdefiziten und nahmen zu deren Deckung dankbar die Angebote der Sparkassen in Anspruch, mit der absehbaren Folge, dass die Aktiva dieser Kreditinstitute in dem Maße zurückgingen, wie die Kommunen durch ihre anhaltenden Defizite an Kreditwürdigkeit einbüßten. Kommunen wurden zu zweifelhaften Schuldnern. Bei den Sparkassen war der Rückzug ausländischer Kredite ebenfalls spürbar. Sie bekamen Probleme. Mit Ausbruch der Kreditkrise Anfang Juli bekam auch die Rheinische und Westfälische Landesbank Schwierigkeiten, weil sie Länder und Kommunen mit Geldern finanziert hatte, die von den Sparkassen stammten. Das bedeutete für die Sparkassen einen zusätzlichen Rückschlag. Ungeachtet der beschwichtigenden Worte des Präsidenten des Deutschen Sparkassen- und Giroverbandes Ernst Kleiner führte die Unruhe bei den Banken und insbesondere bei den beiden erwähnten Landesbanken zu einem Rückgang der kurzfristigen Passiva der Sparkassen. Die Menschen hoben ihre Ersparnisse ab. Und die Sparkassen gerieten in Zahlungsschwierigkeiten. Man wandte sich an die Reichsbank, um die mit Sicherheiten ausgestatteten Vermögenswerte, die Lombardkredite sowie die Akezptkredite solventer Schuldner bei ihr anrechnen zu lassen und damit die Liquidität zu erhöhen. Die Reichsbank gewährte Mitte Juli einen Überbrückungskredit über 100 Millionen Reichsmark, legte den Bemühungen anschließend aber Steine in den Weg, indem sie den Diskontsatz kräftig erhöhte und die Vorgaben zur Kreditbegrenzung auch auf die Akzeptkredite der Sparkassen ausdehnte.[4] Mit der Gründung der Akzept- und Garantiebank hatte

---

[4] Heidrun Haase (1962, S. 45).

man wörtlich und im übertragenen Sinne einen Retter in der Not gefunden. Sparkassen und Girozentrale wurden rechtlich selbstständig. Die Kommunen konnten zwar durchaus Gesellschafter bleiben, aber die Einrichtungen waren nicht mehr in die kommunalen Strukturen eingegliedert. Das ist bis heute so geblieben. Den Sparkassen wurde bis auf Weiteres untersagt, Kommunen zur Absicherung von deren Zahlungsfähigkeit und damit zur Rückgewinnung des Vertrauens der Sparer Kredite zu gewähren. Unter Schacht wurden sie 1934 den Banken gleichgestellt und unterlagen damit einheitlichen Regelungen.

Reform des Geld- und Kreditwesens

Das Reichskabinett stellte sich auch die Frage, ob nicht neue rechtliche Rahmenbedingungen zur Vermeidung einer Kreditkrise geschaffen werden müssten. Am 13. Juli 1931 fasste das Reichskabinett diesbezüglich einen weitreichenden Beschluss. Justizstaatssekretär Joël sollte eine Notverordnung zur Reform des Gesellschaftsrechts vorbereiten, nach der Behörden die Befugnis haben sollten, die Bilanzen der Gesellschaften, darunter auch Banken mit entsprechender Rechtsform, auf Eigenkapitalanforderungen und Liquidität zu prüfen. Gleichzeitig sollte die Haftung der Geschäftsführung für die Leitung von Kreditinstituten überarbeitet werden. Das war eine geradezu revolutionäre Maßnahme, die erwartungsgemäß auf den Widerstand von Wirtschaft und Banken stieß. Das Reichskabinett beschloss gleichzeitig die Einsetzung eines Reichskommissars für das Bankenwesen, der die Großbanken zu beaufsichtigen und insbesondere auf deren Finanzgebaren zu achten hatte. Am 5. August wurden die Vorschläge im Kabinett vorgelegt.

Bezüglich der Einsetzung eines Reichskommissars herrschte Einvernehmen. Dieser sollte im Rahmen der Beaufsichtigung von Bankensanierungen sowie bei der Einsetzung von Verwaltern weitreichende Befugnisse erhalten. Damit würde allgemein gelten, was bei Dresdner Bank und Danat-Bank bereits gängige Praxis war. Hans Luther richtete als Gegengewicht innerhalb der Reichsbank ein Kuratorium ein, um auch hier die Aufsicht zu stärken und damit der Verantwortung der Reichsbank für Geld- und Kreditverkehr nachzukommen. Dieses Vorgehen entbehrte zwar nicht einer gewissen Logik, führte aber zu Abstimmungsproblemen mit dem Reichskommissar. Überdies verlangte Luther, in die Entscheidung über die Ernennung des Reichskommissars eingebunden zu werden. Jetzt musste nur noch ein Reichskommissar gefunden werden. Hans Luther schlug Hjalmar Schacht vor. Ein cleverer Schachzug! Das Reichskabinett übernahm seinen Vorschlag. Aber Schacht lehnte ab. Nach den Versuchen, Hans Luther aus dem Amt zu drängen und durch Schacht zu ersetzen, war dies auch keineswegs verwunderlich. Sowohl das Kabinett als auch Hans Luther selbst wussten, dass der Finanzsektor dem Reichsbankpräsidenten Hans Luther nur geringe Wertschätzung entgegenbrachte. Schacht wollte sich überdies nicht durch Annahme eines seiner Auffassung nach untergeschobenen Postens binden. Schließlich wurde der Direktor für Handelspolitik aus dem Wirtschaftsministerium, Ernst, ernannt. Die übrigen Vorschläge verschwanden in der Schublade. Noch bis 1934 würde es dauern, bis auch das Kreditwesen eine moderne Gesetzgebung erhielt. Unter Leitung von Hjalmar Schacht wurde das Reichsgesetz über das Kreditwesen erarbeitet. Dieses Gesetz sollte mit einigen Änderungen und Ergänzungen bis zum 10. Juli 1961 in Kraft bleiben.

Der Staat saniert die Banken und übernimmt Risiken

Wie schon beim Ausbruch der Kreditkrise setzte Brüning auf breiten Rückhalt im Rahmen eines eher strukturell orientierten Vorgehens. Am 18. August 1931 kam es diesbezüglich zu einer Zusammenkunft.[5]

Es stellten sich eine Reihe von Fragen. Wie sollte man etwa mit der Danat-Bank und der Dresdner Bank umgehen, an denen sich der Staat beteiligt hatte? Verschiedene Vorschläge lagen auf dem Tisch, wobei aber zunächst Folgendes zu klären war: Sollte der Bankensektor vom Staat gelenkt werden oder gehörte er innerhalb eines gesetzlichen Rahmens zur Privatwirtschaft? Inwieweit sollte die Handlungsfreiheit durch gesetzliche Vorgaben eingeschränkt werden? Erwartungsgemäß schlug Hilferding vor, die drei Banken sowie gegebenenfalls weitere Banken mit staatlicher Beteiligung und entsprechender Risikoübernahme in einer Staatsholding unterzubringen. Die bereits bestehende Deutsche Rentenbank-Kreditanstalt schien ihm dazu geeignet. Mit einer solchen Konstruktion erhielte man auch gründlicheren Einblick in die Bilanz und die Gewinn-und-Verlust-Rechnung der betreffenden Banken. Erst dann wäre der Staat in der Lage, angemessen einzugreifen. Auch der Zusammenschluss von Danat-Bank und Dresdner Bank kam wieder zur Sprache. Oder wäre es nicht eine bessere Lösung, wenn die Dresdner Bank in der Deutschen Rentenbank-Kreditanstalt aufgehen würde? Spannend war die Diskussion um eine Regulierung des Bankensektors, bei der die Großbanken und Sparkassen hinsichtlich ihrer Spezialisierung aufgeteilt werden sollten: die Danat-Bank für

---

[5] Akten der Reichskanzlei. Die Kabinette Brüning I/II. Band 2. Dokumente Nr. 453. *Sitzung des Wirtschaftsausschusses der Reichsregierung. Wirtschaftspolitische Maßnahmen.*

die Industrie, die Dresdner Bank als Einlagenbank, die Sparkassen für die Verbraucher. Und schließlich waren auch noch Landwirtschaft sowie kleine und mittlere Unternehmen zu berücksichtigen. Oder wäre das etwas für die Dresdner Bank? Für die Genossenschaft könnte die Preußenkasse einstehen. Oder sollte sich die Dresdner Bank auch in diesem Bereich betätigen? Müsste sich die Preußenkasse mit einer Großbank zusammenschließen? Wäre es nicht auch vernünftig, das Filialnetz von Danat-Bank und Dresdner Bank zu überprüfen, um eine flächendeckende Verteilung unter Vermeidung von Doppelbelegungen zu erreichen?

Schließlich stellte sich auch noch die Frage der Finanzierungsmodalitäten. Die Finanzierung bei der Dresdner Bank erfolgte mithilfe kurzfristiger Kredite. Allerdings reichte das nicht aus, um eine ausreichende Eigenkapitaldeckung zu erreichen. Wie sollte man mit den Garantieregelungen weiter verfahren?

Hinsichtlich der Bankenaufsicht hatte sich das Kabinett entschieden. Der Reichskommissar würde ausreichen. Dennoch gab es erneut Diskussionen hinsichtlich der Befugnisse des Staates, in die Führung und Beaufsichtigung von Banken mit staatlicher Beteiligung einzugreifen. Sollte die Möglichkeit bestehen, vorhandene Gesellschaftsverträge außer Kraft zu setzen? Trotz Widerständen beharrte Brüning auf seinem Standpunkt. Wer schuldhaft gehandelt hatte, sollte gehen. Aber wie sahen die Eingriffsbefugnisse des Reichskommissars aus? Sollten diese gesetzlich geregelt werden? So weit wollte Brüning auch wieder nicht gehen. Eine gesetzliche Befugnis wäre möglicherweise der Beginn einer Verstaatlichung, denn wer A sagt, müsste dann auch irgendwann B sagen. So blieb als Voraussetzung bei staatlichen Beihilfen lediglich die privatrechtliche Regelung zwischen dem Reichskommissar und den Organen der Bank. Man war also mit zahlreichen Problemfeldern konfrontiert.

Wie so oft wurde das Ergebnis dann von faktischer Interessenlage, Bedürfnissen, Machtverhältnissen und Möglichkeiten bestimmt. Der große Treiber war offenbar die Reichsbank. Hans Luther erhöhte im Rahmen seiner Maßnahmen zur Begrenzung des Kreditvolumens den Diskontsatz deutlich. Hatte dieser am 16. Juli 1931 bereits 10 Prozent betragen, war er am 1. August auf 15 Prozent und für Lombardkredite sogar auf 20 Prozent gestiegen (bei Lombardkrediten handelte es sich um kurzfristige Kredite gegen Hinterlegung von Sicherheiten in Form von Wertpapieren, die tatsächlich unter Wertverfall litten, womit ein höherer Diskontsatz gerechtfertigt war). Nach Einsetzung der Akzept- und Garantiebank wurden die Sätze auf 8 Prozent bzw. für Lombardkredite auf 10 Prozent gesenkt.

Im Februar und März 1932 wurden dann verschiedene endgültige Regelungen getroffen.[6]

Die Danat-Bank und die Dresdner Bank schlossen sich zusammen. Das Deutsche Reich erhielt Unternehmensanteile für 152 Millionen Reichsmark und die Golddiskontbank für 48 Millionen Reichsmark. Damit hatte man unter der Bezeichnung Dresdner Bank faktisch eine Staatsbank mit wesentlichen Engagements in Industrie und Genossenschaften geschaffen.

Wegen der schlechten Wirtschaftsentwicklung in der deutschen Industrie hatten sich auch die Deutsche Bank sowie die Commerz- und Privat-Bank beim Deutschen Reich um Beihilfen bemüht.

Die Deutsche Bank und Disconto-Gesellschaft, bei der während der Krisenberatungen im Juli 1931 noch alles in bester Ordnung schien, stand ebenfalls vor einer einschneidenden Sanierung der Bilanz. Das Stammkapital wurde

---

[6] Siehe Eckhard Wandel (1998, S. 26). Gleichzeitig Akten der Reichskanzlei. Die Kabinette Brüning I/II. Dokumente Nr. 658, 671, 674, 876, 677. *Banken- und Kreditkrise.*

von 285 Millionen auf 144 Millionen Reichsmark abgewertet, und die Reserven von 160 Millionen auf 25,3 Millionen Reichsmark. Im April 1932 gewährte der Staat einen Kredit über 50 Millionen Reichsmark, für den die Bank aus dem eigenen Portfolio noch auszugebende Aktien in Höhe von 72 Millionen Reichsmark als Sicherheit überlassen musste. Diese Transaktion wurde im Rahmen der Golddiskontbank abgewickelt.

Durch die nach 1936 erfolgte Ablösung des Kredits gelangte die Deutsche Bank wieder in den Besitz dieses Aktienpakets.[7]

Die Commerzbank übernahm auf Ersuchen des Staates die Bank Hardy sowie den Barmer Bankverein und wurde refinanziert. Die Golddiskontbank erwarb einen Anteil von 50 Prozent und das Deutsche Reich einen Anteil von 14 Prozent. 36 Prozent verblieben bei den privaten Gesellschaftern, die nicht nur die Verwässerung ihres Anteils erleben, sondern zugleich auch wesentliche Teile abschreiben mussten.

Alles in allem belief sich die Rekapitalisierung der Banken mit staatlichen Mitteln auf einen Betrag von etwa 900 Millionen Reichsmark. Zählt man die staatliche Beteiligung an der Akzept- und Garantiebank hinzu, ergibt sich eine Gesamtsumme von über 1 Milliarde Reichsmark. Doch das war noch nicht alles. Unter dem Kabinett von Papen erfolgten weitere Maßnahmen zur Sicherung der Banken-Aktiva, um nicht eine erneute Stärkung der Passiva-Seite der Bilanz herauszufordern.

Unter der Federführung von Hjalmar Schacht wurden 1936/1937 schließlich direkte finanzielle Beteiligungen des Staates beendet. Mit Unterstützung Hitlers hatte sich Schacht das Ziel gesetzt, dass Wirtschaft und Bankensektor wieder rein privatwirtschaftlich agieren sollten. Der linke

---

[7] Siehe Lothar Gall (1995, S. 299–310).

Flügel der NSDAP, der für eine Verstaatlichung eintrat, war aus dem Spiel. Im Gegenzug mussten sich Wirtschaft und Banken gegenüber dem Regime natürlich kooperativ zeigen. Damit hatten sie keinerlei Schwierigkeiten.

Literatur

Adalet, M. (2002). *Fundamentals, capital flows and capital flight: The German banking crisis of 1931.* Berkeley.

Albers, W. (1976). Finanzpolitik in der Depression und der Vollbeschäftigung. In *Währung und Wirtschaft in Deutschland 1876–1975.* Frankfurt a. M.

Gall, L. (1995). *Die Deutsche Bank. 1870–1995.* Berlin.

Haase, H. (1962). *Die Lombardpolitik der Zentralnotenbank.* Berlin.

Irmler, H. (1976). Bankenkrise und Vollbeschäftigungspolitik. In *Währung und Wirtschaft in Deutschland 1876–1975.* Frankfurt a. M.

Ritschl, A. (1991). Die deutsche Zahlungsbilanz 1936–1941 und das Problem des Devisenmangels vor Kriegsbeginn. *Vierteljahrshefte für Zeitgeschichte, 39*(1).

Ritschl, A. (2002). *Deutschlands Krise und Konjunktur, Binnenkonjunktur, Auslandsverschuldung und Reparationsprobleme. Zwischen Dawesplan und Transfersperre, 1924–1934.* Berlin.

Schacht, H. (1934). *Eilsener Vortrag. Das internationale Schulden- und Kreditproblem.* Berlin.

Schacht, H. (1938). „Finanzwunder" und „Neuer Plan". In *Vortrag vor dem Wirtschaftsrat der Deutschen Akademie.* Berlin.

Sperk, L., & Wilsdorf, M. *Die Liquiditätsverhältnisse der deutschen Sparkassen.* Berlin.

Wandel, E. (1998). *Banken und Versicherungen im 19. und 20. Jahrhundert.* Oldenburg.

Wixforth, H. (2011). Bankenkrise und Bankenrettung. Die Reichs-Kredit-Gesellschaft in der Banken- und Finanzkrise des Jahres 1931. *Jahrbuch für Wirtschaftsgeschichte, 52*(2), 75–94.

Literatur

Accominotti, O., & Eichengreen, B. (2013). *The mother of all sudden stops, capital flows and reversals in Europe 1919–1932*. Cambridge, MA: MIT

Bank for International Settlements. (1931). *Second annual report*. Basle.

Bartsch, M., & Eismann, H. (2005). *Brünings Wirtschaftspolitik, Maßnahmen, Handlungsspielräume, Alternativen. Eine Retrospektive zur Borchardt-Kontroverse*. Dresden.

Bernanke, B., & James, H. (1991). The gold standard, deflation and financial crises in the great depression an international comparison. In R. G. Hubbard (Hrsg.), *Financial markets and financial crises*. Chicago: Chicago University Press.

Borchardt, K. (1979). *Zwangslagen und Handlungsspielräume in der großen Wirtschaftskrise der frühen Dreißiger Jahre*. Jahrbuch der bayerischen Akademie der Wissenschaften.

Eichengreen, B. (2008). *Golden Fetters. The gold standard and the great depression 1919–1939*. New York/Oxford.

Eichengreen, B., & Temin, P. (1997). *The gold standard and the great depression* (Working paper 6060). Cambridge: National Bureau of Economic Research, MIT.

Friedman, M. (1964). Using the free market to resolve the balance of trade problem. Statement to the Congressional Joint Committee. 14. November 1963 The Financial Analysists Journal.

Friedman, M. (1969a). Post war trends in monetary and policy. In *The optimum quantity of money and other essays*. New York.

Friedman, M. (1969b). In defence of destabilizing speculation. In *The optimum quantity of money and other essays*. New York.

Friedman, M. (1969c). „The role of monetary policy" sowie „Monetary studies of the national bureau". In *The optimum quantity of money and other essays*. New York.

Gereke, G. (1932). Rundfunkrede des Reichskommissars für Arbeitsbeschaffung. Dezember 1932.

von Hayek, F. (1976). *Denationalisation of money. The argument refined. An analysis of the theory and practise of concurrent currencies*. London: Institute of Economic Affairs.

van der Hek, A. (2013). De Muntunie moet grondig worden hervormd. Over Kapitaalmarkten, muntunies en overheidsfinanciën. In R. Cuperus et al. (Hrsg.), *De politiek van de Euro. Biografie van een kwetsbare munt*. Amsterdam.

Holtfrerich, C. L. (1982). Alternativen zu Brünings Politik in der Weltwirtschaftskrise. *Historisch Zeitschrift, 235*, 605–631.

Holtfrerich, C. L. (1996). Zur Debatte um die deutsche Wirtschaftspolitik von Weimar zu Hitler. *Vierteljahrshefte für Zeitgeschichte, 44*, 119–132.

Iwanoto, T. (1997). *Keynes plan for an international clearing union reconsidered*. Kyoto: Kyoto University Press.

James, H. (1984). The causes of the German banking crisis of 1931. *Economic History Review, 37*(1), 68–87.

James, H. (1985). *The Reichsbank and public finance in Germany 1924–1933*. Frankfurt a. M.

Kim, T. (1997). *Keynes plan for an International Clearing Union reconsidered*. Kyoto: Kyoto University Press.

Klemann, H. A. M. (1990). *Tussen Reich en Empire*. Amsterdam.

Klemann, H. A. M. (2002). *Nederland 1938–1948. Economie en samenleving in jaren van oorlog en bezetting*. Amsterdam.

Klemann, H. A. M., & Kudryahov, S. (2012). *Economic History of Nazi-occupied Europe 1939–1949*. London.

Lautenbach, W. (1931). *Möglichkeiten einer Konjunkturbelebung durch Investion und Kreditausweisung*.

Meister, R. (1991). *Die große Depression, Zwangslagen und Handlungsspielräume der Wirtschafts- und Finanzpolitik in Deutschland 1929–1932* (Kölner Schriften zur Sozial- und Wirtschaftspolitik 11). Regensburg.

Murawics. (1983). Interview met von Hayek. *EIR 10(2)*, 16–19.

Ritschl, A. (1996). *Was Schacht right? Reparation, the Young Plan and the Great Depression in Germany*. Barcelona.

Ritschl, A. (2001). *Knut Borchardts Interpretation der Weimarer Wirtschaft. Zur Geschichte und Wirkung einer wirtschaftsgeschichtlichen Kontroverse*. Essen: Ranke Gesellschaft.

Ritschl, A., & Sarferaz, S. (2014). Currency versus banking in the German debt crisis of 1931. *International Economic Review*, 55(2), 349–373.

Rueff, J. (1937). *Monetary nationalisation and international stability*. New York.

Rueff, J. (1965). *The role of gold and the rule of gold. A refinement* (Essays in international finance, Nr. 47). Princeton: International Finance Section of the Department on Economics, Princeton University.

Rueff, J. (1971). *The monetary sin of the west*. New York.

Schacht, H. (1934a). *Außenhandelsfragen. Weimarer Rede des Reichsbankpräsidenten Hjalmar Schacht*. Berlin: Reichsbank.

Schacht, H. (1934b). *Nationale Kreditwirtschaft*. Berlin.

Schacht, H. (1935a). *Deutschland in der Weltwirtschaft*. Leipzig.

Schacht, H. (1935b). *Königsberger Rede*. Berlin.

Schlüsseldokumente zur deutsche Geschichte im 20. Jahrhundert.

Schnabel, I. (2004). The twin German crisis of 1931. *Journal of Economic History*, 64(3), 822–871

Schnabel, I. (2005). The role of liquidity and implicit guaranties in the German twin crisis of 1931. *Journal of Economic History*, 64(3), 65–99. Bonn: Max Planck Institute.

Schumpeter. (1929). *Grenzen der Lohnpolitik* (Der deutsche Volkswirt 3 Nr. 26).
Schumpeter. (1932). *Weltkrise und Finanzpolitik* (Der deutsche Volkswirt 6 Nr. 23).
Simpson, A. E. (1969). *Hjalmar Schacht in perspective.* Den Haag/Paris.
Stammen, T. (1987). *Die Weimarer Republik. Landeszentrale für politische Bildung.* München.
Stücken, R. (1976). Schaffung der Reichsmark, Reparationsregelungen und Auslandsanleihen, Konjunkturen (1924–1930). In *Währung und Wirtschaft in Deutschland 1876–1975.* Frankfurt a. M.
Temin, P. (1989). *Lessons from the great depression.* Cambridge, MA.
Temin, P. (2007). *The German crisis of 1931. Evidence and tradition.* Cambridge, MA: Department of Economics, MIT.
Temin, P., & Ferguson, T. (2001). *Made in Germany: The German currency crisis of Juli 1931* (Working paper). Cambridge, MA: MIT.
Tooze, A. (2001). *Statistics and the German state 1900–1945, The making of modern economic knowledge.* Cambridge.
Tooze, A. (2007). *The wages of destruction.* Penguin.
Triffin, R. (1960). *Gold and dollarcrisis.* New Haven.
Voth, H. J. (2003). With a Bang, not a Whimper: Pricking Germany's ‚Stock Market Bubble' in 1927 and the slide into depression. *The Journal Economic History, 63*(1), 65–99.
Wet en Regelen Besluit. Beleidshandelingen internationaal betalingsverkeer. Overheid.nl.
Wochenberichte des Instituts für Konjunkturforschung unter Leitung von Prof. Ernst Wagemann.

GPSR Compliance

The European Union's (EU) General Product Safety Regulation (GPSR) is a set of rules that requires consumer products to be safe and our obligations to ensure this.

If you have any concerns about our products, you can contact us on

ProductSafety@springernature.com

In case Publisher is established outside the EU, the EU authorized representative is:

Springer Nature Customer Service Center GmbH
Europaplatz 3
69115 Heidelberg, Germany

www.ingramcontent.com/pod-product-compliance
Lightning Source LLC
LaVergne TN
LVHW020339260326
834688LV00045B/1447